Chain Store Management

连锁管理

U0681303

现代工商管理经典教材

许英杰　李冠颖‖著

经济管理出版社
ECONOMY & MANAGEMENT PUBLISHING HOUSE

本书中文简体版由前程文化事业有限公司授权经济管理出版社独家出版发行。未经书面许可，不得以任何方式复制或抄袭本书内容。

北京市版权局著作权合同登记：图字：01 – 2014 – 4248

图书在版编目（CIP）数据

连锁管理/许英杰，李冠颖著．—北京：经济管理出版社，2016.1

ISBN 978 – 7 – 5096 – 4120 – 0

Ⅰ．①连…　Ⅱ．①许…②李…　Ⅲ．①连锁经营—经营管理　Ⅳ．①F717.6

中国版本图书馆 CIP 数据核字（2015）第 306044 号

组稿编辑：陈　力
责任编辑：杨国强　张瑞军
责任印制：黄章平
责任校对：王　淼

出版发行：经济管理出版社
　　　　　（北京市海淀区北蜂窝 8 号中雅大厦 A 座 11 层　100038）
网　　址：www. E – mp. com. cn
电　　话：（010）51915602
印　　刷：北京银祥印刷厂
经　　销：新华书店
开　　本：787mm×1092mm/16
印　　张：26.25
字　　数：464 千字
版　　次：2016 年 3 月第 1 版　　2016 年 3 月第 1 次印刷
书　　号：ISBN 978 – 7 – 5096 – 4120 – 0
定　　价：78.00 元

序

　　20世纪60年代以后，全球制造形态的工业正值发展阶段，中国台湾地区企业全力投入工业生产事业，而服务形态为主的连锁零售业尚未被重视。然而，随着台湾地区经济基础建设的完备及产业变迁，农业社会逐渐转为工业社会，地区国民所得及消费水平随之提高，在基本需求满足之余，消费者对于购物环境有着更多期待。90年代以后，国际连锁企业进入台湾市场，引进标准化及干净舒适的消费环境，冲击了当地传统家庭式的连锁经营模式。因此，随着经济起飞、地区国民所得提高而改变了营销市场结构，特别是现代化连锁经营模式逐渐在各行各业中被大量采用。

　　尽管受到国外连锁企业大举入侵，台湾人勤奋的民族性，很快跟上国外连锁企业的脚步。同时在乐于创业的民族精神背景下，许多人愿意投入他们全部的体力、精力、时间，以及储蓄甚至贷款，通过加盟创业方式，加入值得信任的连锁总部。连锁总部复制成功经验并不断创新其产品与经营管理制度，在遵守"加盟契约"与"维持合作关系"的前提下，完整移交连锁经营Know-How给加盟者，这是驱动当地加盟连锁事业蓬勃发展的关键所在。

　　台湾的连锁加盟事业的密度已居世界第一，从商业动态调查得知，就单年而言，台湾加盟连锁业产值已达新台币10819亿元。根据连锁加盟协会统计，2010年，全台有1715家连锁总部，横跨187种业态，总店铺数106724家。台湾直营店跟加盟店的比例约为3:7，这表示加盟连锁模式是台湾连锁总部扩展企业版图的主流。从主要业态来看，生活文教业品牌的比例为3:7；而餐饮业品牌，加盟的比例更是高达85%。

　　面对日益竞争的市场环境，连锁的经营并不容易，这也反映出消费结构的多元化风貌。今日的连锁企业同时须不断成长学习，通过多角化、大

1

型化及连锁化经营创新，将信息科技与网络发展融入策略性经营，建立新经营典范。各家连锁企业需要持续思索未来创新营运的重要发展蓝图。

本书期望通过陈述整体连锁经营管理概念并分析连锁企业的市场机会，让读者更熟悉台湾连锁发展现状与未来发展方向。因此第一篇的第1章与第2章将说明连锁企业发展现状与面临的市场机会。由于连锁总部与连锁店铺是连锁经营的重要核心价值来源。第二篇的第3章至第9章将从加盟总部角度说明总部的一系列系统制定，包括制定组织架构、拟定标准化手册、营销与商圈评估、物流信息财务系统支持、判断并挑选合适加盟者等重要角色，目的不仅期望将Know－How复制，同时能建立市场品牌价值等。第三篇的第10章至第11章将从加盟者角度说明加盟者如何经营商店、提供顾客服务以创造商品或服务的价值，延续连锁品牌经营精神。第四篇的第12章与第13章将从经营角度与法律角度分析连锁总部和加盟者之间的多重关系并讨论连锁企业未来发展趋势。

台湾连锁产业快速发展并且有着强韧的品牌生命力，吸引世界各国连锁业界来台湾交流学习。下一阶段的台湾连锁业则朝向上市、上柜并将触角延伸至国际市场，让台湾的连锁经营知识在知识经济时代向外发挥影响力。本书尽管结合诸多案例分享，但作者在资料搜集和解读时或许有不足之处，期待各界专家学者指正，使本书的内容更为完善。

拙作得以顺利付梓发行，首先要感谢前程文化事业有限公司傅国彰总经理的鼓励，及高雄第一科技大学营销与流通管理系暨慈惠医护管理专科学校提供舒适的研究写作环境。尤其要感激合著者朝阳科技大学营销与流通管理系李冠颖助理教授鼎力协助，在其用心规划、帮忙搜集宝贵资料及细心校稿下，使得拙作比市面上同类书籍显示出与众不同。期待拙作问世，能对连锁管理的学术研究与实务发展做出些许贡献。

许英杰　谨序

2012年5月19日

目　　录

第一篇　连锁概论

1

第二篇　连锁总部运作

第三篇　加盟者经营

第四篇　加盟关系与发展趋势

第一篇　连锁概论

第1章 连锁企业发展历史及概论

学 习 目 标

1. 了解连锁的定义。
2. 了解台湾连锁企业发展阶段。
3. 了解连锁经营种类。
4. 了解连锁加盟费用的收取。
5. 了解连锁企业价值链。

章 首 个 案

台湾零售商店 抢攻密度第一

根据统计，从 2006 年开始，中国台湾便利商店的密度已超过日本，成为全球第一。全台湾 2,300 万人口中，只有 20 万人在 5 千米内找不到便利商店，密度高达 99.9%，便利商店也因此创造了年营业额过百亿元的佳绩。今天，每 2,500 个台湾人，就能分配到 1 家便利商店，平均每 3 个台湾人，就有 1 人每天到便利商店购物。便利商店的服务也越来越便利，不只出售日常生活所需用品，还提供邮寄、缴费、冲洗照片等服务，成为消费者每天必去的地方。随着连锁便利商店的进入，也分食了传统杂货店的市场。

其实，不只便利商店，台湾的百货商场和量贩店的开店密度，也堪称是全世界的奇迹。太平洋 SOGO 百货董事长暨台湾地区百货零售企业协会名誉理事长黄晴雯表示，相较于东京平均每 30 万人拥有 1 家百货公司、上海 28 万人的消费力支撑 1 家、纽约是 15 万人分配到 1 家，而台北则每 8.7 万人就要养活 1 家百货商场，密度高居全球之冠。根据 AC 尼尔森的调查，截至 2011 年 3 月底，全台湾共有 119 家量贩店，平均每家店可分配给 19 万人，仅次于韩国的 13 万人，民众想要以便宜价格补充日用品，也不用开车很远距离购买。

然而，要当世界第一并不容易。不断的创新力才是竞争优势的持续力。以便利商店龙头统一超商为例，尽管展店家数已逐渐趋缓，但过去 10 年来，统一超商保有超过 29% 的毛利。而统一超商也缔造了许多纪录，从每年最高可销售 9,000 万个便当、每年超过 1 亿 6,000 万笔代收服务，到率先设置 ATM 提款机、发行 icash 卡，以及适应生活形态与看好咖啡消费市场的成长潜力，推出城市的咖啡馆，每周卖出 200 万杯的 City Cafe，都是地区创举，甚至吸引日本 7 – ELEVEN 来台取经。2011 年，统一超商自有品牌 7 – SELECT，找来日本设计师水野学操刀包装设计，颠覆传统自有品牌概念，也成功开发凉感内衣及发热衣等热卖商品，创造了一年卖出 800 万条商品的成绩。

有些人会误解统一超商是通过强大的 POS 销售情报系统，分析数以百万计消费者的购买行为来创新，其实这并非其全部工作。统一超商员工在公司的支持下，经常走访海外，通过观察发达国家发展趋势，推测台湾的未来。同时不断探索消费者生活中有什么不方便以维持创新力。例如，在现今竞争的环境下，学习日本将目标客户群细分的经营概念，统一超商和全家便利商店开始挑战驻点桃园国际机场后，统一超商甚至开发以蛋奶素商品为主的佛光山福门门市，莱尔富也进驻国道。因此，当你也欲抢得第一头衔时，需要创新力与持续力，准备好了吗？

资料来源：1. 江丽君、张春峰：《台湾便利商店　密集度世界第一》，《华视新闻》，http://news.cts.com.tw/cts/general/200807/200807160249515.html，2008 年 7 月 16 日，检索日期：2011 年 3 月 22 日。

2. 王一芝：《便利店——让老外羡慕的幸福》，《远见杂志》2011 年第 300 期。

3. 胡钊维：《每年 9 千万个便当——喂饱台湾人》，《商业周刊》2009 年第 1120 期。

4. 陈威任、苏湘云：《2011 回顾与展望　量贩超商篇》，《联合报》C8 版，2011 年 12 月 28 日。

1.1　连锁的定义

台湾连锁暨加盟协会定义："凡以连锁店形态经营，拥有 7 间以上独立店铺，且最近一年的营业额达新台币 1 亿元以上的零售相关产业法人组织。"台湾连锁加盟促进协会则定义："两家以上的直营及加盟店铺的公司组织即可称为连锁体系。"

国际连锁加盟协会（International Franchise Association）定义连锁为"连锁总部和加盟店两者间的持续性契约关系。根据契约，总部必须提供一项独特的商业特权，加上人员训练，组织结构，经营管理以及商品供销的协助，而加盟店也必须付出相当的对价作为报偿"。(A contractual relationship between the franchisor and the franchisee in which the franchisor offers or is obliged to maintain a continuing interest in the business of the franchisee in such areas as know – how and training; wherein the franchisee operates under a common trade name, format or procedure owned by or controlled by the franchisor, and in which the franchisee has made or will make a substantial capital investment in his business from his own resources.)

日本连锁加盟协会 JFA 定义认为"总部和加盟者签订契约，总部将自己的商标、店名，及其他足以表征营业的标志和经营的专业技术授予对方，使其在同一企业形象下贩卖商品。而加盟者需支付一定的对价给总部，在总部的指导及协助下经营事业的一种持续关系"。

台湾地区公平交易委员会定义："加盟经营关系，是指一事业通过契约的方式，将商标、服务标志或经营技术等授权其他组织使用，并协助或指导其他组织的经营，而其他组织对此支付一定对价的继续性关系"。

因此，连锁经营关系，涉及两个方面，说明如下：

（1）连锁经营关系包含两方面：连锁总部和加盟者。连锁总部，指在加盟经营关系中提供商标或经营技术等，协助或指导加盟店经营的事业。对于连锁总部来说，加盟有助于将商业理念和经营模式发展成为多地区和销售多产品或多服务的大规模经营模式。

加盟店，意指加盟经营关系中，接受连锁总部协助或指导，并对连锁总部支付一定对价的其他组织。对于加盟者来说，连锁经营关系提供了经过验证的商业营运模式，大规模的、有系统性的广告宣传，通过品牌或商标与消费者沟通，同时对于新产品及相关管理技术创新并持续提供援助。这些优点是单店或独立性的小规模商业业主难以模仿的竞争优势。

（2）从两个商业目标来看：对于连锁总部（Franchisor）来说，连锁的经营方式在于企业可通过 Know－How 的复制，不断拓展其销售体系达到经济规模，抢占市场份额。同样，连锁经营对于渴望创业的个人来说也极具吸引力。连锁经营理念为加盟者（Franchisee）提供了成为成功小企业主的机会，因为他们可以利用连锁总部提供的知识、方法、竞争经验和广告宣传。因此，连锁经营方式通过契约协议，使连锁总部和加盟者各自能在企业规划中得到发挥，从而对双方都有利（如图 1－1）。

因此，这种企业规划，或称为连锁经营，由三个主要部分组成：①商标或符号；②根据营销方案来经营某一商品或服务；③费用或商标使用费。无论是饼干和面包的销售、便利食品店、餐厅、清洁服务，还是服饰零售，这三个部分都构成了连锁企业经营的核心。

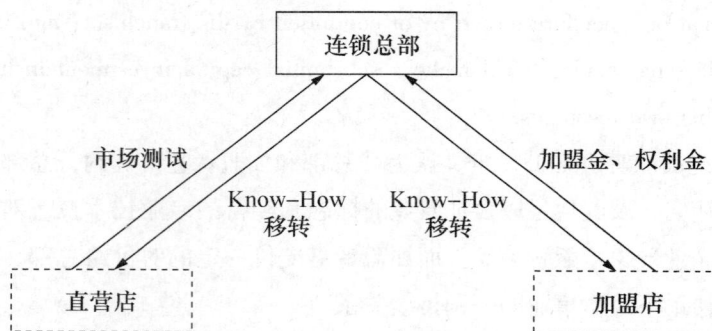

图 1－1 连锁总部与门市间关系

连锁快线

21 世纪重定位 烤出住"鸡"

统一企业过去曾和肯德基快餐店总部美国百事集团签约开拓中国台湾快

6

餐市场，但双方对合作内容与长期发展方向产生歧见，因此决定分手。当时合约规范统一企业不得在合作结束后三年内经营类似事业。因此，21 世纪生活事业公司成立初期，公司股东与统一没有任何法律上的关系，在不违反统一与肯德基总部美国百事集团合约规范下，开始重新布局快餐餐饮市场。1996 年 1 月 1 日，统一集团自创的餐饮连锁品牌 21 世纪风味馆首家店开幕。

当时，21 世纪风味馆通过每月 21 日九块炸鸡卖新台币 210 元的营销活动创造佳绩。但好景不长，21 世纪风味馆在经营上出现了困难，包括投资金额与管控费用过高、国际快餐同业大军进入、病死猪、狂牛症、禽流感等食品安全问题等，营运受重创。因此，2003 年，21 世纪风味馆重新定位品牌，将快餐与专业餐厅融合塑造地中海氛围，提供快速又美味的餐点。除此之外，营销策略也开始改变，21 世纪风味馆转为进驻百货、量贩美食街，压低开办费用。

2010 年，21 世纪风味馆烤鸡年销售量首次突破百万只，公司转亏为盈，获利 1,500 万元。2011 年，店数突破 29 家，是品牌成立以来店数最多的一年。2011 年 12 月底，开首家大型独立店，这是一家逆转胜的企业典范。

2011 年底，21 世纪风味馆推出 GOGO 小将作为品牌代言人，取名为

↑ 照片中为 21 世纪风味馆 2011 年开发的象征物 GOGO 小将。左四为 21 世纪风味馆总经理黄坤麟。

GOGO 是因为其谐音与鸡叫声类似。通过将 GOGO 小将与品牌做更深度结合，走出属于 21 世纪风味馆的品牌路，提升顾客对品牌的记忆深度。21 世纪风味馆，未来将创造什么样的快餐新天地，我们拭目以待。

资料来源：1. 李至和：《21 世纪败部复活　烤出佳"鸡"》，《经济日报》（中国台湾），2011 年 12 月 26 日。

2. 21 世纪风味馆官方网站 http：//www.pec21c.com.tw，检索日期：2012 年 3 月 2 日。

1.2　台湾连锁发展阶段

美国是全球连锁企业经营的发源地。第二次世界大战后，美国政府为辅导没有一技之长又没有资金的退伍军人就业，于是和企业界共同开创出授权加盟这种商业经营模式。由企业总部提供 Know - How、商标使用权及经营指导，加盟者则付出技术报酬金，政府提供创业融资，以推动连锁加盟快速蓬勃成长。

19 世纪制造形态的工业发展，民间企业及政府皆不遗余力地疯狂投入工业生产，因此，以"服务"形态为主的连锁业丝毫不被一般大型企业所重视。直至 1980 年，国际大型连锁业开始进入中国台湾地区，亦即统一企业首度与美国南方公司签订技术合作，第一家 7 - ELEVEN 连锁便利商店门市在台北市开幕，正式引进了国际性质的连锁店在台湾授权的经营模式；1984 年麦当劳西式快餐店也进入中国台湾市场参与连锁竞争，展开台湾连锁业激烈扩张的"战国时代"。台湾连锁业的发展可分为五个阶段，如表 1 - 1 所示。

1.2.1　本土经营探索期——1979 年以前

台湾在初期民生物资匮乏，早期零售店以家庭式的经营为主，并无大型连锁加盟经营形态，连锁业尚处于萌芽与自行摸索阶段，虽有若干连锁店出现，但普遍对于标准化作业人员培训及店铺识别规划略偏保守。在 1953 年成立天仁茗茶、1956 年的宝岛眼镜、1960 年新学友书局以直营店

8

及特许加盟并行方式快速拓点，于短短两年间陆续拓展 100 多个连锁店。随着台湾地区的经济成长，逐渐出现略具经营雏形的商店，例如天仁茗茶（1953）、新东阳食品（1967）、丽婴房（1971）、曼都美发（1978）等，如今这些台湾连锁店早期先锋，经历外商冲击后生存者成长苗壮，成为今天各行业连锁店代表。

早期零售业由于经营作风保守，观念局限在"家庭式开店作业"，社会资金大都汇集在制造业非零售业。除此之外，台湾地区居民收入偏低、消费水平不高，仅在于满足民生基本需求，此时期连锁店扩展速度相当缓慢，尽管有多店经营，但没有整体营运计划及连锁总部制度，可说是"连而不锁，单打独斗"，在社会中并未造成影响。

1.2.2　学习成长期——1979~1983 年

随着台湾经济基础建设的完备及产业变迁，农业社会逐渐转为工业社会，台湾地区居民收入及消费水平也随之提高，传统的连锁经营方式已不能满足社会需求，于是陆续引进国际连锁体系，进行技术合作并开始重视企业经营管理理念及信息系统的运用，此时期台湾地区连锁体系已逐渐步入正轨。

↑左三为 7-ELEVEN 总经理徐重仁，左四为高雄第一科技大学陈振远校长，左二为作者许英杰。

统一企业于 1980 年引进美国南方公司连锁商店经营技术，为中国台湾连锁经营发展重要里程碑，其引进国际连锁体系进行技术合作，重视商店现代化经营理念，是台湾商店营运管理的"发酵者"。由于引进国外经营技术可免除许多不必要尝试的错误及财力浪费，所以此时除了统一企业与南方公司合作外，还有统一面包与日本山崎株式会社进行生产技术及店铺经营管理合作。通过学习国际连锁加盟厂商的成功经验，加速了中国台湾连锁加盟业态、店数扩张、人才培育训练以及建立服务导向的经营观念。同时由国外引进 Know – How 可以缩减本土摸索与尝试错误的时间并且对中国台湾本土连锁企业产生激荡效果。例如统一超商（7 – ELEVEN，1978）、信义房屋（1981）、金石堂文化（1983）。

1.2.3 国际连锁蓬勃发展期——1984～1990 年

中国台湾为促进商业升级，于 1985 年 11 月核准开放外资投资岛内商业经营后，零售餐饮、生活文教、服务业等纷纷以合资经营、授权经营、技术指导等方式参与竞争，以所谓"连锁经营技术"的竞争优势，使台湾流通业发生彻底而结构性的改变。1984 年美国最大快餐业者麦当劳在中国台湾成立分店，导入全新餐饮经营管理方式，其店铺风格、服务观念、人员培训都成为其他餐饮业者仿效目标，也让餐饮业者有了全新标准化作业流程观念。

1978 年统一所引进的 7 – ELEVEN 开始转亏为盈，并且带动便利商店的风潮。在此阶段，除了国际知名厂商陆续进驻台湾之外，台湾各种业态也兴起本地品牌连锁加盟投资热潮，如 1985 年成立太平洋房屋、1986 年必胜客、1987 年屈臣氏与 1988 年全家便利商店，带动娱乐生活、房屋中介、超市及药品等连锁加盟化的热潮，连锁经营开始朝多元业态发展，亦加速公开资金募集流通速度，为日后垂直整合奠定基础。

1.2.4 连锁整合期——1991～1999 年

历经前三个阶段稳定市场开拓后，在此阶段台湾连锁加盟先驱者意识到，应更积极将此一经营模式（连锁加盟）导入各种业态。因此在 1991 年成立"台湾连锁店协会"（现更名为"台湾连锁暨加盟协会"），主要是推广各项连锁加盟经营知识与技巧，并提供会员经验交流的平台，尔后在 1995 年成立"台湾连锁加盟促进协会"，更加加速连锁加盟市场普及化，提供专业化服务协助会员开拓海内外市场。

此时期台湾连锁加盟产业经营技术已开始成熟，在各方资源都配合的情况下，开始以大规模水平合并及垂直整合为策略方针，但因岛内大规模连锁企业日益扩大，台湾地区公平交易委员会为避免大型连锁业者造成不公平竞争，开始将连锁业纳入管制且为连锁加盟市场立下规范，并于1999年6月公布《公平交易委员会对加盟业主资讯揭露之规范》，以增进消费者利益，防止不当业者侵害加盟者权益。此时期的代表企业包括：新光三越（1991）、康是美（1995）、博客来网络书店（1995）、La new 皮鞋（1996）、50岚（1997）、全联福利中心（1998）与统一星巴克（1999）。

1.2.5　海外拓展期——2000年以后

2000年以后，连锁加盟多元业态促进台湾地区经济发展，并显著改变消费行为，不仅在零售餐饮业开创新局面，在服务娱乐及其他行业也都产生连锁加盟经营模式。中国台湾在2001年11月加入WTO（世界贸易组织）之后，台湾厂商竞争舞台搬上国际，在台湾市场逐渐饱和情况下，向国际市场发展是连锁加盟业者持续扩张的途径之一，同时于2004年展开品牌台湾发展计划，期望能将台湾连锁品牌推向国际。根据台湾连锁加盟促进协会统计，截至2007年底在大陆投资连锁总部超过上百家，而且东南亚、日本及韩国也都有台湾连锁总部。例如85度C与壹咖啡皆于2006年跨逐海外。

连锁快线

本土连锁企业细心谨慎抢占海外市场

继2006年85度C咖啡蛋糕店成功拓展海外市场后，台湾连锁加盟业者纷纷投入国际市场，像本土咖啡连锁品牌壹咖啡于2006年与新加坡One Two Holding集团签约，正式进入新加坡、马来西亚餐饮市场；而2010年以服务为特色的王品集团，则是将陶板屋的品牌授权给泰国Mai Tan企业，2011年4月在泰国曼谷开设第一家店。

壹咖啡总经理颜文山说，寻找海外合作厂商已有一段时间，考虑到长期经营的实力，因此选择与大型集团合作。虽然协商过程比较耗时，但相对地对于公司却是比较有保障的。壹咖啡将品牌授权给新加坡One Two Holding集团，并于2008年将版图拓展至马来西亚市场。

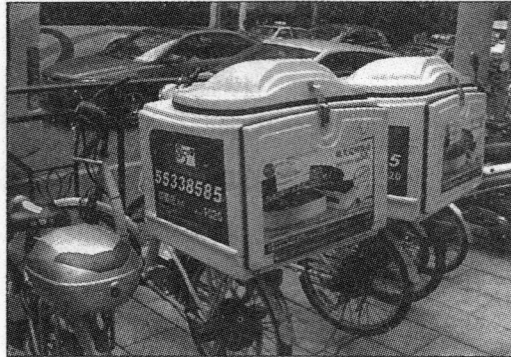

↑85 度 C 上海的外送车，以应付拥塞的交通环境。

　　而王品集团董事长戴胜益则说："双方交往了好几个月，才决定把陶板屋这个'女儿'嫁出去"，也充分地表达出本土连锁加盟产业挺进全球的谨慎与用心。戴胜益也表示，预计 5 年内开 20 家后成为当地上市公司，积极经营海外市场。

　　资料来源：1. 李至和：《本土连锁加盟业挺进全球》，《经济日报》（台湾地区），2006 年 10 月 24 日。
　　2. 陈静宜：《王品授权"陶板屋"开到泰国去》，《联合报》，2010 年 10 月 21 日。

表 1-1　台湾连锁业的发展阶段

发展阶段	经营模式与环境	市场整体特性	代表业者
本土经营探索期 1979 年以前	①GNP 2,000 美元以下 ②营销观念逐渐形成 ③基本生活的商品需求阶段	①虽多店经营，但却缺乏整体营运计划 ②组织结构松散、经营方向不一致、缓慢地出现，为制造商发起的直营连锁店	中油（1946）、肯德基（1952）、天仁茗茶（1953）、汉堡王（1954）、鼎泰丰（1958）、必胜客（1959）、新东阳食品（1967）、丽婴房（1971）、顶呱呱速食（1974）、三商百货（1976）、曼都美发（1978）、统一超商（1978）

发展阶段	经营模式与环境	市场整体特性	代表业者
学习成长期 1979～1983年	① GNP 2,000～3,000美元 ②由增加店数转变成导入系统连锁经营观念	①统一超商引进美国南方公司经营技术、芳邻和日本喜客来合作 ②大规模成长、批发商发起 ③由国外引进Know-How可以缩减本土摸索与尝试错误的时间	信义房屋（1981）、宝岛眼镜（1981）、三商巧福（1983）、金石堂文化（1983）、雅姿韵律（1983）
国际连锁蓬勃发展期 1984～1990年	①GNP 3,000～9,000美元 ②1985年开放外资投资中国台湾地区内商业经营	①业种及业态均朝向多元化发展 ②麦当劳正式引进中国台湾导入全新餐饮管理方式 ③注重服务、顾客导向及标准化作业的经营方式，造成流通革命 ④1988年，7-ELEVEN转亏为盈，迅速对全台湾扩展	麦当劳快餐（1984）、太平洋房屋（1985）、肯德基炸鸡（1985）、必胜客披萨（1986）、惠康超市（1987）、屈臣氏（1987）、美体小铺（1988）、全家便利商店（1988）、万客隆批（1989）、家乐福（1989）、莱尔富（1989）、灿坤（1990）、摩斯汉堡（1990）

续表

发展阶段	经营模式与环境	市场整体特性	代表业者
连锁整合期 1991~1999 年	①GNP 10,000 美元以上 ②1991 年成立了台湾连锁店发展协会并发行刊物 ③1995 年成立台湾连锁加盟促进协会 ④"公平交易委员会"正式将连锁业纳入管制	①无店铺营销、专门化商店 ②寻求中国大陆及海外新市场 ③业态不断创新，连锁企业趋向集团化经营	新光三越（1991）、元祖食品（1991）*、统一圣娜多堡（1992）、丹堤咖啡（1993）、信义房屋（1993）*、康是美（1995）、博客来网络书店（1995）、La new 皮鞋（1996）、金玉堂（1997）、西雅图极品咖啡（1997）、50 岚（1997）、全联福利中心（1998）、统一星巴克（1999）、象王洗衣（1998）*、鼎泰丰（1996）*
海外拓展期 2000 年以后	①GNP 10,000~13,000 美元 ②多元整合期；迈向集团化，同业异业、海内外结合的时期 ③台湾行政主管部门行政院台湾行政主管部门核定品牌台湾发展计划	①市场饱和式竞争 ②向海外移动并走向国际化、多元化的整合 ③中国大陆为主要竞争市场 ④2004 年展开品牌台湾发展计划	壹咖啡（2006）*、达芙妮（2006）**、85 度 C（2006）*、CQ2 快剪（2007）*

资料来源：台湾地区主计处；2000 年 2 月，周文贤、姜昱伊：《连锁体系商品规划与管理》，2001 年及本研究汇整。

*该总部于当年跨逐海外市场。

**达芙妮 1990 年于中国大陆开始销售，2006 年于台湾开设分店。

连锁快线

台湾连锁企业发展消长

2009 年连锁总部总店数共为 289 家，相较于 2004 年的 246 家，增加了的

43 家（成长 14.88%），而在加盟总店数部分，2009 年相较于 2004 年，增加了 28,647 家（成长 56.33%），其各类别的成长变化情形如表 1－2 所示。

量贩店、超级市场、便利商店、面包蛋糕、3C 家电，2009 年连锁总部店数比 2004 年店数减少了，然而加盟总店数却是增加的，显示连锁总部日趋大型化，威胁小型连锁产业；医疗药妆、家具家饰、通信产品、房屋中介、宠物，连锁总部在 2009 年比 2004 年多了一些，加盟总店数也大幅度增加，表示这些产业在近几年发展迅速。

百货公司、食品专卖、钟表专卖、DIY 五金、生活用品 2009 年连锁总部较 2004 年有些许增加，而加盟总店数则是小幅度增加，表示既有的连锁业者正在缓慢累积店数，而新兴的连锁业者也开始加入竞争；眼镜专卖的连锁总部，2009 年相较于 2004 年则是不变的，不过加盟总店数却有些微的成长；咖啡简餐、西式快餐，2009 年与 2004 年相比，连锁总部有些微的减少，而加盟总店数也有显著的减少，表示这些连锁业在市场中已经饱和，无法再展店；而有机专卖为一新兴产业，在未来应还有成长的空间。

表 1－2　连锁企业成长率

	2004 年连锁总部总店数	2004 年连锁加盟总店数	2009 年连锁总部总店数	2009 年连锁加盟总店数
百货公司	2	20	4	41
量贩店	4	78	3	99
超级市场	26	935	22	1,324
便利商店	11	8,115	4	9,184
食品专卖	20	615	26	656
面包蛋糕	21	313	20	748
咖啡简餐	37	1,499	21	1,254
有机专卖	*	*	8	258
眼镜专卖	17	936	17	1,139
钟表专卖	3	135	4	181
医疗药妆	21	2,140	39	17,162
DIY 五金	2	26	4	67
家具家饰	16	542	42	9,621
生活用品	9	306	11	313
3C 家电	15	875	13	987
通信产品	10	2,116	13	3,782
西式快餐	19	2,110	12	1,206
房屋中介	11	1,424	19	2,093
宠物	2	21	7	738
合计	246	22,206	289	50,853

注：*2004 年尚未规划有机专卖分类。

▶▶ 1.3 连锁经营的种类

连锁经营的分类主要是根据连锁企业的经营模式、资金、权利与义务、技术服务范围而划分的。中国台湾主要根据日本的分类，将连锁经营分为四种方式，如表1-3所示：

表1-3 直营连锁、特许加盟、自愿加盟与委托加盟异同点

	直营连锁	自愿加盟	特许加盟	委托加盟
发起人	制造商、零售商、批发商及服务业	制造商或批发商	制造商、零售商、批发商及服务业	制造商、零售商、批发商及服务业
资金	总部	加盟店	加盟店	双方
店面所有权	总部	加盟店	加盟店	总部
经营权	非独立	独立	独立	非独立
店铺经营者	总部任命	独立的店主	独立的店主	独立的店主
加盟人事权	本部	加盟店	加盟店	加盟店
利润之归属	总部	加盟店	部分上交总部	部分上交总部
价格限制	总部规定	自由	总部规定或推荐	总部规定或推荐
商品供应来源	总部	原则上由总部进货，部分自行进货	由总部统一进货或推荐	由总部统一进货或推荐
店面形象外观	统一	可略改	统一	统一
决策权	总部	加盟店为主，总部意见仅供参考	总部为主，加盟店为辅	总部
加盟金支付	无	支付加盟权利金	支付加盟金和技术报酬	支付加盟权利金
Know-How/教育训练	全套训练	自由利用	全套训练	全套训练

续表

	直营连锁	自愿加盟	特许加盟	委托加盟
指导	专门人员巡回指导	自由利用	专业人员巡回指导	专业人员巡回指导
竞争手段	不一定	价格竞争	差异化	差异化
促销	总部统一实施	自由加入	总部统一实施	总部统一实施
总部的控制力	完全控制（最强）	对加盟店约束力弱（弱）	对加盟店约束力强（强）	对加盟店约束力强（次强）
与总部的关系	完全成一体	货源来往的任意共同体	经营理念共同体	经营理念共同体
合作基础	总部与分支机构的关系	契约	契约	契约
连锁店店数成长	较慢	较快	较快	较慢
总部收入来源	营业所得	加盟金、技术报酬与批发买卖收益	技术报酬与营业所得分红	所得分红

（1）直营连锁（Regular Chain，RC）：所有零售点皆由连锁总部出资设立，其经营权、决策权、管理权均为总部所有。各分店具有相同或类似的产品组合，供货来源由总部决定。因此，所有决策可以执行得最彻底，标准化的程度最高，管理容易，又有强大的议价能力、批发功能，多店铺销售的效率高，并可利用共同的广告传媒，节省广告成本。但是，总部需要投入大量的资金，风险相对较高。当统筹规划权在总部，市场开拓进展会较慢，缺乏灵活性，限制了个人的独创性。例如星巴克咖啡连锁店皆为直营经营。

（2）特许加盟（Franchise Chain，FC）：根据国际连锁加盟协会的定义，特许是指主导企业与加盟者之间的持续契约关系。一般将主导企业视为总部，而将加盟者视为加盟店。根据特许合约，总部必须提供一项独特的商业特权，如商标、产品、标志等给加盟店使用，并给予加盟店以员工训练、商品供销、组织结构、经营管理的指导和协助；加盟店享有总部赋予的权利，但同时也要交付相应的费用，包含商标、商品、经营技术以及象征总部的整体设计，并遵守总部的规定。因此，对连锁总部来说，通过此方式进行扩张，加盟投资小、扩张快，可降低风险，减少失败率。这种经营的关键在于总部特许权的授予，所以称之为特许加盟。

目前台湾可见的较大便利商店连锁业者大多采用此种加盟方式，如7－ELEVEN 便利商店、全家便利商店等。

（3）自愿加盟（Voluntary Chain，VC）：自愿加盟为原本商店的所有权是独立的，但却自愿归属于一个组织，有相同的管理与经营模式。因此，这类商店大多原已存在，连锁总部提供加盟者专业化的经营协助及 CIS（企业识别系统）的使用，由加盟者支付加盟权利金给总部，加盟者并承诺向总部采购一定比例的商品。此加盟形式，加盟者拥有完全的经营权与自主权，所以对加盟者的控制不易。连锁总部只在经营活动上存有协调和服务关系，总部也会集中订货与送货、统一广告宣传、制定销售战略等。

加盟者自愿加盟总部连锁系统，由于加盟店在未加盟前早已存在，为求良好形象商标及低进货成本遂加入连锁系统。如美而美、皇冠租书城等。

（4）委托加盟（Authorized Chain，AC）：连锁总部请有意愿经营者代为经营。总部会提供既有的直营店或新店面给加盟者，并帮加盟者负担装潢、部分设备及其他费用。此加盟方式的加盟者不但要上交加盟金和保证金给总部，利润亦须按议定比例上交总部。加盟者负责员工招聘、门市管理及部分管销费用。委托加盟是目前便利商店连锁体系的趋势，以7－E-LEVEN 为例，在 1995 年 4 月达成的 1,000 家中，委托加盟店有 344 家，占 35%，委托加盟店数在 1995 年年底达到 2,248 家。

中国台湾的连锁形态受日系体系影响极大，未来预估还是会随日系，但加以发扬、改善，产生适合台湾社会的连锁店经营形态是可预期的。

连锁快线

华致直营经营　吓阻假酒猖獗

近年来在大陆掀起酒业营销革命的华致酒行，是大陆唯一的高档酒品连锁经营系统。根据《中国经营报》报道，华致酒行董事长吴向东之所以兴起做酒的生意，原因在于他六七年前有一位藏酒的朋友搬家，请他帮忙看酒。他惊讶地发现，这位朋友的数百瓶名酒中，竟有70%的假酒。因此看好市场潜力，有了开设一家专卖真酒的高档酒连锁店的想法。

↑华致酒行截至2012年，已在大陆开出307家。

华致酒行以保证贩卖真酒的连锁销售为主，积极在各地抢占市场，通过独特的"直接进货与特许加盟"，2011年已在大陆开出307家，计划要在5年内开创一倍的商店，力拼成为酒类连锁商龙头。

华致酒行针对高端酒类连锁的特点，通过特许连锁模式，让旗下每个店面选择在当地有一定社会资源且有商业知识的人一起开店成为合伙人。店面由华致酒行投入资金装修，并协助管理、员工培训及销售辅助，让合作经营方更加用心经营，分享大部分的利润。

另外，华致酒行直接从酒厂进货，只有两阶的销售模式，摆脱大、中盘商，可完全杜绝假货进入华致酒行营销渠道。华致酒行已拿下五粮液年份酒在全中国市场的总代理资格。同时，取得古越龙山年份酒代理权、金六福系列酒品牌商、吉林通化葡萄酒实际控制者、张裕葡萄酒一级代理商等，可说是立于不败之地。

资料来源：1. 陈致畲：《华致准直营 拼酒类连锁王》，《经济日报》（中国台湾）A14版，2012年2月20日。

2. 陈致畲：《假酒猖獗　华致成营销利基》，《经济日报》（中国台湾）A14 版，2012 年 2 月 20 日。

1.4　加入连锁系统产生的费用

1.4.1　加盟费用

加盟者若加入连锁总部，通常需要支付一些加盟费用，以下为加盟费用的类型。

1.4.1.1　加盟金（Franchise Fees）

新加盟者加入连锁总部所必须支付的费用，包括开店经营技术移转、整体开店规划所需费用等，一般加盟金通常只收取 1 次。

加盟金并不是总部想定多少就可以定多少的。加盟金是用来补偿总部招募加盟店、进行教育训练、指导加盟店以及总部商标价值的。因此，美国许多州规定，总部必须公布加盟金的计算方式，确定加盟金要考虑下列三个因素：

（1）商业的价值或其商誉：在一开始筹划连锁系统时，由于一家店都没有，所以很难确定加盟金的具体数额。商誉是加盟金的组成部分中最难以估算的，一般来说，越新的连锁系统或越小的加盟店，它的价值就越低，加盟金就越少。

商誉是连锁系统中最容易移转的要素。实际上，商誉的价值取决于加盟者的需求，它不会少于加盟者愿意支付的最高金额。但是，还是有一个较为客观的方法来衡量商誉，投资学上估算商誉，通常都以该商业市场价值的 4%~12% 为准，至于市场价值，投资学以该商业每年所能创造利润的 2.5 倍为准。例如，该企业每年有 100 万元的利润，则这家商店理论上就值 250 万元。而它的商誉最高就可以有 30 万元，最低至少也有 10 万元。当然，乘以 12% 是相当好的店铺，乘以 4% 则是比较普遍，是可以被接受的标准。

因此，一个新的连锁系统，只要有年营业利益数字，即使尚未有任何加盟店，也可以依据这个公式计算加盟金。虽然大多数总部的加盟金都基于假设，但加盟店的数目越多，越能提高加盟金的价格。有许多新的连锁系统，却只收象征性的加盟金，甚至有一毛不收的，其目标是尽快拓展市场，销售其商品。

（2）商圈或专属销售区域的价值：除了商业价值、商誉外，加盟金还反映特定的专属商圈、销售区域的价值。总部应根据市场的统计资料及人口等统计调查来确定商圈的价值，可以采取所有门市相等的方式，也可以因市场特性的不同而有所区别。

（3）对加盟店的招募和教育训练费用：加盟店的招募费用可以平均分摊，每家加盟店的招募成本里面包含了广告费、说明会费、行政管理费、会计费等。教育训练和指导是加盟店成败与否的关键，这部分的成本也要列入。此外，还有印制作业手册、立地条件的选择、店面的内外部设计和陈列、招牌及整套 CIS 的费用等。

举例来说，一家新的连锁企业预定年开设 50 家加盟店。广告预算是 75 万元，则招募一家加盟店的支出是 1.5 万元。另外新加盟店的教育训练预算为 150 万元，则每一家加盟后又需分摊 3 万元。这样一家加盟店从加盟进来到正式营业的成本是 4.5 万元，再加上营运作业手册、地点选择等支持、通信交通行政费用等，初次的加盟费用约为 6 万元。

对一个新的连锁总部而言，加盟金的确定只要能够分摊其成本即可，随着知名度的提高，及商誉价值的提高，加盟金也会水涨船高。

1.4.1.2 权利金（Royalty Fees）

连锁总部会向加盟者收取总销售额的一定百分比作为权利金费用；通常连锁总部会定期向加盟者收取费用。

权利金和加盟金一样，都反映了连锁商业的价值成熟度。刚开始时，可将两者的金额定得低一些，随着加盟店数量的增加以及经营模式的稳定，可逐渐提高。

和加盟金不同的是，权利金是一种必须支付的使用费，通常按月支付，作为使用总部的商标、经营 Know – How、接受总部的后续指导以及总部开发新商品、POS 等新情报系统的费用。例如，为了吸引加盟投资者，刚开始的 10 家加盟店加盟金约 2 万元，每月权利金为营业额的 3.5%，由于收费低廉很快便能招募到 10 家加盟店。于是，提高加盟金至 3 万元，权利金为 5%。而原来的 10 家加盟店并不提高相应的费用，作为对其当初加盟的奖励。这些要在加盟说明书上有文字说明。

需要注意的是，总部在提高加盟金、权利金的时候，也应比较同行竞争者的收费标准。比较彼此的加盟店数、经营时间、市场认同度、获利情形等，以免因提高太多收费而降低了竞争力，使对手获益。

一般权利金都是依营业额的百分比收取，称为"比率制"，但有些企业也采用所谓的"定额制"，及每月收取固定金额。美国的连锁企业几乎都是比率制，如麦当劳收 3.5%，肯德基收 4%，7–ELEVEN 的加盟金和权利金都采取上述的变动优待法则，日本则是比率制和定额制并存。比率制一般是 3.5%，日本麦当劳则收取了最高比例 8%，7–ELEVEN 也有 1%~3% 的鼓励制度，有些书店等则采用定额制。

1.4.1.3 保证金（Margin）

连锁总部向新加盟者收取履约的担保费，以保障合约能顺利进行，在合约结束时，连锁总部会将保证金退还。保证金的形式通常为现金，有些连锁总部允许使用不动产设定抵押。

在日本，有些连锁企业也会要求加盟店缴纳保证金。加盟店如向总部进货，而不能实时付现时，总部可以此充当货品代用金。另外，保证金也有违约金的性质，加盟店如有违反契约的情况，总部可以扣押保证金来保护其权益。

保证金和加盟金最大的区别在于保证金原则上是可退还的，只要加盟店向总部进货没有呆账，也没有违反契约所定的权利与义务，在契约期满后是可以退还的。有些总部甚至规定，只要双方合作愉快，营业满一年或营业额达到一定标准即可返还。

1.4.1.4 初期投资额

当一个潜在加盟在几家连锁企业间进行选择时，他主要可能会比较加盟金和权利金。实际上，要比较金额也应该比初期投资额，而不是其中某一单项。

根据美国"连锁加盟统一须知"规定，所有总部须列举加盟者的初期投资项目与金额。初期的投资包括加盟金以及获得授权加盟与开设加盟店的成本支出。这些成本包括设备、租赁、装置、商品进货和商品营运所需费用。可能还包括周转金及初期的一些开办成本。估算这些费用，即使总部也无法完全估计准确，而且总部也有可能为了吸引投资者加盟，会有意无意压低或忽略该金额。

1.4.1.5 其他费用（Other Fees）

除加盟金、权利金及保证金之外的一切费用，还包含广告费、教育训练费等。

　　除了加盟金、权利金外，大部分的连锁企业还要求支付广告宣传费（AD Royalty），作为全国性或地区性的广告促销费用。广告宣传费同权利金一样，大都是采用营业额的百分比，按月收取的。总部的统一广告宣传，除了可以降低广告成本，让每家加盟店分担很少的费用之外，还能做相当篇幅与频率的广告，达到广告促销效果。总部还可因此增加企业的曝光率，提高商标知名度，以便吸引更多的加盟者，进而提高加盟金。也有些连锁企业不做统一的广告宣传，而放任加盟店按其个别需要各做各的。但这有时不见得好，原因在于没有办法享受上述集体促销、降低成本、提高知名度与加盟金等好处。再者，总部也会失去对加盟店的控制与管理，逐渐和加盟店疏远，使整个连锁系统的标准化质量降低。

　　广告宣传费通常都较权利金低，而且广告费不因加入时期的早或晚而有所不同，广告费是每月固定支出的费用，不纳入总部的口袋，所以必须由所有分享广告好处的加盟店平均分担。

　　连锁总部会因行业的形态及对市场的影响力，收取不同比例的费用，如加盟中国台湾麦当劳需要签署 10 年期加盟契约、加盟金 22,500 美元等值的新台币、保证金 15,000 美元等值的新台币、每月收取月总销费额 5% 的权利金及月销售额 5% 的广告费用；而台湾民众则最喜爱加入加盟金新台币 10 万~20 万元不等又不收取权利金费用的小型连锁餐饮业。虽然小型连锁餐饮业加盟金不高，又无权利金费用，但有些连锁总部会将这些费用转移至原料成本、设备费用等，变相向加盟者收取费用。

1.4.2　权利金与广告费用根据业态不同而有所不同

　　根据 Franchising World 统计，大多数的连锁加盟系统，会按照销售额的百分比收取权利金，平均大约为 6.7%。然而，各种行业所计算的百分比并不尽相同，从餐饮业、旅馆业的 4.6%，到个人服务业的 12.5%。表 1-4 说明各行业平均收取权利金的百分比。

表 1-4　各行业平均权利金百分比

行业	平均收取权利金百分比（%）	行业	平均收取权利金百分比（%）
汽车业	6.1	个人服务	12.5
烘焙业	5.2	印刷业	5.4

行业	平均收取权利金 百分比（%）	行业	平均收取权利金 百分比（%）
建筑业	5.6	房地产	7.4
Business Services	11.9	餐饮业	4.6
儿童相关事业	6.3	食品零售	6.2
教育事业	8.3	零售业	6.1
快餐业	5.1	Service Business	6.1
旅馆业	4.6	运动 & 娱乐业	6.6
保险服务	6.9	旅游业	5.6
总和平均（%）		6.7	

样本定义：该研究以有持续收取固定百分比例的加盟相关费用的连锁总部为研究
对象。若连锁总部收取各加盟店的权利金不尽相同，则取平均值。

样本大小：1,342 家连锁总部。

除此之外，连锁体系依据自己的行业与商业模式使用各种不同类型的
广告。三个最常见的类型为全国性广告、地方性广告与区域性广告。全国
性广告通常是为了品牌与大规模的广告活动所设计；地方性广告通常由加
盟商或是广告部门做决定；区域性广告的推广方案通常是在指定的市场区
域内。相对较小的连锁加盟体系可能只会有一种广告方案。

加盟者可以依照契约上的广告费用比例来进行评估需交多少费用给连锁
总部。然而，在实际情形中，有些连锁总部和合作厂商有互利协议，因此，
仅会对加盟者收取比契约协议还低的费用（见表 1–5 与表 1–6）。

表 1–5　使用不同广告占该产业的连锁总部比例（%）

行业	全国性广告	地方性广告	区域性广告
汽车业	76	58	36
烘焙业	72	44	40
建筑业	73	42	35
Business Services	77	55	43
儿童相关事业	91	50	47
教育事业	64	45	18

行业	全国性广告	地方性广告	区域性广告
快餐业	100	40	36
旅馆业	96	38	35
保险服务	65	48	29
个人服务	81	33	22
印刷业	73	13	27
房地产	83	52	38
餐饮业	85	43	28
食品零售	73	45	36
零售业	79	47	34
Service Business	80	33	34
运动 & 娱乐业	79	21	37
旅游业	77	38	46
总和平均	79	41	34

样本定义：该研究以有持续收取固定百分比例的加盟相关费用的连锁总部为研究对象。

样本大小：1,342 家连锁加盟店。

表1-6 某特定方案所使用的广告费用百分比（%）

行业	平均全国性广告费用	平均地方性广告费用	平均区域性广告费用
汽车业	3.0	2.4	1.8
烘焙业	2.4	2.0	1.5
建筑业	2.4	1.9	2.0
Business Services	2.6	2.3	1.9
儿童相关事业	1.5	1.9	1.8
教育事业	1.8	4.1	1.2
快餐业	2.1	1.7	1.9
旅馆业	2.5	1.8	1.6
保险服务	1.9	2.2	2.1
个人服务	0.8	1.8	1.5
印刷业	1.7	1.5	1.3
房地产	2.0	1.8	1.6
餐饮业	2.0	1.7	1.6

行业	平均全国性广告费用	平均地方性广告费用	平均区域性广告费用
食品零售	1.9	2.0	1.8
零售业	1.9	2.1	1.5
Service Business	2.3	2.3	1.9
运动 & 娱乐业	1.9	2.0	2.6
旅游业	2.0	1.0	2.3
总和平均	2.0	2.0	1.8

样本定义：该研究以有持续收取固定百分比例的加盟相关费用的连锁总部为研究对象。
样本大小：1,342 家连锁加盟店。

1.5 连锁企业价值链

本章主要建立读者对连锁经营管理的基础概念，第 2 章将继续讨论连锁企业的市场机会，让读者更熟悉台湾连锁发展状况。

连锁总部与连锁店铺是连锁经营上重要核心价值来源。因此，在谈完连锁通论后，本书将从连锁总部与加盟者观点分别进行探讨，说明对于通过连锁方式迅速扩张与成功赚取收益均感到十分有兴趣的双方，各应肩负什么样的任务与职责（见图 1 – 2）。连锁总部与加盟者并非上下级关系，而是一种伙伴关系。在连锁经营中，连锁总部要对加盟者负责，开发一系列系统；而加盟者要坚守岗位、维护与消费者的关系。因此，连锁总部扮演制定组织架构、拟定标准化手册、营销与商圈评估、物流信息财务系统支持、判断并挑选合适加盟者等重要角色，目的不仅期望将 Know – How 复制，同时能建立市场品牌价值。本书将于第 3 章至第 9 章说明。而加盟者需要确实经营商店、提供顾客服务以创造商品或服务的价值，延续连锁品牌经营精神（第 10 章至第 11 章）。

连锁经营想要稳定成长，最重要的方式是建立一个稳固的连锁总部与加盟者关系。第 12 章将从经营角度与法律角度分析连锁总部和加盟者之间的多重关系，同时将讨论维护双方关系的各式渠道与在法令上存有的契约关系。社会生活形态转变、产业全球化自由化发展，跨国连锁经营是重要利润来源，也是创造国家经济的主要竞争力，因此，本书将在第13章讨论连锁企业未来发展趋势。

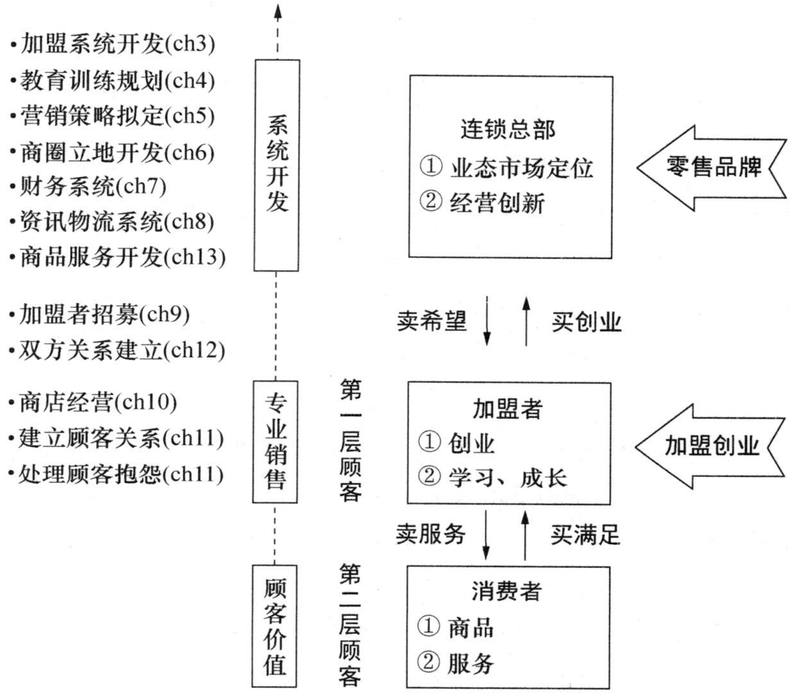

- 加盟系统开发(ch3)
- 教育训练规划(ch4)
- 营销策略拟定(ch5)
- 商圈立地开发(ch6)
- 财务系统(ch7)
- 资讯物流系统(ch8)
- 商品服务开发(ch13)

系统开发

连锁总部
① 业态市场定位
② 经营创新

零售品牌

卖希望　买创业

- 加盟者招募(ch9)
- 双方关系建立(ch12)

- 商店经营(ch10)
- 建立顾客关系(ch11)
- 处理顾客抱怨(ch11)

专业销售　第一层顾客

加盟者
① 创业
② 学习、成长

加盟创业

卖服务　买满足

顾客价值　第二层顾客

消费者
① 商品
② 服务

图1-2　连锁企业价值链模型

课后习题

理论题

1. 什么是连锁？
2. 连锁经营方式有哪几种？
3. 加入连锁体系可能会有哪些费用产生？
4. 台湾地区连锁发展趋势可以分为哪几个阶段？

应用题

1. 请针对便利商店、药妆店与量贩店业态，各举出一连锁企业，说明其连锁经营方式。
2. 台湾地区连锁发展有哪五个阶段？各阶段的特色是什么？
3. 以便利商店为例，说明四种连锁经营形态的差异。

章末个案

掌握成长契机　汉堡王成功转变

美国汉堡王（Burger King）公司执行长齐德赛（John Chidsey），让曾深陷困境的企业起死回生，并将其变成全球第二大快餐连锁餐饮店，仅次于麦当劳。齐德赛如何带领汉堡王脱离困境呢？首先，他靠着掌握美国本土成长契机；其次，拥有优秀的工作团队作后盾；最后，汉堡王不但延伸开设高档餐厅，也推出超低价餐点，同时抢占市场中高档及两端的客户群或商机。

全美在2008年约有14,000家麦当劳，汉堡王却只有约7,200家店，呈现2∶1的悬殊比例，而美国本土快餐店看似已经饱和，很难再有成长的空间。但齐德赛（John Chidsey）以13英里内没有麦当劳的地方作为设点的依据，降低加盟店与麦当劳间的竞争压力。齐德赛分析，只要在这些地方插旗设点，对于汉堡王而言，就会有五成的成长空间，而以汉堡王展店的速度来说，仅是这五成的成长空间，就需要花费10年的时间。

汉堡王除了通过精挑细选地点增加营收外，也将产品差异化。如新开设Steakhouse Burger来满足喜爱高质量享受的消费者；同时推出1美元的三明治来吸引一般消费者消费；而汉堡王也积极扩展海外经营，如英国、中国等，也会将产品依照地区文化及饮食习惯加以调整，希望消费者会接受并喜欢汉堡王这个品牌产品。

汉堡王于1954年创立，2010年，全球71个国家中，共有1.15万家连锁餐厅，九成以上的餐厅是采用独立加盟，年营收高达150亿美元，其中权利金与直营店收入约为25亿美元。

在美国，汉堡王（Burger King）也开放加盟。通过与加盟者签署20年期的加盟契约、以50,000美元作为加盟金、每个月收取月总销售额的4.5%作为权利金，而其他费用的部分，汉堡王会以月总销售额的4%作为广告费用、收取250~5,000美元的申请费用及2,000美元的新加盟者培训费等。表1-7为美国汉堡王加盟费用收取细节。

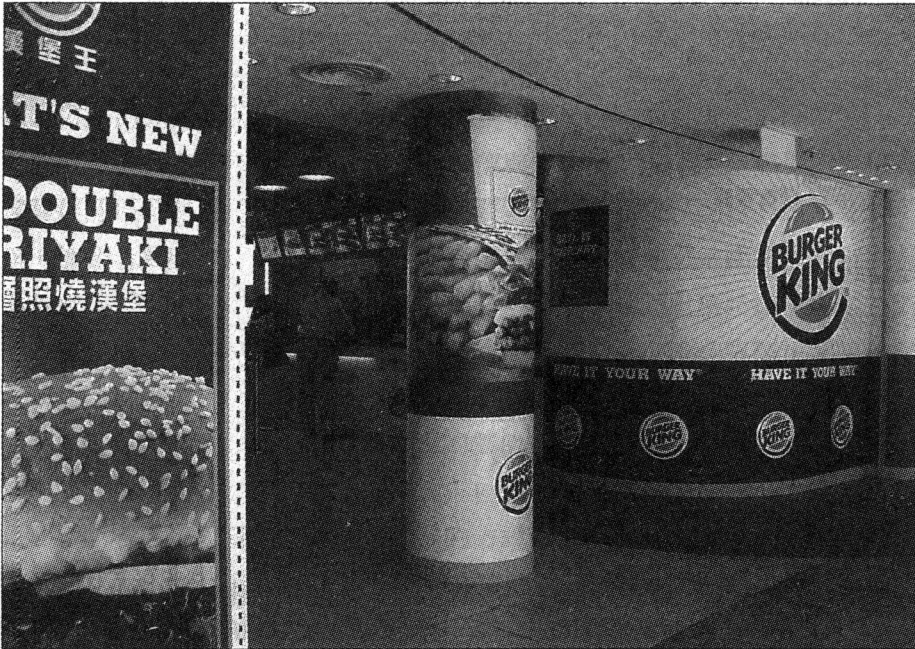

↑在台湾，2008 年汉堡王总部和大成集团合资成立新公司，让过去因权利金太高而不愿意展店的大成集团，能因为不必再交固定权利金而是依公司获利状况分红后大举展店。（图片来源：维基共享资源）

表 1-7　美国汉堡王费用类型

费用类型	总额	应付日期
权利金	每月总销售额的 4.5%	每月 10 日支付
广告费	每月总销售额的 4%	每月 10 日支付
租金（店铺为汉堡王公司资产时）	视情况而定	基本租金：每月 1 日支付 百分比租金：根据协议而定
建筑改善费（店铺为总部资产时）	每月 500 美元	每月 1 日支付
逾期费用/利率/印花税	每年 18% 的较小税率或 Florida 法律允许的最高税率	根据需求支付
权益移转	2,000 美元	支付给出售或转让的加盟者
申请费	250~5,000 美元	提出加盟申请时
新加盟者培训费	2,000 美元	当你卖出加盟权时支付（Payable when you sell the franchise）

续表

费用类型	总额	应付日期
延长加盟费用	每年 2,500 美元	签署延长契约后支付
投资支出（营销费用）	共同协议的价格	每月 10 日支付
销售移转研究费	最低 5,000 美元；最高 8,000 美元；平均 6,000 美元（每个可能受影响的餐厅）	如果报销的话支付给供货商或者是汉堡王公司
销售的影响	贡献视情况而定	根据协议而定
储值卡服务（Gift Card Services）	视情况而定	根据协议而定

动脑时间

1. 当你欲开设一间 7 - ELEVEN 加盟店，会有哪些经营费用产生？

2. 请举一实例说明其加盟金、权利金与保证金如何收取。

资料来源：1. 李镨龙：《齐德赛以哑铃策略挽救汉堡王营运困境》，《工商时报》E1 版，2008 年 9 月 8 日。

2. 黄仁谦：《大成 & 汉堡王加盟变合伙》，《经济日报》（台湾地区），2008 年 10 月 23 日。

3. 美国汉堡王加盟信息 http：//gwdocs. whopper. com/FDD/FDD_ USA. pdf，检索日期：2012 年 2 月 29 日。

第2章 连锁企业的市场机会

学习目标

1. 了解连锁经营基本知识。
2. 了解连锁经营的优势和风险。
3. 了解国内连锁发展趋势。

章首个案

Dr. Wells 让牙医也连锁经营

台湾连锁加盟产业蓬勃发展，牙医诊所也能连锁？

截至 2011 年，Dr. Wells 国维牙医连锁已广布中国台湾、美国、菲律宾、中国大陆，共有 60 多家连锁诊所。除此之外，旗下负责产品研发的"国瑞生医"股票也于 2011 年公开发行。而 Dr. Wells 国维牙医诊所如何通过"规模、质量、品牌"建立连锁品牌核心价值呢？Dr. Wells 国维牙医除了建立牙医师和患者间紧密关系，也建立牙医师与 Dr. Wells 国维牙医间的连锁企业经营模式，彼此共享资源，共创价值，塑造患者对于牙医师以及 Dr. Wells 国维牙医的品牌价值与认同感。

在提升消费价值方面，国维联合科技公司董事长曾育弘曾表示，在国外，当民众有牙齿病痛时，无论症状简单与否，牙医师都会替病人做完整的诊断,如检视 X 光片、模型、临床检查诊断等资料,并制订出治疗计划。但在台湾地区,医师多半只会处理病痛的牙。而 Dr. Wells 国维牙医有别于过去的牙医,让"完整的治疗计划"改变消费者的看牙体验,创造不同消费价值。

针对诊所的管理层面,过去许多传统诊所属于一人诊所,作业流程仍停留在纸本、人工的时代,从病历、排诊到库存管理都没有任何电子化、系统化环节。也因如此,难以将诊所扩张、多找一些医师来帮忙。因此,Dr. Wells 国维牙医首先导入 web ERP 系统,协助病患排诊、医师助理排班,有效率调度及精简人力。并且通过顾客关系管理掌握客户数据库管理阶层以掌握新患者率及患者组成,从而检视每月的实际经营情形。

除了后勤操作系统重导入,Dr. Wells 国维牙医的加盟牙科也共同投资、分享仪器设备。过去一家牙医诊所,只需要自筹新台币三四百万元即可成立,但现在牙医诊所比装潢、比气氛,诊间投入成本有可能超过新台币千万元。若要导入新型机器,如 X 光机或是 3D 齿雕仪器需要新台币两三百万元,术前断层扫描仪更高达新台币一千两百万元一台,一般中小型诊所绝对负担不起。因此,Dr. Wells 国维牙医通过 web ERP,让有机器的诊所接收其他诊所的病患数据,进行特殊病例讨论、远程教学,创造独立诊所无法达到的联盟整合。因此,这样的一致性的服务与后勤支持,使得Dr. Wells 可挂上连锁招牌,建立竞争优势,提供更佳的医疗服务。

资料来源:

1. 黄丽秋:《牙医连锁开创微笑商机 Dr. Wells》,《能力杂志》2008 年第 3 期。

2. 王慰祖:《国维牙医连锁目标 200 家分院》,《经济日报》(台湾地区)B12 版,2007 年 11 月 26 日。

3. 国维牙医官方网站 http://www.drwells.com.tw,检索日期:2012 年 2 月 29 日。

▶▶ 2.1　连锁经营基本知识

根据统计,依照目前市场的竞争环境,自行创业者在五年之内仍能够营业成功的概率不到二成，但参加连锁加盟事业的失败率则不到二成。如此高成功的比率，不但提升加盟者的信心，也会连动促进连锁企业的发展。

连锁经营之所以受到欢迎，主要有两个原因：①在开始经营被授权的加盟店之前，连锁总部做了大量的努力与经验累积；②连锁总部和加盟者双方在企业经营活动中都投入大量的心力和物力。因此，连锁总部和独立企业间最大的区别在于连锁总部在开放加盟之前，需累积市场经验，并且建立完整标准的作业流程，对于加盟者也多了一份责任。换句话说，加盟者拥有获得完整 Know - How 移转的权利，包含品牌商标使用、商品开发、商圈开发、资讯系统、物流系统开发、店铺营运管理及教育训练知识移转，快速累积商店经营经验。

一般来说，连锁总部授予加盟者有限使用其商标或商品名和经营体系（商业模式）的权利，同时收取权利金。加盟者要接受适度使用商业机密、经营程序、商品或服务营销和员工培训等方面的训练。

截至 2011 年，全台湾加入加盟体系的早餐店约有 11,000 家，每家加盟店的加盟成本约新台币 19 万 ~ 30 万元，连锁总部通过贩卖其商标、名称、Know - How，引进加盟店以扩展市场。在趋近市场饱和的早餐市场，众多业者通过差异化，将市场再细分。如麦味登随着"M"型社会趋势，除了通过原有新台币 19.9 万元套装式开放加盟外，亦推出加盟金新台币 31.9 万元的早餐店升级版"麦味登精致早餐"，将招牌与菜色差异化以区隔市场。

2.2　连锁经营的优势和风险

连锁企业经营有许多成功的案例，如麦当劳、通用汽车、可口可乐、肯德基、21 世纪风味馆、康是美，其展示了经济规模、成绩不凡的连锁经营体系实力。今天，许多其他类型的行业也期望通过连锁经营寻求规模发展，甚至在台湾的任何地点，台北、台中或高雄皆可以看到连锁店，如医生、律师、牙医和会计师。除此之外，甚至保姆服务、居家修缮、清洁打扫、装饰装潢以及老人照顾等商店也通过加盟不断扩展并展现了卓越绩效。

33

连锁经营商业扩展模式之所以能够发展迅速，究其原因，一是因为连锁经营是一种经营技巧、经营形式的复制，是一种 Know – How 的移转，它不受资金、地域、时间等各方面的限制，可以在同时间发展多个加盟店。连锁经营是无形资产的移转，不受硬设备的影响，因此在任何空间下皆有发展的可能性。二是因为连锁经营在跨国移转时，通过引进特色的经营项目，直接复制国外先进的商业管理经验，降低失误成本；对连锁总部而言，通过复制成功经营经验，向加盟者收取权利金与加盟金授权将品牌、商标、商誉予他人经营，无须总部直接投资，迅速扩大名声与市场规模；对于加盟者而言，不用自己去摸索如何开创新事业，只需向总部支付一定加盟金，即可长期得到总部的业务指导和服务，因而降低投资风险；对消费者而言，到一家具市场知名度的商店消费，不仅购买到商品并购买到信心，同时得到一致性的服务水平，使消费者权益充分得到保证。在多方受益之下，连锁经营商业模式迅速扩展。

根据创业调查，想要开店当老板，最受欢迎的仍然是小资本的餐饮业，资本额新台币 50 万元以下最受欢迎。尽管不景气，但加盟创业方式仍逆势成长，是许多人投资创业的快捷方式，除小资本回收快的餐车和早餐店是热门产业，另外咖啡馆也成为资金充足、想要永续经营的选择。尽管小额创业受到欢迎，但如何选择提供精致服务、持续创新成长的良心连锁总部？然而，连锁总部经营究竟具有什么样的经营优势？是否会连带产生负面劣势？对于加盟者而言，又会有什么样的优缺点？将于下节深入说明。

2.2.1 连锁经营对连锁总部的优势

2.2.1.1 连锁总部不受资金的限制，可以迅速扩张规模

一般来说，直营店发展速度相对缓慢，所需资金较大，总部的投资风险也相对增大。若没有雄厚的资金做后盾，又不能以最快速度占领市场实现规模经济效益，则极可能资金周转不灵或亏损，有些甚至不得不关门或出让。而开放加盟恰可以弥补直营经营的此缺陷，不受资金限制迅速扩张。加盟者需自行出资开设分店，因此，加盟者对分店拥有所有权，总部只需提供测试成熟的经营方式。当然，加盟者无须总部出资并不等于总部在经营中不需要资金，总部在初期创品牌时往往需要大量投入，通过直营店累积成功经验，进一步进行经营方式的授予，在以后的经营中才能降低资金投资比例。

由于连锁经营风险较小，各金融机构愿意贷款给总部以及加盟店，而使资金问题得以解决，加快了加盟发展。另外，总部通过出售自己公司的商誉、商标、品牌、经营模式等无形资产，不仅开分店无须自己出资，相反还能从加盟者手中获得加盟金、权利金，扩大商店在市场的占有率。

2.2.1.2　加盟者积极努力，利于连锁总部人事发展

加盟者是加盟店的真正主人，加盟店经营好坏与其切身利益紧密相关。对于加盟者而言，他们投入自己大半辈子心血到该连锁事业中，一旦破产则会"血本无归"，即使有些人是从银行贷款中投资的，但若无法归还，则贷款时的抵押物也不得不赔进去，皆为加盟者不愿见到的结果。因此，加盟店的加盟者会勤奋努力地工作、具有责任心，期望能将自己的商店经营得有声有色，进一步使得总部的事业、信誉与声望持续扩展。

国外许多连锁总部均要求投资者必须亲自参与经营与管理，甚至在合约中明文规定，一旦发现加盟店经理是投资者聘用的，则立即取消其经营权。因此，加盟者会被连锁总部要求从最基本的扫地、清洗等工作学起，凡事不论大小，都要亲力亲为，也从中让加盟者了解加盟经营须一步一个脚印地踏实累积。

2.2.1.3　连锁总部可以降低经营费用，集中精力提高企业管理水平

连锁经营方式可以使连锁总部得到更多的经营优势。如随着加盟者的不断增多，集中采购商品的数量越多，供货商可提供的折扣和优惠条件也相对增加，付款期限也可延长，从而降低了进货成本，也降低了商品售价，增强了企业的竞争力。另外，作为连锁经营，连锁总部负责广告策划和实施，广告费用则由各加盟店分担，这实际上降低了总部的广告宣传成本。而连锁总部给予加盟店的各项援助，都可从各加盟店的营业额中抽取一定比例获得补偿，这实际上将一些管理费用分散到各加盟店分担，相应降低了总部的经营成本。

由于连锁总部无须处理各分店在日常经营中可能出现的各种问题，也无须处理每个分店可能出现的人事纠纷问题，因而可以集中精力改善经营管理、开发新产品、做好支持系统。总部通过各分店搜集市场信息，实时开发符合消费需求的新商品，改进其外观与质量，反过来再推向市场，加快畅销商品的培养。除此之外，也可通过 POS 数据搜集对消费信息的了解，研究改进商店设计、广告策划、商品陈列等一系列问题，使各分店保持统一形象，建立品牌形象，吸引消费者。

2.2.1.4 连锁总部可以获得政府支持，加快实施国际化发展策略

随着世界各国连锁企业的不断发展，大者恒大的发展趋势造成商业集中和市场垄断，各国政府也逐渐正视该市场自由竞争的作为。就零售业而言，集中程度的提高，源自于零售业中的许多业态，如饮食业、食品业、百货等大力发展连锁商店，排挤小型零售业者，尤其微小企业在竞争中大量倒闭、歇业或兼并。

在这种情况下，许多国家的政府已意识到保护中小企业的重要性，制定一系列措施，支持鼓励连锁组织的发展。如日本对加盟店所需现代化设备资金的80%发放15年期限的低息、贴息，甚至无息贷款；新加坡政府对加盟店提供25%～50%的委托咨询费和用于商店装修改造的优惠贷款；美国、加拿大也纷纷制定相应政策，为中小企业打开方便之门。因此，相对于直营经营，连锁经营在政府的支持下具有更多的经营优势。

连锁经营较直营经营更容易打开他国国门，实施国际化战略。因为许多国家，尤其是发展中国家，其市场是逐渐向外开放的，对零售业、服务业等第三产业更为谨慎，外国资金要进入这些行业非常困难。而连锁经营是一种无形资产的许可，并不涉及外资的进入，因而可以绕过壁垒，大张旗鼓地将事业发展到世界各地。

2.2.2 连锁经营对连锁总部的劣势

2.2.2.1 加盟店自我膨胀，难以控制

加盟者经营一段时间后，往往会产生两种情绪：一种是营业额高，利润超过预期，使加盟者完全认为是自己功劳而产生独立念头，认为没有总部也能经营好，甚至企图摆脱总部的指导和监督；另一种是加盟者感到利润增长不如预期，因而失望产生不满情绪，不想维护加盟关系。对这两种情绪，总部都要小心处理，尽可能地持续控制与帮助加盟者，通过良好沟通解决问题。

2.2.2.2 公司声誉和形象会受到个别经营不好的加盟店影响

连锁总部与加盟店之间是相互依赖与影响的关系，其中一方出了差错都会带来严重后果。总部的决策错误，会使加盟店的利润受到影响；而加盟店经营未尽心力，亦会降低连锁体系整体声誉。

在连锁经营中，虽然总部已通过经验复制将开店风险降至最低，但加盟者为执行者，投入自身精力与资金。因此，双方皆为商店经营投入自身资源。若加盟店不按总部建议经营，随意更改总部标准程序，或不尽最大

努力导致经营失败，这不仅使加盟者经济受损，亦会损害总部声誉以及其他加盟店多年来经营的企业形象。因此，选择适合的加盟者对连锁总部来说相当重要。

连锁快线

管理不易　加盟店良莠不齐

知名平价连锁咖啡店爆发"假爱心，真逃税"、"未来蛋糕"事件。随着加盟店数增多，连锁总部尚未实时拟定完整管理方案，导致事件频传，严重影响了企业形象。

首先，"假爱心，真逃税"事件，知名平价连锁咖啡店在税务局调查后发现，该连锁咖啡店分店利用消费者所捐出爱心发票捐赠箱的发票，谎称消费者退回后加以作废。店家打烊后，将金额较高的发票回收，申报作废，降低销售额，逃避营业税及所得税，这样的举动也影响了企业形象。后又爆发"未来蛋糕"事件，有民众晚间至该连锁咖啡店购买蛋糕，但仔细看了一下日期，发现卷标上显示的日期竟然是隔天的日期，这样的事件也让人质疑该公司的商品质量是否安全无误，上述事件大大影响了企业形象。

资料来源：陈静宜：《加盟店良莠不齐，争议不断：管理困难》，《联合报》，2008 年 9 月 14 日。

2.2.2.3　当发现加盟者不能胜任时，无法弹性更换

连锁总部在挑选加盟者时是相当谨慎的，许多连锁总部以产权明确、资金不雄厚、学历普通但肯努力的人作为筛选加盟者的主要条件。这些加盟者为了达成自身利益，会倾全部积蓄和精力，按部就班地照总部标准程序执行。对连锁总部而言，不仅维护了总部良好声誉，亦为自己带来可观效益。尽管如此，该特质的加盟者并不好找，尤其总部快速发展时，会发现要找到足够数量且合适的加盟者是有难度的。若不谨慎挑选，当发现加盟者不能胜任工作时，总部无法像经营直营店般具有更换经营者的弹性。

2.2.3 连锁经营对加盟者的优势

2.2.3.1 使投资成功的机会大大提高

在当今日趋激烈的竞争环境里，市场机会对一个资金有限又缺乏经验的投资者来说，要在高度饱和的市场环境中独立开创一份自己的事业是很困难的。但投资者若选择一家实力雄厚、信誉高的连锁企业，加盟其中，其成功的机会将大大提高。小投资者加盟连锁经营网络，不但可以从总部获得专业技术，又可得到各方面的援助，这对于缺乏经验的创业者来说，是通往成功的快捷方式。

一般情况下，采取加盟的创业方式要比独立创业的风险小得多。据美国中小企业管理部门统计，在开业第一年就失败的自营店铺比例高达 30% ~ 35%，而采用加盟经营方式的店铺在开业第一年失败的比例仅为 3% ~ 5%。

2.2.3.2 加盟者可以得到具有系统性的管理培训和指导

企业是否拥有一套成熟并被市场证明的高效率管理方法无疑是事业成功的基础。如果一家新企业要独自摸索出一套可行的管理方法，往往需要较长的时间。但如果投资者加入连锁企业，他就不必一切从头做起，尽管他完全没有专业知识和管理经验，也可以立即得到总部的管理技巧、经营诀窍和业务知识方面的培训。这些培训包括管理、服务、支持等，而这些经验是总部经过多年实践，已被证明是行之有效的，并形成一套规范化的管理系统，加盟者按照这些标准化的经营管理方式，极易获得成功。

更值得一提的是，加盟者还可以直接从总部那里获得许多帮助，有些总部甚至还会派专门人员帮助加盟者解决企业在开业之初和经营过程中出现的任何问题，使之集中精力以最有效的方式管理加盟事业。另外，好的总部为了提高整个连锁企业的名誉，都会随时开发独创性、高附加价值的商品，以产品差别化领先竞争对手，加盟者可以坐享其成，无须自己去开发，这些对于一个初步入商界的投资者来说是十分有吸引力的。

2.2.3.3 加盟者可以集中进货，降低成本，保证货源

连锁经营最大的优势在于集中进货与配送上，由于连锁总部将众多分散的小零售商组织成一体，从总部的角度扩展规模，使得进货成本和库存成本大大降低。连锁总部在集中进货时，由于进货批量大，对供货商的议价空间也大，可获得具优势的进货价格。同时，由于各加盟店在商品结构的组成上是依据总部的规划，因此较具组织性，故在进货上克服了自营商店的盲目性。加上总部配送频繁且快速，加盟者能将商品库存单位压到最

低，降低库存成本。

由总部统一集中进货，另一大优点是可以充分保证货源，防止商品缺货，不必担心数量不足、商品缺货。由于总部快速的商品配给、定期配送为加盟者节省了大量的时间精力，也吸引了消费者的光顾。

2.2.3.4　加盟者可以使用总部的品牌或服务

对于创业者来说，欲提高曝光度与知名度，进而吸引消费者，即所谓的"打响品牌"是一条漫长的路。当然，通过大量的广告展开宣传攻势，力求在最短的时间内使自己的"品牌"深入消费者的印象中是迅速曝光的方式。

但是对于资金有限，产品不具差异化特色的自营商店而言，他想要打出自己的品牌可谓难上加难。

因此，通过进入加盟系统，使用连锁总部建立的品牌商标、良好的公众形象和高质量的商品服务、分享无形资产，通过既有的品牌知名度与信誉吸引消费者，则会把加盟者的分店看成是某大集团属下的企业，从而增加信赖感。利用这种优势，加盟者可以迅速稳固市场地位。

连锁快线

看准市场需求　适时推出服务

全球知名快餐连锁店麦当劳在 2003 年为提振士气，推出八种可供选择的 1 美元餐点，成为美国 1.4 万家麦当劳的人气餐，如吉士堡（Cheeseburgers）、双层吉士堡（Double Cheeseburgers）、两个苹果派（Apple Pies）等，在金融风暴来临前，业绩并没有明显成长，但在金融风暴发生后，高达 53.3 万名劳工遭到裁员，这些人反而成了麦当劳 1 美元餐点的最大客户，凸显了麦当劳在金融风暴下与其他竞争者的差异。麦当劳推出了"麦当劳咖啡"开始抢攻咖啡市场，以高质量、低价位的优势，进军市场。相较于一杯 4 美元的星巴克咖啡，麦当劳以 2~3 美元的价格出售"麦当劳咖啡"，因此，在原物料成本的经济环境下，所有麦当劳总店及分店均可借由此创新服务、方案吸引消费者，来获得更高的效益。

资料来源：麦当劳官方网站，http://www.mcdonalds.com/us/en/home.html.

↑麦当劳在欧洲也推出 1 欧元餐点，成功创造了新商机。

2.2.3.5　加盟者可以减少广告宣传费用，达到良好的宣传效果

个体经营者加盟连锁企业后，即可拥有统一的广告宣传，而每个加盟店则需按一定比例向总部缴纳一定费用。总部经过策划后，采取联合营销，发布全国性广告，内容一致，影响力颇大，对广告商也有一定吸引力，有利于降低广告成本，甚至可通过集团的力量进行子公司间的交叉营销。各个加盟店成员都能从中受益，所分担的费用比单独做广告显然要低得多。其实，连锁企业的分店少则几十，多则成千上万，这些散落在全国各地的分店就是最好的"活广告"，它们每天都在提醒着消费者其品牌的存在，各加盟店在无形中已经享受了这种宣传优势。

2.2.3.6　加盟者较易获得银行或连锁总部的资金帮助

对于一个独立经营者或初创业者来说，资金筹措问题是最棘手的。他们往往会因为资金不足而不能顺利开业，丧失良好市场机会；或者因为资金周转不灵而陷入困境。但若成为加盟者，资金的筹集相对容易，有些连锁总部甚至会给加盟店预拨一部分资金作为资金援助。

另外，连锁总部会帮助加盟店与银行建立关系，甚至采取连带担保方式，使加盟店贷款较为容易。现今，许多银行也认为连锁经营是建立新企业的一种安全途径，在连锁总部的"保护伞"下，企业将有能力创造更多的利润。因此，银行较愿意贷款给加盟者。此外，目前世界各国政府为鼓

励连锁经营，制定了许多优惠政策，包括资金方面，使得加盟者较易获得低息长期的贷款，以解决资金来源问题。

2.2.3.7　加盟者可获得连锁总部的商圈经营保护和更广泛的信息来源

一般来说，连锁总部会对加盟店所经营的商圈进行划分与保护，即在某一区域只接受唯一的加盟者，不再开设其他连锁店，以避免同商号的恶性竞争，保证双方的利益。另外，连锁总部会汇整各加盟店的消费信息进行统计分析，并实时反馈给加盟店，使之可随时对周围的各种环境进行掌握，而各加盟店亦能及早采取应对措施。

2.2.4　连锁经营对加盟者的劣势

2.2.4.1　经营受到严格约束，缺乏自主权

加盟者加入连锁经营组织后，其付出的最大代价为自由度受限。从商店的布置、商店的陈列、经营的商品品类、经营设备、经营方式，甚至店员的行为、语言、穿着都必须符合总部的规定，分店只有遵守总部安排的义务，没有"独树一帜"创新的权利。

缺乏自由度，可能使投资者失去应变能力。例如，当加盟店发现附近出现了一个竞争对手后，对方某些商品售价比自己低，因而抢去了不少生意。如果是自营商店，可自行决定该如何反击。但若是加盟者，则要遵守总部制定的统一商品售价，不能擅自改动，否则将违反合作契约。因此，加盟店遇到这种情况，只能向总部反映，如果总部不愿为了个别加盟店而更改全线商品价格，则加盟店也无计可施，只好眼睁睁地看着竞争店抢去自己的生意。

商业竞争最讲究的是灵活应变、出奇制胜。自营商店有经营自主权，经营弹性较大，只要投资者眼光看得准，随时可以运用自己的智慧想出一些别出心裁的新方案。而加盟者只能循规蹈矩，自由度受限，尽管创业的风险要小许多，但生意也难有较大突破。因此，如果投资者有强烈的自主权，对产品有创新能力，则可发挥自己独特的创业思路，不需要加入连锁组织成为追随者。

2.2.4.2　总部出现决策错误时，加盟者会受到牵连

投资者若加入了连锁企业，与连锁总部成为生命共同体，是成是败，与总部的决策有很大的关联。尽管加入连锁企业可以降低经营风险，但并不意味着没有风险。连锁经营也有失败案例，总部决策失败或失去市场敏感度等皆会造成加盟者投资受损。由于加盟店的一切事务均由总部安排和打点，加盟店失去了自由，一旦总部支持上出现延误，加盟店将会受牵连。同时，若总部在制定有关企业革新上出现决策失误或持续创新能力不足，就会使整个加盟体系遭受损失，也会造成加盟者投资损失。正因如此，连锁总部推出一项事关重大的决策时，通常都在直营店进行试验，成功之后才能全面导入。

另外，由于加盟者处处服从总部领导、听从指挥，又会使自己变得过分依赖于总部，从而失去了个人动力。而过于依赖总部将失去洞察力，造成错误地以为经营责任须完全归咎于连锁总部，以为总部可以保证各单店稳定吸引大批顾客，并且总部可无条件提供各式后勤支持服务。但这些想法都不切实际并且有碍连锁企业的发展。

2.2.4.3 标准化的产品和服务，造成无法因地制宜

投资进入加盟体系，除了风险较低外，在采购、货运及营销支持等方面皆可得到总部协助，的确带来众多好处。但从另一角度看，这种标准化产品和服务，是否会使得加盟店缺乏创意及弹性，无法因地制宜？

在商业促销方面，单店经营者可不断推出新方案吸引消费者，灵活创新，完全由自己做主。但加盟者则受制于总部，只能按照总部规划执行，缺乏临时改变商品售价或经营策略的弹性。同时，加盟店所有商品、设备、原料等皆由总部统一分配，呆板的商品和服务将降低加盟店对顾客的吸引力。

因此，连锁总部的创新商品、营销策略在维持竞争力上显得相当重要。但连锁总部企业规模庞大，策略的执行不比单店迅速，甚至若连锁经营范围广阔，如全美国地区或全中国地区，各省份的经营环境差异巨大，流行趋势亦不尽相同，要求总部提供不同地区因地制宜的产品或服务则会面临相当的困难度。除此之外，总部为维持其一致性形象，则会委任各地区的督导人员进行协助及监督，若该人员对当地状况不尽了解，使督导徒有虚名，无法提供实质帮助，对加盟店反而会形成负担。

2.2.4.4 发展速度过快时，总部后勤支持能力不足

当加盟店成长迅速，总部的后勤支持系统无法同步支持进行有效的协助和指导时，将减弱总部的控制力，使连锁系统名存实亡，成为一盘散沙。在这种情况下，加盟店便成了直接的受害者。如某加盟店具有地理优势，生意经营良好，但由于连锁组织扩充太快，后勤系统的原料补给不及，致使加盟店无法正常运作。尽管如此，加盟店受限于契约规范，不能自行寻找原料，则陷入了经营困境而遭受损失。

42

由于膨胀过速而招致失败的连锁店时有所闻，在台湾，某知名甜品连锁加盟业，在成立之初，快速开放加盟，总部尽管授予加盟店商标的使用权，并进行开店前人员培训、技术转移与原料的供应，但在商圈与消费潜力的评估上过于草率，导致形成昙花一现的经营状况。在消费流行浪潮后，许多单店无法平衡开销与营收，纷纷倒闭。像上述尽管提供人员训练、标准作业流程与授权品牌经营，但未巩固加盟权益，对商圈重叠经营情形与消费趋势发展未能掌握精确，则将重击加盟者的信任、资源与精力，也影响了其连锁拓展。

2.2.4.5　加盟店的退出或转让将受到合约限制，困难重重

加盟者与连锁总部签订合约后，在合约期间必须依循加盟契约经营，不能有其他选择。若在合约期间想中途中止合约，一般总部出于自身利益考虑不会轻易同意。若他执意执行，就只能通过法律程序解决。如果加盟者想将商店转卖给第三者，或者迁移他地，尽管该店土地和建筑物等都归加盟者所有，也须经过总部的允许。即使在契约中止后，如果仍从事类似的商业活动，仍然会受竞业禁止条款限制。

总而言之，尽管连锁经营有利有弊，但其好处依然是显而易见的，作为一个小资本的创业者，选择连锁组织仍不失为一个明智之举。但投资者必须充分认知任何事物都不只有百利而无一害，在踏进连锁经营组织的那一刻起，你就走进了一个充满风险的商业世界。

▶▶ 2.3　台湾地区连锁发展趋势

2.3.1　便利商店

2007～2009 年，台湾便利商店总店数已突破 9,000 家，7 - ELEVEN 占市场最大份额，其次为全家便利商店与莱尔富便利商店（见表 2 - 1）。然而便利商店在市场狭小的台湾很快就呈现饱和的状态，而台湾便利商店也开始面临如何以现有的店数创造更大的利益，这也是台湾便利商店目前所面临的最大问题。

表 2 –1 便利商店店数统计（2007～2010 年）

	2007 年			2008 年			2009 年			2010 年		
	总店数	直营	加盟	总店数	直营	加盟	总店数	直营	加盟	总店数	直营	加盟
统一超商 7 – ELE – VEN	4,726	647	4,079	4,796	494	4,302	4,700	500	4,200	4,750	616	4,134
全家 Family Mart	2,248	244	2,004	2,324	205	2,119	2,424	193	2,231	2,601	255	2,346
莱尔富 Hi – Life	1,300	354	946	1,236	361	875	1,240	206	1,034	1,244	227	1,017
富群超商 OK	821	227	594	828	227	601	840	84	756	840	58	782
合计	9,095	1,472	7,623	9,389	1,287	7,897	9,204	983	8,221	9,435	1,156	8,279

在市场饱和的情况下，台湾便利商店纷纷开始转型，朝向提供全方位服务的经营模式，在自家商店内开始卖起早餐、咖啡，提供更多的便利服务，如宅急便、档案打印、提款机、订票、团购等，并扩大自家商店，而在实体店铺设备陆续增设后，便利商店业者也开始通过多种营销结合来增加效益，如全家与快乐购（Happy Go）合作，推出"全家快乐购卡"累积点数，利用快乐购的多个特约渠道，提高民众的购买率。甚至在 2009 年年底，便利商店开始趋近大型化经营，转向便利量贩店形式，利用网络与店面开辟整箱包装货架，抢攻量贩店市场。如统一超商 7net 购物网站。

连锁快线

超商转型大刀阔斧　再度抢攻消费者钱包

台湾三大便利商店开始大张旗鼓地扩张、改装自家商店，增设桌椅，让民众可以在店内用餐、提供无线网络让民众做自己想做的事情，如同统一超商在广告中所说的，"便利商店不只是'便利'，也是你的'行动办公室'"，增加民众的留店率，甚至还出现"隐形二楼"，延伸预购服务，从零售跨入量贩及网购服务，抢攻量贩市场；全家则在服务与饮食上面着墨，店员更换新制服，规定要搭配衬衫和领带来提升质感，并推出"夯番薯"品牌，成为便利商店鲜食的健康新产品，深受上班族女性的喜爱；而莱尔富则是推出现烤面包坊，增加了面包烘焙空间及面包展售区，让消费顾客可清楚看到面包师傅现场制作及烘焙面包过程，以强调面包的现做新鲜感来吸引民众。

↑统一超商改装自家门市，门市变得更加时尚、舒适，让消费者有耳目一新的感觉。

↑莱尔富增加烘焙空间，强调现烤现卖的烘焙面包，让消费者多了一些选择。

资料来源：黄玉祯：《把坪效圣经丢进垃圾桶　没营收的座位区让超商更赚》，《商业周刊》2010 年第 1204 期。

2.3.2 量贩店

1989 年以多样化产品、低价格为诉求的台湾万客隆成立，台湾则掀起一波购买热潮，借此以价格为主要核心的量贩店便一一成立。根据有关部门对量贩店的定义，量贩店需要拥有数千平方米的大型卖场，货物种类需达数万种，可以满足一次购足，而卖场就等同于仓库。若量贩店开放加盟经营，在资源整合与取得上是相当困难的，因此，量贩店皆以总部直营方式开立分店。

量贩店的核心竞争力为价格，因此规模经济对量贩店业者来说是最重要的，量贩店要通过不断展店来维持大者恒大的量贩市场，以稳定营收。然而，随着新竞争者不断进入，量贩店逐渐饱和，加上异业态竞争者，如便利商店与超级市场不断的展店，民众方便购买，瓜分了市场。在此态势下，量贩店业者也不断寻求差异化商品开发或经营方式来区隔市场。因此，量贩店自有品牌便出现，打出"领导品牌代工，质量中上、价格比领导品牌低"的口号，成功吸引了不少民众购买。

在量贩店发展史上，也出现了量贩店合并潮，分别是 2000 年中国台湾的远东爱买与法商吉安量贩店合并为爱买吉安量贩店，2006 年家乐福与特易购宣布交换彼此的海外资产，特易购从此退出台湾市场，也创下全球量贩业者海外资产置换的先例。以上的两个合并潮充分显现出，量贩店以合并的方式，继续维持大者恒大的经营模式以稳定营收，也因如此，第一大量贩店家乐福占了接近 60% 的市场占有率，如表 2 - 2 所示。

表 2 - 2 量贩店店数统计（个）

	2007 年总店数	2008 年总店数	2009 年总店数	2010 年总店数
家乐福	48	60	65	63
大润发 RT - MART	23	24	24	26
爱买吉安 Geant	14	15	16	18
好市多 COSTCO	5	5	6	6
合计	90	104	111	113

连锁快线

自有品牌成量贩店差异化武器

2009 年受市场景气影响，带动量贩店自有品牌销量成长二至三成。自有品牌商品为指标品牌代工制造，不仅质量有保证，价钱也可以便宜 20%～30%。过去量贩业者以低价为基础，开发自有品牌满足消费者。随着消费习惯养成，低价已无法满足需求，消费者转向高质量低价格的要求。而自有品牌也顺应市场趋势，发展出不同系列，如家乐福自有品牌的商品就超过 3,000 种，强调优惠价的家乐福自有品牌大致可分为红标的"家乐福超值商品"、蓝标的"家乐福商品"，满足消费者不同层次的需求；爱买的自有品牌品项则有 1,000 多种，而且平均每个月都会有 10～20 项新产品上架，自有品牌"最划算"价格比其他品牌便宜 15%～35%。除此之外，在量贩店竞争白热化的现在，产品差异化与经营差异化抑或是抢攻量贩店市场的好选择，如好市多（COSTCO）利用不同于中国台湾量贩商品，以美式商品为主，并以收费会员制的方式经营创造顾客价值，来吸引消费者消费。

资料来源：江佩君：《量贩店自有品牌超夯 卫生纸卖得吓吓叫》，《卡优新闻网》，2009 年 6 月 24 日，http：//www.cardu.com.tw/news/detail.htm？nt＿pk＝6&ns＿pk＝7004，检索日期：2011 年 7 月 1 日。

2.3.3　美容 SPA 店

随着人们生活过得越来越忙碌紧张，压力剧增，人们开始对休闲、养生、美容，让身体与心灵可获得放松舒缓的 SPA 兴起一股风潮，台湾美容 SPA 产业，最初仅是以具有疗效的温泉和矿泉区为主，后来化妆品产业也纷纷加入美容 SPA 行业，如诗威特，甚至连电视集团都想分一杯羹，如东森集团所成立的蝶蒙 D'Amour SPA，因此造就竞争激烈的 SPA 产业。

青辅会调查发现，女性最想创业的年龄集中在 30 岁以下，占总体 42%。调查中也发现有 26% 的女性选择休闲生活产业，其次为健康美容业。尤其是 25 岁以下的年轻女性对美容 SPA 店相当感兴趣。因此，对女性而言，从业数年后，通过习得技能加盟创业是很热门的事业经营方向。

在 SPA 热潮的带动下，一些化妆品企业也开始注意到 SPA 市场具有的巨大潜力，开始以差异化经营加入 SPA 竞争。如香奈儿大力拓展 SPA 市场，设立香奈儿 SAP 休闲旅馆为高级消费者提供专业美容疗程服务。而为了有别于传统的服务地点，美容 SPA 业者也积极在百货公司、五星级酒店里开设据点，目前市场占有率第一（见表 2-3）的自然美积极拓展高级市场。而结合医疗的 SPA 美容将是未来发展的趋势，若进一步将美容 SPA 与男性及家庭再作结合，想必美容 SPA 将会更具吸引力。

表 2-3　美容 SPA 店数统计（2007~2010 年）

	2007 年			2008 年			2009 年			2010 年		
	总店数	直营店	加盟店	总店数	直营店	加盟店	总店数	直营店	加盟店	总店数	直营店	加盟店
自然美	532	10	522	442	9	433	442	9	433	367	7	360
诗威特	215	0	215	216	0	216	219	0	219	219	0	219
露丝贝儿	110	0	110	80	20	60	*	*	*	*	*	*
佐登妮丝	127	109	18	127	109	18	121	108	13	120	107	13
彭村梅	46	46	0	46	46	0	44	44	0	44	44	0
蝶蒙 D' Amour SPA	42	2	40	43	3	40	43	3	40	39	1	38
媚登峰	40	40	0	38	34	4	38	34	4	37	37	0
姿妳	39	0	39	*	*	*	10	10	0	10	10	0
完美主义	35	14	21	28	12	16	28	12	16	27	9	18
合计	1,186	221	965	1,020	233	787	945	220	725	863	215	648

*台湾连锁店年鉴无记载。

2.3.4　宠物店

在宠物市场起步之时，小型宠物较受欢迎。如表 2-4 中总店数最多的 A-ZOO 水族馆，就是以鱼为主题的宠物业者。随着生活方式变化、人口老龄化和生活独立化，人们对宠物的需求不断增加，宠物数量亦不断增长。根据有关部门相关数据，全台湾有登记芯片的犬只，2011 年已超过 60 万只，市场预估全台湾的犬只至少有百万只，依据每只犬只饲料、每年一次"八合一"和狂犬病疫苗必须注射等基本消费新台币 5,000 元估算，年产值就有新台币 50 亿元，是一股新兴消费力量。除此之外，宠物还带动新需求，包括宠物餐厅、宠物旅馆、宠物摄影、宠物保险、宠物手工糕饼店，甚至宠物灵骨塔等新行业，各家宠物业者随着消费需求多元，朝向更专业的宠物美容及专业兽医发展，创造差异化。

表 2-4　宠物店数统计（2007～2010 年）

	2007 年			2008 年			2009 年			2010 年		
	总店数	直营店	加盟店	总店数	直营店	加盟店	总店数	直营店	加盟店	总店数	直营店	加盟店
A-ZOO	680	10	670	680	10	670	680	10	670	680	10	670
鱼中鱼水族馆	11	11	0	13	13	0	13	13	0	15	15	0
台湾地区动物医院	10	9	1	11	10	1	10	10	0	14	11	3
咕咕 G 宠物城	11	3	8	11	3	8	11	3	8	15	4	11
慈爱动物医院	9	6	3	*	*	*	14	14	0	14	11	3
奥斯卡宠物水族	*	*	*	7	7	0	7	7	0	9	9	0
御猫园	5	2	3	7	3	4	7	3	4	7	3	4
合计	726	41	685	729	46	683	742	60	682	754	63	691

* 台湾连锁店年鉴无记载。

因此，宠物对于现代人来说就像朋友、家人般。也有专家认为，当一个国家的国民年所得在 3,000～8,000 美元，宠物行业就会快速发展。从某个角度来说，宠物经济可说是国家的经济指标，经济越发达的国家，宠物业相对也越发达。

宠物商机是近年来台湾最热门的市场，统一超商也看准此市场，在 2008 年年初与日本 AHB 集团合资成立宠物达人（Pet Plus）公司，借由统一集团连锁化的经验，除了在百货公司设门市，也开设独立门市让宠物达人（Pet Plus）迅速在台湾展店，而宠物达人（Pet Plus）不仅提供猫狗、小动物活体买卖，销售宠物用品、食品，还提供宠物美容院、宠物住宿、动物医院、Dog 咖啡、Dog 运动场等服务，结合宠物的食、衣、住、行、育、乐而迎合消费者需求，企图抢攻竞争激烈的宠物市场。

2.3.5　有机专卖店

有机专卖店为近几年来新兴的产业，由于现在民众的健康意识提升，兴起"养生"、"有机饮食"的风潮。有机超商与其他一般贩卖大众化商品的超商大不相同,经营者必须具备有机饮食、产品、健康及疾病等相关知识。消费者有可能在进入有机食品店前,不知道自己该吃什么或买哪些产品,所以经营者、店员一定得具备相关专业知识来与消费者沟通。因此,从表2-5可窥视出,在有机商店的经营上,直营商店经营占很高比例,例如绿色小镇经营者詹益清坚持要开直营店,并保持直营店与加盟店数量约3:1的比例。因为有直营店才能贴近市场,才有机会和消费者直接接触,知道什么东西好卖,什么商品应该下架,让品牌永续经营。

↑ 宠物达人(Pet Plus)提供宠物应有尽有的服务,抢攻宠物市场。

表2-5 有机专卖店店数统计(2008~2010年)

	2008年			2009年			2010年		
	总店数	直营店	加盟店	总店数	直营店	加盟店	总店数	直营店	加盟店
无毒的家	75	3	72	69	3	66	67	3	64
绿色小镇	57	16	41	18	18	0	21	21	0
里仁有机	52	52	0	52	52	0	76	76	0
圣德科斯	36	19	17	45	20	25	77	33	44
有机缘地	11	11	0	14	14	0	10	10	0
民雄有机世界	11	11	0	10	10	0	8	3	5

	2008 年			2009 年			2010 年		
	总店数	直营店	加盟店	总店数	直营店	加盟店	总店数	直营店	加盟店
棉花田湘淳	8	8	0	7	7	0	20	20	0
有机园	8	3	5	8	3	5	9	9	0
乐活村	6	6	0	7	7	0	8	8	0
合计	264	129	135	230	134	96	296	183	113

而有机饮食、健康养生的消费趋势，使各家连锁总部纷纷以生态饮食、无农药的健康饮食为主轴，抢攻有机专卖店市场。加上"毒风暴"席卷全台，三聚氰胺与塑化剂风暴席卷消费市场，专卖天然、有机食品的超市业绩在此消费颓势中逆向成长。2009 年，传媒与波仕特在线市调指出有46.30% 的民众去过有机食品店，而有 53.70% 的民众没有去过，进一步调查显示，民众在有机食品的选择上仍会选择较大的品牌，表示大品牌的质量保障是民众最重要的选择。因此，若想要在有机专卖市场立足，获得民众信赖的质量将是决胜的关键点。

2.3.6　生鲜超市

由于生鲜超市最在乎的就是产品的新鲜度，店铺以直营模式经营对于品质控管掌握程度高（见表 2 - 6）。"M"型社会趋势催生了消费习惯走向极端的"M"型消费，而生鲜超市的经营模式也是如此。因此形成市场上有着低价形象快速建立的生鲜超市，也有强调高质量、高价值的顶级超市，分别以"M"型的两端抢占生鲜超市的市场。

表 2 - 6　生鲜超市店数统计（2007 ~ 2010 年）

	2007 年			2008 年			2009 年			2010 年		
	总店数	直营店	加盟店	总店数	直营店	加盟店	总店数	直营店	加盟店	总店数	直营店	加盟店
全联福利中心	394	394	0	452	452	0	500	500	0	572	572	0
顶好 Wellcome	220	220	0	241	241	0	301	301	0	287	287	0
农会超市	94	94	0	90	90	0	90	90	0	90	90	0
松青超市	71	71	1	77	77	0	77	77	0	81	81	0
自由联盟	59	59	0	60	60	0	62	62	0	62	62	0

	2007 年			2008 年			2009 年			2010 年		
	总店数	直营店	加盟店	总店数	直营店	加盟店	总店数	直营店	加盟店	总店数	直营店	加盟店
台湾枫康超市	34	33	1	38	38	0	38	38	0	41	41	0
喜美超市	21	21	0	22	22	0	22	22	0	25	25	0
统冠超市	18	18	0	18	18	0	18	18	0	18	3	15
爱心联盟	16	16	0	16	16	0	16	16	0	16	16	0
俗俗的卖	11	11	0	14	14	0	14	14	0	14	14	0
喜互惠	13	13	0	12	12	0	13	13	0	14	14	0
亿客来	*	*	*	*	*	*	20	20	0	20	20	0
主妇生鲜/省钱	*	*	*	*	*	*	24	24	0	24	24	0
	951	950	2	1,040	1,040	0	1,195	1,195	0	1,264	1,249	15

＊台湾连锁店年鉴无记载。

然而"M"型社会顶端的消费者不一定只会买高价商品，而低端的消费者也不会只购买低价商品，消费者会依商品价值来决定是否购买此商品。因此，如何提高自家商品的商品价值与服务，如提供更加便利、舒适的购物环境，以及新鲜、健康的购物质量，便成为生鲜超市业者最为重要的问题。

连锁快线

低价竞争白热化 "高贵"超市杀出生机

全联福利中心以低价形象优势，在 2009 年店数突破 500 家，给同业超市带来了极大的威胁，迫使同业超市不得不做出回应。如顶好惠康超市在 2010 年大举建店，在中南部开设分店，要与全联福利中心对抗。不过也有些超市业者主打"高贵"来吸引消费者，如松青超市自创 MATSUSEI 精致超市品牌及 JASON 超市，都通过打造精致高级的购物环境与一般生鲜超市产生差异化，创造出生鲜超市的"蓝海"商机。

资料来源：李至和：《顶好抗全联 中南部大展店》，《经济日报》（台湾地区）A15 版，2010 年 3 月 16 日。

↑**JASON** 超市内的精致陈列摆设，塑造高价商品质感。（图片来源：维基共享资源）

2.3.7　餐饮服务连锁店

台湾餐饮连锁业如餐饮业、早餐店等，所需的资金门槛较低，对于资金不充裕又想创业的民众来说是很好的选择。根据中国台湾连锁加盟促进协会调查显示，2011 年民众喜爱十大杰出品牌，分别为 CoCo 都可茶饮、三顾茅庐、丐帮卤味、日出茶太、弘爷汉堡、早安！美芝城、拉亚汉堡、乌贼烧、顶呱呱以及麦味登，皆为餐饮服务连锁店。而在以往加盟展摊位数目最多的早餐连锁业及饮料甜品业等厂商也都有相当多的加盟意愿成交件数，这些证明台湾的餐饮服务连锁业仍是台湾民众加入连锁加盟的最佳选择。

近几年，随着人民生活水平的提高，对于饮食的要求越来越高，且餐饮服务业在连锁市场有相当大的占比。随着近几年经济形势的改变，餐饮业者逐渐将市场的焦点转向国际市场，开始着重品牌的建构。最知名的例子有 85 度 C、王品集团等知名餐饮连锁企业。

在现今的台湾市场，知名的餐饮连锁企业五花八门，不胜枚举，小到饮料专卖，大到高级餐厅，应有尽有，在台湾占有相当大的市占比率。近几年人民生活习惯随着外来文化的改变，以及经济的发展，生活开始忙碌，对于便利且快速的快餐产业的需求增加，造成路上随处可见的中西式早餐店、麦当劳、肯德基的现象。快餐店及早餐店近年的展店数如表 2 - 7、表 2 - 8、表 2 - 9 所示。

表 2 - 7 快餐店——西式快餐（2007 ~ 2010 年）

	2007 年			2008 年			2009 年			2010 年		
	总店数	直营店	加盟店	总店数	直营店	加盟店	总店数	直营店	加盟店	总店数	直营店	加盟店
麦当劳	348	330	18	349	331	18	346	327	19	347	325	22
肯德基	140	137	3	140	138	2	140	138	2	122	120	2
Pizza Hut	135	135	0	145	145	0	145	145	0	159	159	0
摩斯汉堡	130	130	0	147	147	0	147	147	0	184	184	0
达美乐	121	121	0	119	65	54	119	65	54	119	65	54
KLG	96	0	96	50	1	49	50	1	49	80	1	79
拿坡里	84	84	0	79	79	0	79	79	0	87	87	0
Subway	72	0	72	76	0	76	97	0	97	118	0	118
50 元比萨焗烤美食	70	1	69	*	*	*	70	1	69	60	1	59
顶呱呱	56	55	1	41	40	1	49	49	0	38	27	11
合 计	1,252	993	259	1,146	946	200	1,242	952	290	1,314	969	345

* 台湾连锁店年鉴无记载。

表 2 - 8 快餐店——日韩快餐（2007 ~ 2010 年）

	2007 年			2008 年			2009 年			2010 年		
	总店数	直营店	加盟店	总店数	直营店	加盟店	总店数	直营店	加盟店	总店数	直营店	加盟店
争鲜定食	150	150	0	128	128	0	181	181	0	166	166	0
佐野拉面屋	55	4	51	50	10	40	50	10	40	26	8	18
台湾吉野家	50	50	0	63	63	0	56	56	0	54	54	0
寿贺喜屋	42	42	0	34	34	0	48	48	0	46	46	0
韩鹤亭	31	23	8	*	*	*	12	10	2	11	9	2
福胜亭	18	18	0	27	27	0	27	27	0	29	29	0
岩叶	14	2	12	13	11	2	14	1	13	14	1	13
知多家	12	12	0	12	12	0	11	11	0	10	10	0
合 计	372	301	71	327	285	42	399	344	55	356	323	33

* 台湾连锁店年鉴无记载。

表 2 – 9 快餐店——早餐专卖（2007～2010 年）

	2007 年			2008 年			2009 年			2010 年		
	总店数	直营店	加盟店	总店数	直营店	加盟店	总店数	直营店	加盟店	总店数	直营店	加盟店
瑞麟美而美	2,965	0	2,965	2,915	0	2,915	2,915	0	2,915	2,600	0	2,600
麦味登	1,503	8	1,495	1,500	6	1,494	1,603	3	1,600	1,500	14	1,486
早安美芝城	*	*	*	1,000	0	1,000	1,000	0	1,000	1,003	3	1,000
巨林美而美	1,000	0	1,000	1,000	0	1,000	1,000	0	1,000	1,000	1	999
东方美	1,000	0	1,000	1,000	0	1,000	950	0	950	800	3	797
草本蔬果	630	35	595	26	7	19	26	7	19	26	7	19
弘爷	800	8	792	836	8	828	836	8	828	904	10	894
吉得堡	353	3	350	371	1	370	570	1	569	570	1	569
拉亚汉堡	340	3	337	514	4	510	602	2	600	600	4	596
合计	8,591	57	8,534	9,162	26	9,136	9,502	21	9,481	9,003	43	8,960

*台湾连锁店年鉴无记载。

除此之外，因生活质量的提升、经济的发展，人们的压力越来越大，放松休息的休闲餐厅也开始出现，工作繁忙的人们可在闲暇的时间休息片刻，开拓出新的市场，让餐厅不再局限于传统的固定思维。

随着市场的发展成熟，餐饮连锁产业不再只是单纯地追求盈利而已，台湾的餐饮业相对来说是一个成熟的体系，且具有特色。因此，业者逐渐将焦点放在品牌的建构上，通过相关机构的推广，提升品牌的吸引力，进而朝向国际舞台发展。表 2 – 10、表 2 – 11、表 2 – 12、表 2 – 13 为台湾餐饮服务（咖啡简餐、日韩餐厅、牛排馆、茶餐厅）近年店数统计。

表 2 – 10 餐饮服务——咖啡简餐（2007～2010 年）

	2007 年			2008 年			2009 年			2010 年		
	总店数	直营店	加盟店	总店数	直营店	加盟店	总店数	直营店	加盟店	总店数	直营店	加盟店
85 度 C	322	19	303	327	34	293	327	34	293	325	41	284
星巴克	212	212	0	222	222	0	223	223	0	234	234	0
壹咖啡	190	3	187	158	3	155	158	3	155	119	4	115
丹堤	130	37	93	127	40	87	127	40	87	128	53	75
合计	854	271	583	834	299	535	835	300	535	806	332	474

表 2-11 餐饮服务——日韩餐厅（2007～2010 年）

	2007 年			2008 年			2009 年			2010 年		
	总店数	直营店	加盟店	总店数	直营店	加盟店	总店数	直营店	加盟店	总店数	直营店	加盟店
野宴日式烤肉	43	4	39	46	4	42	46	4	42	39	5	34
陶板屋和风料理	16	16	0	17	17	0	17	17	0	26	26	0
麻布茶坊	15	4	11	15	4	11	43	24	19	16	6	10
知多家	14	14	0	12	12	0	11	11	0	10	10	0
定食 8	14	14	0	24	24	0	24	24	0	24	24	0
原烧	12	12	0	12	12	0	12	12	0	15	15	0
树太老日式定食	12	6	6	14	6	8	18	4	14	13	5	8
合计	126	70	56	140	79	61	171	96	75	143	91	52

表 2-12 餐饮服务——牛排馆（2007～2010 年）

	2007 年			2008 年			2009 年			2010 年		
	总店数	直营店	加盟店	总店数	直营店	加盟店	总店数	直营店	加盟店	总店数	直营店	加盟店
贵族世家	170	0	170	170	0	170	140	0	140	135	0	135
我家牛排	*	*	*	101	1	100	70	1	69	59	1	58
欢乐牛排	35	30	5	35	30	5	35	30	5	13	11	2
斗牛士	34	22	12	30	22	8	32	23	9	32	23	9
皇厨一品	*	*	*	15	15	0	16	16	0	20	20	0
Tasty 西堤	16	16	0	16	16	0	16	16	0	26	26	0
圣保罗	14	2	12	14	2	12	11	2	9	1	1	0
王品	11	11	0	11	11	0	11	11	0	12	12	0
合计	280	81	199	392	97	295	331	99	232	298	94	204

*台湾连锁店年鉴无记载。

表 2-13 餐饮服务——茶餐厅（2007～2010 年）

	2007 年			2008 年			2009 年			2010 年		
	总店数	直营店	加盟店	总店数	直营店	加盟店	总店数	直营店	加盟店	总店数	直营店	加盟店
春水堂	24	24	0	27	27	0	28	28	0	28	28	0
翰林茶馆	34	34	0	34	34	0	34	34	0	48	48	0
集客	13	13	0	13	13	0	13	13	0	12	12	0

续表

	2007 年			2008 年			2009 年			2010 年		
	总店数	直营店	加盟店	总店数	直营店	加盟店	总店数	直营店	加盟店	总店数	直营店	加盟店
耕读园	11	7	4	6	4	2	5	4	1	4	1	3
吃茶趣	9	9	0	10	10	0	10	10	0	11	11	0
一元堂	9	9	0	8	8	0	6	6	0	5	5	0
合计	100	96	4	98	96	2	96	95	1	108	105	3

连锁快线

目标没立　勇往直前：王品　王道！

王品集团董事长戴胜益说："中小企业不应多元化经营，应该通过同一产业的资源采多品牌经营。"他设下了 30 年在全球开设 10,000 家的目标，通过多品牌的经营、独特的分红制度与拓展海外品牌授权，积极地建立王品集团的品牌王朝。

目前王品集团旗下已有 10 个品牌，由于王品的品牌都是以餐饮为主，为了不让各个品牌互相冲突、互抢生意，戴董事长也将市场做精密的区分，创造各品牌的差异化。从西式牛排、日式料理到台菜都有王品集团的足迹，如价位上干，强调"只款待最重要的人"的王品台塑牛排；也有中高价位的西堤、走日式和风的陶板屋、铁板烧夏慕尼等，让王品的品牌可在市场上各自发展出一片天地。

而在王品集团工作，小小的服务生也能够成为亿万富翁，原因出自于戴董事长懂得分享。通过设立独特的分红制度，从董事长到工读生都可分红利，让每个员工就像老板一样。而各品牌若要开设新店，资金也会全数由总公司负责，通过这样的激励制度，不仅可将好人才留下来，也让员工可以更用心地为公司做事。

资料来源：1. 李至和：《塑化剂延烧，参展品牌热情不减　台中加盟展 17 日开跑》，《经济日报》（台湾地区），A17 版，2011 年 6 月 15 日。

2. 林宜谆：《戴胜益 鼓励创业 成长不息》，《远见杂志》2004 年第 217 期。

3. 黄玉祯：《王品高价挂牌！端盘子也能分红　超过 200 位员工变千万富翁》，

《商业周刊》2011 年第 1223 期。

2.3.8 药妆精品店

据统计，台湾人一年吃掉的保健食品达新台币 670 亿元，足以盖一栋台北 101 大楼；《康健杂志》针对全台 1,289 名成人的调查，发现四成受访者每次消费金额约新台币 3,000 元，超过一成的人花费新台币逾万元，这群人介于 30~39 岁，以高、中职学历为多。因此，通过统计数字说明了台湾人对于健康保健的重视程度日益增加。

而台湾的药店、药妆店合计超过上万家，历经健保制度实行、医药分业等市场的冲击，各连锁药店逐渐发展出各自特色及多元化经营。现在的连锁药店有多种类别，如将药品与美妆结合的药妆店康是美、屈臣氏；社区形态的药店长青、跃狮、啄木鸟；医院营销专攻的杏一与维康；大型医药与保健商品卖场丁丁等，如表 2-14 所示。

表 2-14 药妆精品店数统计（2007~2010 年）

	2007 年			2008 年			2009 年			2010 年		
	总店数	直营店	加盟店	总店数	直营店	加盟店	总店数	直营店	加盟店	总店数	直营店	加盟店
屈臣氏	396	396	0	396	396	0	399	399	0	419	419	0
康是美	258	258	0	290	290	0	304	303	1	326	326	0
长青	193	4	189	201	1	200	182	0	182	182	0	182
维康	154	154	0	160	160	0	160	160	0	160	160	0
杏一	115	115	0	120	120	0	136	136	0	150	150	0
跃狮	54	23	31	55	26	29	59	28	31	61	30	31
丁丁	52	52	0	56	56	0	57	57	0	60	60	0
啄木鸟	28	28	0	29	29	0	29	29	0	44	44	0
合计	1,250	1,030	220	1,307	1,078	229	1,326	1,112	214	1,402	1,189	213

药妆业态和其他零售业态经营条件有很大不同，差异在于药妆店的营运需要取得药师执照才能经营。有些业者，如长青开放对外加盟，提供自有品牌与零售品牌建立经营优势；但大多业者坚持直营，如屈臣氏、康是美与杏一药店，以维护一致性标准化的高经营、服务质量。随着人民生活水平的提升，各大连锁药妆店的竞争十分激烈。药店以便利化以及专业化建立各自连锁店的差异化，这是药妆店未来的趋势。

连锁快线

何谓便利型专业药妆店？康是美告诉你

由于民众的健康意识提升，对药妆店的依赖越来越高，也因为连锁体系的崛起，连锁药妆店市场的竞争也相当激烈，不少连锁店采取对外加盟以加快建店速度。为确保服务质量，截至 2011 年 12 月，康是美全台 358 家店皆采用直营方式经营，向消费者提供良好的服务，也让康是美的营收及获利逐年增长。

早期康是美定位在"药妆便利店"，除了药妆商品外，饼干等零食也占了很高的比例，与便利商店间的差异并不大。随后转型为以药妆为本质但不脱离便利性的"便利药妆店"，延伸至今，康是美发展为"便利型专业药妆店"，主打健康、美丽、居家的理念，商品品项比例为健康类的医药品占 35%、彩妆保养占 35%、生活用品占 30%，满足消费者不同的产品需求。

当消费者在购买所谓"健康、美丽"的商品时，最重视的是商品的效果及安全性，因此，药妆店的专业与否，将会是消费者是否光临的首要考虑。康是美除了提升驻店药师的专业外，还推出专业美容师咨询服务、SGS 安心药品认证及开发自有品牌商品，以加深其专业形象。此外，康是美也是最先掌握医学美容营销的药妆店，通过美容师及药师的药妆专业能力，建立消费者到康是美购买医美产品的信赖感，因此高单价的医美产品在康是美卖出佳绩。

资料来源：1. 陈怡伶：《说故事＋管数字，好脾气也能冲出获利第一》，《Cheers 杂志》2011 年第 126 期。

2. 《如何从营销经营建立创新服务？》，《Cheers 杂志》2011 年第 126 期。

3. 李至和：《统一超旗下药妆营销康是美今年获利估增 15%》，《经济日报》（台湾地区），C6 版，2011 年 12 月 14 日。

4. 林育娴：《不断创造需求让顾客记住你》，《财讯杂志》2010 年第 3 期。

2.3.9 3C 家电专卖店

3C 家电包括计算机（Computer）、通信（Communicate）及消费性电子

（Consumer Electronic）三种商品类别。根据全球市场信息数据库（Global Market Information Database）的调查，2010 年 3C 家电商品的销售量相较于 2009 年增长了 4.3%，并呈现后势看涨的趋势。随着科技的日新月异以及消费者消费习惯的改变，3C 家电商品已成为近年来台湾成长快速的产业之一。

而大多的 3C 家电商品连锁店都是直营店的经营模式（见表 2 - 15），因 3C 家电商品强调专业的商品知识，因此需以直营店的形态经营，让消费者可以安心到店购买商品。而过去 3C 家电商品大多锁定在男性市场，但根据 AC 尼尔森调查，台湾以 25 ~ 49 岁的工作女性为主要消费族群，且女性对于科技商品的需求越来越高。随着女性的学历、经济能力及对于 3C 家电商品需求的提高，未来 3C 家电商品市场也应在设计及营销商品上多重视女性的诉求。

表 2 - 15　3C 家电商品店数统计（2007 ~ 2010 年）

	2007 年			2008 年			2009 年			2010 年		
	总店数	直营店	加盟店	总店数	直营店	加盟店	总店数	直营店	加盟店	总店数	直营店	加盟店
台湾地区电子	285	285	0	285	285	0	293	293	0	295	295	0
灿坤 3C	264	264	0	264	264	0	320	320	0	334	334	0
顺发 3C	62	62	0	62	62	0	68	68	0	65	65	0
大同 3C 展示中心	238	226	12	238	226	12	246	228	18	249	231	18
三井 3C 计算机连锁超市	23	23	0	23	23	0	22	22	0	39	39	0
欣亚数位 3C	19	19	0	19	19	0	32	32	0	31	31	0
合计	891	879	12	891	879	12	981	963	18	1,013	995	18

2.3.10　女性内衣专卖店

根据调查，每位女性每年平均要购买 7 ~ 8 件以上内衣，台湾女性内衣市场，一年可创造新台币 230 亿元商机，内衣已经不再是单纯遮蔽保护身体的必需品了。台湾内衣龙头为奥黛莉公司，旗下有 Audrey、Easy Shop 与 18 Eighteen PINK（见表 2 - 16），在如此激烈竞争下，通过开拓形象体验店铺闯出一片天。奥黛莉公司在台湾不仅着重产品与服务创新，将现有门市向下扎根，未来也将大陆市场作为下一阶段市场开拓目标。

表 2 - 16 女性内衣店数统计（2007～2010 年）

	2007 年			2008 年			2009 年			2010 年		
	总店数	直营店	加盟店	总店数	直营店	加盟店	总店数	直营店	加盟店	总店数	直营店	加盟店
Easy shop	360	210	150	202	46	156	210	40	170	210	52	158
Audrey	*	*	*	*	*	*	*	*	*	11	9	2
18 Eighteen PINK	*	*	*	*	*	*	*	*	*	18	14	4
U&Z	*	*	*	*	*	*	*	*	*	41	21	20
合计	360	210	150	202	46	156	210	40	170	280	96	184

＊台湾连锁店年鉴无记载。

2.3.11 图书文具店

根据《远见杂志》2010 年调查结果显示，台湾人平均每周读书时间 3.06 小时，比 2007 年增加 0.34 小时；2007 年台湾民众平均每月读书 1.72 本，2010 年则增加到 2.02 本。若平常就有读书习惯的人，每周也从 2.77 本上升到 3.20 本；台湾人 2010 年的购书金额平均每人为新台币 1，461 元，相较 2007 年提高了 86 元。

各大图书市场尽管看到台湾读书风气呈现成长趋势，但却受到电子市场的侵袭。文具为主的连锁店铺冲击较小，但图书为主的店铺，纷纷思考转型提升价值与差异化服务。诚品书店不仅将营运模式朝向商场化经营，并且开创独步全球的 24 小时书店。同时，实体书店也开始经营虚拟市场，金石堂书店与诚品书店于 2000 年将触角延伸至网络书店，成长幅度约为 10%～30%。未来，科技逐渐发展，电子书、电子书城的发展，想必对现有产业造成庞大冲击，产业间合作、国际合作与大型化优势，将成为下一波产业突破关键。

表 2 - 17 图书文具店数统计（2007～2010 年）

	2007 年			2008 年			2009 年			2010 年		
	总店数	直营店	加盟店	总店数	直营店	加盟店	总店数	直营店	加盟店	总店数	直营店	加盟店
金玉堂	108	0	108	106	0	106	93	0	93	93	0	93
金石堂	93	71	22	93	71	22	93	71	22	93	71	22

	2007 年			2008 年			2009 年			2010 年		
	总店数	直营店	加盟店	总店数	直营店	加盟店	总店数	直营店	加盟店	总店数	直营店	加盟店
诚品	43	43	0	43	43	0	43	43	0	39	39	0
摩尔书店	35	1	34	30	2	28	19	1	18	16	1	15
诺贝尔	19	19	0	17	17	0	17	17	0	17	17	0
敦煌	24	24	0	27	27	0	28	28	0	28	28	0
合计	322	158	164	316	160	156	293	160	133	286	156	130

课后习题

理论题

1. 连锁总部在连锁经营上具有哪些优势与劣势？

2. 加盟者在连锁经营上具有哪些优势与劣势？

3. 台湾地区连锁药妆业与量贩业有何发展趋势？

应用题

1. 可否举一实例说明连锁总部在经营上所遇到的困境？该连锁总部如何解决？

2. 可否举一实例说明加盟者在经营上所遇到的困境？该连锁总部如何解决？

3. 可否借鉴日本便利商店业态发展，给予台湾便利商店业态发展上的建议？

章末个案

女性商机你掌握了吗？

随着社会环境改变，双薪家庭已成趋势，女性掌握的消费自主权也越来越大，SPA 成为放松的一种方式。通过 SPA 可将疲惫彻底放松，乘着这股趋势，SPA 产业从美容跨向休闲、健康和医疗等不同领域。最近几年，全球 SPA 产业呈现快速成长，高达 20% ~ 30% 的年发展率。根据国际 SPA 协会（International SPA Association）的统计，2004 年全美 SPA 收入为 145

亿美元，每年以一倍的速度成长，俨然已成为第四大休闲产业，比主题乐园和电影票房还要赚钱；亚洲地区泰国的 SPA 产业，在 2000～2003 年更呈 200% 的惊人成长。在消费年龄层上，全球的 SPA 消费年龄平均为 41 岁，在亚洲则为 30～35 岁，有日渐年轻化的趋势。在中国台湾，SPA 结合健身运动，成长速度惊人。根据台湾 SPA 协会调查，台湾的 SPA 产值已超过新台币 250 亿元，每年成长速度达 25%，女性市场仍占高达 90% 的 SPA 市场，平均年龄 35 岁，仅台北市就有超过千家登记在案的 SPA。毫无疑问，这是一个快速成长的新兴产业与市场。

为抢攻女性市场，3C 产业也开始改变。根据市场调查显示，去 3C 连锁市场购物的女性从 2008 年的 55% 增长至 2010 年的 62.4%，女性在科技商品的花费、使用及 3C 信息讨论度较过去几年有明显的增加。因此，越来越多的 3C 厂商重视女性的消费需求，如相机、笔记本电脑、游戏机除了原本的黑、灰、白的颜色外，也增加了粉红色、糖果色甚至是水钻款式，机器越做越轻薄，方便女性消费者携带。

日系厂商 BEST（倍适得）电器（原为中国台湾泰一电气），在 2004 年积极地改装店面，锁定女性客户群进行改造，加强美容用小家电、电动除毛刀等从日本引进独卖的女性商品。2010 年，一个专卖女性 3C 商品的网站频道——粉 3C 正式成立，打破专业 3C 网站只能以男性为主，且内容大多艰深难懂的局面，粉 3C 从女性的角度出发，通过简洁轻松的方式，详尽介绍 3C 内容，并分析比较最新的 3C 市场，让女性消费者可以更简单地选择自己所需要的 3C 商品。

动脑时间

1. 请选择一个本章所描述的连锁业，说明该连锁企业如何于竞争的态势中创新突破。

2. 请想象女性客户群还存在什么商机。

资料来源：1. 陈大任：《网购 3C 热销品女生也风靡》，《中时电子报》，2011 年 1 月 4 日，http：//news. chinatimes. com/LifeContent/1401/20110104000777. html，检索日期：2011 年 10 月 24 日。

2. 林茂仁：《3C 卖场改头换面冲业绩》，《经济日报》（台湾地区）A17 版，2011 年 10 月 26 日。

3. 粉 3C_ 15FUN，一窝蜂官方网站，http：//www. 15fun. com/category/? cat_ id=2，检索日期：2011 年 10 月 24 日。

第二篇　连锁总部运作

第3章 连锁总部管理、组织与发展条件

1. 了解自行创业或加入连锁系统的条件。
2. 了解连锁总部的发展步骤。
3. 了解连锁总部的组织结构。
4. 了解如何判断连锁总部优劣。
5. 了解经营加盟店应具备的条件。

章首个案

内部创业员工变老板

麦当劳为激励员工展现出更好的表现，于1997年制定新奖励制度——"退休员工有机会成为加盟者"。台湾麦当劳餐厅加盟发展执行经理说："麦当劳选择加盟者的标准非常严格，需评估在职时的绩效、财务状况、建立团队的能力，及能否全心投入事业等。"目前台湾麦当劳19家加盟店中，有6位员工成为加盟者。

麦当劳在培训加盟者时，首先希望找到有志发展餐饮服务业的人，从基层服务员到餐厅经理管理，成为餐饮服务专才，并非将麦当劳当作

一个打工的场所。麦当劳会针对各个加盟者打造出一套完整的训练课程，每个加盟者的立基点不同，需打造适合的训练课程。过去曾经有位加盟者——苏俊豪，他在退休前的职位为营运经理，掌管嘉义、台南两地共22家麦当劳的营运，对于营运的部分虽然相当熟悉，但经营店面的财务及成本知识却是不足的。麦当劳为其安排超过450小时的训练课程，补足了其知识缺乏之处，包含餐厅成本、经营、商圈管理、顾客满意度等。

相较于其他加盟体系，麦当劳最大的不同之处在于它并不是开一家新店面，而是转移既有餐厅。因为开一家新店的风险太高了，通过既有店，有历史资料、营业额、成本等实际财务数字。用既有的数据推估未来几年利润，多久可以回收、获利多少，加盟者可以评估是否接受。根据过去经验，公司评估餐厅年平均获利为20%，投资金额5年可回收。每家店的成本大约在新台币1，000万~1，500万元。麦当劳必须让加盟经营者成功，才能蓬勃发展。过去曾经内部创业的加盟者苏俊豪提及，若经营得不错，未来他还希望能开第二家、第三家麦当劳。

资料来源：1. 彭蕙珍：《员工变老板，苏俊豪做最有把握的事》，《经济日报》（中国台湾），2010年6月5日。

2. 麦当劳官方网站 http：//www. mcdonalds. com. tw/franchise/，检索日期：2012年3月2日。

▶▶ 3.1 成为连锁总部或加盟者

要想成为连锁总部或加盟者，首先应考虑是想成为企业家还是成为管理者。表3-1指出，企业家与管理者的差异在于需求被满足的程度。作为企业家有机会获得更高的收入，并且可以自由地选择做什么以及何时去做，但风险较高；而作为管理者，收入较稳定，承担风险较低。

表 3-1　企业家与管理者的需求对比

McClelland's Needs Theory	Maslow's Theory	需求	企业家/管理者
	生理	最低收入需求/基本工资、基本工作条件，如冷气设施	最初，企业家也许对不利的条件容忍度较高，历经风霜的管理者也较能忍受不利的环境
	安全和稳定性	工作稳定、安全工作环境、工作技能需求稳定、养老金	企业家更愿承担风险；管理者对工作稳定性有较高需求，更愿意保持原样，希望在组织中具有稳定、经济价值高的地位
对归属感的需求	社会	可相容的工作成员、团队工作，良好的工作关系	企业家经常独自努力，管理者对归属感和工作关系时人际间的互动要求更多
对成就的需求 对权力的需求	自尊	拥有的权力/责任、在公司的职位/头衔、晋升的重要性	企业家通过在企业商标的创始人标注姓名来满足需求；管理者从公司的职位、头衔中满足需求
	自我实现	自主权、工作/任务挑战性、创造性	企业家创造自己的企业，他们的企业是个性和价值观的体现；管理者在受雇公司的限制下创造自主权和迎接挑战

3.1.1　如何成为成功的连锁总部

如何才能成为一个成功的连锁总部或加盟者呢？或许我们应该先从如何成为一个成功的企业家开始问起。第一个要求是需具备管理才能。Gorman 和 Sahlman 曾针对美国 49 家企业进行研究调查，结果指出管理才能是企业失败的最主要原因。因此，一个连锁经营的企业家更需要有分析、组织和管理企业的能力，才能管理好一个连锁体系。

与一般单店企业家相比，连锁体系的企业家通常需要付出更多的努力，承担更大的风险，因为他们管理的不是单店而是多个加盟店，不仅要管理总部的员工，也要照顾各加盟店的加盟者。因为，他们需要拥有更大的动力、更加全面的能力与自信,并且富有冒险的精神。不仅如此,连锁企业家还必须善于经营最终消费者,通过宣传营销手段让消费者喜爱其连锁品牌,才能让连锁体系经营得更好。这样的话,努力工作,再加上一点运气,企业家一定能成功。成功的连锁经营者具备条件如图3－1所示。

图3－1 成功的连锁经营者

3.1.2 连锁总部的发展

要适当地开发连锁经营体系,连锁总部必须经历三个发展阶段:①市场定位,②总部规划,③加盟发展,如图3－2所示。

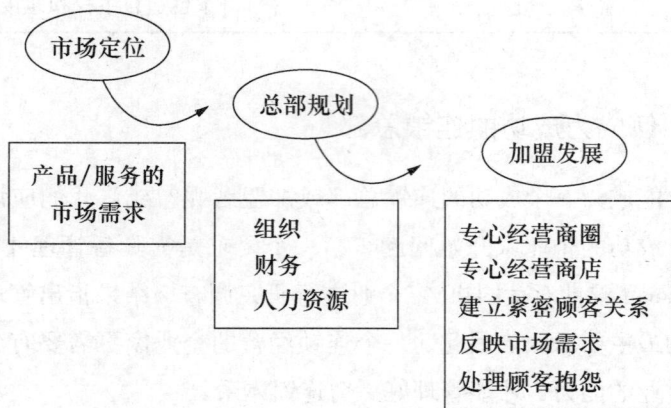

图3－2 连锁总部的发展历程

3.1.2.1 市场定位

市场定位主要指连锁总部是否有观测未来消费需求的眼光，以及连锁总部提供的产品和服务是否具备前瞻性的发展空间。这听起来虽然容易，但却是连锁总部最艰难的工作。连锁总部在确定其发展目标时，除了观察中国台湾自身发展趋势外，同时亦会借鉴其他国家零售业发展的轨迹以降低学习成本。综合各地的发展经验，采取对于连锁经营最适宜的分析与判断。

连锁总部在规划发展加盟体系前，同时应思索如何对于未来的加盟者前景赋予责任。能充分分析企业内外部环境，让连锁企业的资源和能力充分发挥，避免贸然投入、发展，导致失败，对于加盟体系尽最大的责任与义务。企业可通过以下几项分析来探讨企业是否适合发展连锁经营：

（1）市场前景分析：连锁经营若想成功，能透析市场前景制定策略是很重要的。若一个企业的商品或服务品项只在过去和当前短时间内拥有市场，缺乏长期的市场前景，则无法吸引加盟者加盟。也有可能即使加盟了，也会因为长期无法盈利而导致加盟者退出。

（2）竞争状况分析：可以采用营销分析工具来分析主要竞争对手的情况以及实力的对比。通常进行分析的时候，一般是选择几个最主要和最强劲的竞争对手来进行分析，并找出采用连锁经营模式后，企业会有什么样的竞争优势。

（3）消费行为分析：连锁企业须找出影响消费者购买行为的主要因素、消费者的类型、收入和支出的变化等进行分析，找出消费者的消费趋势情况。若该产品或服务的市场非常局限，并且吸引的顾客数量有限的话，那么可能就不适合发展连锁经营。

（4）消费趋势判断：包括因市场竞争、技术变革等因素可能引起的消费观念、消费偏好、消费行为的改变等。

连锁快线

日本零售结合科技

行动（即移动）商务（Mobile Commerce）在日本快速成长，也出现新的付款机制，其中以 QR Code（Quick Response Code）与平面媒体组合的

E-cash 服务最受人注目。

QR Code 为高性能二维条形码，可以在数厘米的正方形中写入数字或输入汉字。而 E-cash 可通过信用卡进行高金额付款，当消费者利用 E-cash 付款服务后，则可实时以电子邮件通知消费者与商店两方。除此之外，E-cash 也提供"手指商务"，所谓"手指商务"是结合型录与传单等平面媒体，利用 QR Code 所组成的服务。

"手指商务"所提供的商务网站工具可以将店家的商品录入后，自动做成 Mobile 商务网站，并且针对个别商品做成 QR Code，通过专业印制 QR Code 的印刷厂协助，提供店家印制精美的型录。当消费者在型录与传单上找到喜欢的商品，利用照相机或手机拍下该商品的 QR Code 后，手机浏览器则会直接链接到该商品订购网页。因此，通过此项功能，消费者不需在茫茫的"网海"中，为了寻找自己想要的东西而冤枉多花了链接费用。该使用平台不仅对消费者十分便利，对零售业者而言也是个有效的营销渠道。

资料来源：严伟诚：《日本行动商务的成长》，《经济日报》（中国台湾）38 版，2003 年 7 月 23 日。

3.1.2.2 总部规划

总部规划包括企业的组织管理、财务规划及人事管理。连锁经营组织大致有两个主要功能：①连锁经营权销售（将连锁经营权出售给潜在加盟者）；②连锁经营运作，包括培训、市场营销、金融财务、广告和管理。财务规划方面指的是确认连锁总部需要多少资金，资金该如何运用。人事管理则主要是经营连锁组织的企业所需的人力资源及人员安排。而总部在发展连锁体系时也需要具备以下特性：

（1）可复制性：可复制性意思在于连锁经营企业的产品或服务能否通过简单化、标准化的方式教育加盟者，并敦促加盟者维持经营的一致性。连锁经营是对成功模式的复制。若不能复制，也就很难成功地进行连锁经营。因此，能否将标准化的流程复制到各个加盟店，是连锁经营企业的成功关键。

但也不是每一个企业都适合连锁经营，如台湾的地方特色小吃。地方特色小吃是以当地的特色闻名，若将它转移到别的地方贩卖，发展连锁经营，将会失去它原本该有的风味，消费者也不见得会埋单。

（2）可控制性：由于连锁经营企业拥有众多的加盟者，且加盟店的分布十分广泛，因此，连锁总部还需具备可控制性，通过适当的控管来保障加盟店的质量一致，不会出现良莠不齐的情况。可控制性可能来自于品牌、技术、商品服务或原材料等。连锁企业的质量包括产品、技术、服务等。

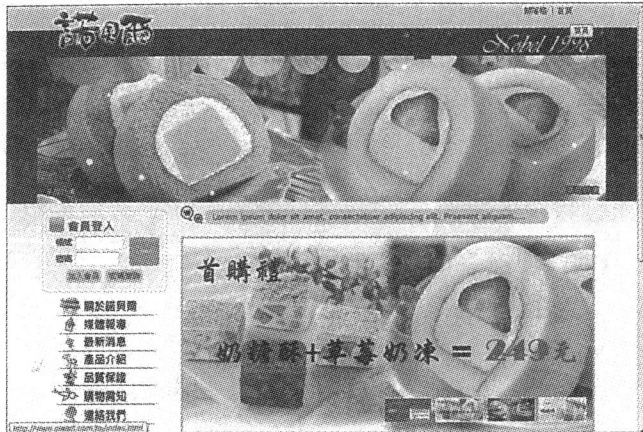

↑手工独特的宜兰县诺贝尔奶冻卷有着地方风味，若在全省展开连锁店，消费者则无法被其稀有性所吸引。（图片来源：诺贝尔食品有限公司网站）

（3）支持能力：连锁经营企业需要给予加盟者百分之百的支持，包括品牌、产品、技术、配送、营销、培训及督导等。通过企业百分之百的支持，加盟者也会对连锁企业百分之百的信任。通过双方的努力，创造双赢的局面。若连锁经营企业无法给予这些支持，也无法维持长久的连锁合作关系，而连锁经营企业的经营也将导致失败。

3.1.2.3　加盟发展

现在连锁总部需要注意总部组织的职能和运作，包括财务规划、广告、营销、生产、销售、价格建议、培训、市场调查、管理及运作等。连锁总部需要建立一个标准化机制，让不论是加盟者还是未来可能加入的潜在加盟者皆可认真学习，并让各加盟店的服务达到一致。除此之外，运作系统还需要具备激励性。因此，连锁总部应建立激励制度，鼓励和支持加盟者，以促进整个连锁经营体系的团结、和谐以及一致的发展方向。

如前所述，连锁经营是一把"双刃剑"，运作不好可能会伤及企业自身。企业有必要对采取连锁经营进行分析，并找出其风险及解决方案。连锁经营最大的风险就是品牌风险，特别是对一些知名品牌来说。如果加盟店的产品和服务质量或是经营行为出现问题，很可能影响到整个连锁经营品牌。再者，风险也可能来自总部的财务及管理，若总部缺乏完整的运作体系和有效的管控措施，连锁经营可能达不到预期目的，企业在连锁经营方面的投入就可能付诸东流。

▶▶ 3.2 连锁总部组织结构

组织必须规划在达成目标过程中所需要的人力、物力和财务等相关资源，使其彼此协调完成目标。组织功能包括任务确立、安排每个任务所需的最适人才、确定每位人才的权利和义务、明确权利义务关系，避免混乱和交叠。清楚的工作描述和组织结构表能够反映这些关系。

3.2.1 组织结构表

组织结构表主要用来反映组织各功能间关系，同时也反映了正式决策与沟通渠道。通常来讲，组织结构表的复杂与否，与该连锁经营体系的大小成正比。较简单的组织结构，其经营规模相对较小。但是随着企业的发展、加盟范围扩大、新的经营领域出现以及相对应的辅助成员增加，这些关系都会在组织架构图中显现出来，如图 3-3、图 3-4 所示。

加盟形态包括单店加盟、复数店加盟、区域加盟等不同加盟方式。

3.2.1.1 单店加盟

单店加盟指加盟者授予一个加盟者权力，在某一个特定地址或区域经营商店。每个单店都会授予特定的区域以保障其经营利益，但此举有时也是阻碍合适加盟者进入系统的因素。

3.2.1.2 复数店加盟

复数店加盟是连锁经营主要的发展方向之一。所谓复数店加盟意指加盟者在一定的经营区域经营多个加盟店。复数店连锁经营通常以经营一家

```
                          董事会
                           │
                          董事长
                           │
                          总经理
                           │
        稽核室 ─────────────┤
                           │          ┌── 总经理室
        公共关系暨 ─────────┼──────────┤
        品牌促进室          │          └── 综合企划室
                           │
   ┌──────────┬────────────┼────────────┬──────────┐
 商品本部   营业开发本部   管理本部    资讯本部

 商品部     营业业务部    人力资源部   系统开发部

 鲜食部     经营指导部    财会部       系统运用部

E-tailing营业部 设备工程部 营业企划Team 系统企划Team

 物流部     商场管理Team  法务Team

 品保部     地区开发部

 商品企划部
```

图 3-3　组织架构

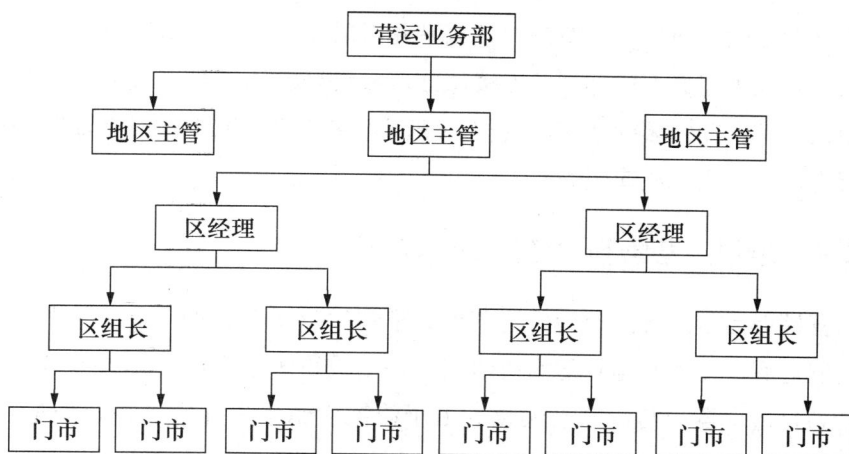

```
                    营运业务部
                        │
      ┌─────────────────┼─────────────────┐
    地区主管          地区主管           地区主管
                        │
           ┌────────────┴────────────┐
         区经理                    区经理
           │                         │
      ┌────┴────┐               ┌────┴────┐
    区组长    区组长           区组长    区组长
      │         │               │         │
   ┌──┴──┐   ┌──┴──┐         ┌──┴──┐   ┌──┴──┐
 门市 门市  门市 门市       门市 门市  门市 门市
```

图 3-4　营运业务部组织架构

加盟店开始，然后利用赚来的收益和利润发展第二家、第三家、第四家。有些连锁总部会限制加盟者仅能加盟一家、两家或三家加盟店；但也有一些寻求快速发展的连锁总部会鼓励加盟者发展成五家、十家甚至二十家或者更多家分店。过去曾经以国际连锁经营协会的成员为调查对象，调查"美国复数店加盟者占加盟体系的比例"，其研究显示约有80%的加盟者是单一加盟店的加盟者，尽管复数店的加盟方式仅占20%，但其店数却占总店数的一半以上。日本全家便利商店其复数店的店数占6,700家中的46%。7 – ELEVEN 在12,100家店中，复数店占了16%，所有者约1,000人左右。台湾若拥有七八家复数店超商的加盟者，所有店数一年的营业额可达新台币1亿元，规模不亚于一家中小企业。因此，复数店经营不但可让连锁总部迅速扩展市场，也可让加盟者增加其收益。

而复数店经营具有以下优点：①经营风险的分散；②打工店员的教育训练体制效率化；③可确保退休所有者的继承人。

因此，许多商店会将总部从店铺利益中收到的部分收益返还给复数店的经营者，作为鼓励复数店经营的诱因。

3.2.1.3 区域加盟

建立多加盟店连锁经营的最常用方法之一是签订一份区域发展协议。有了这份发展协议，加盟者即可获得在某特定区域发展、经营多个加盟店的权利。加盟者同时需要承担责任，在既定的时间内、在既定区域发展既定数量的加盟店。

加盟者在进行区域发展时，通常会具有下列协议：①于限定期内应该开设某数量的加盟店；②遵守选址以及相关转交经营权的规定。例如，若加盟者未妥善完成发展计划，连锁总部有权缩减其指定区域或撤销既有协议中赋予其在此区域的独家经营权。然而，在任何情况下的所有加盟经营协议都具有完全的法律效力。

3.2.2 连锁经营营销渠道组织形态

营销渠道组织形态分为传统营销渠道与垂直式营销渠道。传统营销渠道由制造商、批发商与零售商所组成，每个成员为独立的个体彼此分离运作，各自追求自身利益的极大化。由于传统营销渠道并未进行合作整合，因此有可能造成资源浪费、重复性与矛盾性。随着市场日趋自由化、竞争化的态势，让渠道组织形态有所改变，朝向垂直营销系统发展。

垂直营销系统（Vertical Marketing System，VMS）是由制造商、批发商和零售商所组成的联合系统。其中有一营销成员为领导者，可以是生产者、批发商或是零售商，通过权力领导营销成员合作，追求共同的利润极大化。图 3－5 列示了垂直营销系统的三种主要类型：公司式垂直营销系统、契约式垂直营销系统和管理式垂直营销系统。

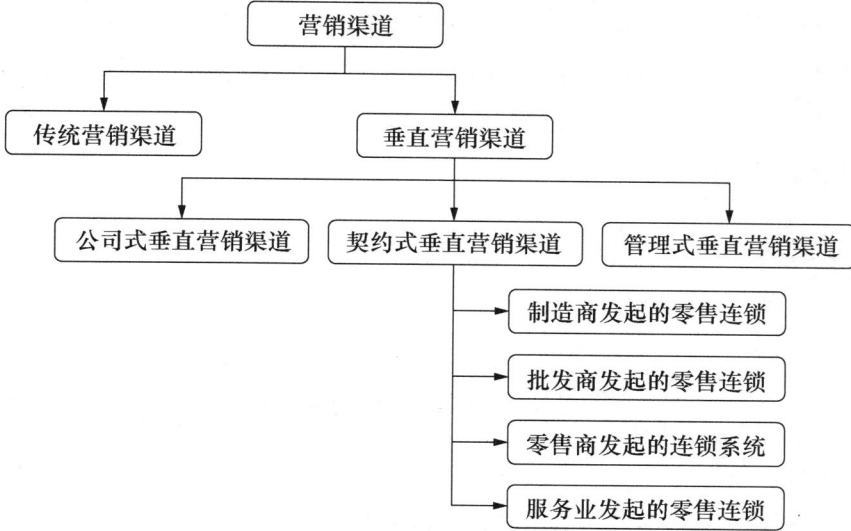

图 3－5 营销渠道组织形态

↑统一武藏野的台北土城厂是全台最大鲜食厂，主要供应 7－ELEVEN 便当。（图片来源：7－ELEVEN 网站）

（1）公司式垂直营销系统（Corporate Vertical Marketing System）：公司式垂直营销系统是将生产、配销至零售端的营销渠道整合在单一所有权下。制造商可能拥有渠道下游的中间商，称为向前整合（Forward Integration）。以 ZARA 为例，他们制造服饰并且拥有自己的服饰店。另外，零售商可能拥有自己的制造厂，称为向后整合。例如，麦当劳投资牧场、7 - ELEVEN 投资武藏野鲜食厂、弘爷汉堡投资面包厂。尽管两种整合会降低配销费用，并获得供应来源的控制权，但这两种整合其实会增加公司成本。因为有不少连锁企业喜欢以契约式垂直营销系统来增加渠道效率和营销效能。

连锁快线

ZARA——衣着界的狠角色

ZARA 服饰店，遍布全球 64 个国家，有 3,000 多家分店，许多国家和地区希望这家服饰店能到自己这里开设分店，就连台湾地区也不例外，究竟是为什么，它令人如此着迷？

传统的服饰，由专属设计师预测或者创造时尚趋势，为下一季或是下年度的款式作设计，加入或是创造新元素，而整个过程至少得花上 4 ~ 12 个月，但对 ZARA 来说，它不当个创造者，它选择抢先当第一名的跟随者。只要是明星、艺人甚至是只要你的衣服够时尚，相似度非常高的模仿品很快就会出现在 ZARA 的专柜上面。以时间上来说，仿制的流程只需要 10 天，且每年可以提供 10,000 种以上的商品。

速度，是 ZARA 成功原因之一。究竟它的速度有多快呢？例如，2006 年玛丹娜在西班牙举行巡回演唱会，在最后一场演出时，台下的观众席已经有歌迷穿着她第一场演唱会时所穿的服装。它怎么做到的呢？在纽约、巴黎的时装秀上，ZARA 总会派人将各大品牌最新设计记录下来，拍照或是素描，并且立即回传公司，而公司内的设计师根据对流行的敏感度以及消费者的需求，取长补短，设计出符合消费者的新款式，前后时间约 2 星期。

除了速度，另外还有两个原因——少量、多款。相较于同业，ZARA 推出的每一款服饰，数量都非常少，推出速度也很快，对于追求流行事物的消费者来说，越难得到的，越是令人向往。其中，数量少更有别的好处，如果这个款式卖得不好，因它没有太多的存货，所以对整体利润来说，也不会造成多大的影响，成堆的存货对零售业来说肯定是最大的天敌了。

除了分析消费者的消费模式，如果消费者对于喜欢的款式找不到喜欢的颜色，还可向柜台登记，累积一定数量后，公司就会推出消费者需求的商品。

像 ZARA 这样的经营模式，也让世界知名品牌不敢大意，例如 GUCCI 集团总裁波雷（Robert Polet）要求他的高级主管，"必须密切观察，并且学习 ZARA，因为消费者正深深地受到 ZARA 教育，正期待快速实时的时尚"。可见 ZARA 的经营模式有多可怕。

资料来源：杨玛利、林孟仪：《亚洲独家 西班牙总部全公开 ZARA 快速时尚横扫全球平价奢华风》，《远见杂志》2006 年第 246 期。

（2）管理式垂直营销系统（Administered Vertical Marketing System）：管理式垂直营销系统是通过公司的规模和对经销渠道成员造成影响力。通常领导品牌的制造商能够获得其他转售商强力的合作和支持。例如，统一企业公司的产品范围相当广泛，其通过各区域经销商协助零售店进行产品的陈列与营销。

（3）契约式垂直营销系统（Contractual Vertical Marketing System）：契约式垂直营销系统是在一个契约基础下，结合经销渠道成员如独立生产商或配销商的力量，以获得更大的经济功能和营销力量。契约式垂直营销系统有以下不同的形式：

1）制造商发起的零售连锁：例如 TOYOTA 授权经销商依不同的服务条件销售其汽车；饮料商百事可乐授权批发商购买浓缩液，加入二氧化碳后装瓶并促销配销产品到超市和餐厅。

2）批发商发起的零售连锁：批发商联合独立的零售商而形成自愿连锁，以协助零售商对抗大型的连锁组织。批发商发展一项方案，使独立的零售商将其销售作业标准化来达成采购的经济性，让这类组织可以和连锁组织有效地竞争。如大智通让产业情报在供应链上自由流通并引导公司策略，此举提高出版社与大智通双方的竞争优势。

3）零售商发起的连锁：由独立零售商主导，以加盟连锁经营方式进行共同营销、采购或共同配销等。如全家便利商店。

4）服务业发起的零售连锁：由公司设计一种独特的方法来经营某一类型的服务业，希望加盟店出售其商品给他人而获利，如曼都发型设计等。

3.3 连锁总部应具备的条件与市质

　　加盟者想要加入一连锁体系，可通过分析总部的营运状况、组织、人员如何分配、加入需负担哪些费用、盈利情况等，来决定是否加入此连锁总部。而对连锁总部进行调查主要应回答下列问题：连锁总部的资格是什么？它的背景如何？提供的产品和服务是否具有市场竞争力？它能够承担业务和兑现诺言吗？为了回答这些问题，加盟者可要求连锁总部提供以下信息和资料。

3.3.1 连锁总部基本数据

　　（1）连锁组织的背景和经验，如：公司成立时间，在业界地位，有无上市、上柜等，企业负责人和主要股东的背景与经历。

　　（2）连锁组织发展的详细历史，如：连锁企业开始时间、目前直营店与加盟店店数等。

　　（3）连锁总部为连锁经营做了哪些准备工作？如：开店地点是否做过立地调查、店铺开店的计划等。

　　（4）连锁总部的财务规划，包含资金、经济资助等。

　　（5）连锁总部是否具有完整的连锁经营运作体系？如营销策略、配销机制、教育训练制度等。

　　（6）连锁总部有无进行正确的市场调查，获得充分的知识，连锁总部有处理和解决日常问题的经验吗？

　　（7）连锁总部如何应付连锁组织加盟店的增加？计划如何扩张加盟店和发展基础结构？

　　（8）挑选加盟者的原则和方法是什么？

　　（9）提供以下详细情况：现有多少加盟者？一年前有多少加盟者？在过去的两年之内，有多少加盟者被终止合约或主动终止合约？

　　（10）总部对加盟店提供哪些服务？如：立地条件、店面装潢、营运指导等。

　　（11）连锁总部的部门、人员有哪些？

（12）最近的会计账目副本。

（13）能否证实已经为下一年的经营活动做好了财务规划？

（14）各加盟店的盈利状况及利润如何？

（15）加盟者投入连锁组织所必须支付的费用，如：加盟金、保证金、店面装潢及设备费用等。

（16）开店后必须支付的权利金、促销、指导费等费用计算方法如何？

（17）总部是否有督导制度？

（18）今后五年的预计成长率是多少？

（19）能否证实高级主管中没有一人有以下经历：曾作为某一破产公司的主要负责人；曾参与了一个失败的连锁经营计划；曾作为一名加盟者而经营未获成功？

现有加盟者对他们连锁总部的看法和经验是非常重要的。尤其是那些早期加入体系的加盟者，他们对连锁总部的了解更深。因此，潜在加盟者可通过咨询早期加盟者，获得更多加入连锁总部的信息。表 3 - 2 ~ 表 3 - 4 为总部评估表。

表 3 - 2　总部营运评估表

等级：5 = 优秀，4 = 高，3 = 一般，2 = 低，1 = 差

	5	4	3	2	1
经营模式流程					
营销					
促销					
品牌知名度					
管理					
培训					
会计					
选址					
公司总部地址					
服务/维护					
经济资助					
加盟店数					

表3－3　总部盈利能力评估表（一）

等级：5＝优秀，4＝高，3＝一般，2＝低，1＝差

	5	4	3	2	1
盈利能力					
利润					
销售成本					
人事成本					
投资利益					
盈利抽成					
预期收入					
创立成本					
加盟金					
权利金					
广告费					
其他费用					

表3－4　总部盈利能力评估表（二）

等级：5＝优秀，4＝高，3＝一般，2＝低，1＝差

	5	4	3	2	1
连锁总部经营者					
连锁总部营运经理					
加盟销售经理					
其他主要负责人或主管					
服务部门					
广告与促销人员					
财务与会计					
选址人员					
人事和培训					
制造与营运					
区域支持情形					

3.3.2　对连锁总部经营产品及服务的内容进行检视

（1）产品及服务是否新颖？是否比竞争者具有独特优点？

（2）该连锁产品或服务是否受到消费者肯定？

（3）产品及服务是否符合品牌形象？

（4）该企业是否有持久的实力？

（5）该产品及服务市场状况如何？是衰退中的市场还是成长中的市场？

（6）其市场的成长是否只是一种流行的、短暂的趋势？

（7）产品及服务的市场竞争性如何？竞争性能否保持下去？

（8）产品及服务是否建立在品牌的基础上？

（9）产品及服务的商誉如何？

（10）在服务方面是否拥有总部足够的支持？

（11）产品的供应来源如何？连锁总部是否拥有声誉良好的供应来源？

（12）是否有不同质量或价格的产品可供选择？

（13）产品是否安全？

（14）制造商或供货商是否能绕过此连锁组织，建立它自己的竞争性连锁体系？

（15）假如这是一个刚从国外进入成功的连锁组织，它在国内市场是否有同样的吸引力？它是否在国内市场已进行了市场测试？

总部产品与服务评估如表 3 - 5 所示。

表 3 - 5　总部产品及服务评估表

等级：5 = 优秀，4 = 高，3 = 一般，2 = 低，1 = 差	5	4	3	2	1
产品或服务					
口碑好					
客户需求					
市场持续增长					
安全性					
获得专利权/有担保					
产品毛利率					
符合品牌形象					
未来消费需求					

3.3.3 对连锁总部的资源进行检视

（1）连锁总部的资源是如何整合的？

（2）连锁总部将如何帮助加盟者加入此连锁体系？

（3）加入连锁体系的详细步骤有哪些？

（4）连锁总部有哪些经营中的服务项目？

（5）连锁总部的各式操作手册是否详尽？

在大多数情况下，连锁总部提供加盟者一系列服务，协助加盟者在营业场所做好开幕前的准备。也有一些连锁总部会帮加盟者做好开幕前的所有工作。他们帮忙选择地点、装潢、陈列等工作，一切就绪后才将钥匙交给加盟者，并收取所有的费用。在这种情况下，加盟者可在商店筹备期间接受培训，而不必参与任何筹建和安置工作，连锁总部会在筹建期间与其保持密切联系，实时沟通筹建工作的过程，征求加盟者的同意。

▶▶ 3.4 加盟者应具备的条件与素质

3.4.1 加盟者选择

许多连锁经营体系会公开它们对加盟者的选择标准。表3-6是从各家企业官网搜集到的连锁经营企业对加盟者的选择标准。

选择加盟者，不应过于注重他的资金是否充裕，关键在于他的素质如何。日本7-ELEVEN便利商店的社长铃木敏文说："商业是人的事业，人的素质优劣是决定成败的关键。"只要加盟者具备优良素质，尽心尽力地工作，就能够弥补店址和资金的不足。合适的加盟者，应该有一定的实际经验和管理水平、事业心强、努力并有毅力、身体健康、善于与人合作以及能亲自参与经营管理。

汇集各家对于加盟者挑选的标准，整理出一个合格加盟店主应具备的基本条件：加盟店主本身条件与加盟店铺基本条件相符合。

84

表 3 - 6　加盟者选择标准

公司	加盟者选择标准	
麦当劳公司	富有创业精神、强烈的成功欲望；能够激励、培训员工；具有管理财务的能力；愿意用所有时间、最大努力经营企业；愿意完成全面培训和评估计划；经济条件合格者。	
7 - ELEVEN	特许加盟 ·店铺自有或取得租期至少 5 年以上 ·营业面积 30 平方米以上 ·年龄 55 岁以下，高、中职（含）以上学历 ·需专职经营，身体健康，信用良好，单身亦可	委托加盟 ·夫妻两人需专职经营 ·年龄 55 岁以下，高、中职（含）以上学历 ·身体健康，信用良好
全家便利商店	特许加盟 ·契约主体 1 人（需两人专职经营且自身健康信用良好者） ·自有土地或建筑物者 ·建筑物面积 30 平方米以上，店宽 10 米以上 ·提供 1 位连带保证人 ·3 周教育训练合格 ·公司或商号设立 ·加盟金新台币 30 万元（未税） ·保证金新台币 60 万元（期满可退） ·店铺装潢费约 150 万元（依实际施工面积而定）	委托加盟 ·契约主体两人专职经营，需为夫妻或亲属拍档 ·年龄 55 岁以下且身体健康，信用良好 ·店铺由总部提供 ·提供 1 位连带保证人 ·3 周教育训练合格 ·公司或商号设立 ·加盟金新台币 30 万元（未税） ·保证金新台币 60 万元（期满可退）
丹提咖啡	·加盟金：新台币 30 万元（每月不需再缴权利金） ·保证金：新台币 30 万元（契约期满不再续约无息退还） ·人力支持费用：新台币 8 万元（总公司提供 2 位主管入店辅导营运，1 位 6 周、1 位 2 周） ·契约期间：5 年 ·一般店面：40 平方米左右，约 450 万元（以上内含加盟金、保证金、人力支持费、装潢、硬件设施、机器设备等，不含房屋租金、押金、5% 营业税）	

续表

公司	加盟者选择标准
麦味登 汉堡	·具餐饮服务热忱、开创自己事业雄心的人 ·拥有 10～15 平方米的店面（自有或承租皆可） ·自备新台币 699,000 元起 ·愿接受连锁总部开店前之教育训练 ·经总部评估确认适合开店

资料来源：http：//www.mcdonalds.com.tw/、http：//www.7-11.com.tw/Franchise/way/way2-2.asp、http：//www.family.com.tw/enterprise/franchise/index.aspx、http：//www.dante.com.tw/、http：//www.mwd.com.tw/alliance3.html.

3.4.2 加盟者本身条件

在过去经验或学历的要求上，连锁总部希望能找寻具有相同行业工作经验的候选人，其次则找寻有类似工作经验的加盟者。但若没有相关经验，其过去学历背景及人格特质符合该行业需求，也可以通过训练培养经营观念。

加盟店成立初期事务繁忙，因此，加盟者的身体健康状况是经营的基础条件。如果是较为专业的连锁加盟企业，如药妆店，总部则会要求加盟者须具有药师执照，对于企业和专业医疗商品具有一定的知识，同时通过定期的教育训练不断更新专业知识，以提供给消费者最佳的专业服务。

总部会评估欲进入该加盟体系的加盟者是否已做好心理准备，是否有强烈的加盟动机。加盟者能充分了解加盟店初期可能遭遇的困难、连锁企业公司文化及理念等。加盟者同时须有心理准备，接受所有可能发生的营运状况。在个性操守要求上，总部会希望加盟者具有相当的诚意与热忱，乐观积极地面对未来的消费者，以维护总部辛苦经营的品牌形象。有些连锁加盟企业在挑选加盟者时，偏好已婚人士，原因是已婚者可能会更具责任观念。连锁总部通常会有最低资金要求，加盟者必须以现金或非现金的担保品为担保，并缴纳加盟金、权利金或广告费用，而各种费用的多少依照各连锁加盟企业的差异而有所不同。

综合上述，每当连锁总部收到欲加入系统的加盟者申请书后，则根据预设条件进行评选。每家连锁企业可针对不同业态的需要，选择不同的标准。表3-7则是某连锁总部对加盟者的加权评估范例。

表 3 - 7　加盟者评估范例

项目	比重	选项					得分
		极好	良好	普通	过得去	不好	
工作经验	(25)						
业务经验	10						
曾拥有创业经验	5						
管理经验	5						
工作资历、稳定性	5						
工作态度/性格	(25)						
对业务的了解	5						
沟通能力	5						
组织力	5						
进取心	5						
自我肯定	5						
个人资历	(25)						
财务等信用	8						
诉讼记录	8						
介绍人	2						
婚姻状况	2						
稳定性	5						
财务状况	(25)						
资产净值	15						
财务展望	10						
加权总分							

3.4.3　店铺条件

连锁总部通常会要求加盟者自行提供店面，不论是自有或租赁。然而，总部会有相关分析人员协助加盟者根据该地区的繁荣程度、商业类型及范围、商店面积、当地交通状况、交通路线、附近的公共设施以及基本客源、同业的竞争状况等进行分析。经过综合评估后，给出开店与否的建议。

3.5 连锁总部给予加盟者支持与限制

3.5.1 指导

对于连锁企业而言，通过经验传承进行指导，可让连锁组织更有效率地达成组织目标。下列活动可对加盟者进行指导：下达指示、监督、领导、激励和交流。

（1）下达指示：指示可以通过书面或口头形式传达。书面指示可以备忘录的形式，由连锁总部直接交给连锁经营组织的下一级人员，或以通知的形式写在布告板上供所有员工阅览；抑或在连锁经营体系操作手册中说明。口头指示涉及面对面接触，较适合于两个或较少数的人员交流。

连锁快线

你学会讲故事了吗？

传统的信息传递方式包含了信件、口头宣传、书面等，但是，你不知道的是，讲故事也能成为沟通与信息传达的方法之一。

2010 年年初，Sony Ericsson 将一部短片放到 YouTube 网站上供企业内部员工观看，影片内容为执行长交接，前任执行长史凡博格（Carl - Henric Svenberg）在办公室的白板上写下他的管理精神，新上任的卫翰思（Hans Vestberg）也随后写下了他的经营重点。像这种重大的消息，Sony Ericsson 使用了"影像故事"取代了以往的电子邮件，而卫翰思（Hans Vestberg）也通过影片成功传递了他的经营策略与人格特质。

苹果公司创办人乔布斯受到邀请参加了斯坦福大学第 114 届毕业典礼，乔布斯在典礼演讲上，从未说过"一帆风顺"、"鹏程万里"等祝福语，他的第一句只说了"我今天只讲三个故事"。之后他分享了他自身休学、失业以及罹患癌症濒临死亡三件事情，勉励学生"求知若饥，虚心若愚"。演讲结束获得了数分钟的掌声。

故事管理，基本上就是通过扣人心弦的故事，道出企业的核心价值，利用故事让员工对公司产生认同感。同时，讲故事也是一种沟通方式，比起传统口头说教的方式，故事沟通也可以让听者思考故事背后所传达的意义。毛毛虫儿童哲学基金会创办人杨茂秀说："说故事不会直接涉及你要沟通的对象，避免掉直接的批评。谈别人的故事，多了一个转折、迂回的思考空间，更可以拉近彼此的关系。"现代许多企业逐渐发展成国际企业，相对规模也逐渐地扩大，企业内部的员工背景也会相对有落差，传统的沟通方式或许无法创造多大的效益。

台湾易利信公关协理王方平说："公司这么大，很难用传统从上到下的宣导方式，让全球员工知道公司的愿景与发展，必须要用有趣的 Story Telling，让员工加强印象。"故事管理不仅能清楚传达企业的核心价值、未来方向，更能使内部沟通更为顺畅。

资料来源：江逸之：《管理也要说故事　故事管理　企业沟通新显学》，《天下杂志》2010 年第 440 期。

（2）监督：监督包括连锁经营组织需给予加盟商店相关人员培育、训练，确保快速、适当地执行总部命令或者相关活动。公司内的每位员工同时也是管理者，肩负着彼此监督的责任，目的在于确保各加盟店内的所有工作人员皆能服从连锁总部的组织政策和参加各类相关活动。

（3）领导：领导行为是指影响他们为了达到组织目标共同努力奋斗的行为。连锁总部和每位管理者应当建立有效的沟通，激励员工努力工作。

（4）激励和交流：有效的领导可以创造出良好的工作环境。实际上，工作环境中，最重要的资源就是人。理解人、了解他们的行为方式和原因是连锁总部/加盟者一项非常重要的工作。员工的态度和行为表现很容易被忽视，敏感的连锁总部或加盟者会发现员工之间的差别，并根据这些差别采取有效的交流方式。

3.5.2　控制

控制过程包括评估企业营运状况的标准和方法。将营运结果与标准做比较，进行评估，当业绩超过或低于标准时，应实时采取相应的奖惩措施。无论以正式或非正式的方式，连锁经营组织的每一功能领域都应进行评估。通常，连锁总部进行以下几种类型的评估：

（1）对下属管理人员的绩效评估，如培训、采购、连锁经营销售等部门的管理人员。

（2）对财务往来情况的分析和评估。

为保证企业长期有效地营运，连锁总部需要在成本、产量、销售、利润、质量、员工士气及员工离职率等多方面进行控制。基本上，控制过程有助于连锁总部通过各经营范围即时消息回报了解企业的营运状况，以确保整体经营目标的实现。控制过程的三个基本步骤为设定标准、按照标准衡量绩效、采取相应调整措施。

缺乏监管和控制可能无法维护连锁企业体系的一致性经营。优秀的管理体系要求连锁总部适当的监管和控制，以达到质量目标；差的连锁经营体系并不关心质量，而且也缺乏足够的资金。提供足够的培训和支持，需要时间、金钱、技巧和动力，而足够的培训和支持又将在坚固的基础之上，提供良好的控制和优质品牌。高质量的连锁经营，具有连贯性和一致性。

连贯性和一致性来自于持续的培训、审核、监督以及关心。一流的连锁经营总部会合理分配重要的资源、人员、资金，以确保经营体系的相似性，让顾客对产品和服务感到满意。

设定绩效评估标准。为了达到连锁经营目标，应当为组织中每位成员设定标准。企业不仅应确立总体目标，还需要为个人制定一定的标准，否则，目标就成了空想。这里的目标管理体制可以发挥很大的作用。

3.5.3 根据标准衡量绩效

通过将实际业绩与标准进行比较，连锁总部可以确定员工的业绩是否令人满意。绩效标准可以在不同的时间，使用不同的方式进行衡量。关键在于其控制标准具有可操作性与可比较性。业绩可以按小时、天、星期、月审查。检验绩效情况可以有不同的方式：电话、访谈、制作简报或是根据销售额来衡量（预期的销售额、各产品/服务种类、地域或者连锁经营公司的销售额等方面）。

因此，通过事先制定标准，连锁总部可以不必亲自监督每个员工的具体活动，就能够大致了解员工的表现。但是如果有目标和标准可以比较的话，大多数员工绝对不喜欢"严密"的监督，员工希望有一个自由的工作环境，顺利完成领导者（连锁总部或加盟者）交办的任务；连锁总部和加盟者此时需要做的是制定规划、注意经济和科技的变化以及竞争定位。

总之，规划、组织、指导和控制这四大要素是连锁经营企业甚至任何类型的企业不可或缺的要素。规划企业内部运作的总体目标和政策；组织确立公司的结构及各个职位上的权责；指导通过下达指示、监督、领导、激励和交流来达成企业的目标；控制则制定了标准，根据标准衡量业绩情况，并采取相应措施来辅助目标的实现。

3.5.4　连锁总部发展方向

著名的商业机构 Conference Board 通过调查发现，连锁总部应该更多投资于商品开发与产品服务的广告宣传上，而不是吸收新加盟者。在发展连锁经营体系的早期阶段，连锁总部常被要求开设新的连锁经营加盟店。于是，连锁总部急于找寻新加盟者，往往会降低审查的标准，但降低审查标准有时会导致加盟者与总部理念不合，甚至终止合约，同时也会使企业的形象遭受损害，也可能触犯法律，招致官司。因此，连锁总部在找寻加盟者时，不应太过急躁，必须慎选可以与连锁总部建立长期合作的加盟者；而连锁总部也应该积极推出新奇、正当的广告、活动来吸引消费者，提高品牌认知度和知名度，让消费者认识并信任该连锁加盟品牌。唯有通过连锁总部、加盟者与消费者三方的相互信任，才能使连锁经营企业长久经营下去。除此之外，加强总部与加盟者之间的交流是很重要的。若总部人员每周打电话慰问各个加盟者，这有助于提高加盟者的士气，并且在双方不满的情绪演化成冲突前，提供一条解决的沟通渠道。

📖 课后习题

理论题

1. 连锁总部的发展步骤有哪些？

2. 连锁加盟形态有哪些？

3. 连锁经营营销渠道组织形态有哪些？

4. 如何进行连锁总部优劣的评估？

5. 加盟者应具备什么样的条件？

应用题

1. 若今天有家独立单店想要将它的商店开放加盟，您会如何建议从人格特质角度及商店属性角度评估其是否适合？

2. 若今天你想要加盟，您会从哪些条件评估连锁总部是否具有发展性？

章末个案

台湾奋斗史　家居用品畅销中国大陆

多样屋（TAYOHYA）创立于上海，专卖生活家居用品，以 The way to better life 作为品牌理念，致力成为全球最受欢迎的家居生活时尚品牌。在大陆开设了 400 多个分店，都市闹区及百货公司都看得到它的足迹，并先后荣获中国"十大优秀家居品牌"、"十大最具影响力特许品牌"等奖项。而这样在大陆成功的连锁企业，则是由在台湾出生的潘淑真女士一手创立。

潘淑真为台湾第一届选美大赛季军，在台湾知名饭店担任管理职务，拥有幸福美满的生活，但因先生派驻大陆，而放弃台湾的一切，跟随先生到大陆。到了大陆，为找点事做，她开始协助美国沃尔玛（Wal－Mart）做家用品的采购和物流工作，也因为喜爱逛家居用品店，则以"家庭"为出发点，开始做起自己的品牌和渠道。

潘淑真女士说："台湾的优势是创意，多样屋的角色有如台湾创意与大陆消费间的桥梁"，而十几年前的大陆，对于家居生活不在乎，对于家居生活用品也不讲究，所以多样屋在进入大陆市场时就打出"华人现代生活美感"——现代的生活应该要有生活空间的区隔，且在不同的空间也要有不同的设计、不同的家居用品摆设，创造出不同以往的时尚生活。

因为多样屋没有自己专属的工厂，产品都是来自代工生产，家用产品从客厅、卫浴到厨房设备等，品项众多，都需要细心的管理。早期的饭店工作经验为潘淑真奠定了良好的管理基础。而多样屋的定位较接近于日本品牌"无印良品"，但强调华人特色，不完全走简约风格，也效仿 IKEA 的空间设计摆设，传递家的感觉，吸引消费者的目光。同时成立公司产品研发中心，寻找世界顶级的设计师，满足消费者的需求，研发设计新的产品。如多样屋

↑多样屋董事长潘淑真靠着"创意"与"家庭"，成功进入大陆家居市场。（图片来源：多样屋网站）

拥有许多女性上班族消费者，为了满足她们的需求，研发了一系列以女性上班族为诉求的产品。

多样屋随着中国经济的成长，家居产品消费情况超乎预期，在 2000 年开放加盟体系，并引进零售 POS 系统。潘淑真说，创业时，供应链与连锁店的质量管理不易，而现在发展连锁体系，体系内的管理更得重视。目前多样屋的直营加盟比例仍维持在 1:3，直营店的设立是多样屋所坚持的，因为通过直营的经营，可以协助管理者更了解市场。

饭店的工作为潘淑真建立了良好的管理基础，也因为先生的转调大陆，而让她重新思考了工作方向，通过不断的学习与创新思考，造就了多样屋的成功。

动脑时间

1. 请问多样屋连锁经营能异军突起，该连锁经营体系具备哪些成功条件？

2. 请讨论为何多样屋在开放连锁之前，坚持开设固定比例的直营店。

3. 请建议多样屋该如何选取加盟者并管理该加盟者，并让多样屋开枝散叶。

资料来源：1. 曾桂香：《文创事业在中国　多样屋打开家居的加盟窗口》，《联合晚报》，2009 年 8 月 30 日。

2. 彭涟漪：《多样屋价格带随客层消费力一起成长》，《远见杂志》2010 年第 291 期。

第4章 连锁总部的经营管理

学习目标

1. 了解连锁总部市场扩展时策略拟定步骤。
2. 了解连锁总部分析市场的工具与方法。
3. 了解连锁总部各式标准化作业手册。
4. 了解连锁总部如何不断检视目标市场定位。

章首个案

每次的训练只为更好的质量

从刹车皮业务员到台湾麦当劳总裁、从护士到"麦当劳大学"校长，从平凡到不平凡，是麦当劳两位高级主管。不只他们，许多干部、经理从基层做起，炸薯条、包汉堡，都是他们曾经走过的路。或许是误打误撞，从没想过这辈子都要卖汉堡、薯条，但是经过了一连串的完整教育，现在各个人都是能独当一面的麦当劳主管。除了一系列完整的教育方案，在麦当劳，这称为"全职涯训练规划"（Career – Long Learning），就是根据不同层级的人员给予不同的训练课程，而实施这个训练课程的地方，正是鼎鼎有名的"汉堡大学"。

"汉堡大学"位于美国芝加哥，占地4000平方米，校内设施包含了教学大楼、图书馆、礼堂、计算机教室等，另外还有一间翻译中心，内部人员负责翻译28种语言，30位教授、68位课程开发人员也在这里进行教育训练。如果你对麦当劳有一定程度了解，那你应该知道麦当劳经理级以上的员工需要到"汉堡大学"经历2,500小时的训练课程；升迁一次，还需要再次进行训练、考试。就连麦当劳总裁李明元先生也受过以上的训练。

麦当劳全球训练学习发展部门副总裁克劳儿（Patricia Crull）说："食物很容易被抄袭，房子也很容易被抄袭，但是人不行。我们的目标是成为全世界最大的人力发展中心。"麦当劳声称已成为最大的人力训练机构，更胜美国海军。这样的教育训练也支撑着全球2万多家的麦当劳。根据麦当劳的统计，训练一位经理得花上新台币500万元，一年的人力训练费超过了总营收的3%，相当可观，且为了维持教育训练的质量，更针对不同职位阶层的人员，设计适合当前职位人员的课程、训练，并把重点放在结合实务工作上。

在进入"汉堡大学"之前，各职员会在工作手册内学习各种食物制作步骤以及各项课程，如基本营运课程（BOC）、中级营运课程（IOC）、基本管理课程（BMC）、应用设备课程（AEC）等基础课程，然后在晋升至中心经理后，就有机会进入"汉堡大学"受训。"汉堡大学"内的受训课程就会依照职位的不同安排不同的课程：经理级则有员工开发、餐厅管理的课程；部门主管、顾问则有中级管理与高级主管开发等课程；训练的内容也分为专业知识、核心价值、核心能力，涵盖了食品安全、广告营销、开店训练、房地产经营等。

所有训练课程针对工作可能发生的各种状况设计，训练主管可利用角色扮演、情境模拟等方法教授沟通技巧、危机处理。此外，还训练表达与沟通能力，课堂上会有分组报告，利用录像改正报告人的表达方式，如手势、语调、观众互动等。这些训练让具备潜力的麦当劳员工有更多发挥的机会，同时也让麦当劳能稳健成长。

资料来源：1. 蔡蕙如：《花五百万打造一位经理》，《天下杂志》2001年第245期。

2. 刘艳：《零售连锁企业中基层人才职业素质培养》，《业界视野》，2010年6月，http：//www.trainingmag.com.cn/Article/Articledetail/747112129682.aspx，检索日期：2011年7月27日。

若要吸引潜在加盟者或独立经营企业转向加入连锁系统，连锁总部需有详尽组织规划。连锁总部不仅需要学习让连锁系统传递一致性、标准化的企业形象，同时也要对未来市场进行评估并提出经营计划。对一个新的、小型的连锁企业而言，应从简单方式开始，后续才逐渐复杂化。不管如何，规划扮演重要角色，图 4-1 说明了连锁企业策略规划拟定的步骤。

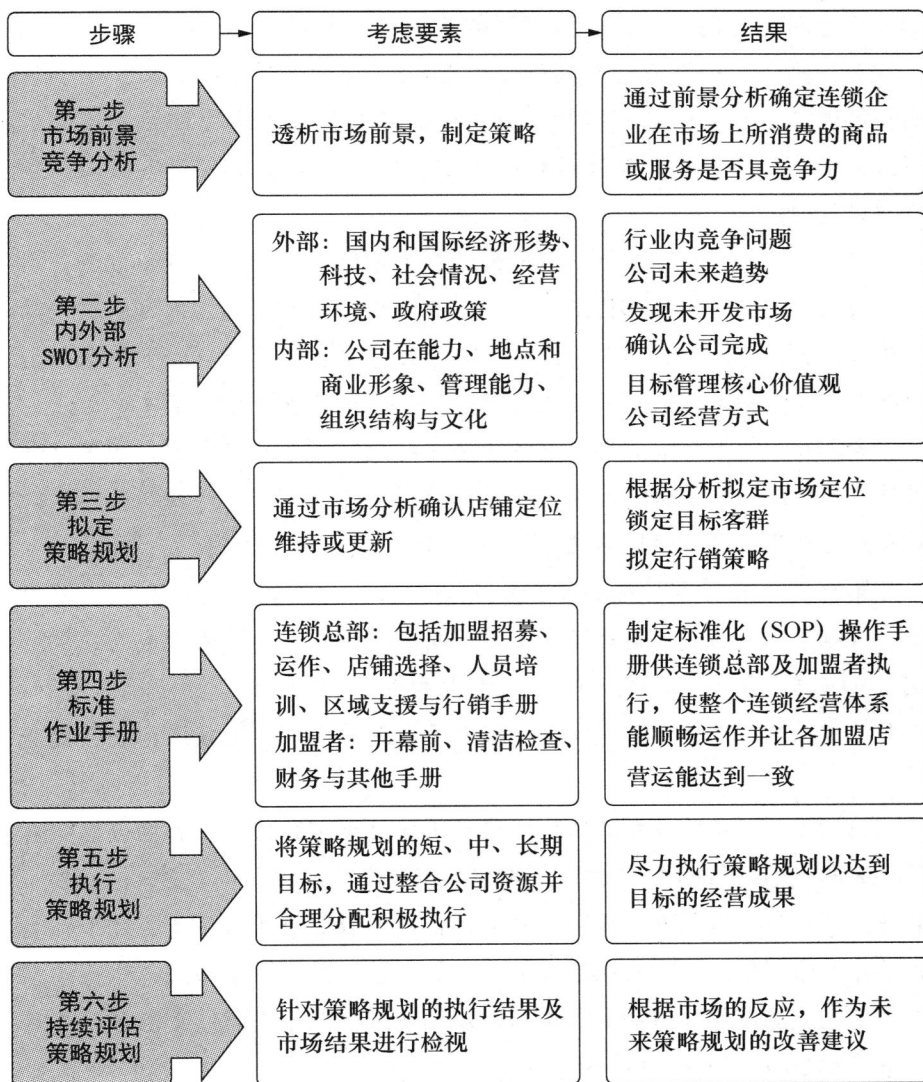

步骤	考虑要素	结果
第一步 市场前景 竞争分析	透析市场前景，制定策略	通过前景分析确定连锁企业在市场上所消费的商品或服务是否具竞争力
第二步 内外部 SWOT分析	外部：国内和国际经济形势、科技、社会情况、经营环境、政府政策 内部：公司在能力、地点和商业形象、管理能力、组织结构与文化	行业内竞争问题 公司未来趋势 发现未开发市场 确认公司完成 目标管理核心价值观 公司经营方式
第三步 拟定 策略规划	通过市场分析确认店铺定位维持或更新	根据分析拟定市场定位 锁定目标客群 拟定行销策略
第四步 标准 作业手册	连锁总部：包括加盟招募、运作、店铺选择、人员培训、区域支援与行销手册 加盟者：开幕前、清洁检查、财务与其他手册	制定标准化（SOP）操作手册供连锁总部及加盟者执行，使整个连锁经营体系能顺畅运作并让各加盟店营运能达到一致
第五步 执行 策略规划	将策略规划的短、中、长期目标，通过整合公司资源并合理分配积极执行	尽力执行策略规划以达到目标的经营成果
第六步 持续评估 策略规划	针对策略规划的执行结果及市场结果进行检视	根据市场的反应，作为未来策略规划的改善建议

图 4-1 连锁加盟企业由策略拟定到策略执行步骤

第一步，市场前景分析。连锁企业若想要取得市场认同，透析市场前景并制定策略是首要任务。如果一个企业的商品或服务品项只在过去和当前短时间内拥有市场，缺乏长期的市场前景，则无法吸引加盟者加盟。也有可能即使加盟了，却因长期无法盈利而导致加盟者退出。

第二步，从内外部两个角度评估环境。外部环境的评估能帮助企业认清其所面临的竞争问题，包括政治、经济、科技、社会等。企业必须对政府的政策、国内外经济环境、技术进步、社会状况及经营气候变化等做出即时、有助于连锁经营管理的决策；并通过内部分析，分析公司的优势和劣势，让连锁总部能确立目标，对具体事项做短期和长期的分析；同时结合加盟店的销售状况分析产品与服务在市场上的接受度，进行未来销售趋势预测。这些分析的主要目的是发现问题和机会，以决定未来的行动。

第三步，拟定策略规划。完成外部和内部因素分析，连锁总部的任务及对过去问题的分析能够详细衡量其必要条件并实时更新。而在解决当前和预期问题的过程中，连锁总部的目标市场也会更新，确立企业未来努力目标，在总体策略发展下开发出有助于连锁总部发展的策略规划。

第四步，标准作业手册。连锁总部在组织连锁经营体系时，需制定标准化（SOP）操作手册供连锁总部及加盟者执行，使整个连锁经营体系能顺畅地运作并让各加盟店营运能达到一致。

第五步，执行策略规划。连锁总部在市场分析后，整合企业内部资源，规划出未来方向，规划短、中、长期实施时间。加盟店则成为总部的第一线人员，通过确实执行标准化作业手册，让连锁企业逐步稳健发展。因此，这一步的总体目的是在既定条件下合理分配资源以获取市场的最佳回报。

第六步，对策略规划的执行结果及市场结果进行检视。利用分析执行策略时所产生的数据及实地调查的结果，找出策略执行时所遇到的问题，并适时调整计划以及修改政策程序，让企业可以更有效地运行。此步骤的目的是策略规划能有好的执行成果，企业通过不断审视策略规划执行的结果及市场上的变化，包括影响企业经营环境的社会、文化、政治和经济等因素，对策略规划做出更好的修正。

4.1　市场前景分析

竞争是市场经济的基本规则。在竞争环境下，企业在适应环境的同时追求自身利益，并通过经营管理达成企业目标。竞争也是抑制对手的手段，是企业成长的动力。在日趋激烈的竞争中，连锁企业要想获得竞争优势，必须充分掌握及运用自身资源、选择有效的竞争策略，努力创造和保持竞争优势，避免陷入"红海搏杀"中，以维护连锁企业良好的市场竞争秩序。

因此，连锁企业试图让企业在经营环境中凸显自己的竞争优势弥补劣势、抢占市场、克制或回避竞争对手的企业经营战略。连锁企业制定竞争策略形成完整的企业竞争体系，才能决定未来市场。企业竞争不是一时竞争，而是全程竞争，分析现在、预测未来而制定竞争策略，有利于取得持续性竞争优势。

迈克尔·波特（Michael Porter）提出三种企业竞争策略，可协助连锁企业进行竞争定位：成本领导策略、差异化策略和集中化策略。

首先，成本领导策略（Overall Cost Leadership）是让连锁企业通过低价购进原料，经由高科技设备增加营运效率，努力降低各种费用，从而通过低成本凌驾竞争者。例如台湾家乐福以"天天最低价"建立其品牌形象、取得成本领先地位。另外可通过产销结合，与供货商建立合作关系，降低采购成本。再者，建立自有品牌，通过在自家连锁网络中以较低的价格销售，强化竞争力。

差异化策略（Differentiation）意指连锁企业通过提供独特的产品或技术、服务、品牌形象等增加与竞争者的差异。有时会导致较高的成本，通过价格与质量间抵换建立消费价值。如肯德基的口味、麦当劳的速度、沃尔玛的商品快速周转等，均是差异化的结果。若连锁企业通过差异化建立特色市场地位，则可保护自己免受竞争者攻击。因此，差异化是长期竞争优势策略。

集中化策略（Focus）就是让连锁企业专攻某一区分的市场，集中火力主攻某特定顾客群、某产品系列、某特定区域等。顾客集中策略意指连锁店把主要资源集中于特定顾客，调查和了解其主要需求，进而提供有效的产品与服务。例如地区集中策略是指连锁企业集中资源于特定地区内开店，可以使有限的广告投入和配送能力在该区域发挥作用。产品与服务集中策略是指主要经营一种或一类产品或服务，呈现专卖店形式。

而若要让连锁企业分析自身条件、竞争对手情况、竞争环境等，拟定最适策略，SWOT 分析法在策略分析中是最常用的方法之一。通过 SWOT 分析可以掌握竞争对手情况，同时评估自身资源以制定企业竞争策略。

4.2 SWOT 分析法简介

所谓 SWOT 分析法，是一种综合考虑企业内部条件和外部环境，进行系统评价，从而选择最佳竞争策略的方法。这里，S 指企业内部的优势（Strengths），W 指企业内部劣势（Weaknesses），O 指企业外部环境的机会（Opportunities），而 T 指企业外部环境的威胁（Threats）。企业内部的优势和劣势是相对于竞争对手而言的，一般反映在企业的资金、技术设备、员工素质、产品、市场、管理技能等方面。企业外部环境的机会是指环境中对企业有利的因素，如政府支持、新技术的应用、良好的购买者和供应者的关系等。企业外部环境威胁指环境中对企业不利的因素，如竞争对手的出现、市场成长率缓慢、购买者和供应者讨价还价的能力增强、技术老化等。评估企业内部的优势、劣势以及观察企业外部的机会、威胁，通过交叉分析内外部条件，拟定出应对策略。在此基础上，企业制定用以完成使命、达到目标的竞争策略，并实施策略计划。表 4-1 为 SWOT 分析表，表中针对优势 S、劣势 W、机会 O、威胁 T 各列出了数项企业内外部的状况，依照各项优势、劣势、机会、威胁的组合配对，拟定出强化优势、机会以及解决劣势、威胁的方案。

以下举例说明 SWOT 应用方式：

情境设定：

自从加入 WTO 后，进口鸡肉也跟着开放进口，同时具有低价优势，对于大量鸡肉需求的快餐业者是很大的诱因。本土养鸡团体也采取了行动，通过与本地的快餐业者签订策略联盟，以防止低价进口鸡肉侵蚀市场。虽然进口鸡肉价格较低，但是其背后也隐藏了一些很大的危机如新鲜度。进口鸡肉从屠宰至送达中间经过了一段时间，在新鲜度上令人担忧。

表4-1　SWOT分析表

外部 \ 内部	策略	优势 S S1 S2	劣势 W W1 W2
机会 O	O1 O2	S1 + O2 拟定策略方案	W1 + O2 拟定策略方案
威胁 T	T1 T2	S1 + T2 拟定策略方案	W1 + T2 拟定策略方案

台湾养鸡协会的理事长尤弘亮指出，虽然进口鸡肉较为便宜，但是以人民生活水平来看，在质量、口感上还是最主要的考虑，所以台湾产鸡肉还是具有一定的竞争力。尤弘亮说："目前绝大部分的餐饮业者还是采用台湾产鸡肉。但未来进口鸡肉会变得普遍，且价格持续走低时，在成本的考虑上，或许会有餐饮业者改用进口鸡肉。"

而台湾本土业者——顶呱呱，热爱台湾的土地，因此有着不同一般的坚持。顶呱呱炸鸡负责人邓有松说："进口鸡肉虽然较便宜，但是，从鸡只宰杀、冷冻、运输到台湾使用时，可能超过1个月，新鲜度不足。对于顶呱呱炸鸡这类在肉质方面挑剔的厂商来说，为了维护口感和质量，还是会继续采用台湾产鸡肉。"

问题设定：

面对低价鸡肉入侵市场，同时在跨国连锁快餐业者的夹攻下，台湾本土的快餐业者顶呱呱，可有何应对之道？

策略拟定：

根据表4-2中的数据显示，分析出顶呱呱具有自有养鸡场、使用本土食材的优势；但也面临资本不敌外商、食材成本高、营销不足等劣势，因此，第一个方案结合了S1（自有养鸡场）、S2（为本土企业）、S5（快速便利）、O1（健康风气盛行）、O2（环保意识提升）等条件，指出生活忙碌的社会中，越来越少的人在家中料理三餐，都成为外食族群。同时，健康的观念越来越盛行，对于注重健康观念的消费者，快餐或许慢慢不被他们选择。在此背景下，建议推出养生套餐，如蔬果汁，与餐点相搭配。并且通过网络订购的销售方式，让无暇顾及三餐的消费者，可通过外送服务取得健康餐点，提升消费者选择意愿。

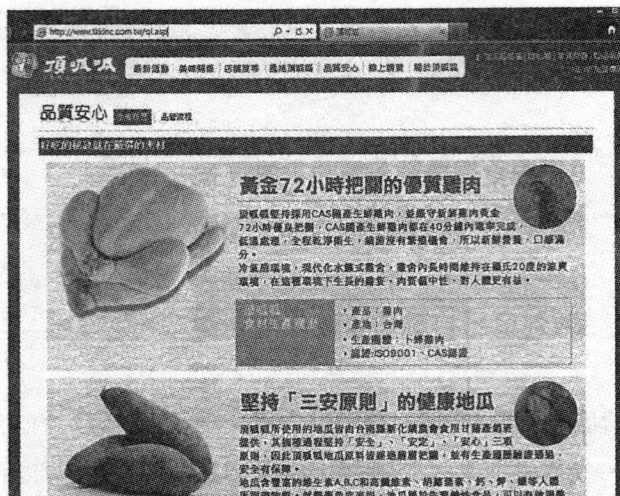

↑顶呱呱采用国产鸡肉来维持商品的口感及质量。（图片来源：顶呱呱网站 http: //www. tkkinc. com. tw)

　　连锁经营企业在完成市场前景分析、竞争分析、SWOT 分析便可为商店定位，以维持连锁加盟企业一致性、标准化的经营形象。关于商店的目标市场定位，可考虑下列几点：

　　（1）购物目的：需事先掌握客人来店购物目的。如对饮食业而言，大致分为生活饮食和休闲饮食。

　　（2）主力顾客：性别、年龄、生活形态等都必须调查了解。

　　（3）商品的内容：符合目标客户群购物目的需要的商品是什么？这是连锁经营发展中最重要的事项。当然包括价格和结构也是考虑的范围。

　　（4）销售形态：决定何种销售服务方式，是自助式、半自助式或面对面式，在决定以后才能规划零售店的相关设备。

　　（5）价位设定：零售店经营的成效与价位有重要的关系。依购物目的考虑顾客可支付的范围。若是商店所设定的价位合适，会给顾客留下好印象。顾客是不会选择一家商品价位不清楚的商店进行购物的。

表 4 - 2　连锁快餐店顶呱呱 SWOT 分析

外部　　　策略　　　内部	优势 S ①自有养鸡场 ②为本土企业 ③天然蔬果汁 ④快速便利 ⑤用本土食材	劣势 W ①资本不敌外商 ②食材成本高 ③饮食环境不佳 ④食品卖相不佳 ⑤营销不足
机会 O ①健康风气盛行 ②环保意识提升 ③因工作忙碌，外食风气盛行 ④自己做料理不方便 ⑤现代人注重效率 ⑥网络购物方便 ⑦现代人工作压力大	S4 + O3 + O4 + O5 + O6 强化快餐的便利性，设计营销方案 S1 + S3 + S5 + O1 + O2 推出养生套餐，加强外送服务	W5 + O1 虽然食品卖相不佳，但可以强调养生健康，去改善产品 W3 + O7 可从环境着手，以简单、朴素的风格来舒解消费者的压力 W4 + O2 + O3 工作忙碌，就可以提供外送服务，来满足消费者需求
威胁 T ①外来竞争者 ②炸食健康问题 ③同业削价竞争 ④不景气而消费力降低	S2 + T1 以本土化套餐与竞争者建立明显区隔 S1 + T2 改变鸡肉调理方法	W5 + T4 营销手法可以吸引消费者，就算遇上不景气消费者也愿意花钱购买

连锁快线

40 年的跌撞实现了近日的成就

历经 40 年的岁月，曾经穿着丽婴房童装的孩子，现在已经身为人父了。丽婴房一路跌跌撞撞地走来，现在也成了知名的企业。

林泰生先生依靠着 130 万元资金创立丽婴房，当时正逢经济起飞时期，丽婴房的扩展速度也相当迅速。在几年之后进入百货专柜，1993年更跨足上海成立第一家分店。如今在大陆的分店正努力迈向2,000家，更遍及亚洲国家新加坡、印度、泰国等。这个企业是经过了多次的失败才达成今天的成就。

↑丽婴房董事长林泰生先生经历了投资的失败后，将经营重点放至目前的事业，专心经营，成就了今日的丽婴房。（图片来源：丽婴房官方网站 http：//www.phland.com/）

引进英国流行品牌 Top shop 让丽婴房面临惨痛的失败。当时丽婴房期望通过引进 Top shop 抢攻青少年服装市场，因为他们认为孩童时期穿着丽婴房的孩子在成长后会继续购买 Top shop 的服饰。但是这个预测的失败也造成了三年内亏损了新台币2亿元。这样数次的惨痛经验，让林泰生意识到必须专注于目前事业，也造就了目前的丽婴房。

目前丽婴房的直营店及加盟店比重为7:3，加盟店比重较低，林泰生表示，要寻找认同企业文化、品牌价值的加盟者并不容易，且需要时间，因此加盟展店速度较为缓慢，未来将会让加盟店及直营店的比例向5:5的目标前进。除了建店方面，丽婴房也开始扩展品牌，将延伸至婴儿用品、推车、教育用品等，扩展新的渠道。

资料来源：柯玥宁：《丽婴房童装小飞象跃过40年》，《经济日报》（中国台湾）A17版，2011年6月20日。

▶▶ 4.3　拟定策略规划

　　规模经济是连锁经营得以生存的前提。规模经营有利于降低企业经营成本，如采购、运输、广告宣传、会计等，让众多加盟店共享一套管理机制。再者，规模造就了大量销售，所以总部可大量采购，取得批发价格，降低经营成本。一般认为，连锁分店发展到 14 家以上时，才开始获利。在美国，要达到规模经济经营，起码要拥有 200 家以上分店。在规模发展连锁体系时，不仅需要大量展店，同时也强调店质，否则对于总部经营形象建立与维护将会造成损伤。若要经营具有潜力的市场，在短期经营上可能无法达到平衡而有亏损，但在长期利益与消费趋势的考量下，也是连锁总部会思考的投资方向。如 7 - ELEVEN 预测未来消费需求，尽管营运前 7 年呈亏损状态，但仍坚持持续经营，最终成为便利业态龙头企业。

　　在进行连锁规模化发展时，不仅商店要开设于合适的地方，并设定店铺的目标市场，评估合适后才允许加盟。若不掌握基本原则，随着经营时间的增加，不知不觉中可能将当初总部赋予商店的定位给遗忘了。

　　对于直营店铺来说，可以在原型店内测试许多新商品和新服务，对经营不会造成太大困扰。但是加盟连锁店则不适合此方式。对于加盟店，有必要了解所设定的目标市场和现状有无差距，并试图解决其差距。

　　当企业竞争情况分析、市场定位完成，则期望通过规模达到营运效益。因此，从原型店的测试，在稳定阶段时将通过各式的标准作业手册复制予各加盟店。下文将说明连锁总部的各式标准作业手册。

连锁快线

一样的坚持　不一样的未来

　　统一超商，台湾布点最多的便利商店，对现在的人来说，如果没有 7 - ELEVEN，应该是一件很可怕的事情。不过，有多少人知道 7 - ELEV-

EN 在刚成立时遇到了困难呢?

徐重仁带着统一超商一路走来,他回想着:"如果我当初没有一直念着要回来,也许高总裁就把这个部门关掉了,然后我就离职去创业了。"

日本早稻田大学毕业的徐重仁先生,从日本回台后,主动向高清愿提出统一企业超商渠道。在 1979 年统一超商正式开幕,并且被定位成现代化杂货店。但是反应远远不如预期,于是在第二年引进美国 7 - ELEVEN 的经营秘诀,将布点放置小区,但由于与美国的小区形态不同,这个方案也使超商陷入了困境。

而后徐重仁先生被调回面包部门,但始终想继续经营统一超商,于是他再度请调,希望回到超商部门。成功调回超商部门后,开始进行大改革,并请颜博明主持超商的营运。有得必先有舍,徐重仁先生一口气将超商店撤至 40 家左右,遭到裁撤的店长调至内勤,等待更好的机会。

1987 年,统一超商独立出来,成立统一超商股份有限公司,并将所有重新开设的分店设置于三角窗位置,也重新把顾客群定位在 18 ~ 35 岁的上班族、学生,商品结构也随之调整。

"管理就是把复杂的事情放在一边,时间就可以节省下来,不然你会浪费很多时间。"徐重仁先生说。人的时间有限,扣除休息、睡眠时间,能做事情的时间并不多。"所以我会思考要把精力放在哪,不要放在哪。"徐重仁先生又说。他把时间运用得非常有效率,想必这跟他的个性有关系。他的大学同学王文贵指出,徐重仁与一般学生没什么不同,很平常,但有唯一一点不同的地方,就是对于他想做的事情一向都很专心、很有计划。

资料来源:庄素玉:《简单,就有新视野》,《天下杂志》2008 年第 400 期。

▶▶ 4.4 标准化作业手册

连锁总部在组织连锁经营体系时,需制定标准化作业手册(SOP),供连锁总部及加盟者执行,使整个连锁经营体系能顺畅地运作,并让各加盟店营运能达到一致。标准化作业手册包括由连锁总部执行的加盟招募推广手册、店铺选择手册、人员培训手册、区域支持手册、营销手册,加盟者执行的运作手册、开幕前手册、清洁检查手册、财务手册，如图 4－2 所示。

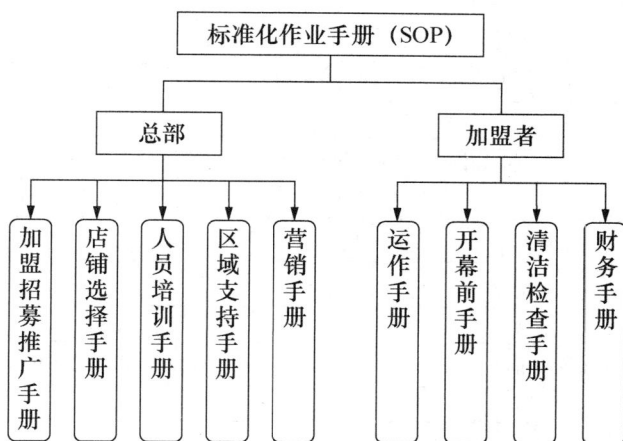

图 4－2　总部与加盟者执行的标准化作业手册

4.4.1　连锁总部执行手册

4.4.1.1　加盟招募推广手册

　　加盟招募推广手册是连锁总部为潜在加盟者制定、提供的数据，期望吸引欲创业的人加入连锁经营体系。内容包括提供连锁经营的整体运作与模式、说明与加盟者签约的后续合约表格，同时列出该加盟体系将为加盟者带来什么样的实际价值和服务，并针对加盟者在连锁经营行业的成功可能性提出意见，并且协助加盟者了解双方在经营连锁经营加盟店中应尽的责任和义务，确立连锁总部的价值。

　　通常加盟招募推广手册中会说明加盟者想要了解的项目，包括：

　　（1）对产品或服务与营运方式的描述。

　　（2）连锁总部背景资料。

　　（3）连锁总部运作发展情形的相关历史资料。

　　（4）加入加盟系统所需准备的资金与费用。

　　（5）加盟期限。

　　（6）连锁总部所提供的支持（运作、财务、培训、服务）。

　　（7）地点、设备、建筑物的要求与规格。

　　（8）经营产品或服务的营销、销售、促销等策略。

　　（9）关于加盟者及连锁经营体系的财务信息。

（10）连锁经营申请（附申请表或告知如何取得申请表）。

加盟者招募工作流程如图4-3所示。

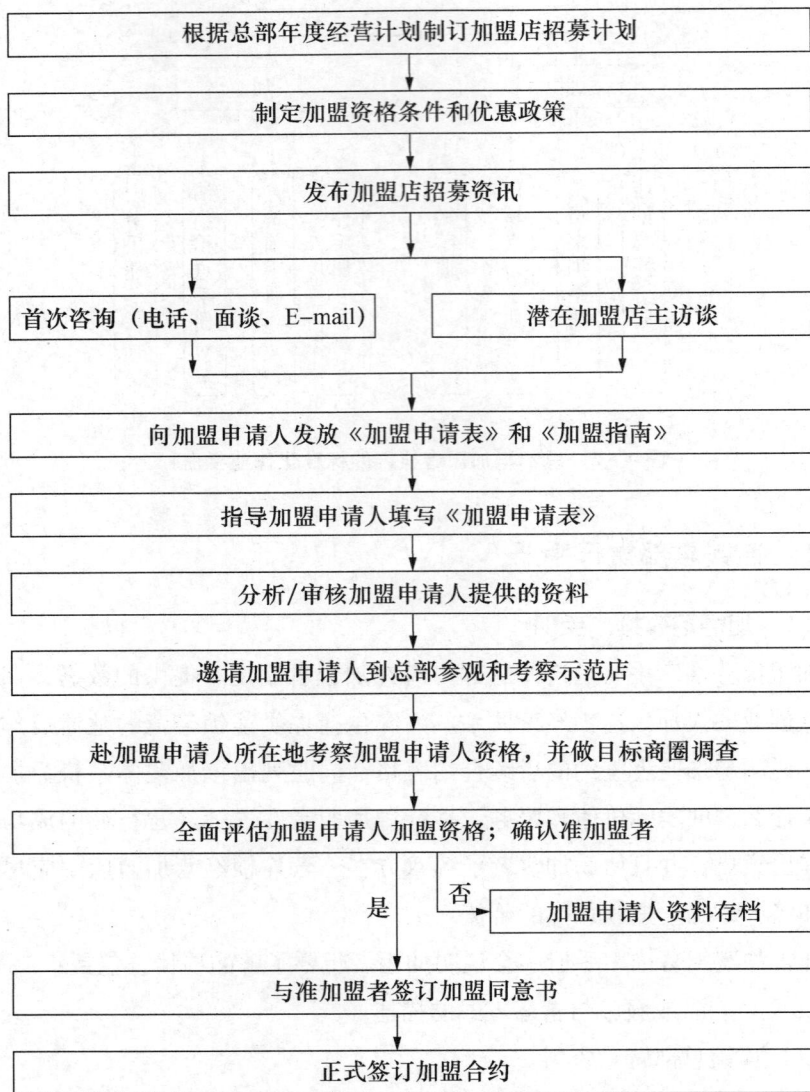

图4-3 加盟者招募工作流程

表4-3是一份简易的潜在加盟者接触表范本。当潜在加盟者向连锁总部进行连锁经营咨询时，总部招募人员应记录下接触的信息。如潜在加盟者的姓名、地址、电话号码、于何地与接触人员进行咨询等，并通过咨询的过程，了解潜在加盟者的财务状况等信息。除此之外，同时根据潜在加

盟者的个人基本信息予以评分，评估潜在加盟者是否适合该连锁经营体系。在最后一行标示连锁总部给的指示意见，对于接触的过程做总结，并指示后续的签约作业。而招募过程的每一个步骤都要记录下来，通过由连锁总部与潜在加盟者之间的互动记录，提供连锁总部招募加盟者所需的基本信息，有助于连锁总部开发潜在加盟者。

表 4－3　潜在加盟者接触表

连锁经营公司名称　　　　　　　　　　　　　　　日期_____

潜在加盟者名称：_____

地　　址：_____

联络电话：_____

接触人员：_____

会谈场地：说明会_____　连锁总部_____　地区分部_____　其他_____

总部填写

评估个人资料表　日期_____评估人_____结果_____

评估财务状况表　日期_____评估人_____结果_____

评估信用表　　　日期_____评估人_____结果_____

连锁经营协议　　接受_____拒绝_____

总部指示意见_____

加盟者条件评分项目

项目	总分	得分	项目	总分	得分
工作经验	(25)		个人资历	(25)	
业务经验	10		财务等信用	8	
曾拥有创业经验	5		诉讼记录	8	
管理经验	5		介绍人	2	
工作资历、稳定性	5		婚姻状况	2	
工作态度/性格	(25)		稳定性	5	
对业务的了解	5		财务状况	(25)	
沟通能力	5		资产净值	15	
组织力	5		财务展望	10	
进取心	5				
自我肯定	5				

连锁快线

谨慎评估 完整辅导 照顾汽车的"面子"

根据美国商务部调查，95%的连锁店在市场上经营有成，而独立店的经营有65%在五年内关门大吉。从事汽车美容业中有90%的人认为此行业有利可图因而进入，而原本从事汽车相关领域的人只占10%，由此可见欲进入的投资者对该市场的前景具十足信心。尽管如此，许多连锁总部只想收取加盟金，在专业技术及管理技术方面的辅助，做得不完善，常常导致纠纷，业者表示，美容连锁加盟整体失败率起码有五成。

而四面环海的台湾，气候较潮湿，爱车遭受风吹雨淋是常有的事情。依照汽车美容业者的经验表示，平时停放在车库的车15～18天就要进行一次打蜡，放置车库外的车则10～15天就必须打一次蜡，这样才能保持车子的光泽，其背后的市场潜力相当大。所以，加盟汽车美容中心的人越来越多。业者表示，加盟汽车美容所需的成本并不算高，扣除房租，每间店面所需的资金大约在新台币20万～30万元，其中包含了设备、人事成本等，加盟金约在10万元。不过就因为进入门槛不高，也造成开店失败率偏高。

在中国大陆，汽车美容市场竞争同样日益激烈，由于汽车美容与汽车修配厂相比，进入门槛相对较低，所以许多汽车领域业者陆续投入这块市场，包括外来的汽车美容服务连锁业。2008年数据显示，北京拥有近万家汽车美容店。随着汽车产量大增且购车门槛不高，汽车市场已从单纯的汽车代步扩大为汽车消费时代，因此加速汽车美容市场的发展。2010年，中国从事汽车美容业的人达240万人，预计2020年可达366.4万人。欲投入汽车美容连锁体系的加盟者要特别注意，其加盟陷阱多，有许多加盟者被"零费加盟、进货零付款"的连锁体系迷惑，遭到"圈钱"，也有一些连锁体系向加盟者收取庞大的加盟费用后，却只提供少量的货品或额外收取高额的配货费用。

资料来源：1. 汽车美容连锁加盟小心被"圈钱"，两岸创业论坛，2010年10月7日，http://www.0800000601.com/bbs/viewthread.php? tid = 24050，检索日期：2012年3月21日。

2. 今年我国汽车美容养护业市场发展预测，豆丁网，2011年3月11日，http://www.docin.com/p135613245.html，检索日期：2012年3月21日。

3. 蔡诗韵：《投入汽车美容审慎评估》，《经济日报》（中国台湾），1999 年 4 月 18 日，第 23 版。

4.4.1.2　店铺选择手册

连锁总部或加盟者必须选择一个合适的位置开设连锁加盟店。店铺的位置不但必须符合连锁经营体系锁定的目标市场，同时要能吸引顾客、方便顾客进出。一般连锁经营体系选址的因素包括该地的人口结构、住民属性，当地生活情况、消费潜力、客源形态、交通状况、租金成本以及竞争店分析等。

一般来说，虽然店铺选择手册可以帮助加盟者决定最佳地点，但最终决定权还是在连锁总部手上。因此，店铺位置一定要符合连锁总部的标准。而许多连锁总部会在地点选择好后买下土地，再用租赁的方式，分成中、长期租期，租给加盟者。详细商圈立地评估条件可见本书第 6 章。

连锁快线

创造神话的泰一

成功的企业都有一段失败的过去，有失败才会有成功，这是大家深信不疑的。但是，零失败的企业听说过吗？

泰一电气生存在电器产业中，面对的对手多不胜数。仅有 10 家门市的它，为何可以称得上神话？对于市场来说，不景气、开店地点不佳都有可能是关闭分店的原因，但是截至目前泰一电气却没关闭过任何一家分店，并且创造了新台币 28 亿元的年营业额，换算起来每间单店创造了近新台币 3 亿元的营业额，究竟是怎么做到的？

泰一电气董事长苏一仲说："地点的选择最重要，泰一不会为了冲店数而滥竽充数，找不到好地方宁可不开。"由日商带领的泰一企业，在创立初期并没有马上扩店，反而先进行了为期 6 个月的市场调查，并在后续开了第一家门市，获得了很好的回响，也为后续的展店计划订下了良好的流程。慎选地址是泰一的坚持之一，"钱可以少赚，但找不到好地点绝不开店"是泰一的理念。泰一电气日商总经理结城义治表示："开店在精不在多，因此不会因景气好就急着扩张新据点，也不会因景气不佳就关店。"保守的展店策略，却创造了惊人的绩效。

另外，坚持"顾客第一"，为顾客提供更方便的服务，现场提货以及原厂服务外的维修服务。苏一仲说："泰一成立的宗旨，就是顾客永远高于公司效益，事实证明，给顾客好的服务，顾客自然会回报，泰一高营收和获利就是最好的证明。"为了让顾客享受更快速的维修，创立了电器维修中心，各门市分配3～4个维修人员，依照顾客的维修需求，在最短时间内派遣人员处理；无法处理的情况下再送回原厂进行维修。

还有另一项与同业不同的地方，泰一电气鲜少雇用临时工，对于他们来说，有好的员工才能创造好的服务质量，每一位店长至少要有10年以上的经验才能独立面对顾客，建立更专业的形象。

2005年泰一电器已由日本 BEST 电器入主经营，更名为"日本 BEST 电器公司"，全台共有26个大型电器专卖店。

资料来源：黄仁谦：《不可能的任务　泰一电气展店零失败》，《经济日报》（中国台湾），2003年3月15日第9版。

4.4.1.3　人员培训手册

人员培训对于连锁经营体系的成败有着举足轻重的地位，一般培训手册分为正式培训计划及后续培训计划。

正式培训计划，连锁总部有责任培训加盟者使其熟悉连锁经营的运作，让服务能够标准化，建立一致性品牌形象。而在制订培训计划时，连锁总部应教导加盟者连锁经营的一切，包括加盟店基本的管理和业务技能、成本管控、管理与领导技巧、营销原理等。除了理论的讲授之外，让加盟者实际操作则是训练加盟者最有效的方式，尤其在餐饮连锁系统，更是重要的一环。连锁总部通过理论与实战相结合的方式，制定出一套好的培训计划与手册以更顺利地培训加盟者及其员工。

许多连锁总部训练地点在总部的训练中心，其中的课程主要是帮助加盟者或员工建立专业知识、传递企业文化与了解组织发展。第一阶段培训完之后，有些加盟体系会安排加盟者或员工进入教育训练店铺，实际了解操作面。加盟者可通过正式培训计划学习到连锁经营的管理、运作及专业知识，同时培养加盟者对未来的自信及对连锁经营体系的忠诚。

后续培训计划通常由连锁总部委派区域的代表提供加盟者或员工现场的培训。在加盟店开幕前，总部会针对加盟者及店内全体员工进行第一次后续培训，经由实际操作，让加盟者及其员工能更了解加盟店的运作；也

会根据加盟者的需要或连锁总部管理、运作的变化，对其提供连续的培
训。许多连锁总部也会提供培训手册，供加盟者培训新进员工使用，能使
新进员工与加盟者获得相同训练，也能促进连锁经营体系的进步。通过培
训计划及培训手册，加盟者不但可以理解连锁经营业务的运作，也能了解
连锁经营的全景、总体目标、经营能力与增长的目标和政策。表 4 - 4 是培
训手册应包含的内容。

表 4 - 4 培训手册包含的内容

第一部分：简介

　　业务简介

　　行业介绍

　　连锁总部介绍

　　连锁总部的责任

　　合约、执照、登记证及其他法律申请

第二部分：营销

　　目标市场

　　广告/促销

　　开幕前活动

　　开幕

　　推销

　　客户关系

　　产品/定义和描述

第三部分：财务

　　资产负债表——如何编制、解读和使用

　　损益表——如何编制、解读和使用

　　资金预算——如何编制、解读和使用

　　损益平衡表和资产负债表——如何使用

　　记账程序

　　收款机——如何操作

　　存货控制

　　赊销

　　现销

　　零用现金

　　对账

　　银行结算单

夜间金库

薪水名册

财税计算

租赁

保险

第四部分：日常运作

人事和店面的运作

内部管理和维护

管理

销售运作

存货

加盟店运作（参见运作手册）

第五部分：服务/生产

设备订购

存货控制

订购控制

从连锁总部订购

从其他供货商订购

成本因素

服务/备货方法

仓储方法

卫生管理

第六部分：人事管理

工作要求说明

员工的招募、筛选和培训

周工作日志/月工作计划

激励制度

个人发展

劳动法规

加盟者协助

4.4.1.4 区域支持手册

在连锁经营体系中，连锁总部与加盟者的关系已不再是传统的垂直关系，而是需要双方建立一种平等、公平、互相尊重、互相依存的平行关系。因此，成功的连锁经营体系应制定区域支持手册。手册须确认并列举连锁总部能为加盟者提供的支持，包括调查、记录、财务规划、质量控制标准和程序，以及评估加盟者表现时使用的表格与程序。

连锁总部与加盟者之间的接触与了解都是通过连锁总部的区域代表。区域代表是连锁总部和加盟者间的桥梁，除了了解连锁总部的经营状况、商品信息、促销策略等，同时要了解加盟店的运作状况、培训需要、设备使用、操作程序、员工的工作态度、经营时所遇到的问题甚至加盟店外观等。区域代表也需要对加盟者做适当的监督，包括产品质量标准、服务标准和形象标准。通过区域代表的沟通并回报连锁总部，维持标准化经营，也让连锁总部可以针对特定地区做本地化的调整，共同努力经营连锁经营体系。

由于区域代表为连锁总部的代言人，因此，区域代表需要了解运作的程序，具备良好的人际交往技巧，适时鼓励、支持加盟者，若加盟者出现士气低落时，也应该想办法提升加盟者的积极性。而在新加盟店开幕时，区域代表会经常到加盟店观看，目的是帮助加盟者快速进入状态，也可评估加盟者的表现。而区域代表使用的评估表格应附在地区支持手册中，并将评估内容和评估方法详细记载。这样有助于建立连锁总部与加盟者之间的信任感。

4.4.1.5 营销手册

营销手册详细说明了连锁总部的营销理念，并且亦说明连锁经营企业的目标市场，以及期望能保持的竞争地位的经营策略。手册中同时包含连锁总部的定价策略、价格调整策略；产品策略，如新产品策略、产品结构策略等；品牌的定位，如连锁经营体系有几个品牌、系列产品抑或不同产品使用同一品牌等；包装、标志及加盟者应为消费者提供的服务；促销策略的频率、如何促销产品；拟定立地的选择、营销展店策略。

有效的营销手册会讲解如何通过数据搜集，针对加盟店的客户群进行市场调查，如包括了解性别、年龄、收入、购买动机、能够接受的价格范围及服务要求的顾客相关信息等，以确定总部经营定位是否需要调整。通过最合适的产品市场扩大份额，以及该如何扩展新的市场、扩大原有市场的占有率等。

对许多连锁经营体系来说，广告和促销需要特定加盟者的参与。因此会将广告与营销的信息分开，独立编订成册，有利于在市场环境变化及连锁经营体系策略改变时及时更新。

4.4.2　加盟者执行手册

4.4.2.1　运作手册

运作手册为连锁经营体系经营的命脉。手册要全面性地记载每一项业务、运作程序，用来应付连锁经营运作时所遇到的问题与不确定性。而连锁总部会严格检核，确保程序能够通过手册让员工与加盟者清楚了解连锁经营业务营运的每一步骤。运作手册不但要有运作的详细步骤说明，也要有连锁经营体系的要点概要说明。手册通常会以表格、图形或插图来说明连锁总部的管理政策、运作程序，对加盟店而言，可使各加盟店的运作能更加简单明了。对总部来说，运作手册在培训新加盟者时是一个非常有用的工具。因此，当该加盟者离开了连锁经营体系时，运作手册就必须归还给连锁总部。

连锁总部的政策、运作程序、人事制度也会因环境变化而有所改变。所以连锁总部可以随着环境的变动而更新运作手册，并同步告知加盟者。随着加盟者营运经验的累积，也可对总部提出建议，进行运作手册的修正。表4-5列出了运作手册中常出现的内容。

表4-5　运作手册中包含的内容

一、连锁经营体系概述

　　公司简介

　　连锁总部和行政人员

　　连锁总部、加盟者业务

二、加盟店组织架构、岗位职责及店内区域划分

三、人力资源计划与管理

　　人员招聘与任用

　　员工培训

　　员工管理（包括员工档案管理、工作分配、员工考核、员工参与等）

四、顾客服务与顾客管理

　　顾客服务与管理的原则

　　顾客信息管理（包括顾客信息建立、顾客信息搜集、顾客信息系统应用等）

　　顾客的维系与开发

　　处理顾客投诉（包括处理顾客投诉的原则、处理投诉流程等）

　　提高服务质量

五、促销计划与管理

促销的目的和依据

促销类型

促销方式的建议

其他需要说明的事项

六、货品管理

订货

收货

出货

耗材

库存

盘点（包括盘点工作的目的，盘点的分类、要点、流程、人员等）

七、财务管理

简易建立会计手册（包括目的、内容、会计要素等）

登记账簿

成本核算

清查与分析

八、店内日常作业管理

营业时间

营业作业管理（包括营业前准备，营业中、营业后、店内安全防范等）

九、与总部的沟通

十、安全保健制度

十一、奖惩条例

晋升条例

惩罚条例

其他处罚条例（如各个具体的处罚条例）

十二、常见问题分析及处理

十三、附件

附件一：连锁经营费用安排

附件二：产品和服务的价格体系

附件三：常用电话列表

附件四：会员卡制度

4.4.2.2　开幕前手册

大多数连锁总部会准备一本开幕前手册，手册一般不会太长或太详尽，大都包含一个清单，列出了加盟店开业前必须要完成的活动和步骤。
下列为加盟店开幕前四个非常重要的时段：

（1）正式开业前 6 个月。

（2）正式开业前 3 ~ 6 个月。

（3）正式开业前 1 ~ 3 个月。

（4）正式开业前 30 天。

手册的列表有助于加盟者按照程序完成开业前应完成的重要活动。手册的提醒可确保加盟者不会忘记某些重要活动，也能提醒他们不会过早或过快地完成这些活动。开幕前，加盟者必须进行可行性分析，满足一定的法律、财务、地点、建筑的要求，且必须对于新加盟者进行培训、订购设备、商业登记、开立银行账户、申请执照等。这些虽然不太引人注目，但对于新加盟者却是非常重要的。表 4 - 6 列出了正式开幕前 6 个月、开幕前 3 ~ 6 个月及开幕前 30 天的活动清单。随着开幕日期趋近，清单提醒的内容也越来越详细。表 4 - 6 中也列出了开幕前必须完成的基本活动，如加盟店装潢、公用设备安排；雇员遴选、签约、培训；加盟者培训；摆设货架；建筑、管道或设备的确认。

表 4 - 6　开幕前活动清单

开幕前 6 个月		
__是	__否	已完成连锁经营可行性分析
__是	__否	已签署连锁经营协议
__是	__否	资金到位
__是	__否	已完成地点选择
__是	__否	建筑营业申请已通过
__是	__否	已建立连锁总部与加盟者的关系
开幕前 3 ~ 6 个月		
__是	__否	已开始指导
__是	__否	已完成加盟正式培训
__是	__否	商业已登记
__是	__否	已在银行开户
__是	__否	已申请营业执照
__是	__否	已订购相关设备

开幕前 30 天

__是	__否	已完成基本训练
__是	__否	管道已完成安装
__是	__否	早期宣传就绪
__是	__否	招牌到位
__是	__否	相关工作表格和计划表、工资和工作时间规定就绪
__是	__否	商品已订购
__是	__否	公用设备与服务已安排好
__是	__否	已开始挑选员工、签约
__是	__否	已进行加盟者实践培训
__是	__否	建筑、设备等已完成和检验完毕
__是	__否	已完成货品陈列
__是	__否	已完成开幕宣传
__是	__否	开幕方案已实施

4.4.2.3　清洁检查手册

发展连锁经营最重要的工作是要维持每一间加盟店的一致性。而连锁总部可以通过拟定店面检查手册来使各加盟店在环境的维持与人员的服务上达到一致。店面检查手册内容应包括店面的外在环境、店内的气氛、洗手间与工作间的整洁、员工的服装仪容与工作态度等。手册对检查的每一个项目都要做叙述，也要提供加盟者应遵守的标准与程序。加盟者需定期查看店面检查手册应检查事项，并填写日志或周志，通过定期检查能帮助加盟者进行调整，提升加盟者的形象。对于连锁总部来说，完整的店面检查清单是定期提供质量控制的重要数据。

表4-7是一个店面检查手册的范例。范例分为两部分：外观与维护。外观的项目是加盟相关设备的清洁；而维护的项目则是评量外场与内区域的整洁、卫生状况，并且监督加盟者是否在遵守连锁总部建议设备维护时间进行保养。表4-7中，店面检查人员会对于有待加强的地方给出改进措施建议；对好的部分也做出了评价。

店面检查对于连锁加盟体系的发展是很重要的。因此，连锁总部应时时叮咛加盟者定期实施店面清洁检查，针对不佳的地方进行改进；良好的表现则必须继续保持。

表 4-7　店面检查表格范例

外观	好	满意	不满意	评价
外部：				
建筑	×			新
地面			×	需要铺设
停车场			×	需要计划
招牌	×		新	
总体评估		×		缺点需要一周内改善
内部：				
设备	×			新
墙壁	×			刚刚粉刷
灯光		×		上午较昏暗
地板	×			干净、明亮
柜台	×			干净、无尘
总体评估	×			需调整灯光
顾客区：				
入口区		×		陈列品摆得紧密
订购/购买区			×	促销品杂乱
座位区			×	过于紧密
出口区	×			出口很好
总体评估		×		建议调整座位的安排以改善客流情况
工作区：				
生产区	×			干净
仓库区	×			与手册一致
走道	×			干净、整洁
总体评估	×			工作区每天都进行维护
预防性维护：				
与设备时间表的建议相一致	×			记录予以通过
外部/内部：				
虫害/老鼠	×			记录予以通过
总体评估	×			运作记录的第一个月井然有序

120

4.4.2.4　财务手册

连锁总部需要制定出一套标准的会计与财务制度，能够使加盟者花最少的时间与力气，获得最精确的财务信息。财务手册应提供每周、每两周或每月的损益表来反映当期销售与支出；提供现金预算以帮助加盟店计划自己的财务活动；提供每月、每两月、每半年或每年的资产负债表。大多数的连锁总部要求加盟者每周、每半个月或每月一次报告加盟店的总销售额、商品销售成本、人力成本等。通过财务手册及报告来控制成本、申报收入与税费、计算利润。

4.4.2.5　其他手册

针对不同业态，以及各家连锁总部所欲形塑差异化品牌特色，将会有各式不同的手册提供给店长或加盟店员工。如对于餐饮业而言，加盟商店都会有调理准备手册、食材检验手册、原物料保管手册等；对于一般零售业而言，则会有商品上架手册、店头营销操作手册等；店长则会有开店闭店准备手册、销售及促销手册、待客服务手册等。以达到连锁企业的标准化、一致化作业，让顾客至每间单店都可以感受到相同的商品、形象及服务。

连锁快线

不一样的服务　成就不一样的王品

王品集团旗下有许多连锁品牌，市场定位、品牌形象都不同，因此每个品牌的服务标准流程也要做些微小的调整，好让同一位顾客到不同品牌的餐厅用餐时，都能感受到差异化的服务，提升服务质量。

"王品牛排"标榜尊贵，服务生须15度鞠躬，并保持浅浅微笑；"陶板屋"强调日本精神，须弯身30度；"西堤"诉求年轻、热情，消费对象皆为年轻人、有活力的上班族，因此服务生会露出7颗半牙齿的开朗微笑，招呼用语也是活泼的"嗨，你好，欢迎光临Tasty！"

在质量方面，王品坚持牛排只取最精华的第6~8对肋骨，规格统一，骨长17厘米、重16盎司的标准，以高温瓷盘盛装以确保牛排的香嫩，即使是附餐仍要求完美，精酿100%完美的酸梅汤；在服务方面，则提供切牛排与餐点介绍的服务，赠送《品味生活　王品有约》一册，特殊节令不加价，并举办庆贺活动，重视顾客用餐感受，以"顾客满意度分析"作为店铺管理改善的指标，提供免费停车服务；安全性方面则做到每月最后一周的星期六"消防日"做全体消防演习，通过安全措施检核标准，建立"店铺安全手册"。

王品集团制定了许多规范要员工确实遵守，就是为了让顾客享受到最好的服务，在遇到任何投诉时，也一定会立即改善，给顾客一个满意的答复。正是秉持着这种服务顾客的心，王品集团在市场上才能有今天的成就。

资料来源：1. 陈芳毓、张鸿：《流程标准化，服务差异化》，《经理人杂志》，http：//www. managertoday. com. tw/？p＝1405，检索日期：2012 年 3 月 2 日。

2. 吕玉娟：《王品集团　我爱我的龟毛家族》，《能力杂志》，2007 年 7 月，http：//cpc. tw/magazine/Content. aspx？MagNo＝617&ColumnNo＝0&AtricleNo＝1130，检索日期：2012 年 3 月 1 日。

▶▶ 4.5　持续检视连锁店的目标市场定位

为了扩大企业规模，有些企业会持续进行加盟连锁。尤其是在两家、三家店铺同时开张，商品、物品整合的状况下，常会造成店铺的目标市场定位不明确。通过定性、定量的分析，分析顾客需求、商店经营环境，以作为总部在调整商品结构、营销活动或立地选择等相关策略时的依据，如图 4 - 4 所示。

4.5.1　定量项目分析

为求连锁店的营运绩效，在经营一段时间后，可通过直营店或加盟店回馈消费信息，通过定量分析进行总部策略的修正。定量项目分析包括如下方面：

（1）损益分析：对每家店铺进行损益分析，通过此分析掌握更为具体的所有连锁店的状况。

（2）销售额分析：销售额表示店铺的顾客支持率。其分析公式为：销售额＝客人数×平均客单价。通过实际的客人数和平均客单价这两项指标可与既有的目标进行比较，看策略是否奏效。

（3）商品分析：对每一商品类别的销售计划，以"ABC 分析"和价格带的销售数量分析了解商品类别销售情况。

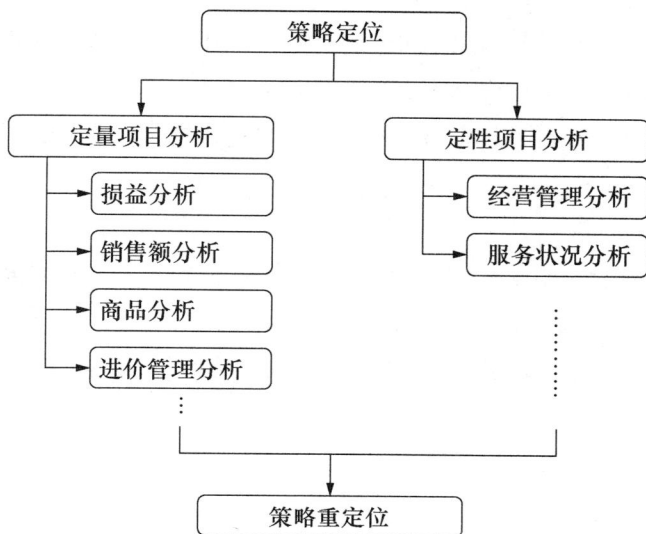

图4－4 检视连锁店的目标市场并重新定位

（4）进价管理分析：进货成本的高低与商品质量的优劣对利润影响极大，因此必须详细分析，包括库存、采购、仓储等分析。

4.5.2 定性项目分析

（1）经营管理分析：各项管理费用，若能通过生产性观点进行分析，则更能把握具体资料。

（2）服务状况分析：针对实际的服务作业、内容、方法整理出流程图，并进一步对人员生产力进行分析。同时要考虑各作业项必要的知识和技术内容及其水平。

通过结合定性与定量的方式进行现状分析，给予总部经营方向策略改善建议。然而在连锁店事业化进行过程，有关标准店铺模式，如何将明确的店铺定位和销售架构予以确立，即"开怎样的店"的印象要在市场有明确的定位。

123

理论题

1. 当连锁总部欲进行市场扩展时，其策略拟定步骤为何？

2. 连锁总部可通过哪些工具分析市场？

3. 连锁总部可通过哪些标准化作业手册，让加盟体系顺利营运？

4. 加盟体系中各标准化手册应包含什么样的内容？

5. 连锁总部如何通过市场信息重新检视总部定位准确与否？

实务题

1. 请通过市场分析找出市场上现有的零售店中具有未来发展潜力的商店。

2. 承上题，请协助这家商店进行连锁加盟，制定各式标准作业手册。

章末个案

分辨连锁总部优劣

当欲进入加盟系统，不论是优秀的总部还是危险的总部都会有些外显信号供潜在加盟者进行判断。从加盟过程中所经历的程序，包括说明会、面对面会晤、外部信息评价、直接信息、总部提供的数据或自行搜集的数据甚至可以与既有的加盟者晤谈等，综合各条信息渠道判断该总部是否优秀。下图详细载录相关判断标准，可作为优秀连锁总部及危险的连锁总部的判断方式。

动脑时间

1. 在选择连锁总部时，需考虑哪些因素？

2. 可否选择市面上某一家连锁总部，评估该总部是否优秀？

资料来源：国友隆一：《连锁加盟店必胜秘诀：7 – ELEVEN 经商之道》，《先锋企管》，2009 年 8 月。

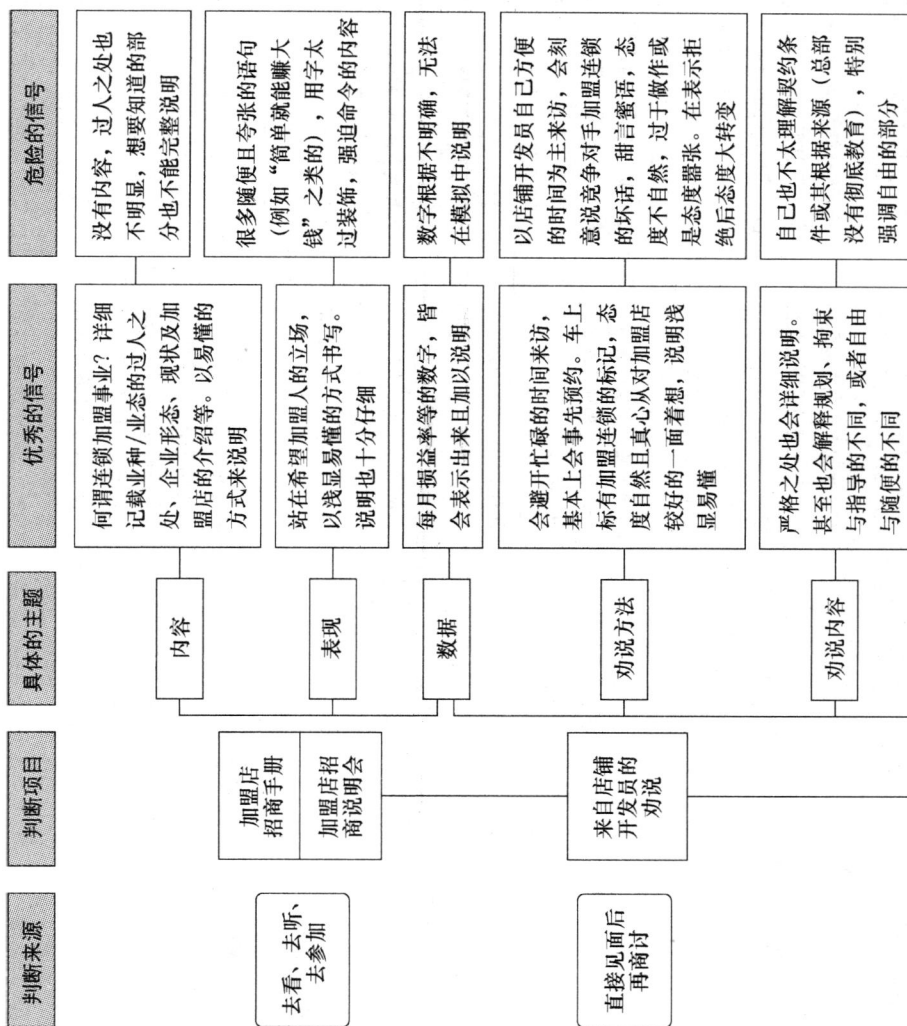

判断来源	判断项目	具体的主题	优秀的信号	危险的信号
去看、去听、去参加	加盟店招商手册 / 加盟店招商说明会	内容	何谓连锁加盟事业？详细记载业种／业态的过人之处、企业形态、现状及加盟店的介绍等。以易懂的方式来说明	没有内容，过人之处也不明显，想要知道的部分也不能完整说明
		表现	站在希望加盟人的立场，以浅显易懂的方式书写。说明也十分仔细	很多随便且夸张的语句（例如"简单就能赚大钱"之类的），用字太过装饰，强迫命令内容
		数据	每月损益率等的数字，皆会表示出来且加以说明	数字根据不明确，无法在模拟中说明
直接见面后再商讨	来自店铺开发员的劝说	劝说方法	会避开忙碌的时间来访。车上基本上会事先预约，店内有加盟连锁的标记，态度自然且真心从对加盟店较好的一面着想，说明浅显易懂	以店铺开发员自己方便的时间为主来访，会刻意说竞争对手加盟连锁的坏话，甜言蜜语，过于做作或是态度嚣张。在表示拒绝后态度大转变
		劝说内容	严格之处也会详细说明，拘束其有的不同，与指导的不同，或者自由与随便的不同	自己也不太理解契约条件或其根据来源（总部没有彻底教育），特别强调自由的部分

125

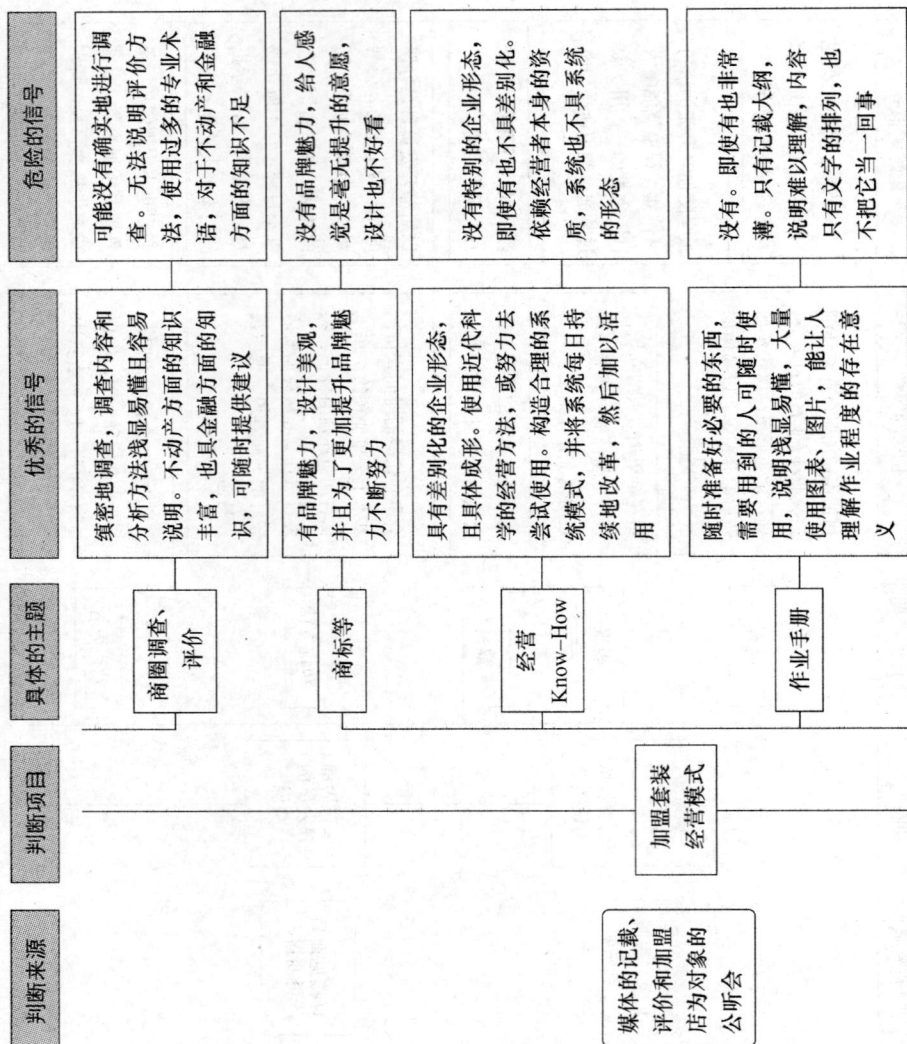

判断来源	判断项目	具体的主题	优秀的信号	危险的信号
媒体的记载、评价和加盟店为对象的公听会	加盟套装经营模式	商圈调查、评价	箕密地调查和分析方法浅显易懂且客观说明。不动产方面的知识丰富，也具金融方面的知识，可随时提供建议	可能没有确实地进行调查。无法说明评价方法，使用过多的专业术语，对于不动产和金融方面的知识不足
		商标等	有品牌魅力，设计美观，并且为了更加提升品牌魅力不断努力	没有品牌魅力，给人感觉是毫无提升品牌的意愿，设计也不好看
		经营Know-How	具有差别化的企业形态。且具体成形。使用近代科学的经营方法，或努力去尝试使用。构造合理的系统模式，并将系统每日持续地改革，然后加以活用	没有特别的企业形态。即使有也不具差别化，依赖经营者本身资质，系统也不具系统的形态
		作业手册	随时准备好必要的东西，需要用到的人可随时使用，说明浅显易懂，大量使用图表、图片，能让人理解作业程度的存在意义	没有。即使有也非常薄。只有记载大纲，内容只有文字难以理解，内容，也不把它当一回事

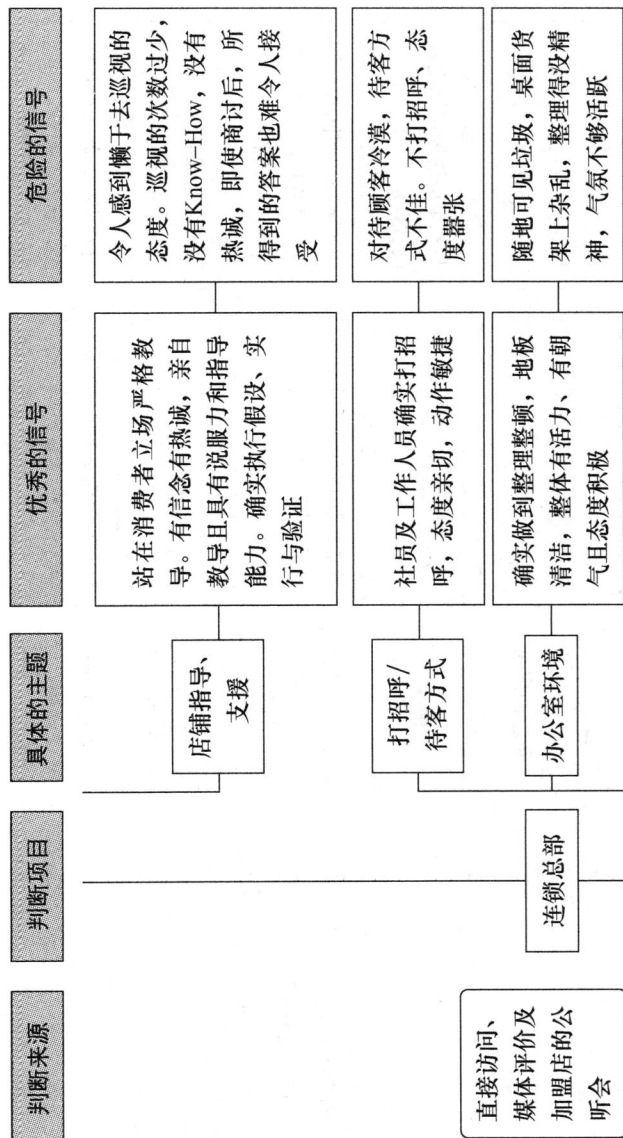

判断来源	判断项目	具体的主题	优秀的信号	危险的信号
直接访问、媒体评价及加盟店的公听会	连锁总部	店铺指导、支援	站在消费者立场严格教导。有信念有热诚、亲自教导且具有说服力和指导能力。确实执行假设、实行与验证	令人感到懒干去巡视的态度。巡视的次数过少，没有Know-How，没有热诚，即使商讨后，所得到的答案也难令人接受
		打招呼／待客方式	社员及工作人员确实打招呼，态度亲切、动作敏捷	对待顾客冷漠，待客方式不佳。不打招呼，态度紧张
		办公室环境	确实做到整理整顿、地板清洁，整体有活力、有朝气且态度积极	随地可见垃圾，桌面货架上杂乱，整理得没精神，气氛不够活跃

127

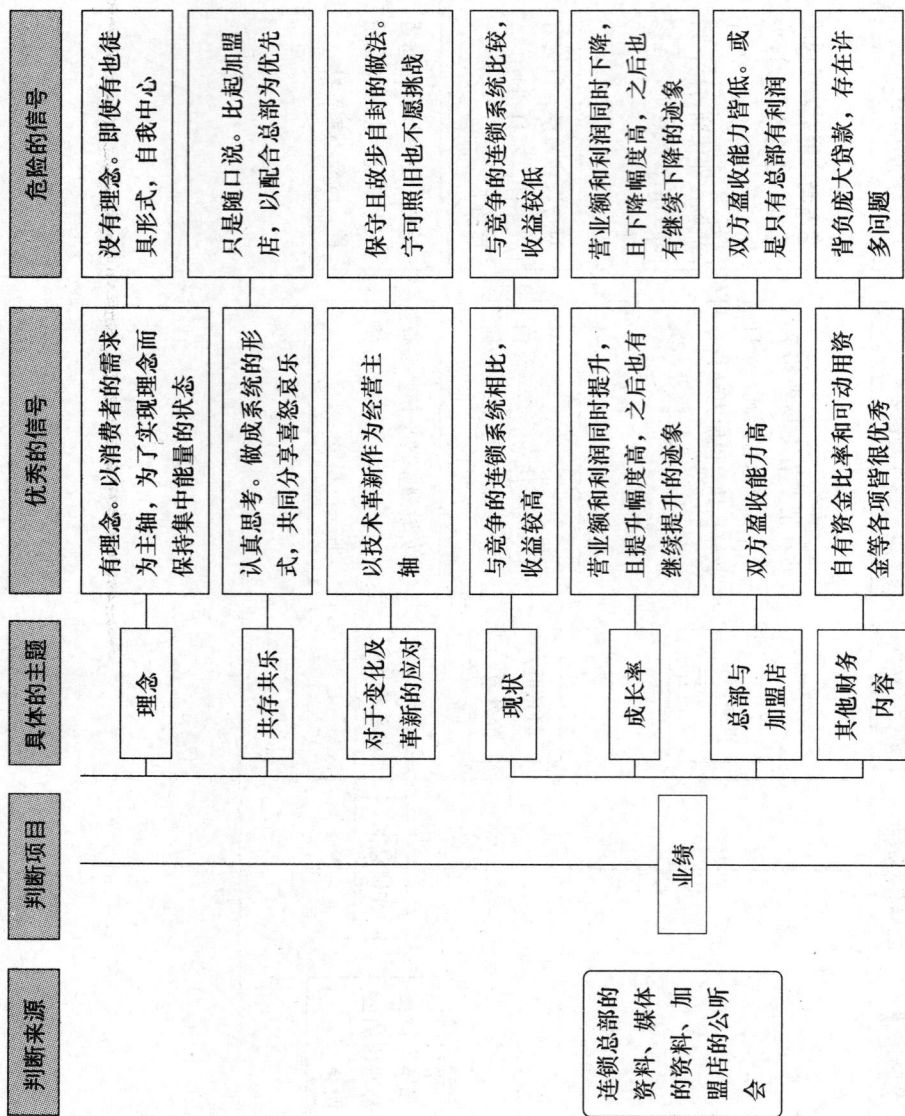

判断来源	判断项目	具体的主题	优秀的信号	危险的信号
连锁总部的资料、媒体的资料、加盟店的公听会	业绩	理念	有理念。以消费者的需求为主轴，为了实现理念而保持集中能量的状态	没有理念。即使有也徒具形式，自我中心
		共存共乐	认真思考。做成系统的形式，共同分享喜怒哀乐	只是随口说。比起加盟店，以配合总部为优先
		对于变化及革新的应对	以技术革新作为经营主轴	保守且故步自封的做法。宁可照旧也不愿挑战
		现状	与竞争的连锁系统相比，收益较高	与竞争的连锁系统比较，收益较低
		成长率	营业额和利润同时提升，且提升幅度高，之后也有继续提升的迹象	营业额和利润同时下降，且下降幅度高，之后也有继续下降的迹象
		总部与加盟店	双方盈收能力皆高	双方盈收能力皆低。或是只有总部有利润
		其他财务内容	自有资金比率和可动用资金等各项皆很优秀	背负庞大负款，存在许多问题

128

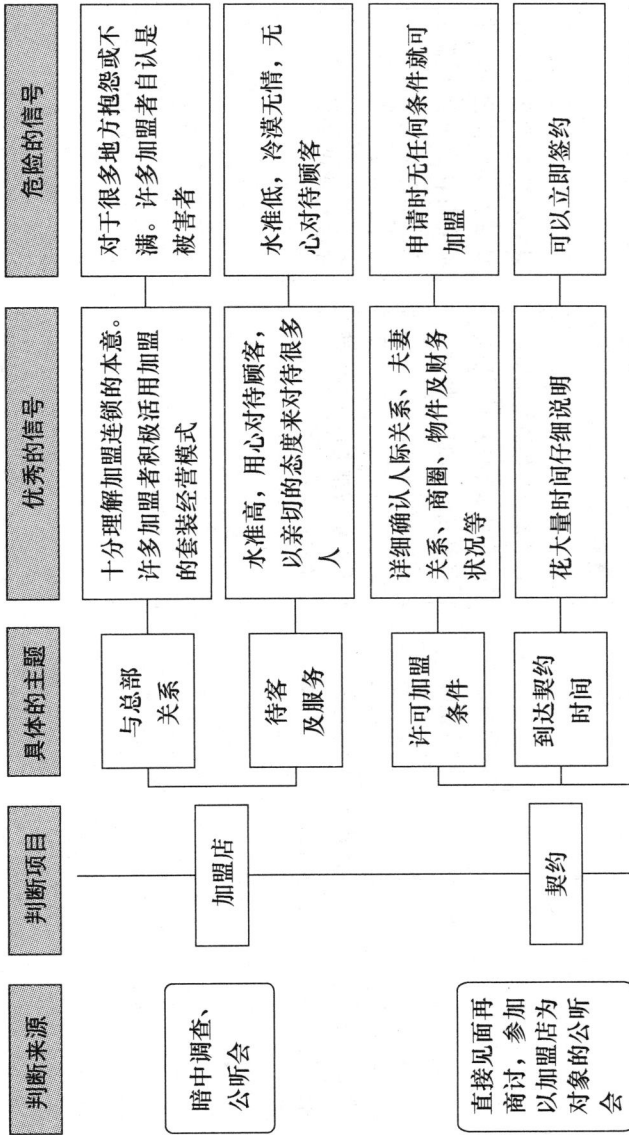

判断来源	判断项目	具体的主题	优秀的信号	危险的信号
暗中调查、公听会	加盟店	与总部关系	十分理解加盟连锁的本意。许多加盟者积极活用加盟的套装经营模式	对于很多地方抱怨或不满。许多加盟者自认是被害者
		待客及服务	水准高，用心对待顾客，以亲切的态度来对待很多人	水准低，冷漠无情，无心对待顾客
直接见面再商讨，参加以加盟店为对象的公听会	契约	许可加盟条件	详细确认人际关系、夫妻关系、商圈、物件及财务状况等	申请时无任何条件就可加盟
		到达契约时间	花大量时间仔细说明	可以立即签约

129

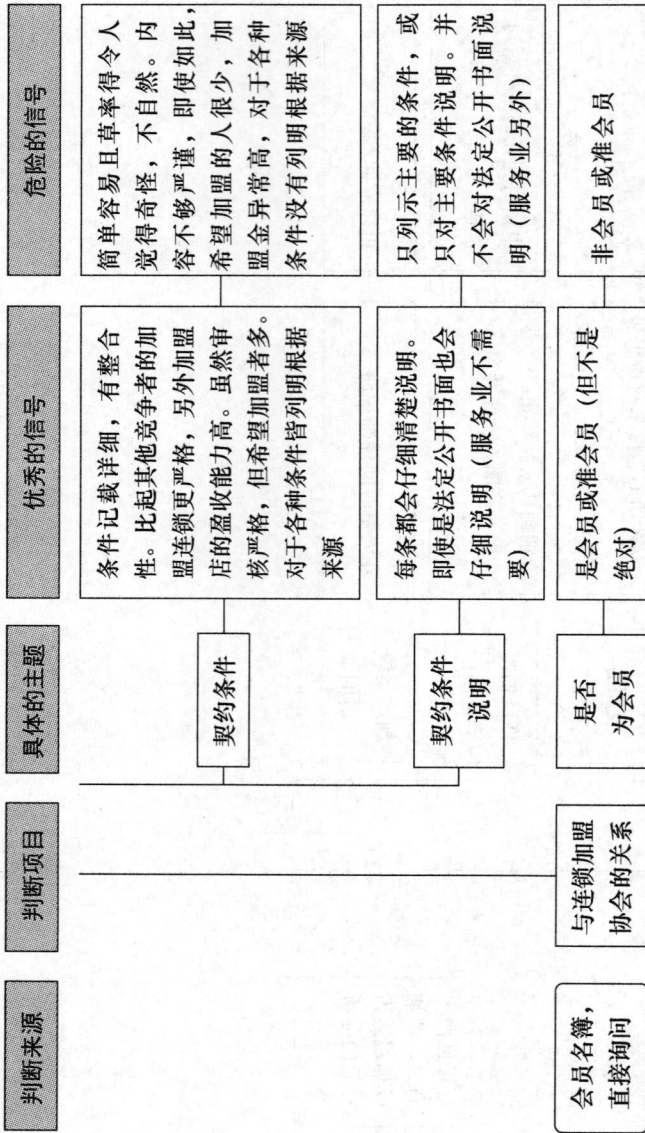

判断来源	判断项目	具体的主题	优秀的信号	危险的信号
		契约条件	条件记载详细、有整合性。比起其他竞争者的加盟连锁的加盟，另外加盟店的盈收能力高。虽然审核严格，但希望加盟者多。对于各种条件皆列明根据来源	简单容易且草率得令人觉得奇怪，不自然，即内容不够严谨。即使如此，加希望加盟的人很少，对于各种加盟金异常高，对于各种条件没有列明根据来源
		契约条件说明	每条都会仔细清楚说明。即使是法定公开书面也会仔细说明（服务业不需要）	只列示主要的条件，或只对主要条件说明。并不会对法定公开书面说明（服务业法定另外）
会员名簿、直接询问	与连锁加盟协会的关系	是否为会员	是会员或准会员（但不是绝对）	非会员或准会员

第5章 连锁总部营销策略

学习目标

1. 了解连锁总部营销规划程序。
2. 了解连锁总部营销7Ps组合及产品生命周期。
3. 了解连锁总部广告宣传方式及使用时机。
4. 了解连锁总部促销方案及自有品牌策略。

章首个案

环保意识"橘色旋风"

近年来，世界各地环保意识高涨，湖泊富营养化，会导致水中缺氧，水中生物数量剧减，水质恶化；日渐融化的南北极冰山，导致气候剧烈变化。除了环保团体的呼吁，许多人也开始检查生活中所使用的各项用品是否会对环境与大自然造成破坏，食物也不例外。也因为这个原因，有机产业渐渐受到人们重视，也越来越兴盛，"橘子工坊"也在其中。

有着无毒观念的林碧霞，一直持续性地宣传环保概念，和永丰余董事长何寿川产生共鸣与认同，因而成立橘子工坊。橘子工坊在充斥化学剂洗洁品的市场中，杀出一片"蓝海"，专注研究各种天然且环保的清洁用品，如天然的冷压橘油清洁剂，不仅不会危害身体及肌肤，又具清洁力，兼顾清洁与环境保护。永丰余消费品实业公司通过商品的差异性半年创造出5,000 万元营业额。

是否依稀记得一颗橙色橘子，还有"恨化学"系列广告？

其中，有个广告为"妈妈在晨间用微波炉帮小孩和老公加热牛奶，小孩和老公在喝完后吐出肥皂泡泡。因此让妈妈困惑地抓着头，想着是发生什么问题。此时橘子工坊旁白出现，说道："你用什么清洗微波炉，就把什么吃进肚子里……"后续将橘子工坊的天然特色通过广告传达。

当一系列"恨化学"广告曝光，冲击消费者现有思维，让具有环保、健康意识，讨厌使用化学相关商品的民众有了共鸣，橘子工坊因此掌握了商机。此时，橘子工坊与过去不做大众营销时相比，年销售额增加了 5 倍之多。并且在台湾清洁用品市场里，估计达到 2%左右的市占率。

因此，在自然、健康、环保的社会消费趋势下，环保成为现代人追求乐活生活的新指标。面对大环境萧条，传统产业外移，高科技产业薄利多销，多数产业发展不被看好的产业状况，诉求自然、健康、环保的企业，成为新产业，同时带动了乐活生活的消费形态。

资料来源：1. 林萱惠：《家庭清洁、个人保养家庭清洁、个人保养橘子工坊天然乁尚好》，《经济日报》（中国台湾）D1 版，2008 年 3 月 11 日。

2. 林萱惠：《简朴世代乐活新宠　自然、健康、环保风行、产业商机潜力无限》，《经济日报》（中国台湾）F2 版，2007 年 11 月 28 日。

3. 郑朝阳：《扫毒 18 年碧霞：天然乁尚好》，《联合报》，2007 年 9 月 3 日。

4. 李至和：《加强美妆、家用品销售　永丰余全年家纸营收估增 10%》，《经济日报》（中国台湾）B4 版，2010 年 5 月 29 日。

5. 谢明玲：《橘子工坊唤起"恨化学"的共鸣》，《天下杂志》，2011 年第 471 期。

▶ 5.1　营销规划程序

营销策略是企业是用来吸引消费者的方法之一。但在制定营销策略之前，连锁总部需思考下列几个事项：①连锁总部应拟定出具有竞争力的营销策略；②应给予加盟者专业性的辅助，并培训加盟者；③接纳加盟者所提供的意见，并纳入方案拟定的评估。连锁总部应慎重考虑营销策略的六个步骤。图 5 – 1 说明了这六个步骤，分别为：①制定目标；②辨别和评估机会与威胁；③选定目标市场；④拟定产品/服务组合；⑤执行行动计划与战术；⑥市场调查与情报回报。

5.1.1　制定目标

连锁总部应该依照连锁加盟组织的使命，制定出一系列的目标。这一系列的目标必须是完整的，且容易理解以及可清楚地传达。

5.1.2　辨别和评估机会与威胁

在变化剧烈的市场环境下，连锁总部应该定期分析外部环境，找出会影响企业或产品的威胁或机会，才能跟上市场的脚步。通过观察威胁与机会，企业会预防即将发生的威胁，并把握市场机会，关于此内容本书第 4章有详尽描述。同时，也应思考影响企业短期及长期的外部因素，可帮助连锁企业掌握市场关键。这些问题中，如有发生概率非常微小的因素，不应花费太多资源分析此因素。企业应观察可能影响市场、顾客或供需的各项因素，并在发生变化时，拟定出实时方案。

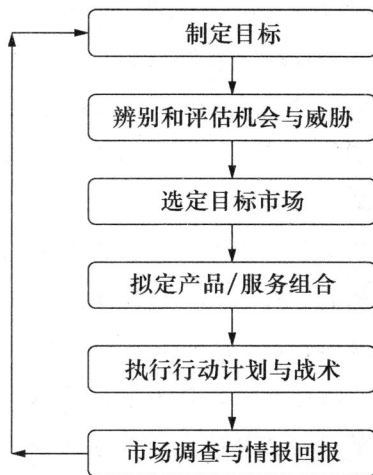

```
        ┌──────────────┐
    ┌──▶│   制定目标    │
    │   └──────────────┘
    │          │
    │   ┌──────────────────┐
    │   │ 辨别和评估机会与威胁 │
    │   └──────────────────┘
    │          │
    │   ┌──────────────┐
    │   │  选定目标市场  │
    │   └──────────────┘
    │          │
    │   ┌──────────────────┐
    │   │  拟定产品/服务组合  │
    │   └──────────────────┘
    │          │
    │   ┌──────────────────┐
    │   │  执行行动计划与战术 │
    │   └──────────────────┘
    │          │
    │   ┌──────────────────┐
    └───│  市场调查与情报回报 │
        └──────────────────┘
```

图 5 – 1　制定营销策略的步骤

5.1.3 选定目标市场

了解外部环境的各项因素及目标后，连锁总部应制定营销策略以达到目标。营销策略的目的在于清楚说明目标市场，各个目标市场不尽相同，可用不同的因素进行分类，如价格、质量、年龄、收入、消费习惯、生活形态、售后服务等。连锁总部应根据不同目标市场的顾客群，制定符合消费者需求的营销方案。

连锁快线

男性也需要时尚

当下，被称为"型男"似乎代表着一种时尚、一种品位。"型男"（Metrosexual）——这个词汇源自英国，结合了都会（Metropolis）与性感（Sexua），形容时尚且有品位的男士，成了全世界流行词汇，也让更多男性追求高品位与高生活品质。而台湾的"型男"风受到日韩两国的影响，2003 年，在日本就有"型男"崛起的迹象，日本出现高离婚潮，许多男性企图追求自我人生，摆脱了传统家庭的概念，开始为自己努力、为自己付出，也开始注重自身打扮，寻找新的人生目标。而韩国则是由偶像带起，裴勇俊、Rain 都是"型男"代表，具有令人羡慕的肌肤，以及凸显个人品位的穿着，也让中国台湾为之效仿。

因此，走进连锁药妆店，多了男士保养品专区，这样的景象或许在几十年前是件连想都不会想的事情吧！根据调查，2008 年，男性的美容产品竟然暴增了 76%，且全球预估男士美容市场将有 200 亿美元的商机。可见，男性保养肌肤已经不再是奇怪的行为了，反而是一种照顾自己、展现自我的态度。陈敏慧，莱雅化妆品的事业部总经理表示，"男性美容是很值得持续开发的新市场"，因为尽管在全球消费紧缩的状况下，男性保养品市场每年还是以两位数成长。许多知名品牌成立男性保养网站，也有很可观的会员数。这表示男性也越来越注重外表。

另外，COACH 向来以女性商品为主，最让人熟悉的不外乎为女性包包，但最初 COACH 以男性皮件起家，主打产品为"硬壳真皮公文包"。如

134

今，COACH 再次抢攻男性市场，在台北新光三越开设男性商品专卖店，包含了皮夹及配件等商品。为品牌展示最新款式商品的纪亚文也说道："没想到台湾也有 COACH 的男性专卖店了。"可见越来越多人更注重男性市场，其范围不仅只有保养品而已。

在社会结构上，晚婚、不婚的比例越来越高，结构改变也是造成这股风潮的原因之一。单身族越来越多，没有家庭负担，开始着重自身享受，追求生活乐趣。相较于以往的观念，男性就是要为事业、为家庭建立成就感有所不同，拥有自信、品位，也可以是成功的代表，男性商机正掀起一股潮流。

资料来源：1. 王晓晴：《品位：让男人被看见型男商机崛起》，《天下杂志》2008 年第 92 期。

2.《男士也爱美！日本保养品营收 64 亿》，《国际新闻》，2008 年 11 月 22 日，http：//www. nownews. com/2008/11/22/334 – 2369269. htm # ixzz1nwtVkPfw，检索日期：2012 年 3 月 2 日。

现代市场变化速度快、经济发展迅速，市场上的产品也相当多，消费者需求变化越来越大，企业须依照不同的消费需求、特性选择正确的目标市场，选择目标市场有三个步骤：第一，市场区隔，依照消费市场的不同特性，将市场区分为不同的群体。第二，确定目标市场。选定目标市场并进行符合该市场的产品设计及营销方案。第三，确定将自身产品定位在何处，对一个连锁企业来说，在市场定位中，连锁企业需达到与竞争对手相互适应的基本产品功能和服务，这是基本要求，称为类同点；凸显与竞争对手的差异之处，称为类异点。而定位的正确与否也关系到产品能否被消费者所接受。

例如，丰田汽车（TOYOTA），一个耳熟能详的汽车厂牌，目前在汽车产业占有一席之地，旗下的品牌也为人所熟悉，如 LEXUS。这个为人所熟悉的汽车厂牌曾经做了一项冒险的决定，但这项决定反而出乎预料的成功。1998 年，丰田汽车推出了新款车"TERCEL"1,500CC，在当时，市场上尚未有 1,500CC 的房车市场，将这款车作为主力销售车在当时确实是个危险的决定，"创新的市场区隔"，在过去是无例可循，在 1,300CC 的低价车与 1,600CC 的中价车间，很有可能会被夹攻，但丰田针对 1,300CC 房车的舒适度、旅途长短问题及 1,600CC 房车价位上的考

135

虑，推出这款 1,500CC 房车。相较于 1,600CC 房车 60 万元价位，1,500CC 房车的 45 万元，仅多 1,300CC 房车 5 万元的价差，就可以购得高一等级的房车，这样的定位吸引了许多潜在顾客群。

5.1.4　拟定产品/服务组合

连锁企业在拟定产品/服务组合时，也应把自身产品与市场上竞争对手的产品考虑进去。且当企业规模扩大时，甚至扩展于不同区域时，产品相关的广告、包装、定价等也应根据当地的生活习惯、地理环境、文化进行不同的改变。例如，全球知名的麦当劳快餐店，其身影在全球随处可见，遍布全球，基本菜单与服务、经营方式都一致。虽然基本菜单一致，但还会依照各地区的文化、信仰的不同做调整，如在英国，麦当劳在菜单中加入了茶，在比利时则加入了啤酒，在回教国家则改变某些菜色的配料，避免使用猪肉。

↑在比利时的麦当劳网站中，可以看到点餐时当地可选择的饮料有：可乐、水、咖啡、果汁，最特别的是还可以选择啤酒当饮料。（图片来源：比利时麦当劳网站 http://www.mcdonalds.be/fr/index_ FR. php？page＝menu：beverages）

5.1.5　执行行动计划与战术

在规划商业计划时，连锁总部应该把营销企划转变为实际行动的计划或项目，才能解决实际运作上所需面临的问题。在各目标市场需做些什么？为期多久？负责人为谁？预算多少？例如，连锁企业在一个具有一定市场占有率的目标市场推出一项新产品，正在做规划宣传方案，规划中需考虑地区（区域性、全国性）、目标顾客、可用资金、方法（广告传单、广告）、时间以及竞争对手的促销活动等。

　　表 5 - 1 显示出了一家连锁汽车修理维修厂的广告媒体时间表，1 ~ 5 月以及 9 ~ 11 月于晚间新闻时段播放。而 6 ~ 8 月，则是在体育节目"每周游戏"中的第 5 次到第 7 次发球之间播放 1 次广告。另外，全国发行的报纸在每个月的前三个工作日会刊登一则公司广告，全国性新闻杂志则是每一季刊登一次。一般来说，各产品、活动、促销方案可依照时间（月、季、年）进行规划，并利用图表汇整。预算及销售结果也是如此，这样可以使连锁总部评估在各地区或时间，产品及广告活动所带来的效益及成本。

表 5 - 1　连锁经营汽车维修厂媒体时间

媒体	1 月	2 月	3 月	4 月	5 月	6 月	7 月	8 月	9 月	10 月	11 月	12 月
电视： "晚间新闻"		/////	/////	/////	/////				/////	/////	/////	
"每周游戏"						///	///	///				
全国发行报纸：体育版	/	/	/		/	/	/	/	/	/		
杂志：新闻周刊	/					/	/	/				
合作* 广播 报纸	（加盟者制定宣传日程和当地媒体覆盖的广度与深度要一致，在连锁总部的共同出资与协助下，开发和展示广告）											

　　注：＊连锁总部同意支付加盟者部分广告费用，提供材料、录像带与录音带。

　　资料来源：Robert and Richard, Franchising, Cengage Learning, 2007. 12. 14.

5.1.6　市场调查与情报回报

　　要精准地规划出符合市场的方案，需要市场信息支撑，这些市场信息、情报可从内部市场信息及外部市场信息两方面来得知。首先，内部市场信息意指连锁企业内部的各项信息，一个完整的市场信息也须结合内部资讯，而内部信息应包含：①各项设备的明细信息；②连锁企业各地区的供需及存货信息；③产品或服务的销售业绩；④地区或不同产品的盈亏状况；⑤各推广方案的成本；⑥营业目的收入与支出信息。再者，外部市场信息意指连锁企业外部的信息。收集外部信息需找出市场上存在的问题、机会及威胁等信息。然后利用各种数据收集方法收集市场信息（如直接观察、发放问卷等）。例如，关东煮是统一超商的热门商品之一，于1985年引进统一超商。引进之初，并不被大众所接受，当时在街角巷弄里也有着贩卖类似产品的摊贩，在与摊贩比较并无太大差异，台湾人情味较浓厚，对于与摊贩老板培养出感情的消费者，自然较容易接受传统、重感情的一方。

但随着广告的传达，关东煮渐渐为人所接受，在冬天更因为"温暖"及"爱情"题材提升了销量。直到销售稳定后，在食材上更是进一步更新，新增了章鱼烧、鱼豆腐等商品，再配合广告，打造出了关东煮的形象。但这样的稳定销售并没有一直延续下去，更因为SARS的风暴，让业绩更为惨淡。为了扭转消费者对关东煮的印象，关东煮开始进行改造。一般大众认为关东煮的内容不外乎是鱼浆制品，认为关东煮是冬天的食物。统一超商鲜食部长梁文源说："卖关东煮为何要和外面一样，只要将质量做好，它也能成为正餐。"他们观察到，许多消费者希望关东煮内也能有蔬食类的商品，2007年，将关东煮融入锅物的概念，加入了蔬菜、肉类、蛋类的食品，加上轻食健康的风潮，并拓展顾客群，从学生族群、上班族至银发族，销量也渐渐提升。

次级数据收集的成本较低且较容易获得，通常通过网络、期刊、书籍等收集。但也包含了许多缺点，由于资料来自各方面，所以数据可能并不完整、不符合市场、数据可信度也有待质疑。很多时候企业会寻找大专院校或者市场调查公司来帮助收集资料，也有企业自行成立调查部门。

▶▶ 5.2　确定市场营销组合

前文描述了如何定位连锁总部，在本章节介绍如何拟定营销策略，制定营销组合。对于所有连锁企业来说，找到机会并开发出讨人喜爱的商品与服务是首要任务。连锁作为零售业发展的一种主要经营方式，连锁店经营多了一个空间，因此，营销组合也从4Ps延伸到7Ps。首先，产品在连锁系统包括该零售店所出售的商品（Product），同时也包括无形的服务（People）以及商店气氛与设备（Physical Evidence）。所出售的商品必须有明确的价格定位（Price），价格必须合理、可接受。连锁企业中的位置（Place）则是零售店地址，方便购买。当目标客群进入连锁店时，购物流程需流畅（Process），才能让顾客感到一致且安心。沟通促销具吸引力（Promotion），如此一来，则构成营销组合的七个要素以满足目标客群——产品（Product）、促销（Promotion）、价格（Price）、地点（Place）、实体设备（Physical Evidence）、流程（Process）及人员（People）——营销7Ps，如图5-2、表5-2所示。

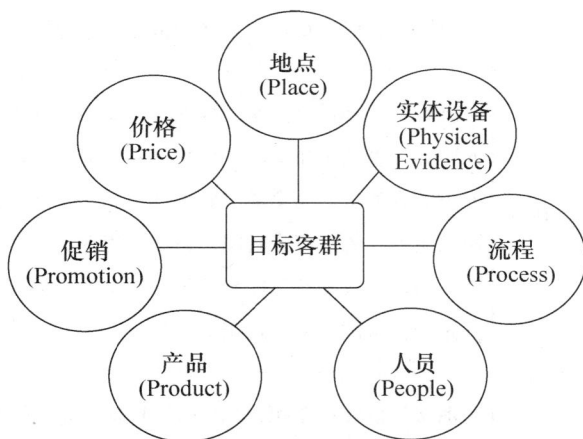

图5-2 营销7Ps

表5-2 营销7Ps实例运用

7P	企业	做法
产品（Product）	UNIQLO	日本国民品牌 UINQLO 在 2010 年进驻台湾。老板柳井正成说"价格便宜而质量又好"是大众喜爱 UNIQLO 的主因，旗下的产品以低价格、高质量为主，并时常推出新产品，例如日前推出的 UT 系列产品，与电影《卡通钢弹》、《神鬼奇航》合作，另外日前举办 T 恤设计比赛，请来歌手 LADY GAGA 担任评审

7P	企业	做法
价格 （Price）	全联	全联福利中心，近年来强调"便宜有好货"，将店面节省的装潢费用以及大量进口所节省的成本转换商品价格上，回馈消费者
地点 （Place）	85度C	平价咖啡、蛋糕的崛起，在台湾掀起了一阵旋风。85度C目前分店数已超过300家，可看到的是，店面位置多位于"三角窗"，皆设有蛋糕展示柜，展示所有蛋糕，供顾客选择，也吸引了消费者
促销 （Promotion）	统一超商	统一超商于2005年推出HELLO KITTY磁铁活动，消费满新台币77元即可获得点数，集满点数可兑换磁铁一枚，造成一时轰动，后续也推出了相关的集点活动
人员 （People）	王品集团	入座后一分钟送上茶水、鞠躬、送菜单，这是王品牛排人员的服务，说到王品，除了牛排之外，最让人印象深刻的就是人员的服务了。一个最实际的例子：一位服务生为一对情侣送上主餐，忽然灯光转暗，掀开银盖时，映入眼内的不是牛排，而是一枚钻戒伴随着玫瑰花。这是桃园中山店王玮岚升至副店长考试中的自创服务
实体设备 （Physical Evidence）	IKEA	为消费者设计一个家，IKEA将店铺分成一间间不同风格的展示间，打破一般家具店"请勿触摸，有需要请联络服务人员"的告示，IKEA不只让消费者看得到，更可以触摸、实际感受，甚至在里面聊天休息，都不会受到服务人员的打扰
流程 （Process）	麦当劳	麦当劳标准化的美味，背后有着标准化的流程。不管是汉堡薯条的制作还是服务，麦当劳制定出一套标准的流程，让所有产品与服务都能达到一定的水平。另外，根据《金融时报》指出，麦当劳将要改变在欧洲的点餐方式，将利用磁卡与触控屏幕进行点餐，消费者不必再与服务人员点餐，且能缩短点餐时间

5.2.1　产品

营销组合中所考虑的第一个"P"是产品，产品并非物体或服务本身，而是结合了用来满足一群人需要的一组包装或心理特征。例如，德国秘密旅行的菜单上每一道菜都有一个故事，通过故事，让消费者在品尝美食时，除了味蕾的享受，也多了些身历其境的感觉。

各加盟店的产品是否与连锁总部相符，对于连锁经营体系是很重要的。因此，连锁总部会要求其加盟者的产品组合、特性以及在目标市场上形象必须一致。连锁总部需要决定每项产品的特性，并设立规格，保障整个连锁经营营销的一致性。对于每一项产品，连锁总部必须回答："产品的特点、如何设计"、"如何选择产品"、"如何命名、标志和包装产品"、"要提供什么样的服务保证"等问题。

产品质量的一致性是辨别连锁经营体系能否成功的一个指标。消费者希望他们的花费可以达到期望，无论是购买日常用品还是奢侈品，都希望能物超所值。有些消费者甚至会放弃到独立店消费，反而与连锁加盟店交易，因为消费者相信他们可以享受到质量一致甚至更好的服务。而如果连锁经营体系没有认知到质量一致对于消费者的重要性，一个没有将质量管理好的加盟者就可能对连锁总部及其他加盟者造成无法衡量的伤害。因此，连锁加盟体系必须建立维持产品一致性的指导方针，并确保方针能彻底执行。

产品和服务的属性分类。通常，产品和服务按属性分为三类。每一类都有相符的定价、促销等相关策略。通过给产品和服务分类，连锁总部可以建立具有吸引力的营销组合，以达到满足目标市场和消费者市场的目的。

便利品。人们购买便利品和服务的频率较高，而且消费者不太愿意花太多心力购买。因此，消费者在购买前，对便利品的品牌、价格、质量和出售商店等都很熟悉。距离近或品牌知名的连锁商店是让消费者立即购买的商店。如便利商店就以便利品为主，消费者不会太计较价格，一切以方便为主。

同质选购品。同质选购品或服务比便利品难销售。在相似的产品或服务中，消费者通常挑选价格最低廉的。因此，低价往往成为购买鞋袜等同质商品的主要动机。

异质选购品。大多数连锁经营企业销售不同种类的产品和服务。产品和服务的质量、特色是主要营运重点，价格对消费者来说是第二位考虑因素。如大家愿意花较高的价格到星巴克消费，因为消费者觉得产品、服务、店内气氛与品牌价值已超越咖啡的价值；而美体小铺（The Body Shop）的公益理念也让消费者购买产品时不会在乎价格。

特殊品。特殊品和服务有很多种。连锁经营珠宝、眼镜店、咨询服务、汽车、音响、男性西装等相关产品或服务在整体市场中数量较少，不容易找到。因此，这些连锁店为顾客提供特色服务，收费较高。它们的促销组合也较为独特，通过公共关系或公益活动作为媒体曝光是提高知名度较佳的方式。例如裕隆汽车与中华汽车赞助 ADOC 2.0 数字希望列车计划，捐赠 Nissan Serena 与克莱斯勒 Town & Country 打造成数字行动车，为原住民、新住民、银发族等弱势族群提供免费的"行动计算机教室"课程。

这些商品分类会根据消费目的不同而有所分类，商品并非固定属于单一类别。图 5 - 3 是连锁总部规划其营销组合可考虑的使用方式，以符合目标市场的感知与期望。

商品和服务类别	便利品	同质选购品	异质选购品	特殊品
地点策略	密集式配销	密集式配销	选择式配销	选择式配销 独家式配销
定价策略	低价； 畸零定价	低价； 畸零定价	整个范围； 价格非重点	高价； 吸脂定价法
促销策略	品牌忠实 使用所有沟通 手段	密集型宣传 品牌概念传达	遍及全区域 差异化	有限 集中市场 塑造品牌
人员策略	低度服务	低度服务	高度服务	专业服务
实体设备	低商店气氛	低商店气氛	高商店气氛	专业 商店气氛

图 5 - 3　产品/服务的分类和营销组合策略选择

产品生命周期。表示产品由进入市场到退出市场的过程，能够帮助连锁总部更快理解产品及其行业的周期，总共分为四个阶段，如图 5 - 4 所示。

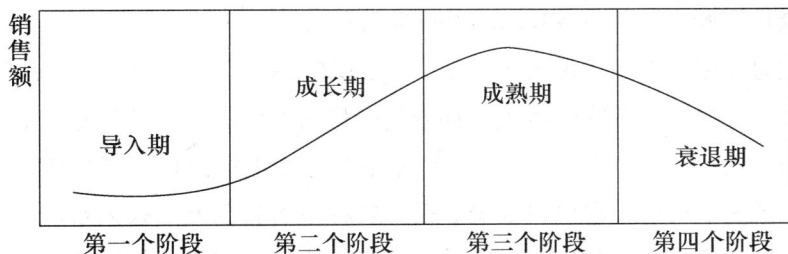

图 5 - 4　产品生命周期

第一个阶段：导入期（Introduction）。这一阶段由于新产品或翻新的旧产品刚进入市场，消费者不熟悉连锁经营体系及其产品与服务，新进入之品牌、产品或厂商会开设试验店来评估市场状况及接受度，成长较缓慢，成本较高，销售与利润也会较低。若产品定位得当，为消费者所接受，便进入第二个阶段。

第二个阶段：成长期（Growth）。此阶段消费者对产品已具有一定的认识，且对产品的需求开始增加，生命周期曲线大幅上升，销售量与利润也开始飙升。而连锁总部因市场需求的增加，开始扩展分店，提升市场占有率，此时连锁总部也可以通过收益来弥补市调研究、市场发展和推广成本。不过在此阶段，竞争者也会加入市场竞争，产品的销售成长率慢慢降低，销售量最后持平，便进入第三个阶段。

第三个阶段：成熟期（Maturity）。此时的产品销售量达到最高，利润也最高。此阶段产品仍有稳定的竞争对手，连锁经营业者开始确保各直营店、加盟店的商圈经营是否受到影响，开始拟定策略稳定市场占有率，可从旧有产品更新或者开发新展品着手。针对目标客群加强竞争时，会使销售量下降，若能合理预估产量和计划库存表，产品的销售量仍可以处在相对于竞争对手较高的水平。在此阶段连锁经营组织会通过大量的生产获得经营效率优势，而连锁总部还可通过将产品延伸到其他市场、改变包装或形象、开发产品新用途、发展产品的新销售方式来增加市场渗透力。通过进一步地渗透现有市场、向新地点扩张、进入新市场或通过增加新产品或服务来扩展销售范围以增加销售量。

第四个阶段：衰退期（Decline）。因为技术的进步、市场的波动、目标客群的需求改变等，消费者的需求会转移到其他的产品，此时销售量会明显下降。而在销售量下降的情况下，连锁总部开始评估各分店状况，进行分店维持或停止营业，减轻总部负担，但如何更进一步维持体系正常运作、满足不断变化的市场需求，是此阶段最重要的问题。

此时连锁总部最常做的方式是：①采取收割策略，停止生产该产品；②改善产品以适应变化的市场（如麦当劳推出劲辣鸡腿堡满足吃辣的民众需求）；③慢慢淘汰产品，以新产品满足变化的市场需求；④将产品线保留半年或更长时间，等消费者偏好完全转移后再将新产品投入市场。连锁总部不愿承担另一产品失败的风险，因此使用规避战术，等消费者偏好完全改变后再推出新产品，以避免消费者将原有产品与企业做链接。

衰退阶段为连锁经营企业带来一连串的考验。因为连锁总部想改变产品以跟上目标市场的偏好变化，如用新标志替换旧的标志，改变菜单、图片或更新产品、服务，花费巨大的金钱完成内部变革，但是，当如此执行时，会与一些加盟者发生冲突。有些加盟者认为连锁总部应该负担进行改革的所有费用或部分费用；有些加盟者则是在销售量下降或其他改变的加盟店明显受益才愿意变动；有些加盟者认为只要销售量持续保持在一定水平上，销量逐渐减少可以接受；无法接受的加盟者，会试图出售他们的加盟店，甚至结束营业。

连锁总部可以通过产品生命周期拟定不同的营销策略，从特定的角度观察公司及其产品的宣传与促销需求。表 5 - 3 显示了产品生命周期各阶段的特征与连锁经营体系的营销策略如何根据行业和产品生命周期的变化而变化。通过列表，连锁经营体系把重点放在如何满足消费者的需要、口味和喜好上，营销策略就能更清晰、更简单，并能为目标消费者群提供最准确的服务。

表 5 - 3　产品生命周期各阶段的特征与营销策略

	导入期	成长期	成熟期	衰退期
特征				
销售量	低	快速上升	最高	衰退
成本/每位消费者	高	平均	低	低
利润	负	上升	高	衰退
顾客	创新者	早期采用者	中期大众	落后者
竞争者	稀少	数量成长	稳定的数量并开始衰退	数量衰退

	导入期	成长期	成熟期	衰退期
营销目标	向顾客介绍产品，创造品牌知名度，并建立先横向后纵向的加盟体系	建立品牌形象，渗透目标市场，使市场占有率达到最大	不断提高质量，使达到利润最大化，同时保持市场占有率	保持现有顾客基数，并将支出降到最低
策略				
产品	对市场加以分割，在目标市场内提供产品，为顾客服务	提供产品延伸、服务、保固，并深入了解顾客的需求	提升产品、服务的品质	改进产品、淘汰产品、开发新产品
价格	成本加成收费	渗透市场价格	贴近或优于对手的价格	降价
营销	选择性营销	密集营销	更密集的营销	做选择：逐步淘汰没有利润的零售点
推广	鼓励试用，使用样本和赠券吸引顾客注意	擅用重度顾客的需求（在核心能力的基础上展开竞争）	建立顾客关系，鼓励增加产品、品牌转换	维持目标顾客的忠诚度，并将推广减少到最低

▶▶ 5.3 广告策略

连锁企业经营的一项主要活动是做广告。广告是鼓励消费者购买产品的沟通形式。为了能激起消费者的欲望或需求并说明某产品或服务是怎样满足这些需求的，广告通常要有说服力、表现力。广告可通过下列方式创造其说服力、表现力：①提到几个产品或服务能够带来的益处，如保持青春、身体更健康、生活得更快乐等诸如此类的好处；②广告中有能够抓住注意力的词在广告标题，如"免费的"、"新的"等，但当用了"新的"，意指上市不超过6个月的产品；③在广告中让人印象深刻和号召行动的措辞，以激发顾客情感和购买欲望，如"便宜的"、"限定"、"限时"、"最后"等。

连锁总部或加盟者在制定广告时的程序包含五个步骤（见图5-5）：①确定广告目标；②制定广告预算；③传递广告信息；④广告媒体选择；⑤评估广告效果。

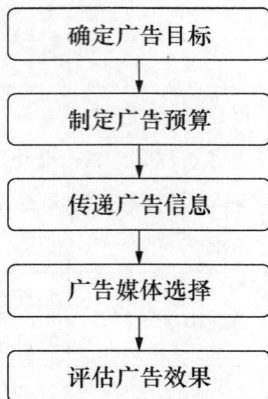

图5-5 广告制定程序

5.3.1 确定广告目标

连锁企业的广告策略必须设定广告目标，制定广告所欲达到的目的。广告按其目标可分为告知性广告、说服性广告、提醒性广告3种。告知性广告（Information Advertising）适用于产品的导入阶段，目的是刺激初级需求，开发新的顾客。如小林眼镜推出新品牌商品时会请艺人代言并以广告强力放送。说服性广告（Persuasive Advertising）在竞争阶段十分关键，通过说服性广告可帮助连锁企业建立某一特定品牌的选择性需求。例如，摩斯汉堡以米汉堡作为主要的宣传，强调与一般连锁快餐店汉堡的不同之处。有些说服性广告通过与相同品类的不同品牌商品进行比较，建立自身品牌的优越性，确保连锁企业不会遭到其他品牌的反击。提醒性广告（Reminder Advertising）是为了维持市占率、维系老顾客。连锁企业通过提醒广告抓住老顾客的心，使他们保持忠诚。例如，各大量贩店、超市除了在一般时间做广告外，也会在特定节日，如中元普度时强力发送广告，提醒消费者可到连锁店购买普度用品。广告的功能与使用的产品生命周期阶

146

段如表 5 - 4 所示。

表 5 - 4　广告的功能与使用的产品生命周期阶段

广告目标	功能	产品生命周期阶段
告知性广告	告知店内新商品、宣传新产品用途、提倡消费新理念，引导顾客消费观念、通知相关商品价格变动、描述商店提供的服务、宣传商店经营特点、树立良好形象	导入期或成长期
说服性广告	建立自有品牌偏好、改变产品的不良印象、塑造产品优良质量、说服立即购买	成熟期
提醒性广告	提醒未来某些商品将缺货、维持连锁品牌忠诚度	成熟期或衰退期

5.3.2　制定广告预算

广告预算是十分重要的，总部应本着少花钱、多办事的原则，对广告资金进行严格而精确的预算。广告预算对于不同发展时期的连锁企业会有所差异。一般来说，处于发展初期的连锁企业，会加强广告宣传力度以提高知名度，通过建立品牌优势来赢得顾客，扩大销售额。快速发展的连锁企业，广告预算应与销售额同比例增长。成熟期的连锁企业，品牌优势已逐渐建立，广告预算须保持弹性，特别是当竞争优势受竞争者威胁时，更应大幅增加广告预算，进行强势营销。连锁企业的广告预算是按各分店的销售额的百分比来提取的，这样既可以保证总店广告费有稳定的来源，也有利于各分店进行财务控制和管理。美国"国际连锁经营协会调查"570名会员指出，大约 70% 的连锁总部收取 0.01% ~ 0.02% 的广告费用。在中国台湾，有些连锁总部没有收取广告费，但也有收取 3% ~ 5% 比例不等的广告费用，如肯德基收取营业额 5.5% 的广告分摊费。

然而，有些加盟店没有总部全国性广告的后勤支持，因此，加盟店要面对的一个更有挑战性的决策是，确定在当地市场环境中要分配多少营销广告预算才算有效。多少的预算算多？多少的预算又算少？通常预算是综合总部各加盟店经营的经验、各区域的消费特性得出。有下列方式可以参考。

（1）现有资金法：加盟者把预算控制在现有资金范围内。虽然这种营销或广告预算及制定方法很常用，但经证实也是效果最差的方法，因为根据当地的竞争形势要有一个最低的支出额。要取得预期效果，必须达到最低支出额。

（2）竞争对手法：加盟者与竞争对手编制等额预算从而维持市场均衡。

（3）销售百分比法：最容易实施，加盟者按销售额的一定比例制定营销或广告预算。一些处方药店经常使用此方法。

（4）固定数额法：授许人根据交易量或销量编制固定额度的营销/广告预算。预算不受产品/服务价格变化的影响。一些汽车和医疗连锁经营体系采用此种方式。

5.3.3 传递广告信息

广告信息是指连锁企业想通过广告以什么形式传递什么内容给消费大众。这决定了广告效果的好坏。所以连锁企业在进行广告信息决策时，广告信息必须通过各不同方式，互补并且明确传递，使观众过目不忘。例如"不平凡的大众，大众银行"（大众银行）；"恨化学的橘子工坊"（橘子工坊），强调产品均为天然；"每天都跟你在一起，Open!"（统一超商），强调随时在您身边，提供您最方便的时刻。

例如，1983年麦当劳公司在电视广告上花费了1.86亿美元，超过其竞争对手汉堡王一倍的费用。但电视观众反映说，他们对于汉堡王的广告比麦当劳的印象还要深刻，消费者喜欢汉堡王的广告而非麦当劳。由此可见，广告曝光的有效性比广告花费更重要。

5.3.4 广告媒体选择

在进行了广告信息决策之后，就要进行媒体选择。每家媒体公司都会宣称自己的媒介是最好的。但其实有些连锁企业觉得户外广告和广播是与潜在顾客沟通的最好方式。有些餐饮连锁企业却觉得电视效果最好，亦有人认为优惠券的效果最好。但也有企业偏好通过社群与消费者进行沟通。所以，并没有最佳的媒体选择，依广告的目的、企业的定位选择媒体才是不二法门。

媒体选择决策需根据使用的广告媒体类型并决定传播时间，包括长短、时段、频道等。选择主要媒体类型时，首先要考虑各种媒体的优势和劣势即其实效性和费用成本，然后结合自身的情况，根据各类媒体的特点，做出最合适的选择。表 5 - 5 列出了各主要媒体广告宣传的优点和局限。

表 5 - 5 各主要媒体广告宣传优势比较

媒体	优点	局限性	使用技巧	实例
报纸	灵活、实时，市场覆盖大，能广泛被接受，可信度强	保存性较差，传阅者少	· 各加盟店可以适时运用 · 提供详细产品信息 · 从第三方角度	报纸的广告宣传方式非常普遍，各行业在报纸上刊登广告几乎随处可见，例如各大卖场、便利商店每日会推出特价商品，并公告在每日报纸的消费版中，告知消费者
电视	综合视觉、听觉和动作，富有感染力，能吸引高度注意，市场覆盖大	成本高，同步广告多，瞬间即逝，观众选择性少	· 由连锁总部统一规划 · 幽默 · 名人代言人 · 不同品牌的产品特性和价格的直接比较 · 用孩子做广告 · 可信的真实生活情景	近年来，全联福利中心在电视广告上开始慢慢改变，除了原本强调的便宜外，更加入了一些有去的元素，令人印象深刻的全联先生，在广告中利用令人会心一笑的剧情，来描述全联的特点
直接邮寄	可挑选邮寄对象、灵活、同一媒体内没有广告竞争、人情味较重	相对来说成本较高，可能造成垃圾邮件的印象	· 可由加盟店适时运用 · 提供活动或促销信息 · 针对不同顾客分群提供不同活动内容	许多大卖场、专卖店、超级市场会利用传单的方式宣传贩卖商品，例如家乐福在目录（DM）中显示出特价品及商品种类，甚至结合手机 APP 程序，让消费者得知近期特价商品

媒体	优点	局限性	使用技巧	实例
广播	大众化宣传，地理和人口方面的选择性强，成本低	只有声音，不像电视那样引人注意，瞬间即逝	·由连锁总部或加盟店执行皆可 ·立即切入重点 ·吸引顾客的想象 ·多提品牌名称 ·慎重背景音效选择	广播现在仍然有许多人在收听，在固定时间由广播电台安排广播节目，其模式类似电视，但只有声音的部分，其中也会播放许多宣传广告。例如，三商巧福推出新的集点活动，广播是推广的方式之一
杂志	地理、人口可选择性强，可信并有一定的权威性，复制率高，保存期长，传阅者多	有些发行数是无法得到保证的	·由连锁总部统筹规划 ·详细讨论某产品或服务 ·建立使用情境 ·以加入顾客分享，强化信息可信度	在时尚杂志或商业周刊中可以看到一些宣传广告，各商家在杂志刊物中刊登最新商品或服务，提供消费者信息
户外广告	灵活，广告展露时间长，费用低，竞争少	传递对象没有选择、缺乏创新	·由连锁总部或加盟店执行皆可 ·树立品牌或产品形象 ·提供有用的信息 ·引导潜在顾客光临加盟店	户外广告有许多形式，最贴近消费者的不外乎广告招牌，在各门市外挂上大小型招牌，告知顾客商店所在，各商店招牌形式不一，其中有令人印象深刻的"裤子大王"，招牌画出鸟在笼子里，但裤子还是可以装得下，传递不论任何尺寸都可以买得到的信息

续表

媒体	优点	局限性	使用技巧	实例
POP（Point of Purchase）	刺激性强，见效快	需配合其他广告宣传	·由连锁总部统筹，建议曝光方式，各加盟店执行 ·搭配当期的促贩商品或活动进行宣传	在大卖场中，邻近节庆或周年庆时，在卖场天花板、墙上、货架上会出现许多挂牌，上面写着类似"周年庆"的字眼，让消费者知道目前处于活动期间。例如，大润发周年庆，卖场内挂上许多吊牌宣传周年庆
网络广告	成本低，感染力强，有听觉、视觉，可下载	接受年龄层、族群有限	·由连锁总部角度宣传 ·可以宣传新服务或新商品，通过网络的扩效性"病毒式"宣传	网络已经成为现代人不可或缺的一部分，许多商家也开始利用网络进行宣传。在知名搜索引擎首页，时常可看见各商家广告，如东京着衣刊登全馆免运费广告，吸引消费者点入购买

连锁快线

Groupon 团购商家顾客 Easy Go

全馆九折、预购使用券八折、亲友价七折、员工价六折、集满10点五折、第二件四折、清仓拍卖三折、老板跑路两折……这些你都看过吧?! 你觉得很便宜吗? 是，相比原价来说是很便宜。但是，打个八九折已经很平常了，来个七折也要有亲友卡，六折就更难了，不用说更便宜的价钱了，除非歇业大甩卖，这种机会也不是天天有。但有个地方却是天天有。

Groupon，发音很像 Coupon，其实这个名字是 Group 与 Coupon 的结合。起源于芝加哥，一位年龄只有 30 岁的执行长——梅森，办公室里的员工几乎都在 20～30 岁，个个都年轻有活力、喜欢社交，整间办公室充满活力、朝气。一家目前在美国地区正火红的网站，相传 Google 开价 60 亿美元，希望收购此网站，但执行长却断然拒绝了。这个网站到底有什么魅力，能让如此有名的网站开出天价收购？目前用户 4000 多万，但在 2008 年，仅有 400 个用户，代表这几年使用人数成长了十几万人，反传闻 Google 要收购 Groupon，用户竟然暴增了 300 万人的惊人数字。

曾经创业过吗？是不是在宣传是遇到了一些问题，宣传费很贵、害怕无法准确传达给你的目标顾客，因而有困扰。这个问题也在许多连锁产业发生过，许多商家也苦无办法，就算有优惠也只是一时降价。根据这样的问题，Groupon 主动搜寻商家，并给出非常优惠的价格，让有相同需求的消费者"团购"。没错，运用了团购的原理，让消费者享受到了优惠，也让商家省去了广告上的困扰，而商家的广告费就是"打折"。这样形成了双赢的局面，不仅消费者受惠，商家也赚到钱了。

这样双赢的办法竟来自一位二三十岁的年轻人身上，尽管有人认为可能会昙花一现，但梅森还是不担心，持续开拓更大的市场。

资料来源：林奕荣：《Groupon 网站执行长梅森用 E 世代征服 E 世界》，《经济日报》（中国台湾）A8 版，2011 年 1 月 10 日。

5.3.5 评估广告效果

广告效果评价要求对广告前、广告中和广告后的广告沟通效果做出评估。对广告沟通效应的评价主要介绍直接评分法，该方法要求顾客依次对广告打分。全国性的连锁经营体系通常计算消费者反应指数（Consumer Response Index，CRI），用于描述顾客整体反应的消费者对广告知晓程度的变化；对广告文案内容的理解程度及其兴趣或认可程度。计算公式如下：

CRI ＝% 知晓度 × % 理解程度 × % 感兴趣 × % 有意购买 × % 购买

亦有连锁总部用百分比进行评估：

（1）广告吸引读者注意力程度如何（20）。

（2）此广告激起读者进一步细读的兴趣程度如何（20）。

（3）此广告的中心内容及其利益交代是否清楚（20）。

（4）此特定诉求的有效性如何（20）。

（5）此广告对购买行为的影响程度（20）。

对广告经济效果（销售效果）的评价比较困难，如果某个广告使品牌的知名度提高20%，品牌偏好增加10%，那么会增加多少销售量呢？一般来说，除了广告因素外，销售还受其他许多因素影响，诸如产品特色、质量价格、竞争者行为等。这些因素越少就越容易控制，广告对于销售量的影响越容易衡量。销售额通常用广告前和广告后的对比进行测量，由于很多因素的干扰，这些方法并不总是正确的，经营者还应对各因素进一步分析，综合考虑，再得出结论。

▶▶ 5.4　连锁企业促销方式

为了增强消费者购买意愿以及企业知名度，许多连锁加盟企业会定时或不定时推出各式各样的促销活动来吸引消费者，甚至成为其公司特色，以下介绍了七种促销活动。

（1）会员制推广：代表企业为 Costco 好市多。来自美国的量贩店 Costco 好市多，全台共有6家分店，4,000多平方米卖场贩卖的进口商品，是许多人喜爱的，其出售的商品较一般量贩店便宜，入店消费仅需申办会员，立即申办立及发卡，同时可入店消费。会员分为两种：商业会员与金星会员，商业会员多用于公司组织，金星会员多用于一般消费者、家庭。

（2）活动策划：黛安芬于1969年来台设厂，并于1970年后每年固定举办时装表演，当年"戴安芬70"服装表演活动，轰动一时，请23位来自不同国家的模特儿进行表演，直到现在，定期举办时装表演，并推广新产品。

（3）有奖销售：台湾麦当劳于2011年6月推出地产大亨集点活动，凡购买任何套餐即可获得集点贴纸一张，依照不同奖项须收集规定贴纸，集满条件即可获得该奖项。除了集点外，贴纸内也包含立即中奖，可兑换麦当劳相关餐点。

↑拥有会员卡的消费者才能进入好市多卖场消费。（图片来源：Costco 官方网站）

↑黛安芬通过举办时装表演活动推广新产品。（图片来源：黛安芬官方网站）

↑制作过程透明化让消费者食得安心。（图片来源：维基共享资源）

↑ 台北计算机应用展 **Show Girl** 吸引民众目光。(图片来源：维基共享资源)

（4）免费赠送：知名婴儿食品品牌丰力富于亲子网站发布活动信息，针对申请会员的消费者，不定时宣布免费赠品索取资信，让消费者可先行试用产品，再决定购买。

（5）服务推广：最著名的例子为王品餐饮集团，其最为人所熟悉的是他们的顶级服务，从第一线的服务人员至经理，全都有一套标准化的服务流程，受到顾客抱怨后，经理也会去电致歉，并给予补偿。

（6）现场制作：名声远传海外的鼎泰丰，许多外国饕客慕名而来，远近驰名的小笼包更是必点。在厨房作业方面，鼎泰丰将作业过程透明化，让消费者可通过玻璃橱窗看见厨房内小笼包的制作过程，让消费者安心，也让消费者见识到鼎泰丰的用心。

（7）展销：每年固定举办的计算机应用展一直受消费者期待，**现场邀请各大厂牌加入**，如 ASUS、ACER 等，另外还结合各大游戏业者，**现场内**请来 Show Girl、游戏代言人加强买气。计算机展内也经常使用降价来吸引消费者。

5.5　制定自有品牌策略规划

连锁经营企业通过对企业本身的内外部条件与环境分析，制定品牌策

155

略的可行性方案，称为品牌策略规划。而在品牌规划中，自有品牌是连锁企业现今发展的趋势。

自有品牌（Private Label Brand，PB），是连锁经营企业经由搜集、分析消费者的需求，自行设计并经营的品牌。通常连锁经营企业会自己或请人代为开发、设计新产品，并找寻合适的制造商进行委托生产（OEM）或自行生产制造，再以连锁经营企业设计的品牌，连锁经营企业的门市进行销售。由于自有品牌代表着连锁经营企业，因此连锁经营企业必须全程掌控，以确保产品的质量。

连锁经营企业发展自有品牌的方式主要有委托生产和自行设厂两种。

（1）委托生产（OEM）：指连锁经营企业委托制造商代为生产商品，并在其出售的商品或包装上标示连锁经营企业的自有品牌。连锁经营企业拥有自有品牌的所有权、商品制造商拥有生产加工权。委托生产的优点在于连锁经营企业可以避免设厂的庞大支出，也可以减轻资金周转方面的压力，且商品会因连锁经营企业的严格把关，质量较高。缺点是若连锁经营企业无法与制造商紧密合作，便难以达到"双赢"的效果。

（2）自行设厂：指连锁经营企业从设计、开发到生产商品都自行运作。其优点在于连锁经营企业跨足制造商，亦有连锁企业向后或向前整合渠道系统，通过各单位的充分协调合作，降低整个渠道的成本，进而在价格上更具优势，获得更多的利润。缺点是自行设厂的资金、人力等资源投入成本较多，所承担的经营风险也较大。

而产品质量是品牌的根本，优质的产品能满足消费者的需求，并减少消费者的购买风险和代价。由于消费者都期望能买到超乎自己期待的产品，若消费者购买产品使用后感到满意还会重复购买并向其他人推荐，拥有良好的"口碑效应"。因此，连锁经营企业的自有品牌必须具备卓越的质量与完美的设计。

然而随着经济的发展，消费者的习惯不再只注重产品的经济实惠，也开始注重产品的设计与包装是否够新颖、别致、独特。再加上竞争者的竞争，同质化产品越来越多，因此，连锁经营企业通过自有品牌，可以降低成本、提高功效，并强调产品的独特性，创造产品的差异化特点来打动消费者。而自有品牌对于提高连锁经营企业的经济效益、市场竞争力及品牌形象有着重大的作用。

在台湾，现在有越来越多的连锁经营企业在经营自有品牌，如量贩超市行业的 Carrefour 家乐福系列、大润发的 First Price、好市多的 KIRK-

LAND、爱买吉安的 Leader Price；便利商店统一超商的 7 - SELECT、全家便利商店的 Sweets +、莱尔富的不爽凸；连锁药妆店屈臣氏的 OB - Private Brands、康是美的 COSMED 等都创立自有品牌与传统的制造商品牌竞争，也反映出开发自有品牌对于连锁经营企业来说，是具有竞争力与发展潜力的。

与制造商品牌比较，连锁经营企业实施自有品牌战略有以下的优势。

（1）具有产品价格优势：物美价廉是自有品牌产品的优势。而自有品牌产品是由连锁经营企业自己生产或直接向合作制造商订购，缩短产品的流程，节省交易与流通成本，且自有品牌产品只在连锁经营店内销售，减少上架费用，也无须支付广告推广的费用，降低了营销成本，使自有品牌与其他同类型制造商品牌相比，拥有价格上的竞争优势。如家乐福超值商品，主打低价格，平均价格比知名品牌便宜二成左右，成为民众的最爱。

（2）成为连锁经营企业的经营特色：因制造商品牌产品各家商店皆可销售，因此，连锁经营企业通过开发自有品牌产品，为自有品牌定位，建立一个让消费者容易辨别、接受并产生消费意愿的产品。通过 PB 塑造出连锁企业的品牌价值与形象，与其他连锁经营企业产生差异化，成为连锁经营企业的经营特色。例如，达芙妮女鞋品牌，原本从事设备制造业务，发现中国大陆鞋类市场的潜力，便制造并销售自有品牌"达芙妮"，成为最成功的品牌之一，并连续多年获得最畅销产品的荣衔，达芙妮女鞋俨然已成为达芙妮国际控股有限公司经营的特色。对于连锁经营企业来说，好的自有品牌可以提高消费者对于连锁经营企业的品牌认同度与忠诚度；更是吸引消费者、扩大盈利的有效手段。

（3）避免连锁经营企业经营风险：对于自有品牌经营来说，连锁经营企业能站在市场最前线，直接接触消费者。与制造商相比，能更实时、精确及有效地了解消费者需求，进而发展出更能满足消费者的自有品牌，降低营运的风险。再者，自有品牌产品是由连锁经营企业自行生产或指定制造商生产的，连锁经营企业可以督促并控制产品的质量及进货流程，有效预防因管理不慎导致自有品牌出现瑕疵，为企业带来负面影响。

但并不是所有的商品都适合发展自有品牌，连锁经营企业应根据企业资源、消费者的收入、年龄、职业、消费习惯等因素进行分析、定位，选出适合发展自由品牌的产品。连锁经营企业也不能只发展自有品牌，而忽略了连锁店，若缺少著名的制造商品牌，会减少吸引消费者到店消费的诱因。若著名制造商品牌的制造商能与连锁经营企业合作，协助连锁经营企业推出自有品牌,不仅可以帮助连锁经营企业的自有品牌发展更顺利,也可以加深与连锁经营企业的合作,增加自己在供应链中的价值,获得"双赢"的效果。

总体来说,以前连锁经营体系只能担任制造商与消费者中间的媒介,但当连锁经营企业开始从事自有品牌经营时,也让连锁经营企业能够发挥引导生产、创造生产的能力,彻底改变了各个成员在流程中所扮演的角色及地位。

课后习题

理论题

1. 请问什么是营销规划程序?
2. 什么是营销组合?
3. 如何制定广告策略?
4. 为何连锁企业要开发自有品牌?

应用题

1. 请选择一连锁企业,说明其营销组合如何。
2. 尝试将自己设定为一小型餐饮连锁业者(如呼拉猫松饼连锁店),您如何制定您的广告策略?

章末个案

ALDI 超市——少品项自有品牌的专注经营

两个出生在第二次世界大战前贫困的德国工人区的兄弟——卡尔与提欧,承接母亲经营的小食品店,靠着微薄的利润经营着,直到两人察觉到其他商店开始使用优惠券促销之后,才开始提高自家商店的竞争力。通过降低价格、简化库存、专注经营的方式,在全球设立了逾6,400家分店,让两兄弟都在美国《福布斯》(Forbes)杂志全球亿万富豪排行榜中榜上有名。

对于国外大型连锁超市,一般人或许会先想到沃尔玛(Wal–Mart)、家乐福(Carrefor)、乐购(Tesco)等,对于 ALDI 超市,可能就没有那么熟悉了。ALDI 超市的名称是由家族姓氏埃布尔列希特(Albrecht)与折价(Discount)

的前两个字母所组成的，原为两兄弟一同经营，但在 1960 年对于出售香烟看法有所分歧，最后分道扬镳。哥哥卡尔到德国南部发展，而弟弟到北部扩张。虽然两兄弟分开经营，但仍紧密合作，如使用相同商标、资源共享等。

在经营的前期，ALDI 超市给人的印象是出售廉价的商品，商品质量有待加强，ALDI 超市为了改变消费者对它们的印象，开始以简单朴实为主轴，改善卖场的空间；不做任何的广告，控制成本，仅打着"我最便宜"的口号，发展自有品牌并简化库存，以少量的商品种类，提高经济规模，降低成本让产品比别人便宜，在商品上，以严格的品管机制监督商品，建立低价格、高质量的品牌印象。

一家 ALDI 超市只有约 700 个品项，以"生活必需品"为主，每家店营业面积 750 平方米、店内有 4~5 名员工，大幅降低房租与水电费用。据统计，ALDI 的商品单价比一般超市低 20%~30%，成为 ALDI 重要竞争优势。根据英国曼彻斯特城市大学针对 ALDI 自由品牌的消费者研究，有高达 91% 的消费者认为 ALDI 自由品牌食品可媲美全国性品牌，其两者评价相当。另外，有 27% 消费者给予 ALDI 自由品牌评价超出全台性品牌。从中看出消费者对 ALDI 高质量自有品牌的喜爱。

ALDI 超市通过少量商品种类、自有品牌的经营及低价高质量的商品供应的经营模式，为自己带来了不少的利益。但也因为坚持着少品项、自有品牌的经营模式，消费者会向当地其他店铺购物，让地方店铺得以发展，达到共利共荣的效果，这也是 ALDI 超市经营成功的原因。

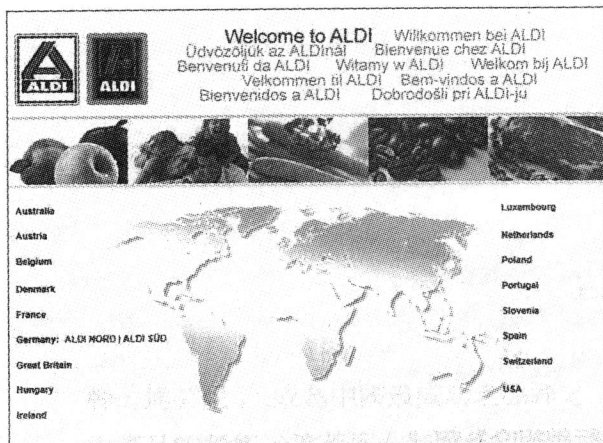

↑ALDI 超市以少量商品种类及自有品牌的经营方式，从一家小杂货店成功转变成全球 6000 多家门市的连锁经营企业。（图片来源：ALDI 网站）

动脑时间

1. 请问 ALDI 超市的市场定位如何?

2. 请问 ALDI 超市具备哪些成功的经营条件?

3. 请问发展自有品牌的优劣势是什么?

资料来源:1.《德国阿迪超市》经理人,http://www. managertoday.com.tw/? p = 677,检索日期:2011 年 8 月 18 日。

2. 余晓惠:《阿布瑞克特简化库存打败沃尔玛》,《经济日报》(中国台湾) A8 版, 2010 年 9 月 20 日。

3. 林沿瑜:《德超商大亨生前"比雪怪难看到"》,《联合报》AA1 版,2010 年 8 月 3 日。

4. 陈丽婷、简相堂:《自有品牌挑起营销制造商战火》,《工商时报》,2011 年 10 月 4 日。

5.《LDI 超市是如何把 Wal – Mart 赶出德国的》,http://www. 360doc.com/content/10/0909/05/1744650_ 52268418. shtml,检索日期:2012 年 3 月 1 日。

第6章 商圈地址选择

1. 了解连锁总部扩展时的计划拟订策略。
2. 了解连锁总部选址的评估因素。
3. 了解连锁总部选址的评估工具。
4. 了解连锁总部商圈范围的评估因素。
5. 了解连锁总部商圈范围的评估工具。

章首个案

"精挑细选"的美丽国度——ZARA

爱美是女人的天性，若有一天你在购物时发现一个很漂亮的橱窗，里面摆设的都是时下最流行的服装，进去之后发现这里卖的都是模仿名设计师的服装，且价格还便宜了许多，我想你应该会为它疯狂，而 ZARA 就是靠着这些经营手法，累积了许多忠实顾客，并风靡全球。

ZARA 为西班牙平价时尚品牌，于 1975 年成立，为 Inditex Group 集团旗下众多品牌之一，靠着低库存、低单价、多款式、快速设计、生产服装的经营策略，在全球 70 多个国家，共有超过 3,100 家分店，以模仿知名设计师的作品及平价的价格，吸引了不少赶时髦的年轻人前往 ZARA 购买。

但 ZARA 除了坚持上述的这些经营策略以外，也借着选择"精致"的店铺、大面积的零售与展示的空间吸引消费者购物。不像其他竞争对手利用大量的宣传文做广告，ZARA 通过将门市设立在市中心繁忙、知名的购物街道上，并通过橱窗及店内的精心设计、保持店内的能见度，以吸引来来往往的购物者入内。如 ZARA 在纽约第五大道（Fifth Avenue）、伦敦摄政街（Regent Street）、巴黎里佛利路（Rue Rivoli）或是在澳大利亚最繁华的购物街 Pitt Street 设立门市，并且都拥有相当漂亮的展示窗口及店内设计。

尽管 ZARA 宣称，他们不花钱做广告，但与第一线品牌站在一起、通过重金打造的橱窗设计就是它的广告策略。ZARA 抢占时尚大街，用一样亮丽的橱窗，但价格却只有第一线品牌的 1/10 到 1/5，经常会让消费者因此动心。

2011 年，ZARA 也积极抢攻台湾市场，与台北 101、统领广场协商，分别设立 700 平方米、1000 多平方米的店面，宣告进入台湾时尚精品区。

资料来源：1.《全球注视的时尚服饰品牌 ZARA》，经理人，http：//www. manager-today. com. tw/? p = 243，检索日期：2011 年 8 月 25 日。

2. 郭家崴：《品牌简介——ZARA 魅力惊人》，中国时报，2010 年 12 月 15 日，http：// life. chinatimes. com/2009Cti/Channel/Life/life - article/0, 5047, 11051801 + 112010121500093, 00. html，检索日期：2011 年 8 月 25 日。

6.1 加盟体系扩展计划

加盟体系的成长与扩展需要整合外部环境与内部资源提出一系列完整规划，包括连锁总部在执行扩展计划时需要考虑哪些因素，通过区域性的扩展计划在小区域内发展，或是采用全国性的扩展计划？连锁总部开始扩展计划前的规划作业需要花费多少费用？连锁总部欲扩展的区域与加盟店的数量又该如何决定？待确认扩展区域与数量后，许多连锁总部会通过加盟品牌的经营策略，同步着手建立适宜的加盟地址标准。通过调查地区的人口密度、收入水平和交通条件等评估工具来评估地址以及商圈是否适合

162

设立新店址。

6.1.1 连锁经营的扩张（Franchise Expansion）

简单来说，连锁总部和加盟者对于地址的考虑点完全不同。首先，连锁总部要先思考总部的扩展计划是采取全国性扩展还是区域性扩展。如台湾的便利商店、连锁餐饮业、连锁药妆店等，由于台湾幅员较小，因此大多连锁业者都采取全省扩展的经营方式，布点遍及全台湾；而区域性扩展的范围仅限于一个地区，如丹丹汉堡，有别于一般的速食店全省布点，丹丹汉堡集中店于台湾南部，卖的不只是快餐店的炸鸡、薯条，同时融入本地口味，如面线羹、米糕等中式料理，满足南部人的味蕾。

连锁快线

UNIQLO 轻松享受穿搭乐趣 抢占亚洲市场

UNIQLO 是日本销售量最大的服装零售公司，也是日本连锁服饰零售业的领导品牌，由柳井正先生创立，UNIQLO 的理念和愿景："改变服装、改变常识，进而改变世界"，"传达全世界的人们是如何通过 UNIQLO 的服装，轻松享受穿搭乐趣"。例如 2011 年推出的 UT 系列，就是以话题联名款 T 恤为主，有航海王、火影忍者、变形金刚、哈利·波特、迪士尼等系列商品等，借此吸引消费者。同时，与韩国当红团体 BIGBANG 一起合作联名 UT，成功创造话题性。

接下来，UNIQLO 的扩店计划将着重在拥有巨大成长空间的亚洲市场，预计将会有十几亿人口成为中产阶级，UNIQLO 希望把握这一优势，积极开店。UNIQLO 目标是成为亚洲市场市占率第一的服装品牌，未来更期望打败竞争对手，成为世界服装零售商的领导者。以一年内在亚洲地区开设 200 家店铺为目标，希望消费者在小区附近就能买到高质量且中低价位的时尚服装。

UNIQLO 希望提供消费者一个轻松自在的购物环境，并且利用独特的升迁考核制度管理人才，每 3 个月会进行一次考核，通过 3 关后就可加薪，全员皆可参加。也就是说，如果你认真工作，一年可以有 4 次加薪的机会。严格的制度可培养出更强的人才。产品经过不断创新、掌握时尚流行元素来吸引消费者的注意，以报纸杂志、新闻媒体作为广告媒介，成功达到宣传的目的。

↑当消费者踏入 UNIQLO，很少空手而回。

资料来源：1. UNIQLO 台湾官网 http：//www.uniqlo.com/tw/，检索日期：2012 年 3 月 1 日。

2. 徐千雅：《Uniqlo 海外扩张将展店 200 至 300 家》，新头壳 newtalk，http：//newtalk.tw/news_read.php？oid＝17846，检索日期：2011 年 9 月 5 日。

6.1.2 扩张费用

由于业态与经营理念的差异，连锁总部进行扩张时会产生不同的成本费用。有些连锁总部首先集中精力经营某特定区域；但是在台湾有更多的连锁总部直接针对全省进行扩张。无论连锁总部是采用全省性或区域性扩张，扩张时必须考虑两个成本因素：一般的管理费用及配销费用。在决定全省性或区域性的扩展前，连锁总部应考虑若进入某特定区域或地点，将会产生哪些营运费用，包括确认不同形态的服务或产品的成本、利润；连锁总部与加盟者合约所需的必要手续等。这些运作所产生的相关费用称为一般管理费用。除此之外，连锁总部还需支付配销的相关费用，如供货、配销、存货、仓储等费用，以便连锁经营可通过配销系统维持供货、存货的相关运作，称为配销费用。

因此，连锁总部在扩展前对于相关费用的掌握或预估是极为重要。若能够让连锁总部或加盟者皆不需要巨额的融资便可建立完善的配销体系，对于连锁经营扩展而言这是成功的关键。同时，若商品、货物的配销系统能够满足店铺的需求，做出立即反应与适切的解决是成功的另一关键。因此，在连锁总部完善系统与成本控管下，进一步向加盟者收取合理并可负担的加盟费用，通过共同的投入将有助于连锁体系的成长。

6.1.3　扩张评估

想要成功地实行扩展计划，连锁总部需要衡量连锁经营产品或服务的特征，并了解哪一区域对于连锁经营发展是有利的。连锁总部通常会在欲经营的区域内开设直营店铺，了解各店环境的居民属性等相关条件，进一步进行加盟商店的地址评估，若此区域适合发展连锁经营，则再设立加盟店，通过直营店的测试、评估来降低经营的失败率。

开设直营店后，连锁总部需要通过直营店评估建店地点的消费情况，例如了解消费者是当地居民还是上班族群？消费者的性别与年龄层？消费者是不是结伴同行？消费者的社会经济状况如何？就待扩展的地点与区域而言，确认老主顾的特征对于估计市场潜力与顾客类型有很大的帮助。

除此之外，建店地点的交通方便性、本店的招牌明显度与吸引力、店铺的租金水平、竞争店的地址、竞争店的商品组合、风格与店面展示甚至客户来源及聚客力皆须进行了解评估。通过分析也可得知哪些区域较有吸引力。由于台湾面积较小，须逐一划分区域，连锁总部的区域扩展通常以整个台湾为主，如瓦城泰国料理，通过全台展店且差异化的餐饮、管理与服务来吸引消费者；但也有些在台湾的连锁总部选择区域扩展，如金矿咖啡早期先以高雄为发展区域，发展成熟后，再将扩展区域延伸至台北，但主要的经营区域还是在高雄地区。

6.1.4　加盟店数量

连锁总部可通过购买力指数（Buying Power Index，BPI）评估可开放

165

的加盟店数。通过每个地理单位的购买力指数，得知该区消费者的购买力，进一步与该区内的单一加盟店所需的购买力互相比较。当销售、收入与利润的标准完整建立后，该区域内的连锁经营加盟店数就可以确定。

而除了通过该区消费者购买力来评估加盟店数量外，连锁总部也可能会因想要阻绝竞争者进入该商圈而采取卡位策略，通过区域式的密集设店保护该商圈。在同一地区密集设店虽然会使加盟店相互竞争，威胁自家商店，但也可通过此方法吸引客源，且杜绝其他竞争者与我们竞争。相同地区的加盟店通常会采取复数店经营模式，总部会通过利多的方式说服加盟者进行复数店经营，以巩固商圈。

连锁快线

门市护卫队保护商圈

常常在一条街上看到好几家同一连锁企业的门市，尤其便利商店更是常见，走几步路就可以看见一家便利商店。全家便利商店董事长潘进丁曾说："区域密集展店，可以让公司对当地店铺出租动态消息掌握，减少竞争者介入分食的机会。"而这也是为什么便利商店要在区域内这么密集展店的原因。除了更凸显它的便利性以外，也可通过此方法，强化市场的竞争力，阻止竞争者进入、分食商圈。

↑ 统一超商在政治大学内外开设了 4 家门市，来巩固政治大学学生市场，不让其他竞争者进入。（图片来源：7－ELEVEN 官方网站）

166

而连锁便利超商业者为了能充分发挥展店的投资效益，提高企业此区域的知名度，常利用区域内的密集展店积极卡位，不让竞争者进入此区域，保护商圈不被竞争者入侵。如统一集团便在政治大学内外开了4家统一超商，通过多家门市的卡位，让其他竞争对手无法进入、分食政治大学的庞大学生商机。

再加上密集式的展店也加快了商品物流配送、人员调度的速度，在宣传促销上，比分散开店的成本更低、效果来得更好，因此，成为连锁业者常用的经营手法。

资料来源：夏淑贤：《卧榻边岂容他人鼾睡？便利店密集展店步步为营》，台湾地区《经济日报》14版，1996年6月20日。

6.2 连锁经营的选址（Franchise Site Selection）

6.2.1 阴阳面原理

大多数商店街有阴阳面之分。阳面大多是零售店、服务业、餐饮店等（所谓"文市"），集客力强，例如名牌、服饰或是高毛利的商品，因为需要较多的人潮，建议选在阳面；而阴面大多是学校、机构、公共设施、银行等（所谓"武市"），集客力较弱，例如客人会主动上门的银行、书店或是饮食类店铺，可以选择在街道的阴面，店租也比较低。不论再热闹的商圈，通常都有所谓阴面、阳面。例如忠孝东路四段北侧SOGO百货周边，由于紧邻捷运站出口，消费人潮不断，即属可创造密集消费的"阳面"，租金行情较高；相反地，同路段南侧人潮较少，租金可能出现一成左右的落差。

6.2.2 三角窗原理（Corner Concept）

三角窗意指该商店位于道路转角地址，两边道路来往人车皆可清楚见到该商店形象（如图6-1）。因此，当商店坐落于三角窗地址则优于非三角窗。除此之外，若该商店位于下班线上，则方便消费者购物，也较无购

167

物压力，其接近性较佳。因此，位于下班线上的三角窗地址会优于上班线也就是 Near Corner 优于 Far Corner。

例如，85 度 C 的商店首先要求坐落于三角窗地址，为的是增加品牌能见度，吸引四面八方的人流、车流。通过透明的装潢玻璃，让路人一览无遗，门市更贴上深褐色花岗岩，营造高档印象。同时将装满精致蛋糕的冷藏柜向外推，直接面对人来人往的街道，形成橱窗效应，成功吸引顾客驻足。

↑便利商店的三角窗开店策略，吸引两侧的行人入店消费。LAWSON 为日本第二大便利商店。

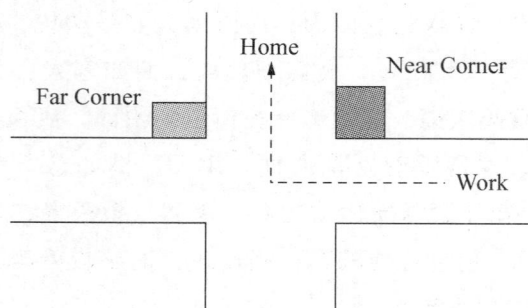

图 6 −1　三角窗示意图

6.2.3　漏斗原理

一般评估巷道内的立地地址，多使用漏斗原理。"漏斗"意指同一个街口，有数家三角窗商店（如图 6－2），消费者通常会在回家的路程中顺路消费。因此，位于干道转进巷弄的第一家商店，会像漏斗一样，最先吸引消费者入店。理想的黄金地点，应该是下班路线右边的地点。将店址设在漏斗可带来下列好处：①交通流量多；②腹地大；③接近最多数消费者。如图 6－2 所示，预设店铺 A 位于主要干道转进巷弄的第一家商店，能最先吸引消费者入店消费；而预设店铺 B 并非位于第一个巷弄且位在消费者下班路线左侧，对于消费者而言预设店铺 A 位于右侧较顺路，两店相较之下预设店铺 A 为理想店铺设立地点。

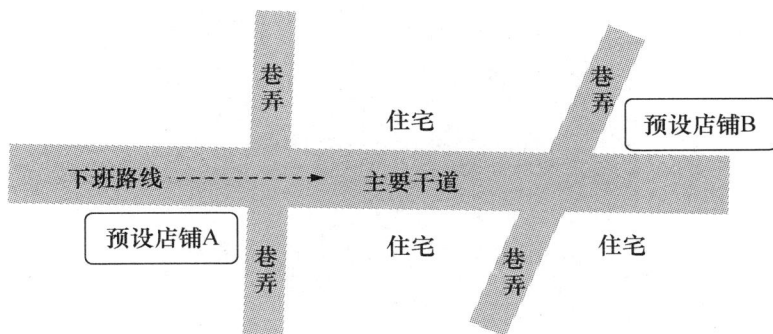

图 6－2　漏斗原理示意图

6.2.4　心理障碍理论（阻绝原理）（Psychological Barriers）

大马路、河流、山脉、高速公路、铁路等会缩小商圈，尤其无桥梁的河流或无平交道的铁路更会阻碍消费者来店。这些阻碍皆有可能将一个大商圈隔成两个或更多个小商圈。除了天然阻碍之外，坡路、有阶梯的房子不宜设店，有骑楼的店面也会比没骑楼好。消费者喜欢轻松购物，不喜欢花费多于心力绕道或爬阶梯前往购物。例如位于台中市市政北路的商场，由于未设置手扶梯，所以消费者如要上二楼消费须爬阶梯才能上楼，也因此，所以该商场二楼招商结果并不理想。

6.2.5　干道原理

商店若坐落于生活路线的干道，该地址会优于巷道。但当干道宽度超过 20 米宽，则会形成阻绝。干道不仅可吸引新顾客上门消费亦可达到媒体广告的宣传效果。例如 Levis 高雄崛江店位于热闹新崛江商圈，人潮众多，设店于此能无形中加深逛街消费者对该品牌的印象，由于消费者来来往往亦能达到一定的广告宣传效果。

↑当消费者想用餐或至二楼逛商店时，看到蔓延的楼梯就会减弱上楼的动力。

6.2.6 磁石原理（地心引力理论）

磁石原理又称地心引力理论（或磁点理论）。"磁石"是指立地中最吸引消费者眼光注意的商店（如图 6-3）。"磁石点"愈多，愈容易成功，集客力也会较高。就像便利商店商圈的集客力一定比百货公司小；24 小时的商圈要比 16 小时商店的商圈大；深夜的商圈要比白天的商圈大；捷运车站的集客力要比非设在捷运车站附近的集客力大；商业区集客力一定比混合区强，混合区一定比住宅区强。

忠孝东路的 SOGO 复兴馆及 SOGO 忠孝馆吸引多家中型连锁商店于周边设立分店，例如药妆店康是美、屈臣氏，还有一系列服饰店及鞋店如佐丹奴、NET、Esprit、Irdo、达芙妮、Accessorize 等，巷弄间也有不少个性店，这些店能通过 SOGO 百货这颗"大磁石"吸引的人潮而带动自身买气。

↑好博家为国内第二大居家修缮连锁营销，开设于干道旁，具广告曝光效果。

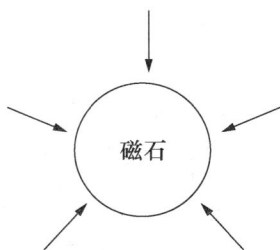

图 6-3　磁石原理

6.2.7　前门/后门理论（Front Door/Back Door）

前门是商圈的咽喉，取得前门甚为重要，因为前门商圈范围较大。通常在商圈发展时，前门可以涵盖后门，而后门商圈不可能涵盖前门。如图 6-4 所示，A 店铺的成立吸引了人潮，聚集形成前门商圈，B 店铺促使后门商圈的形成，由于前门商圈范围较大且涵盖大部分的后门商圈，故该商圈能吸引多数人潮，相对的后门商圈人潮就不如前门商圈多，故前往该区消费的人自然而然会选择较热闹且范围较大的前门商圈消费，欲设立店铺的商家亦是如此。

171

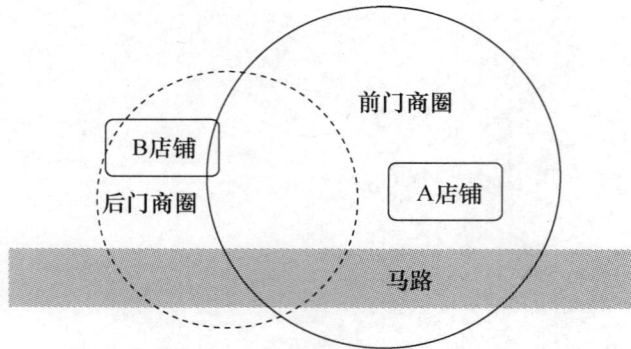

图 6 -4　前门/后门理论

6.3　地址条件评估

6.3.1　人口结构

　　连锁总部在评估开店条件时会考虑该地区的人口结构，如家庭平均收入可通过户口抽样调查了解。人口集中的地方较适宜展店。人口多，商品和各类服务的需求大，有较多的商业机会。家庭因素亦会影响消费需求，家庭因素包括人口、收入状况、人口组成、年龄等。每户家庭的平均收入与收入的分配会明显影响商店的销售。若家庭平均收入提高，则选购商品数量、质量的需求也会提高。若人口组成为年轻人的家庭，则购物较追求时尚化、个性化、少量化。家庭成员的年龄若较偏向高龄，购物需求倾向购买保健商品、健身用品、营养食品等。除此之外，在开店前须了解潜在顾客的数量。青年和中年顾客，社会经济地位较高，可支配收入较多者居住区域作为优先店址考虑。尽管人来人往的地方是设店的有利地点，但并非人多的地方就适合开店，还要分析一下哪些人来往，客流规律如何。例如，首先要了解来往行人的年龄和性别，若是儿童，他们可能是快餐店的顾客，但不会是服装店的顾客；其次要了解行人来往的顶峰时间和稀少时间；再次要了解行人来往的目的及停留的时间。

6.3.2　客源分析

　　开店选址，来往的人流量是一个重要因素，同时，顾客流向也是一个值得研究的问题。店前经过的行人，其目的地是百货公司，还去看电影，或者三五好友的聚会等皆会影响到零售业态的选址。店与店间则会因为彼此的互补性而设立。因此，商店地址应根据行人的流向选择适当的地址。就车流量而言，店面附近的交通状况，对于生意的好坏具有很大影响程度，因此一般的开店地点都会考虑上下班路线，特别是住宅区。上班与下班时间，两旁的车流会呈现明显差距。几乎 90% 的行业，都倾向将店址设立于下班路线。让消费者在下班后，从事采购、饮食等消费。而从漏斗理论为基础，主干道延伸的巷弄内，也有许多适合开店的地址。例如同一街口，有数家三角窗商店，消费者通常会选择位于干道转进巷弄的第一家商店，并且是下班路线右边的地址。除此之外，商店选址亦会考虑所处地址的道路及地势情况，对于人流量也会造成直接影响。

6.3.3　竞争程度

连锁总部在选择商店地址时，需了解该地点附近有多少同业态与异业态的竞争商店。了解竞争店的规模、商店气氛、商品组合、价格及服务态度如何，同时分析竞争店的消费客层以评估自我竞争力及利基点。如在该地点营业将是增加竞争，或是彼此互补。如果商店所贩卖的商品无差异化竞争能力，或是购买频率较高的日用商品，在同一地区又有过多的同业态竞争，那势必会影响商店的经济效益。在这样的竞争情况，可通过商店升级提升商店有差异化的经营风格、特殊的商品来源，否则很难成功。当然，在某些环境中，同业态商店集中在一起，反而会形成一条别具特色的商店街。这也是台湾方言所说，商店间的"集市"作用。

6.3.4　店铺取得

地址选择需考虑城市规划，包括短期规划与长期规划。有些地址目前或许是最佳位置，但随市政的迁移而不适合开店；反之，有些地址目前并不理想，但未来将有机会成为具发展前景的新商业中心。因此，在店铺地址的选择上，必须从长思考，了解区域的交通、街道、市政、绿化、公共设施、住宅及其他建设的中长期规划。若未考虑未来市政的迁移或城市的规划造成商业区的转移，很可能会让投资成本难以收回。

以上四个地址条件评估因素如表 6-1 所示。

表6-1　地址条件评估因素汇整表

要素	内容	要素	内容
人口结构	・人口、户数 ・人口、户数成长率 ・家庭生命周期 ・人口密度 ・年龄层分布、所得 ・消费支出 ・消费习性 ・交通工具拥有及使用状况	店铺取得	・店铺供需状况 ・店铺租金水平 ・店铺水电供应 ・店铺停车方便性 ・店铺的上下货限制 ・城市规划及商圈变化
客源分析	・客源属性（住户？办公人员？工人？学生？） ・商圈顾客居住区域 ・来店路线 ・来店交通工具及停车位置 ・本店前道路两侧的人流、车流量 ・本店前行人的属性与数量 ・目标客群的媒体接触 ・本店的招牌明显度与吸引力	竞争店分析	・自店与竞争店的强弱分析 ・自店与竞争店的销售分析 ・竞争店的商品组合 ・竞争店的客户来源及聚客力 ・竞争店的风格与店面展示比较 ・竞争店的商品力及价格比较 ・市场饱和程度

6.4 选址工具

6.4.1 检核表法

在选址时须评估多方面特性，包含人口特性如人口稠密性、人口结构、所得消费等，磁场则包括政商机构、文教机构、休闲场所、车辆维护点等，另外还有店面特性、竞争情形、线路问题、近便性及经济稳定性，连锁总部在选址时可根据以下项目逐一进行检查，进行 1~10 分的评分。除此之外，各个连锁总部根据自我的品牌定位与展店策略，将各评估属性给予不同权重进行加权统计，通过加总实际评估等以及乘以权重计算出该地址的评估结果，以最高分的地址作为最合适开店地址的选择，如表6-2所示。

表6-2 商店地址评估检核表

地址属性			等级	权重	地址属性			等级	权重
人口特性	人口稠密性	人口数			店面特性	店面规模	店面宽度		
		人口成长率					店面面积		
		人口密度					店面出入口大小		
	人口结构	年龄				店面明显度	店面可见度		
		教育水平					店面位于路口否		
	所得与消费	所得水平			竞争情形	竞争家数	同业态商店		
		消费水平					异业态商店		
		消费习惯				竞争店面积			
	社区大小	住户数				竞争店营业情形			
		社区增加率				竞争力大小			
磁场	政商机构	政府机构				互补商店			
		办公大楼				零售饱和程度			
		金融机构				本店市场占有率			
	文教机构	学校			路线问题	人流量			
		补习班				车流量			
		图书班				车站			
	人潮辐射轴	医院				站牌			
		饭店			便利性	人行道宽度			
		旅馆				停车方便性			
		寺庙				道路穿越形式	斑马线		
		市场					天桥		
	休闲场所	公园					地下道		
		电影院			经济稳定性	文教区			
		百货公司				商业区			
		KTV、夜总会				工业区			
		游乐园				住宅区			
	车辆维护点	修车厂				商圈大小			
		停车场				商圈成长性			
		加油站				区域潜力			
店面特性	店面成本	店面位置的地价				未来建设性			
		店面租金							

175

6.4.2 回归模式分析法（Regression Analysis）

回归分析法是基于一个假设：影响现有连锁商店销售额的因素，对于设置在新地址的商店有相同的影响力。使用这个方法时，连锁企业会利用复回归以预测现有商店销售额的统计模型。这个技术可以考虑前文提及的建店评估条件当作回归考虑因素。

例如，有一家婴幼儿用品连锁店通过回归分析来估计商店销售额（各因素的系数是使用复回归来衡量，例如家庭数的系数为150）。通常连锁总部会综合过去开设商店地址的经验，提出回归模式，作为在评估店址时的考虑。

商店销售额 = 150 × 商圈中的家庭数（20分钟的车程）

$\qquad$ + 1,500,000 × 在商圈中有未满7岁子女的家庭比例

$\qquad$ + 1,800,000 × 在商圈中区格为"乐活生活形态"

$\qquad$ 的家庭比例 + 6 × 百货公司规模（平方米）

$\qquad$ + 180,000（从街道上可以看到商店）

$\qquad$ + 300,000（如果百货公司里有 Louis Vuitton）

婴幼儿用品连锁店正在考虑以下两个地址，如表6-3所示。

表6-3 地址变量回归权重分析

变量	地址 E	地址 G
车程在20分钟内的家庭	9,000	10,000
有未满7岁子女的家庭比例（%）	70	20
"乐活生活形态"区格的家庭比例（%）	60	10
百货公司规模（平方米）	100,000	80,000
从街道上可以看到商店或百货公司里有 Louis Vuitton	是	否

使用统计模型，地址 E 的预期销售额为：

地址 E 的商店销售额 = \$ 4,230,000 = 150 × 10,000

$\qquad$ + 1,500,000 × 0.7

$\qquad$ + 1,800,000 × 0.6

$\qquad$ + 6 × 100,000

地址 G 的预期销售额为：

地址 G 的商店销售额 = $ 3,690,000 = 150 × 15,000

$$+1,500,000 × 0.2$$
$$+1,800,000 × 0.1$$
$$+6 × 80,000$$
$$+180,000 × 1$$
$$+300,000 × 1$$

虽然地址 E 的商圈人口数较少，但预期销售额较高，因其目标市场利润较符合商圈利润。

6.4.3 模拟法（Analog Approach）

当通过回归模型来评估商圈地址属性需要搜集大量数据，对于小型连锁业而言不太适用。因此，通过主观的模拟法来进行地址评估会较为适切。类比法建店地环境特性、竞争者情况及预测新据点的销售额，评估潜在地点的适合性。

甲品牌考虑的四个潜在地址的竞争分析如表 6－4 所示。为了分析，甲首先参考从次级数据源获得数据，评估每周每人所购买的咖啡数量（第 2 列）；然后采用该地区目标客群的人口数（第 3 列），咖啡的总潜力于第 4 列呈现，第 4 列是由第 2 列乘上第 3 列求得而来。

第 5 列为咖啡在该地区竞争店销售数量的估计值，因此，通过第 4 列减去第 5 列可得知地址的潜在销售力（第 6 列），第 6 列除以第 3 列可得知地址潜在销售百分比（第 7 列），当百分比数值越大，代表竞争程度越低。而竞争程度低，在该店址开店成功的可能性越大。

表 6－4 模拟法地址因素评估表

商店位置	每周购买咖啡数量（2）	地区目标客群人口数（3）	咖啡总潜力（4）	竞争店销售估计量（5）	地址的潜在销售力（6）	地址潜在销售百分比（7）
台北火车站前						
A 地址						
B 地址						
C 地址						
D 地址						

6.4.4 选址比率：销售额/成本（Location Selection Ratio：Sales/Costs）

连锁经营可以通过销售额/成本进行初步评估。当该数值等于或大于1时，该比率为最佳。

选址比率 = 销售额/成本 ≥1.0

例如，如果开店花费成本新台币 200 万元（包括土地、建筑、设备、装置以及家具的初始成本），那么第一年的销售额应该达到新台币 200 万元。连锁总部的理想比率是 1.2。这样的话，会有较高的利润。如果连锁总部在寻找新的快餐店地址，但选址比率却达不到 1.0，那么连锁总部就只能被迫退出。选址比率会随着加盟经营体系的不同而不同，但其数值的指引对于连锁总部和加盟者进行选址的判断是至关重要的。

6.4.5 市场占有率（Market Share）

在商店地址做出最后决定前，首要任务就是对连锁企业未来可能达到的市场占有率进行预测。市场占有率（Market Share）是指在正常的经营条件下，连锁企业占有全部市场份额的百分比。市场占有率仅反映出零售商店的市场占比；但是无法反映消费者偏好、各店的竞争活动、规模或吸引力。

确认市场占有率有不同的方式，不论哪种方式，都要考虑三个主要的变量：人口、消费者平均的消费额以及区域的购买力。

商店数目和人口总数（Number of Facilities and Total Population），通过政府普查数据来估计市场占有率以确定该区域内商店的数目和人口总数是较为简单的方式。当了解当地的人口数目后，连锁总部则可进一步确定产品的平均消费支出额；两者相乘就可得出此区域的年销售额。例如，一个充满梦想的大学毕业生玄玄，想要开设一家甜点专卖店，她想要选某一区域进行店铺设立与经营。若该区域内人口数是 8,000 人，每个人在甜点店平均每年花费新台币 6,000 元，那么该区域内预计的年销售总额将会达到新台币 4,800 万元，并且该地区共有 15 家类似的竞争者，那么公式如下：

每人甜点购买金额 × 人口数 = 地区预计年销售额

即：

$6,000 元 × 8,000 = $48,000,000

$48,000,000（预计年销售额）/15（竞争者数目）= $3,200,000

178

但由于建立初期，玄玄很可能达不到与当地竞争者一样的销售额。因此，她可以主观地决定每年销售额是新台币 220 万元左右（第一年是平均销售额的 2/3）。将此销售额的预测和市场占有率的估计作为开店的参考基础。

消费金额（Dollar Amounts）是第二种确定市场占有率的方法：每年花费在加盟者经营地址内所提供的特定产品或服务的确切消费金额。在玄玄的甜点专卖店例子中，该区每人每年在甜点上平均花费新台币 7，800 元，在该区域内人口为 8，000，则该区域的总销售额将达到新台币 56，000 元。然而，预测的销售额（或市场份额）大约为新台币 4，160，000 元。

人口×每人每年购买额/竞争者数目 = 预计的店销售额

8，000 ×7，800/15 = $ 4，160，000

这个数值表示该区域内各甜点专卖店平均的市场占有率。因此，玄玄预估刚开业前几年的售额将不会达到 100% 的市场占有率。也因为如此，玄玄估计她的销售额将小于平均值；第一年经营的预测销售额将只有该区域甜点专卖店平均销售额的 40% ~ 60%，换句话说将会有新台币 1，664，000 ~ 2，496，000 元的销售收入。事实上，根据竞争的强度、距离及其他相似竞争店的远近、定价结构和周围环境，以及该区域内相似店的总体竞争力，就能够做出更为准确的预测。

通过三个关键销售预测变量——人口、竞争者数目和个人购买金额或该区域内的购买总额的评估方法，可以合理地估计该区域内某个产品或服务的一般竞争者典型的市场占有率。除非一个连锁总部拥有国内知名的品牌、大量的广告投入和优越的位置，否则，一个新市场区域中的新经营加盟店就不太可能达到该市场区域内现有的平均市场占有率。

▶▶ 6.5 商圈分析

6.5.1 商圈定义

商圈（Trade Area）意指以商店为中心，沿一定距离形成的不同层次吸引顾客的地理区域，进而创造商店的营业额。

各业态的连锁企业店铺都有自己的商圈范围，依销售比重可绘出主要商圈、次级商圈以及边缘商圈，如图 6－5 所示。主要商圈可以创造的销售额约占 70%，该商圈代表着商店主要客源的来源，同时也是离商店最近，顾客密度最高的区域；次级商圈的顾客约占销售额的 20%，次级商圈位于核心商圈的外围，顾客较为分散；再者为边缘商圈，约占销售额的 10%，其顾客来源最为分散。可参考图 6－6 商圈示意图。

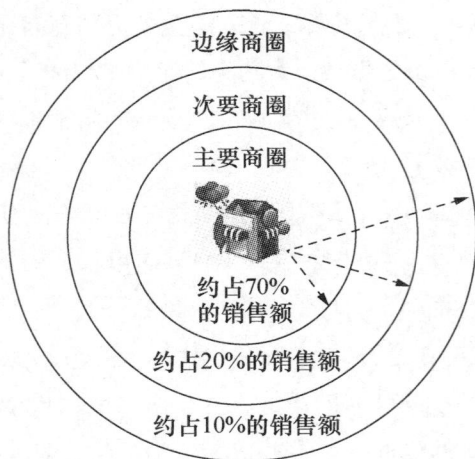

图 6－5　商圈经营

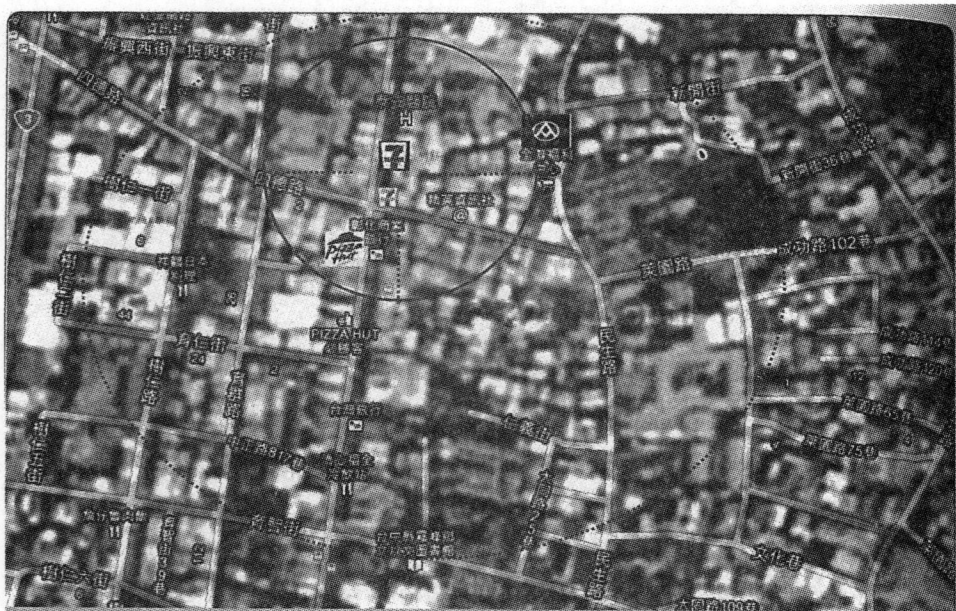

图 6－6　主要商圈及次要商圈范围

180

6.5.2　影响商圈大小的因素

商圈通常并非呈现圆形，它会随着地理、消费、竞争者的因素延长或缩短，因此，商圈的形状经常像一只变形虫，可能呈现出四边形或三角形。商圈的形状会因为地理因素而造成阻隔。河流、桥梁、马路、铁道、地下道、天桥、单行道、公园、学校等会缩小商圈，尤其无桥梁的河流或无平交道的铁路更会阻隔近距离的消费者来店。例如台北车站的前站与后站虽然隔空距离不到一千米，但长久以来的铁路隔离，发展出截然不同的商业机能与消费形态，前站以百货、金融业为主；后站则以批发、长途运输业为主。尽管随着时间推进，铁路也全面地下化，但两边的商圈形态还是泾渭分明。

商品性质对商圈的大小与涵盖范围的影响非常大，他的衡量基准为潜在消费者的来店频率及意愿。例如小区型早餐店，消费者一周可能到店消费 3~5 次；但量贩店，顾客可能半个月甚至一个月才前往消费 1 次，商圈范围可能超过 20 千米。

除此之外，商圈内的潜在消费者是零售店铺的目标市场，潜在消费者的分布会让商圈更为集中，影响了商圈的大小。例如新竹市的计算机贩卖分布在光复路一带，由于该区集中了高校的学生，反而新竹市中心的计算机零售店较少，其商圈范围也较大。

顾客流动性也会影响商店的商圈范围，尤其是位于交通转运的地点，常常涵盖了在此转换交通的偏远地区。例如，台中市车站附近的商店，其商圈涵盖台中清水地区、沙鹿地区的消费者。

连锁快线

成功展店人流　次要商圈成为关键

肯德基目前是中国第一大连锁快餐业，共有 3,200 家门市，麦当劳店数仅 1,100 家，两家相差近三倍。虞国伟刚接下杭州肯德基开发部经理时，浙江肯德基门市仅有 28 家；但 6 年后，他就让浙江肯德基大幅成长至 155 家店，几乎达到"每半个月开 1 家店"的惊人速度。如今要将经验移植到台湾，挑战麦当劳龙头地位。

走路逛街是开发人员最重要的工作之一。从转战台湾市场开始,虞国伟一到假日,几乎是全天穿梭在大台北地区的街头巷弄之间,在走动开发前,虞国伟会先做好商圈规划,掌握各区间人口数及重要交通设施。虞国伟会考虑多层面挑选好的店址:集客力、停留性、亲近性、能见度及品牌形象的呈现等。

开发首重人流。他不断地从公交车站牌、捷运出入口、天桥及地下道等交通设施,推敲人流的动向。一般而言,捷运出入口位置是绝佳的聚客点,但若附近已有大型商圈,可能人潮就被前后一站给稀释。

位于马路交叉位置的三角窗型店面仍是最佳选择。虞国伟认为,最好是挑大马路与小马路的交叉口。因为若两条皆为大马路,人流只会匆匆路过,不具停留性。但如果为两条小马路,就不具备集客力。如果集客力、停留性都差不多了,再看能见度,衡量店面宽度及楼高够不够,并进一步掌握营建条件。

挖掘"次佳"商圈更是他看重的要项。由于台湾连锁店密度高,黄金地段的店面开发早已步入"短兵相接"的厮杀状态,因此如何避免火力浪费在不必要的竞争中,是相当重要的。好的商圈地点如信义计划区及忠孝东路等,位置虽好但是成本很高。反而有些地方,"也许把灰尘擦掉之后,有些闪光点的,这才是我们要捕捉的"。

除了勤走大台北区街道之外,虞国伟也要加速开发人才的培训。他强调,开发专业人才的养成需要两三年的时间,除了书面说明的方法外,很多东西都要亲身去感受:"要不断地拍脑袋(动脑),再以客观调查报告来印证,久了才能成为自己的经验。"

截至 2011 年,肯德基台湾门市约有 118 家,2011 年 5 月报道指出,肯德基希望五年内总店数达到 180 家。

资料来源:罗仪修《展店达人中国展店高手》,《Cheers 杂志》2006 年第 5 期。

▶▶ 6.6　商圈评估工具

通过了解访谈、市场调研、活动记录或会员卡数据等,协助连锁企业界定一家商店的商圈范围。通过下列分析技术，零售商在地图上标绘出顾客居住或工作区域，进而界定出商圈的范围。顾客发现法包括四项技术：顾客调查法（Customer Surveys）、顾客记录法（Customer Records）、顾客活动法（Customer Activities）及经验法（Experience Records）。目前，要发现顾客的来源，将顾客的居住或工作地点描绘在地图上，协助零售商根据地图上顾客来源的分布状况，界定出该商店的商圈范围。另外，哈夫定律（Huff's Model）和雷利法则（Reilly's Law of Retail Gravitation）则通过量化方式，评估商店间相对吸引力并界定出商圈范围。

6.6.1 顾客调查法

顾客调查法（Customer Surveys）又称直接询问法。通过抽取具代表性的顾客，进行访谈，或发放问卷给购物的顾客，并要求顾客填上住址，分析其居处或工作区域。在调查时需注意调查的时间点，除了周末假日外，每天的访谈也应分布于各个时段，以避免数据偏颇。为不影响经营效率并求资料精确，可将此调查交给客观的第三单位进行，如学术单位、营销研究公司等，更专业的结果出现，同时亦可让样本避免不必要的偏误。经过调查获得顾客的地址后，零售商将地址的所在详细地在街道图上标出，绘制成顾客来源图（Customer Origin Map）（见图6-7），再据以界定出商圈。从顾客来源图可看出，当顾客距离商店越远，越不可能光临该商店，亦即商店吸引顾客的力量与距离成反比。

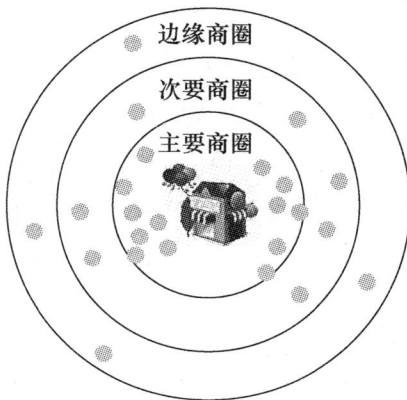

图6-7 顾客来源商圈

183

6.6.2 顾客记录法

顾客记录法（Customer Records）是指除通过顾客调查法获得资料外，根据连锁店铺顾客的会员卡及信用卡交易记录也可绘制出顾客来源图，且运用顾客记录来界定商圈所费成本甚低。不过必须注意到若使用现金的顾客比例很高或并非所有消费者皆为该店会员，则只以会员卡或信用卡的顾客地址制作顾客来源图，恐怕不能正确代表商店全体的顾客。

6.6.3 顾客活动法

顾客活动法（Customer Activities）意味连锁企业也可在举办促销活动中获得顾客地址。各项赠品抽奖活动会要求顾客填写通信地址，或是举办儿童绘画比赛、产品命名竞赛等，都可获取顾客的地址。必须注意的是只使用参加促销活动的顾客地址，难免代表性不够。美国一家营销研究公司协助一家超级市场界定商圈，将折扣券编上暗码，然后主动送给客户，当顾客持折扣券购物时，则可根据回收的折扣券辨识出地址，再据以界定出商圈。在台湾，如宝雅生活馆举办抽奖活动，凡单笔消费满新台币388元以上就送彩券一张，商家可根据回收的彩券辨识出顾客来源地址，进而界定出商圈。

6.6.4 经验法

经验法（Experience Records）是通过过去经营过程中获得的各种经验及经历等设定商圈。以一般的基本范围来说，购买频率较高的便利品，其商圈约步行10分钟的距离；反之购买频率低的商品为30分钟步行距离。此外，现在大家得知到便利商店商圈半径约1，500米，或为徒步型商圈，则约500米，这也是从长期经验中得出的结论。通过该方法决定商圈时，还应搭配地区性、社会性、自然条件等环境因素的影响进行考虑。

6.6.5 雷利法则

雷利法则（Reilly's Law of Retail Gravitation）主要目的是衡量不同连锁店铺地点的相对吸引力，以定义出商圈界线。连锁企业欲采用雷利法则时，应先建立两区域间的分歧点，以便界定出两区商圈。分歧点（Point of Indifference）即消费者于此点到两地区消费皆可。例如新竹与苗栗之间，居住地在分歧点以南的消费者可能会至苗栗购物；反之居住在分歧点以北的消费者则会选择至新竹购物。此法则主要考虑因素为人口及距离，零售店吸引顾客的比率与区域人口数成正比，与距离成反比。

零售商欲开店于两地区间时，可通过此定律计算出其分歧点，以协助界定商圈范围。雷利法则其计算公式如下：

$$Da = d \div \left(1 + \frac{Pa}{Pb}\right)$$

Da：a 和 b 地区中，a 城市的商圈距离。

d：a、b 两地的距离。

Pa：a 区域的人口数。

Pb：b 区域的人口数。

假设 a 区域有 4 万人，b 区域有 16 万人，a、b 相距 18 千米。a 欲知道在多少距离后为分歧点，而消费者会被 b 吸引过去，计算如下：

Pa = 40,000　Pb = 160,000　d = 18 千米

$$Da = 18 \div \left(1 + \frac{160,000}{40,000}\right) = 18 \div 3 = 6$$

$$Db = 18 \div \left(1 + \frac{160,000}{40,000}\right) = 18 \div 1.5 = 12$$

由于 b 区人口多，其消费者分歧点离 b 区 12 千米，商圈范围大；而距离 a 区仅 6 千米。区域人口越多，其商店较能吸引顾客，商圈范围与区域人口关系成正相关，而商圈范围与距离则为负相关。

此法则主要着重于距离因素，而未考虑到实际交通状况并非恰当，且购物经验会影响顾客认知的距离，若顾客对零售点印象良好，则顾客认知的距离会比实际的距离短。另外，若区域人口多而无商店则无吸引顾客的效果，所以区域人口数较不具代表性，可改用区域的零售金额判断更能反映其吸引力。商圈分析除通过各定律判断之外，仍须通过常识等各方面经验加以判断，以协助连锁企业准确界定商圈。

6.6.6　哈夫定律

哈夫定律（Huff's Model）用来估计连锁企业店铺销售额，是商圈调查时经常使用的一种计算方法。此模型把商店比喻为恒星，消费者比喻为周围的行星，距离恒星越近者，越容易被吸引；反之，距离越远者，吸引力越小。

哈夫定律认为吸引的力量主要分为两个因素，连锁店铺的面积大小（商店越大，吸引力越大）与消费者到达商店所需要花费的时间成反比

（花费时间越多，吸引力越小）。预测消费者前往特定商店的概率公式如下：

$$P_{ij} = \frac{\dfrac{S_j^\mu}{P_{ij}^\mu}}{\sum_{j=1}^n \dfrac{S_j^\mu}{P_{ij}^\lambda}}$$

P_{ij}＝顾客 i 到立地 j 购物的概率。

S_j＝在立地 j 的商店大小。

T_{ij}＝顾客 i 到立地 j 所需花费的交通时间。

以下举一个例子说明哈夫定律：一城市有 A 和 B 两个小区，目前有一家 100 平方米的超市，每年销售额新台币 800 万元，其中新台币 300 万元来自 A 小区居民，另外的新台币 500 万元则是来自 B 小区。有一竞争的连锁超市正在考虑要开一家两倍大的商店。A 小区居民到旧超市平均要花费 10 分钟，到新超市只需花费 5 分钟。相反，B 小区居民到旧超市只需花费 5 分钟，但到新超市却需花费 15 分钟。代入公式运算，A 小区居民到新超市购物的概率为 0.889，而 B 小区居民到新立地购物的概率为 0.182。新超市的预计销售额为新台币 4，991，000 元（一年）。

哈夫定律的优点：虽然只考虑消费者到商店所花费的时间与商店大小两个因素，但其结果很准确且接近于实际，这两点对于消费者选择的商店有很大的影响。其缺点：在哈夫模型中，通常用到商店的时间距离作为阻力，而用商店面积代替商店的吸引力，那么相同面积的其他商店就有相同的吸引力，这会使结果显得太过于主观。

▶▶ 6.7 连锁经营企业的类型

对于选址决定，连锁经营企业的类型与产品或服务如何送达顾客手中，有着根本的影响。连锁经营企业有三种类型，加盟者应考虑这三种类型的特点并制定清单。

（1）独特型连锁企业。独特型连锁企业与产品和提供的服务通常拥有较高质量的形象。因此位于较远的顾客会因为产品的独特性及连锁经营企业的竞争数量较少而被吸引。如 DIY 居家修缮用品专业量贩店就是独特型连锁经营企业。独特型连锁经营企业的产品或服务商品广度与深度窄且深，但品质较高。不论在市中心还是郊区的独特型连锁企业，只要让顾客对产品或服务继续保持着高价值且难以购买的心态，就可以经营得很好。

（2）竞争型连锁企业。在同一个区域内，竞争型连锁企业与其他连锁企业、个体企业提供了相同或类似的产品或服务。因此，便利程度就变成了决定连锁经营企业选址的重要因素。便利商店、连锁餐饮业、连锁药妆店，这些都是竞争型连锁企业的例子。因为连锁企业的竞争往往偏向价格或便利导向。因此，此类型的连锁企业常常位于商业区或办公区等交通繁忙、消费者集中、拥有较高车流和人流的地方。连锁企业的经营位置会受到便利程度、直接竞争者数量和其他企业位置等的影响。连锁企业应要尽量避免靠近直接竞争者。

（3）比较型连锁企业。旅游业、电子产品、婚纱等顾客会货比三家，该形态的连锁企业为比较型连锁企业。对于这些企业来说，因商店位于竞争对手较近，因此潜在顾客较容易对产品进行比较。加盟者必须展现出与竞争对手的产品或服务相比的优势之处。比较型连锁企业多位于购物中心或临近商业区街道的路口。虽然商店的地址不一定要寻找租金昂贵的，但租金昂贵的地址往往拥有更多的客流量，进而增加销售额。因此，这类型的商品有两个关键点：①靠近竞争对手，方便顾客进行比较；②向顾客解释自己产品或服务的优点与价值，为顾客提供有用的信息。

然而，前面所举的任何产品或服务的例子都可以归纳在三个连锁企业的类型中。如单独位于一个区域内的便利商店可以称为独特型连锁企业；比较型的连锁企业也会与邻近的对手竞争。事实上，相似服务或产品的可获性、与竞争对手的相似性及对顾客的服务态度等因素都能够描述具体连锁企业所属的企业类型。

课后习题

理论题

1. 连锁企业如何选址？

2. 地址评估有哪些考虑因素？

3. 选址有哪些工具可以运用？

4. 如何进行商圈分析？

5. 商圈评估工具有哪些？

应用题

1. 请选择三个连锁企业，评估其选址策略如何？
2. 请针对您所处的城市，建议一地址为便利商店开设地点。

章末个案

星巴克授权　成功进入中国大陆

星巴克咖啡已进入中国大陆多个城市，截至 2011 年，大中华区已有 800 多家门市，而单单中国大陆就有 450 多家门市。初期进入中国大陆市场，星巴克采取与合作伙伴共同开拓市场，随着对中国大陆市场的了解，星巴克在中国大陆改采全面直营，并希望 2015 年前把中国店面增至 1,500 家，把中国经营成美国以外最大市场。

美国星巴克扩店是根据不同市场情况构建出不同的商业组织结构。初步统计，它目前有四种合作方式：独资自营、合资公司、许可协议、授权经营。第一种方式星巴克通常持有 100% 股权，如在英国、泰国和澳大利亚等地的业务开拓；第二种方式星巴克占 50% 股权，如在日韩等地的合作；第三种方式星巴克占股权较少，一般在 5% 左右，如在中国台湾初期的投资、中国香港地区，以及与夏威夷和增资之前的上海等地的合作；而在菲律宾、新加坡、马来西亚以及中国大陆北京等地市场，星巴克采用的是第四种方式，不占股份，纯粹授权经营。

在中国大陆，星巴克咖啡连锁店主要由三家合作伙伴负责代理：美大、统一和美心。其市场区域划分如下：北京美大咖啡有限公司取得中国大陆北方的代理权（北京和天津业务），台湾统一集团取得上海及江浙地区的代理权，南方地区（香港、澳门、广东、海南、深圳等）的代理权则由香港的美心公司取得。在四川成都及重庆则与美心集团共同合作开发市场，大连及青岛等则由星巴克以直营的方式设立店面。以下是星巴克在中国大陆的发展战略布局。

（1）中国大陆北方市场（北京、天津）代理权：1999 年初，星巴克

188

授权北京美大咖啡有限公司作为中国大陆华北地区的总代理并在北京国贸
中心开设了中国大陆第一家星巴克咖啡店。为保证咖啡统一的质量，美大
咖啡不考虑"特许加盟"作为其扩张业务的模式，而是采直营的方式开设
新店。

（2）中国大陆上海市及江、浙两省市场代理权：上海统一星巴克咖啡
有限公司于 2000 年 3 月正式成立。由美国 Starbucks Coffee International 公
司、台湾统一集团旗下统一企业、统一超商与上海烟草集团卢湾烟草糖酒
有限公司合作，共同在上海及其周边地区，开设经营星巴克咖啡门市。

↑ 上海星巴克，截至 2011 年，上海已有 133 家门市。

（3）中国大陆南方市场代理权：香港美心集团在 1999 年获得星巴克
香港经营权，并于 2000 年 5 月在香港开设第一家分店，随着星巴克咖啡日
益备受欢迎，其发展亦日渐迅速，到目前为止，港澳星巴克总店数超过
110 家。2005 年 9 月 26 日星巴克正式在成都开业，转攻西南市场。成都星
巴克咖啡店是美国星巴克与美心国际有限公司共同投资，以合营方式开
设，至今星巴克在成都、西安和武汉成立了分公司，并在成都、重庆、西
安和武汉开设了将近 30 家门店。

（4）中国大陆其他地区则采取直营方式。但其实中国大陆市场对星巴

189

克而言是一个具有庞大成长潜力的市场，同时会为星巴克带来大量利润。因此，未来星巴克将重新审视其投资行为，采取独资经营只是时间问题而已。星巴克现今在中国大陆覆盖超过 33 个城市、拥有 400 多家门市，香港星巴克分店开业第一个月就赚钱，创下了全球最快盈利纪录；上海、深圳等地单店盈利能力也相当惊人。星巴克已基本完成在一线城市和热点地区的圈地布局并直接将中国大陆市场列为美国之外的"第二本土市场"，表态将加速推动中国大陆二三线城市，由此可看出中国大陆市场对星巴克的重要性。

动脑时间

1. 请问星巴克连锁体系在中国大陆及台湾如何进行扩张？
2. 如果您是星巴克的展店经理，您会如何选择商店地址？
3. 您觉得优越的地理位置对于一家公司来说重要吗？为什么？

资料来源：1. 星巴克登陆模式：《中国大陆台湾投资简讯月刊》第 159 期，http：//www.cnfi.org.tw/cnfi/ssnb/159 - 43220.htm，检索日期：2011 年 10 月 4 日。

2. 邱莞仁：《咖啡商机飘香台商外商拼场》，《经济日报》（中国台湾）A11 版，2011 年 2 月 14 日。

3. 林海：《星巴克掌控中国大陆逾半门市》，《经济日报》（中国台湾）A15 版，2011 年 6 月 3 日。

4. 星巴克上季获利暴增 34% 财测喊升：《联合晚报》，2011 年 7 月 30 日，http：//www.haixiainfo.com.tw/156347.html，检索日期：2012 年 3 月 1 日。

第7章 连锁总部财务规划

章首个案

服饰首富台湾相见欢

美国福布斯杂志"全球百万富豪排行榜"显示,从2001年ZARA所属INDITEX集团上市后,ZARA创办人阿曼西奥·欧特嘉(Amancio Ortega Gaona)成为西班牙首富,至今地位未被动摇。2011年3月,阿曼西奥·欧特嘉的财富高达31亿美元,全球排第7位。2011年,瑞典的新科首富则是H&M董事长史蒂芬·皮尔森(Stefan Persson),财富24.5亿美元,全球排第13位。日本在2009年、2010年连续两年的首富都是UNIQLO(优衣库)所属迅捷销集团(Fast Retailing)董事长兼执行长柳井正。

三大品牌尽管平价,但却创造高毛利。INDITEX集团与H&M毛利率维持在62%、净利率约为23%。UNIQLO的毛利率也达到51%、净利率则有17%左右，此三大品牌都呈现了便宜又赚钱的超强竞争力。相较于三大服饰品牌，中国台湾科技代工厂却平均赚取3%~5%毛利，如此大的差异，让我们不禁感叹品牌所带来的魅力。

当UNIQLO第一间店——阪急店在台湾开幕，第一个月就创造1亿元业绩。国际大品牌皆被此数字"吓倒"，加速进入台湾服饰市场的脚步。但是，为抢得这些国际品牌百货渠道，经营上却吃尽苦头。就像签订不平等条约般，被要求需有400~600平方米的大空间，抽成又只有10%以下，等于一般专柜的一半。尽管与大品牌签约的条件如此苛刻，但其能带来的集客力和业绩贡献，让各大百货争相抢夺邀请其进入设点。

国际服饰品牌ZARA、UNIQLO如此来势汹汹，又深得消费者喜欢，原因在于其不仅款式多样，价格平易近人，同时有高度流行性。例如，UNIQLO与设计师高桥盾合作，用层叠、解构式设计推出"uu"系列在2012年3月于全球国际旗舰店开卖，中国台湾明曜旗舰店也同步独卖。

H&M跨界MARNI的系列也在2012年3月8日于全球260家店与网络开卖；复古、大胆，结合印花与强调身体轮廓的剪裁风格。物超所值又快速流行，抢占了全球消费者的心。

资料来源：1. 范荣靖：《生意各有门道，赚钱一样厉害 毛利逾50%，老板成首富》，《远见杂志》2011年11月第305期。

2. 王一芝：《衣服是门好生意》，《远见杂志》2011年第305期。

3. 林哲良、吴季刚、MARNI：《高桥盾交锋，平价时尚开战》，《联合报》C7版，2012年2月4日。

7.1 连锁企业财务管理要素与内容

7.1.1 连锁企业财务管理要素

连锁企业财务管理的要素包括总部需要建立一致性的核算制度、运用资金及资产的一致性、将物流部门与财务部门分开，以及与加盟者保持平等地位、利益共享的态度。

7.1.1.1　一致性的核算制度

连锁企业最重要的经营策略就是由连锁总部进行统一核算。连锁总部必须对各加盟店的采购货款、销售货款采取统一核算制度，并进行资金的筹措及调配。在同一区域内的连锁企业，由总部统一核算，若是跨区域且规模较大的连锁企业，可由各区域的分部对区域内的店铺进行计算，再由总部对分部进行核算。

7.1.1.2　金流、物流分开

连锁企业经营与单店经营最大的不同点在于连锁企业的资金流与物流是同步运作的，连锁企业由连锁总部负责进行统一核算；配送中心则负责统一进货、配送货物，两个部门工作不重复。也因为如此，对于连锁企业来说，财务部门必须与物流部门保持非常密切的关系。财务部门在支付货款时，需要认真核对物流部门转进的税票与签字凭证，而企业的财务制度中也需清楚规定与付款金额数量相对应的签字生效权限。

7.1.1.3　资产与资金统一运用

将资产与资金统一运用是连锁经营企业发挥规模效益的关键。连锁总部对资金进行统一的核算与管理，可以有效提升资金使用的效率与效益，降低成本与费用，增加企业整体利润。而总部也必须适度地对各店铺的商品、资金与固定资产等进行统一调配，以加快商品和资金的周转速度，获得最大的经济效益。

7.1.1.4　地位平等，共享利益

连锁企业的经营需要总部与各分店互相配合、共同合作。因此，在连锁经营体系内，不能因为获得自身利益而忽略任何一方的权益，应要彼此地位平等、共同协商、利益共享、风险共担。

7.1.2　连锁企业财务管理内容

连锁企业财务管理的内容主要包括资金管理与成本费用管理。

7.1.2.1　资金管理

对任何企业的经营而言，资金是能否生存发展的关键。因此，连锁企业的资金应该由总部统一筹措、管理及使用。通过预算方式管理资金，并加强日常资金的控制。

而连锁企业在经营的过程中，必然涉及大量的现金与货物的流动，因此流动资金的管理是资金管理的重点。以下我们将介绍货币资金和存货

管理。

(1) 货币资金管理。总部必须对各加盟店的营运资金进行统一结算、管理及调度，包括各加盟店的经营与存入银行的款项等。而各加盟店存入银行的款项，必须要实时结算并转至总部所指定的账户，由总部统一整理调配。总部也应建立内部资金调度中心，加强总部的资金流动与调度效率。

(2) 存货管理。连锁企业的存货包括采购的商品与耗材。存货占了大部分连锁企业的流动资产，而存货管理的好坏会影响连锁企业财务的状况，因此，连锁企业必须加强对存货的管理、规划与控制，使货物可以保持最好的质量。

7.1.2.2 成本费用管理

成本是指企业从开始筹备经营到正式经营期间所需的一切费用，包括筹备开业所需的开办费、经营时的存货费用、营销费用、利息费用及管理人员的人事费用与保险费用等。而连锁总部需要对这些费用加强管理，如总部应将费用细分，并规定各店铺的费用项目与花费标准，减少经营上不必要的花费；总部也要严格控管自身与各店铺的经营费用，必要时需要调整并改正成本费用管理的方式。

7.2 损益表

损益表综合了连锁企业在一定时间内收入和支出的记录，描述此期间内的经营成果，属于流量观念。企业将期间内所有的收入、费用、利益及损失加以汇总整理，计算于损益表后就能反映出企业的盈亏情形，也就是本期的经营成果。而期间的长度由企业自行决定，可以是一天、一周、一个月、一季度或一年，通常以一年最为常见。表7-1列出了简单的损益表格式。

损益表首先由营业收入扣除营业成本，即算出营业毛利；其次扣除营业费用算出营业净利/损失后，再加上营业外收益并减去营业外费用，结果便得出连锁企业税前净利/损失；最后扣除所得税费用后就能算出企业本期净利或损失。表7-2为A便利商店2011年上半年的损益表，由表中

194

可知道 A 便利商店此营业期间净利金额为新台币 458，876 元。

表 7 - 1 损益表

营业收入 = 销货收入 - （销货退回 + 销货折让）

$\dfrac{\text{- 营业成本}}{\text{营业毛利}}$ - 营业费用 = 销售费用 + 管理费用

营业利益/损失

+ 营业外收益 = 利息收入 + 租金收入等

- 营业外费用 = 利息费用 + 投资损失等

税前损益

- 所得税费用

本期净利/损失

每股盈余

　　了解损益表项目可以帮助你理解财务报表中的重要内容及价值。损益表中的项目多寡与企业的规模大小有相关联，大型企业所含的项目可能会更多；反之，小企业损益表中的项目可能更少。下面简要介绍损益表项目：

表 7 - 2 A 便利商店股份有限公司损益表

2011 年 1 月 1 日至 6 月 30 日

单位：新台币千元

（除每股盈余为新台币元外）

营业收入	
销货收入	$ 21，068，749
销售折让	（8，365）
销货收入净额	21，060，384
其他营业收入	867，571
营业收入合计	21，927，955
营业成本	
销货成本	（15，180，419）
营业毛利净额	6，747，536

195

续表

营业费用		
推销费用		5，919，619
管理及总务费用		394，933
营业费用合计		（6，314，552）
营业净利		432，984
营业外收益		
利息收入		10，597
处分固定资产利益		2，293
租金收入		110，089
金融资产评价利益		2，355
什项收入		80，410
营业外收益合计		205，744
营业外费用		
利息费用		1，266
采权益法保护的投资损失		1，610
处分固定资产损失		17，042
杂项支出		55，483
营业外费用		（75，401）
继续营业单位税前净利		563，327
所得税费用		（104，451）
本期净利		$ 458，876
税前税后		
基本每股盈余		
本期净利	$ 2.52	$ 2.06
稀释每股盈余		
本期净利	$ 2.52	$ 2.05

（1）营业收入（Operating Revenue）：连锁企业的收入账目包括出售商品或提供劳务所获得的收入。出售商品时，部分产品质量可能会出现问题、受到损坏，造成退货或折让的情形，因此，连锁企业会用销货退回及折让项目记录这些事件，所以营业收入应减去与销货退回及折让有关的价格。

196

（2）营业成本（Operating Costs）：生产制造商品的直接费用，可能是制造、包装、运输成本或加盟金、权利金，又称直接成本。

（3）营业毛利（Operating Gross Profit）：其结果为营业收入 – 营业成本。

（4）营业费用（Operating Expense）：是企业销售过程中所需负担的各项销售费用。包括管理费用、销售费用、折旧费用的总和。而管理费用又称间接成本，包含薪资、佣金、租金、水电、差旅费、员工福利、税捐、广告及保险费等。

（5）营业外收益（Non – Operating Income）：本业外的相关收入，如利息收入及租金收入等项目。

（6）处分固定资产利益（Gain – Disposal of Fixed Assets）：将连锁企业名下厂房、土地、设备出售所赚的钱。

（7）营业外费用（Non – Operating Expense）：指本业以外的支出，例如利息费用或投资股票、债券、期货及基金造成的投资损失等。

（8）利息费用（Interest Expense）：向银行贷款所支付的利息，可能为周转用，也可能为投资举债用。

（9）处分固定资产损失（Loss – Disposal of Fixed Assets）：赔钱出售厂房及各项设备。

（10）税前净利（Per – Tax Income）：其结果为营业利益 + 营业外收入 – 营业外支出。

（11）所得税（Income Tax Expense）：包括营业所得税，连锁企业名下不动产的房屋税、地价税。

（12）本期净利（Net Profit）：其结果为税前净利 – 所得税。

7.3　损益预估表

建立损益预估表的第一步是进行销售预测。初步的销售预测可从现金流量表中得到。现金流量表的现金收入部分揭示了月销售额。虽然损益预估表可以按月编制，但通常按季度编制，即每三个月报告一次。四个季度报表数字之和相当于企业一年的收入及支出活动。

为了从现金流量表过渡到损益预估表，必须提及一些关于现金预算的基本问题。例如，每月现金预算显示的趋势（销售额、成本等）是否将继续？其他的经济因素（国家货币供应、通货膨胀率、利息率）是否形成相应的趋势？具体而言，整个经济可能会陷入或脱离经济衰退这一非周期性趋势。或者其他非同期因素（如其他国家的叛乱、领导人遇刺或企业法规或税法的主要变化）可能对经济产生影响。对整体经济及连锁经营企业所在国的经济做出基本假设后，现金预算显示的历史趋势就可以用于预测了。

连锁快线

瓦城统泰集团积极展店挑战获利新高

台湾知名的泰式连锁料理集团——瓦城统泰集团于 2011 年 9 月登陆中国台湾股票市场。资料显示，瓦城统泰集团资本额为新台币 1.14 亿元，2010 年总营收达新台币 11 亿元，税后纯益新台币 1.14 亿元，每股税后纯益为新台币 13.7 元，配发新台币 11.67 元现金股利。而 2011 年上半年营收达新台币 8.34 亿元，已超 2010 年水平，前 7 个月税后纯益新台币 1.01 亿元，每股税后纯益新台币 5.7 元，因营收倍数成长，每股税后纯益可望挑战 15 元。

瓦城统泰集团旗下共有"瓦城泰式料理"、"非常泰泰式概念餐坊"及"1010 湘"三大品牌，旗下分店设至于百货公司内的有 21 家，集团总营收中有 4/5 营收来自百货门市。2011 年，瓦城全台共有 24 家直营店，非常泰有 3 家店，两家店都预计持续展店，1010 湘则有 6 家店。

资料来源：黄仁谦：《瓦城统泰 16 日登兴柜展店拼获利总店数上看 37 家　今年EPS 冲 15 元新高》，《经济日报》（中国台湾）C7 版，2011 年 9 月 14 日。

▶▶ 7.4　资产负债表

企业在某一期间所使用的会计报表称为资产负债表；通常列出连锁总

部经营的资产（Assets）、负债（Debt）、股东权益（Owners' Equity）的价值。此表可反映出企业在特定时刻的财务状况，资产负债表分为两个部分：①资产；②负债以及股东权益。

会计恒等式：

资产＝负债＋股东权益

这些部分通常由一个两栏的 T 型分录呈现。左边记录资产，右边则记录负债和股东权益，左右相等。单栏的则是把资产列在上半部，负债和股东权益在下半部。资产分为流动资产和固定资产，是连锁企业的财产，可在未来为连锁企业提供收益或销售。

平衡的概念很简单，例如一个连锁企业赊购了 500 元的新商品，存货增加，资产就增加。同时，由于连锁总部经营企业赊购产品产生了应付账款，故负债也增加。另外，如果业主花 500 元购买新商品，由于存货增加，资产也增加了 500 元，而现金账目减少，因此总资产不变。此笔交易未涉及负债和股东权益，所以这两个账户保持不变。

使用资产负债表目的是了解一个连锁企业整体的财务结构，可以协助投资者作为投资决策的依据，亦可让债权人做融资决策。另外，资产负债表也可解释一个企业所有财产的分配状况，评估连锁企业资产的变现能力以及财产配置是否合理，只要善用资产负债表中的资料，就可大致了解目前连锁企业的整体情况。

表 7–3 以 B 股份有限公司的资产负债表为例，分析、解释相关会计科目，帮助各位进一步了解资产负债表的实际应用。

表 7–3　B 股份有限公司资产负债表

2011 年 1 月 1 日至 6 月 30 日

单位：新台币千元

资产	
流动资产	
现金及约当现金	$ 11, 597, 006
应收账款净额	399, 258
存货	3, 000, 136
预付款项	290, 354

续表

流动资产合计	15,286,754
基金及投资	
基金及投资	19,713,055
固定资产	
土地	1,432,614
房屋及建筑	906,836
营业器具	12,029,177
固定资产净额	14,368,627
无形资产	
计算机软件成本	107,940
其他资产	
存出保证金	2,287,741
其他资产合计	2,287,741
资产总计	$51,764,117
负债及股东权益	
流动负债	
应付票据	$184,426
应付账款	303,488
应付所得税	605,325
应付费用	2,509,870
流动负债合计	3,603,109
长期负债	5,100,000
负债总计	8,703,109
股东权益	
长期投资	43,061,008
股东权益总计	43,061,008
负债及股东权益总计	$51,764,117

（1）资产。资产为企业的经济资源，该资源通过交易事项所产生，且能对企业未来提供经济效益。资产又可分为流动资产、长期投资、固定资产及无形资产。

1）流动资产。现金、可以短期变现的（12个月或企业经营的1个周

200

期内）应收账款和存货被认为是流动资产。包括下列项目。

现金（Cash）：连锁企业存款和现有现金的总额，包括支票和储蓄账户。

短期投资（Short – Term Investment）：包括能在一年内变现的利息和股息、可转让证券、股票、债券、定期存单。

应收账款（Accounts Receivable）：顾客应该支付但尚未支付的到期产品或服务款项。

存货（Inventories）：现有的原物料、可以销售的成品和任何加工过程中的产品，其价值通常按"单位"计算。

预付费用（Prepaid Expenses）：预先付出但连锁企业尚未使用的费用，如办公设备、办公空间、保险或税款。

2）长期投资（Long – Term Investments）：通常称为长期投资，包括股票、债券、购买房地产等。比如变迁厂址或为了减少负债。

3）固定资产（Machinery and Equipment）：又称"厂房和设备"，包括连锁企业自有或采购用于经营的资源，使用期较长（通常为 1 年以上）。这些资产通常不转售；土地以最初的购买价格入账；其他固定资产以成本减折旧入账。

4）无形资产（Intangibles）：前面没有确认的连锁企业资源都被列入这类资产，它源于企业家的才能或由政府部门授予的特殊权利。它们通常是无形的，如与连锁总部经营企业有关的商标、符号、版权等。

（2）负债。企业的负债包括企业所产生的所有资金以及债权人对公司资产的权益。分为流动负债与长期负债。

1）流动负债：是指在 1 个正常经营周期或 12 个月内企业偿还的债务。企业的流动负债通常有以下类型：

应付账款（Accounts Payable）：为购买连锁企业经营所需的产品或服务而欠连锁总部或其他供货商的款项。

短期借款（Short – Term Borrowings）：短期票据通常用于购买存货。账目中所记载的款项是应付债权人的本金。用于保障连锁企业持续经营所需的重要供给品。

应付利息（Accrued Interest）：为使用短期及长期借款和连锁总部经营企业接受的信贷所产生的累计费用或利息费用。

应付税款（Income Taxes Payable）：估计在会计期间会产生的税款以及必须代收代缴的税款，如汽油、零售及员工辅助税。

应付工资（Accrued Salary）：连锁企业业主、雇用的非业主的工资以及任何当前应付的小时工资。

其他流动负债（Other Current Liabilities）：当票据期限超过 12 个月时，票据上应付债权人的流动款项。连锁企业建筑物中的抵押贷款显示了所欠的本年度应付的以及以后年度全部应付的款项。

2）长期负债（Long - Term Liabilities）：通常用来购买资本性资产如房地产、机械或固定资产。长期负债是以抵押贷款、债券或长期票据方式记入资产负债表的项目。长期负债是购买固定资产所发生的固定费用，也是到期时必须支付的合同义务。通常，长期负债的偿还期限超过 12 个月或企业的 1 个经营周期。

（3）股东权益（Owners' Equity）。通常称为企业净资产，是所有者对企业资产的所有权。在一个连锁企业中，业主是股东，即投入资本（现金或其他资产）、换取股票的人。连锁企业的股东权益可能是股东贡献的金额加上企业支付股利后留存的收益。另外，独资或合伙企业的所有权益包括业主（合伙者）的初始投资再加上业主提款后所剩的收益。

有意加盟连锁体系的潜在投资者和潜在加盟者可从资产负债表的数据中看到体系的实力、潜力和稳定性。潜在投资者和潜在加盟者可通过多年经审计过后的资产负债表进行判断。因此，连锁总部提供的资产负债表应该包含两年或两年以上的数据。

连锁快线

有机当道——绿色小镇

在全球健康趋势盛行的现在，有机文化为热门讨论焦点之一。台湾也陆续开设有机专卖店，主打欧风有机店绿色小镇为台湾知名有机店之一。目前在全台直营店及加盟店门市数量已达 80 家，并预估两年内，全台店数增加至 200 家，为此公司也将砸下新台币 1 亿元。绿色小镇目前已经在中国大陆完成注册，将进军中国大陆市场。

有别于其他传统有机店阴暗沉稳的设计观感，绿色小镇强调的欧风有机店诉求"活泼"与"健康"，店内摆设的家具、柜位布置就像欧洲的白木屋一样，卖场环境明亮且宽敞，消费者进入店内即能感到舒服的欧洲风格。

现今消费者越来越注重吃得健康、吃得安全，因此带动了有机商店的成长，不少大厂也加入有机商店市场，例如统一买下"圣德科斯"，中天生技买下"棉花田"等。而这两年展店数度最快的是绿色小镇，从1996年在板桥开设第一家店到现在，经营状况都不错，每年都有盈余。在林耿宏接手后，快速展店，2010年营收高达新台币2亿元，比2009年约成长15%。

绿色小镇除了有独立店门市外，同时也进驻了百货公司及医院设点，让渠道更加多元化，公司设有咨询专线，让专业营养师回答消费者的问题。每个月各店也会有2~3场的教育训练，训练内容包含营养课程、烹饪课程，充实员工的专业知识，为了让消费者更了解产品知识，营养师也将驻点与消费者互动。绿色小镇的成功也吸引了雅虎奇摩购物中心主动上门谈合作，这也是雅虎奇摩购物中心上唯一一家的有机商店。网络有机店成立后，消费者反映良好，其营运表现不输实体市场，每个月都有超过不错的业绩。

↑绿色小镇期望带给消费者"品味"、"纯净"、"生命"三种感受，以推广有机文化。(图片来源：绿色小镇官网 http://www.earthlife.com.tw/)

未来，绿色小镇除了有进军北京、上海的计划外，也有意进军马来西亚、中东、印度、印度尼西亚等国家和地区，希望未来全球能开设10000家绿色小镇，将健康有机生活的观念推广到全世界。

资料来源：1.《绿色小镇砸亿元拼建店　两年要扩增至 200 家品牌　已完成中国大陆注册　将前进上海抢市》，《经济日报》（中国台湾）A12 版，2011 年 5 月 15 日。

2. 刘朱松：《林耿宏用商品传递有机文化》，《工商时报》，2011 年 3 月 28 日，ht-tp：//tw. news. yahoo. com/% E6%9E% 97% E8% 80% BF% E5% AE% 8F% E7% 94% A8% E5% 95% 86% E5% 93% 81% E5% 82% B3% E9% 81% 9E% E6% 9C% 89% E6% A9% 9F% E6% 96% 87% E5%8C%96 – 20110327 – 121609 – 124. html，检索日期：2011 年 10 月 19 日。

3. 卢映利：《绿色小镇有机当道　5 年建店 5 倍进驻百货医院》，《非凡新闻周刊》2011 年第 263 期。

▶▶ 7.5　现金流量表

现金流量表以现金流入与流出为基准，方便企业理解资金流动的财务报表。一般公司通常不会制作现金流量表，只有上市公司因法律限制必须制作。主要分为三个部分：营业活动现金流量、投资活动现金流量、融资活动现金流量。

（1）营业活动现金流量：用来表示连锁企业平时营运活动中资金的增减，可帮助连锁企业了解主要营业收入活动。若营业活动现金流量长期维持负数时，连锁企业会较难维持经营。

（2）投资活动现金流量：指连锁企业投资取得或处分长期资产的现金交易。除了投资设备之外，也包含财务性投资。若连锁企业花钱进行投资，则投资活动现金流量会为负数。

（3）融资活动现金流量：指连锁企业通过借款、增加资本或偿还融资性债务等相关事项所产生的现金流动。借款、增加资本时，融资活动现金流量为正数；偿还债务时，则为负数。另外，融资活动现金流量还需考虑股息及购入库藏股等股东报酬，此为现金流量的减少额。

图 7 – 1 为"营业活动现金流量"、"投资活动现金流量"、"融资活动现金流量"在现金流量表中的关系。

以下我们以 C 咖啡连锁餐饮公司 2011 年 1 月 1 日至 6 月 30 日上半年度的现金流量表（已精简），通过此现金流量表（如表 7 – 4）及其科目加以解释。

204

营业活动现金流量……在一般交易上的现金流量增减

±投资活动现金流量……与投资相关的现金流量增减

±融资活动现金流量……与财务、股东报酬相关的现金流量增减

总现金流量

图 7 - 1　营业活动、投资活动、融资活动现金流量之相互关系

表 7 - 4　C 咖啡连锁餐饮公司现金流量表

2011 年 1 月 1 日至 6 月 30 日

单位：新台币千元

营业活动的现金流量	
净利	$ 479, 283
折旧费用	111, 479
摊销费用	62, 210
坏账损失	——
处分资产损失	5, 854
营业资产及负债的净变动	
应收票据	(3, 368)
应收账款	(1, 364)
其他应收款	(3, 487)
存货	1, 242
预付款项	(32, 774)
其他流动资产	(5, 128)
应付票据	4, 365
应付账款	63, 892
应付所得税	(31, 497)
应付费用	25, 870
其他应付款	3, 880
预收款项	12, 966
其他流动负债	(2, 174)
长期应付款	(22)
营业活动的净现金流入	691, 249

续表

投资活动的现金流量	
购置固定资产	(300，408)
计算机软件成本增加	(2，902)
存出保证金增加	(35，415)
商标权增加	(801)
投资活动的净现金流出	(300，408)
融资活动的现金流量	
短期借款减少	—
存入保证金增加	2，402
发放现金股利	—
融资活动的净现金流入（出）	2，402
本期现金及约当现金净增加（减少）数	237，580
期初现金及约当现金余额	4，013，532
期末现金及约当现金余额	$ 4，251，112
现金流量信息的补充揭露	
支付利息	$ 43
支付所得税	$ 225，078
不影响现金流量的投资及融资活动	
一年内到期的长期借款	$ 361

　　此现金流量表由营业活动现金流量的现金流入、投资活动现金流量的现金支出、融资活动的现金流入（出）、本期现金及约当现金净增加（减少）数、现金流量信息的补充揭露与不影响现金流量的投资及融资活动所组成。

　　造成营业活动现金流量流入的科目包括：

　　（1）净利（Income）：是连锁企业最主要的资金来源，即损益表中的本期净利。

　　（2）折旧费用（Depreciation Expense）：是连锁企业使用固定资产的成本。不同于以往的支出，折旧无须动用现金，而是在资产使用期间将之前所支付的现金逐渐转成费用入账。

　　（3）摊提费用（Amortization）：为连锁企业使用无形资产的成本。与折旧相同，无须动用现金，是在资产使用期间将成本分摊为费用入账。

206

（4）坏账损失（Loss on Uncollectible Accounts）：又称呆账损失。若连锁企业的债权逾期 2 年，经催收后未能收取本金或利息者，视为实际发生呆账损失。

（5）处分资产损失（Loss on Disposal of Assets）：指因资产出售、报废及遗失等所发生的损失。

（6）营业资产及负债的净变动：资产负债表中流动资产与流动负债的变动。

造成投资活动现金流量流出的科目包括：

（1）购买固定资产：为连锁企业购买使用期限较长且不转售的资产。

（2）计算机软件成本（Computer Software Cost）增加：指连锁企业购买计算机软件相关产品所增加的成本。

（3）存出保证金（Refundable Deposits）增加：指连锁企业留存作为保证用的现金或资产，也是一般所称的押金，如电话押金、水表押金。

（4）商标权增加：指连锁企业为获得商标所支付的现金费用。商标权（Trademarks）为政府授予企业商标，在特定的期间内，需拥有其商标使用的权利。

造成融资活动现金流量流入（出）的科目包括：

（1）短期借款减少：企业支付应付债权人的费用。为融资活动现金流量流出科目。

（2）存入保证金（Deposits Received）增加：连锁企业收到保证用途的现金。为融资活动现金流量流入科目。

（3）发送现金股利：指企业公司盈余扣除必要开支后，以现金的形式发放给股东。

本期现金及约当现金净增加（减少）数是连锁企业的期初现金及约当现金余额扣除期末现金及约当现金余额。科目包括：

约当现金（Cash Equivalents）：指自投资日起 3 个月内到期的附赎回条件的政府国债及短期票券，其账面价值近似公平市价。

在现金流量信息的补充揭露下的科目包括：

（1）支付利息：为连锁企业支付短期及长期借款的利息费用。

（2）支付所得税：为连锁企业支付政府对于所得课征的租税。

不影响现金流量的投资及融资活动的科目包括：

1 年内到期的长期借款：企业有 5 年或 10 年以上的长期债务，会有一部分债务为未来一年内必须偿还的。

现金流量表的重要性。现金流量表可以让业主了解现金流量的情况，也让业主知道何时需要偿还到期债务、何时可以投资、何时需要融资。通过使用现金流量表，让业主清楚知道企业财务的弱势或优势，并发现周期的循环趋势，进而采取相应的动作，对于连锁总部与加盟者来说是用来测量财务的必备工具。

现金流量表中的数据可以帮助连锁总部或加盟者分析财务报表并给予决策，而决策者较常使用比率分析当作决策工具。连锁总部通过报表中不同项目的比较获得更为清楚的信息。这些信息可帮助连锁总部判断连锁经营企业能否达到总体的业务目标，包括偿还流动负债及利息，并在获得一定的投资收益后，偿还长期负债。

但是，即使有很好的会计报表也不能准确地衡量连锁企业的价值，因为会计报表所提供的数字都为粗略的估计，实际上还会有些许的落差。尽管如此，会计报表提供连锁企业财务状况的相关信息，包括连锁企业的营运情形、企业价值、现金流量等，还可以帮助业主为连锁企业做出决策。表 7-5 是损益表、资产负债表及现金流量表为连锁企业提供的信息。

表 7-5　损益表、资产负债表及现金流量表目的

损益表	资产负债表	现金流量表
· 连锁企业的运行成效 · 连锁企业的营利情况	· 连锁企业的融资情况 · 连锁企业价值（在账表上的价值）	· 是否有足够现金偿还债务？ · 连锁企业需要多少现金才能实现预期销售？

连锁快线

掌控企业资金决定未来命运

对于连锁企业来说，资金的运用很重要，运用得当，连锁企业就能永续经营；不当运用，可能会使连锁企业一落千丈。因此，"钱要花在刀口上"对于连锁企业来说是格外的重要。

如某家贩卖欢乐商品的公司，由于月营收高达数千万元，因此大张旗鼓地扩张，选择在都会区精华地段设立门市、办公室、仓库等，将所有的

208

资源全部用在同一个地点。但实际上，这家公司不应投入这么多资本，例如在闹市区地段设立一般地段即可设立的办公室、仓储，投入极高资本但却未必有合理的投资报酬率。且此家公司主要的营收来自于 B2B 的商业行为，因此积极设立门市服务消费者，未必可以创造利润。

若此家公司将地点设立在租金更便宜、不为市区精华地区的地段设立公司，经营 B2B；并将在闹区上的营业据点收掉，就不会将庞大资金绑死在长期租金上。

而另一家知名的内衣连锁店则是鼓励内部创业，让有计划训练的员工成为店长，并拿出营运资金，让他们经营设立在各地的直营店。通过缜密的资金计划来分配企业资金，反而较能看出长期的意义及投资报酬率。

企业如何分配并运用自家的资金，对于企业的成败是极为重要的。以扩点方式来说，选择在黄金地段开店，成本相对高，若自有的资金不足，便需要借贷，现金流量就相对地减少，成本的回收遥遥无期，企业的投资回报率就低了。

资料来源：徐谷桢：《B2B 开旗舰店绑死资金》，《经济日报》（中国台湾）E3 版，2008 年 9 月 5 日。

7.6　财务比率

财务比率主要有四种类型：流动性比率、获利能力比率、资产管理比率及财务杠杆比率。表 7-6 为各比率的简单说明。以下我们将针对这四种类型详加说明。

表 7-6　主要比率及说明

流动性比率	连锁企业偿还短期（流动）负债的能力
获利能力比率	衡量连锁企业的获利能力与绩效表现
资产管理比率	衡量连锁企业对资产的管理效率
财务杠杆比率	连锁企业的长期债务和偿还长期债务的能力

7.6.1　流动性比率

流动性比率（Liquidity Ratios）是连锁企业衡量偿还短期负债或财务义务的能力。较常使用的指标为流动比率、速动比率与资产负债率。

（1）流动比率：指以流动资产偿还流动负债的能力。比率越高，连锁企业的偿还能力越强。一般的流动比率为 2:1。流动比率过高，表示企业短期资金应用的效率较差；过低，企业可能发生周转不灵的现象。较好判断比率好坏的方法，是找出特定行业内连锁企业的平均水平，再比较企业的比率是好还是坏。流动比率的数据都来自资产负债表，公式如下：

流动比率 = 流动资产 ÷ 流动负债

举例来说，A 连锁企业 2011 年的资产总额约为新台币 480 亿元，流动资产约为新台币 240 亿元，存货为新台币 80 亿元，负债总额约为新台币 800 亿元，流动负债约为新台币 120 亿元，则某公司的流动比率为 240 亿 ÷ 120 亿 = 2。

（2）速动比率：指用来衡量连锁经营企业不依赖出售存货的情况下，短期内可变现资金用来紧急偿还流动负债的能力。对企业的短期偿债能力而言，速动比率较流动比率更有参考价值。速动比率应保持在 1:1。速动比率低于 1:1 时，连锁企业会依赖存货，而不是现金、应收账款等流动资产来偿还债务。速动比率的公式如下：

速动比率 = （流动资产 − 存货）÷ 流动负债

注：流动资产 − 存货 = 速动资产

如上例，A 连锁企业的速动比率为 （240 亿 − 80 亿）÷ 120 亿 ≈ 1.33。

（3）资产负债率：指连锁企业的资产总额中有多少比例是由负债所组成的，能够衡量企业的负债水平与风险。资产负债率也可以显现出连锁企业的债权人为连锁企业所提供的资金比率。而资产负债率没有所谓的黄金比率，不同的企业成员如经营者、债权者、投资者等会有不同的看法，一般而言，较合适的比率在 0.4 ~ 0.6。资产负债率的公式如下：

资产负债率 = 资产总额 ÷ 负债总额

如上例，A 连锁企业的资产负债率为 480 亿 ÷ 800 亿 = 0.6。

7.6.2　资产管理比率

资产管理比率可用来衡量连锁企业对资产的管理效率，可考核企业的经营情况。一般可衡量企业效率的指标为存货周转率、应收账款周转率、固定资产周转率、总资产周转率及损益平衡点。

（1）存货周转率：可用来测量连锁企业的存货管理水平。表明连锁企业平均存货费用转成销售收入的次数。连锁企业的目标是增加存货周转率。公式如下：

存货周转率 = 销售（营业）成本 ÷ 平均存货

注：平均存货 = （期初存货 + 期末存货）÷2

C 连锁企业在 2011 年的销售成本为 1，000 万元，期初存货为 100 万元，期末存货为 200 万元，则 C 连锁企业的存货周转率为 1，000 万 ÷（100 万 + 200 万）÷2≈6.67（次）。

（2）应收账款周转率：为衡量企业应收账款的变现能力。应收账款周转率越大，表示呆账的可能性越小，连锁企业经营绩效较佳。公式如下：

应收账款周转率 = 销货净额 ÷ 平均应收账款

注：平均应收账款 = （期初应收账款 + 期末应收账款）÷2

承上例，C 连锁企业的期初应收账款为 300 万元，期末应收账款为 200 万元，销货净额为 3，000 万元，则 C 连锁企业的应收账款周转率为 3，000 万 ÷（200 万 + 300 万）÷2 = 12〔次）。

（3）固定资产周转率：显示一个企业固定资产创造销售的能力。公式如下：

固定资产周转率 = 销售总额 ÷ 固定资产

如上例，C 连锁企业的固定资产为 5，000 万元，而销售总额为 3，000 万元，则 C 连锁企业的固定资产周转率为 5，000 万 ÷3，000 万 = 1.67（次）。

（4）总资产周转率：显示连锁企业如何有效利用资产创造销售。公式如下：

总资产周转率 = 销售总额 ÷ 资产总额

如上例，C 连锁企业的资产总额为 1 亿元，则 C 连锁企业的总资产周转率为 3，000 万 ÷1 亿 = 0.3（次）。

（5）损益平衡点：为企业达到收入与支出持平时，所需要的销货量。主要是检测企业需要拥有多少销货收入，才不会亏损的指标。其公式为：

损益平衡点 = 固定成本 ÷（1 - 变动成本 ÷ 商品售价）

假设 D 饮料连锁企业 2011 年每月的固定成本为 20 万元，而每杯饮料的变动成本为 20 元，售价为 40 元，则 B 饮料连锁企业在 2011 年每月的损益平衡点为 20 万 ÷（1 - 20÷40）= 40 万元。

7.6.3 获利能力比率

获利能力比率（Profitability Ratios）通常都是损益表里的数据，指衡量连锁经营企业通过销售资产所获利的能力。一般常用的指标有销售毛利率、净利率及资产报酬率。

（1）销售毛利率：指为衡量企业产品获利能力的指针。可以由此观察连锁企业获利变化的趋势。毛利率越高，表示连锁企业产品的获利能力越高。

销售毛利率 =（销售收入 – 销售成本）÷销售收入

B 连锁企业 2011 年第一季的销货成本为 500 万元，销货收入为 2,000 万元，则 B 连锁企业的销货毛利率为（2,000 万 – 500 万）÷2,000 万 = 0.75，表示每 1 元的销货收入或产生 0.75 元的产品利润。

（2）净利率：用来测试连锁企业整体获利能力的高低，越高表示企业整体获利能力越好。大多数企业的净利率为 3% ~ 7%，当某个市场净利率高过 12% 时，就会有越多竞争者被高利率而吸引，进入该市场竞争。

愈多企业竞争，相对的利润就会下降。公式如下：

净利率 = 税后净利÷销售总额

如上例，B 连锁企业 2011 年第一季度的销货收入为 2,000 万元，第二季度为 3,000 万元，第三季度为 3,000 万元，第四季度为 2,000 万元，税后净利为 500 万元，则 B 连锁企业的净利率为 500 万÷（2,000 万 + 3,000 万 + 3,000 万 + 2,000 万）= 0.05 = 5%。

（3）资产报酬率：用于衡量企业资产税后产生报酬的能力。公式如下：

资产报酬率 = 税后净利÷资产总额

又如，B 连锁企业的资产总额为 1 亿元，则 B 连锁企业的资产报酬率为 500 万÷1 亿 = 0.05。

7.6.4 财务杠杆比率

财务杠杆比率（Leverage Ratios）是衡量连锁总部对长期负债的应付能力。财务杠杆比率越高，表示企业的举债比重越高。通过资产负债表的数据可以计算出财务杠杆比率，其公式如下：

财务杠杆比率 =（负债总额 + 股东权益总额）÷权益总额

假设 E 连锁企业的负债总额为新台币 87 亿元，股东权益总额为新台币 430 亿元，则 C 连锁企业的财务杠杆比率为（87 亿 + 430 亿）÷430 亿≈1.2。

因此，通过财务比率可分析最终利润，也是对连锁企业的回报。若企业所算出来的财务比率不能与其他财务比率比较，则它的意义就不大了。第一，连锁企业内部与前几年比率比较，可以反映出当前的企业财务状况。第二，与类似的企业比较，可评估本企业在平均水平下的经营情况好坏。若一个企业不参考同业内的平均比率，单纯看自己的财务比率是没有意义的。企业应知道如何恰当使用财务报表与比率分析，因为唯有正确的使用报表与比率分析才有办法找出进一步分析检查的关键。

▶▶ 7.7 店址选择率：销售额/成市

连锁经营中还可考虑一个有趣的数值：选址比率。比率等于或大于 1 为佳。其公式如下：

选址比率 = 销售额/成本≥1.0

简单来说，若开店的成本为新台币 2,000 万元（包括土地、建筑、设备等），则第一年的销售额应达到新台币 2,000 万元或更高。这用来表示连锁总部选择的店址正确与否，比率未达 1 时表示连锁总部应退出，尽管选址比率会随着加盟体系不同而有所调整，但确定的是，该结果对于连锁总部以及加盟者来说都很重要。

📖 课后习题

理论题

1. 连锁企业财务管理有哪些要素？

2. 何谓损益表与资产负债表？

3. 何谓财务比率？为何要看财务比率？

应用题

1. 请找一家连锁企业的资产负债表，说明其资产和负债状况。

2. 请找一家连锁企业，试算出其财务比率。

章末个案

TESCO 用会员卡闯出一片天

　　TESCO 是全世界仅次于沃尔玛（美国）与家乐福（法国）的全球第三大量贩集团，TESCO 贯彻客户关系管理与消费者导向，其中 TESCO 顾客忠诚卡功不可没。全球的会员卡制度已行之有年，现在大多数商家使用状况也都非常普遍，但 TESCO 却能在看似平凡且无发展性的会员卡制度上发展出更完整的机制，使得 TESCO 在管理客户关系时能发挥更大的效果。

　　顾客忠诚卡有几项做法，首先分析出顾客购物和饮食的习惯，在了解顾客购买习惯以及对各种商品的喜恶程度之后，推出顾客心中想要的商品和服务，抢在顾客想到之前推出，可有效帮助测试产品创新、促销或店里的服务是否达到顾客满意等。同时针对特定客户的特定服务：精准营销，针对不同客户设计出不同的 DM，客制化服务让顾客感到贴心。再从顾客购买习惯数据中，充分授权的供应主管可以直接与供货商合作，直接改善产品与服务与顾客需求吻合。

　　就在零售行业争相模仿 TESCO 会员卡制度时，TESCO 转而着重在忠诚营销计划上，集中力量维持现有的热度。其中，效果最显著的是会员卡刚试办时所举办的"会员卡之夜"。该活动主要由各家分店经理发邀请函，请会员卡友到 TESCO 参加晚宴，店经理可借此机会介绍自己给消费最多的大户。第一次试办该活动时，回应率高达 70%，消费大户则是一年消费 147,000 英镑以上，让 TESCO 看到了这些会员的重要性。之后的 6 个月，TESCO 从各分店搜集客户资料，整理出 175,000 名最有价值的客户，为他们举办不同的联谊活动，各区域的会员接受度也高达 80%，这让客户对 TESCO 产生关键伙伴的感觉，无形中也提高了忠诚度。

　　TESCO 察觉到有某些客户的消费额是特别高的，无疑是一件开心的事，但这同时也代表着有某一群客户消费额属于偏低。TESCO 针对这些客户进行分析，找出他们不愿意多消费的主要原因。例如，TESCO 研究年轻夫妇的消费习惯，试图找出增加营收的好方法。他们发现有许多年轻夫妇并未在 TESCO 购买婴幼儿用品。研究发现，年轻夫妇认为英国第一大的博姿药店是比较有保障的，尽管价位远远超过 TESCO，还是不能动摇博姿在客户心中的地位。因此，TESCO 想出了一个办法，无论什么产品，均提供相当于 20% 的折扣，用此庞大的诱因吸引客户上门，该举动果然让客户愿意从高价的专卖店转换到 TESCO 消费，也使其他路边的小蔬果摊、卖酒铺的市占率因此降低。

↑ 自有品牌也是 TESCO 经营的另一项特色。

TESCO 顾客忠诚卡成功的关键是掌握最具有获利能力的客户、运用前端客户信息制定后端营销策略、把节省的成本直接反映在产品的价格上，回馈给高忠诚度的消费者。

动脑时间

1. 请找到 TESCO 的损益表，了解其盈利情况。

2. 请想出通过会员卡创造出更多利润的 3 种营销方案，并与他人分享。

资料来源：1. I – Bench Team，http：//blog. yam. com/ibench/article/10475202.

2.《LQ 迎战 TESCO》，《联商论坛》，http：//122.224.221.74：82/gate/big5/www.linkshop.com.cn/club/（5q1zm43lsyp04kiubrxnhef4）/archives/2010/372631.shtml，检索日期：2012 年 3 月 2 日。

3. 克莱·杭比、泰瑞·杭特、提姆·菲利普：《捉住你的客户》，李金梅译，《TESCO 特易的购红利点数策略》，2006 年。

第8章 连锁企业信息与物流系统

学习目标

1. 了解连锁总部物流概念。
2. 了解连锁总部物流中心的经济效益。
3. 了解连锁总部经营与物流问题。
4. 了解连锁总部信息系统。
5. 了解连锁总部物流与信息系统的配合运作。

章首个案

企业左右手信息与物流

1967年统一集团于台南成立，经过40多年的时间，集团经营已跨足不同领域，其中统一超商除了提供的便利服务深受民众青睐，另外能让统一超商运作如此顺利的关键因素在于完善的后勤物流配送系统。

为了更贴近消费者需求，统一超商于1996年导入销售时点系统（POS系统），运用POS系统能直接掌握商圈消费习性，有效降低库存。除此之外，综合系统内所提供的天气预测、商品情报及总部的订货建议，让门市在进货时的品项选择及数量更加精确，也更能符合消费者的需求，进而减

217

少不必要的库存和报废。

当 POS 系统发现商品库存不足时，通过 EOS 电子订货系统自动传递订货信息至数据处理中心，再分别传给常温、低温及生鲜物流中心。然后供货商会根据物流中心传送的数据将商品送至物流中心，物流中心最终将商品分类包装后送达各个门市。

举例来说，POS 系统记录了商品的销售时间、消费者的年龄层及当天的天气状况。从 POS 数据发现晚上 6 点到 8 点间加热便当的销售量极佳，因此 7 - ELEVEN 可根据此资料增加便当的数量。系统还发现，每天有约 15% 的凉面需要下架，主要是因为天气炎热造成食材容易变质，所以应减少凉面订货数量。这些信息会通过信息系统流通，供货商能随时了解商品销售的情形，考虑是否增加或减少生产，以确保库存数量。当然不只生鲜食品如此处理，店内所有商品皆通过 POS 系统记录商品销售的状况，当商品销售后便从库存数据中扣除，到达安全存量时便会发出信息，由系统自动发出订货信息给不同供货商，再由物流中心配送商品至各店铺，完成整个流程。

↑物流中心商品拣货区域。

店铺、物流中心及各供货商通过信息系统联机，让数据得以快速处

218

理，店铺能实时反映库存状况，减少店内缺货情况，满足消费者的需求。而物流中心能节省配送过程中的物流成本，缩短商品到店的时间。由于拥有健全的物流体系及信息系统的搭配，使得统一超商的经营、物流配送更有效率。

资料来源：1.《7 - ELEVEN 的销售时点情报系统〈POS〉及网络购物》，http：//acade. must. edu. tw/upfiles/ADUpload/c23_ downmul1203346025. pdf，检索日期：2012 年 3 月 2 日。

2.《7 - 11 物流系统》，http：//www. google. com. tw/url？sa = t&rct = j&q = 7 - 11% 25E7% 2589% 25A9% 25E6% 25B5% 2581% 25E7% 25B3% 25BB% 25E7% 25B5% 25B1&source = web&cd = 1&ved = 0CDMQFjAA&url = http% 3A% 2F% 2Fbm. nsysu. edu. tw% 2Ftutorial% 2Fiylu% 2F94om_ report% 2Fa% 2Ffinal% 2520 report% 2520data% 2Fppt% 2Fa93_ t8_ final. ppt&ei = ckDCTvqrM6zJmAXijP3EBA&usg = AFQjCNG_ pe72ra0IkHGsssS 7pXKw0Np9lg&sig2 = P66Qnl2cZ6aF9qZ7Eo4RKg＞，检索日期：2012 年 3 月 2 日。

3. 严雅芳：《统一超业外获利增长》，《联合晚报》，http：//udndata. com/ndapp/ Index，检索日期：2011 年 11 月 15 日。

8.1　连锁加盟体系物流概念

物流是实体物品的流动，是物品从供应者向需要者物理性移动过程中创造时间价值、地点价值，甚至加工价值的经济活动。在连锁企业中，物流系统主要从商品集散启动，商流、信息流、金流接续运作。通过商品的进货、拣货、配送与逆向物流，是连锁企业能正确并稳定供货的核心。有效率的物流系统可为连锁企业带来诸多好处：第一，丰富、即时、充足适应市场的商品；第二，降低营运成本；第三，收集丰富的信息情报。

物流不仅降低成本使货畅其流，而且缩短商品的销售周期，加快商流和现金流的运作，进而为连锁企业赚取更大利润。除此之外，竞争环境激烈，消费形态发生变化，消费者有着便利、快速的需求待满足，对于商品多样但少量的需求越来越强烈。服务于消费者而彼此竞争激烈的连锁店，需通过强大物流系统使商品种类一应俱全。若供货商无法实时配给，产生

219

缺货现象，不仅损害商店形象、连锁店无暇应付顾客抱怨，长期利益也会蒙受损失。因此，有物流中心和无物流中心的商店在商品实时配给上有很大的区别，如图 8-1 和图 8-2 所示。

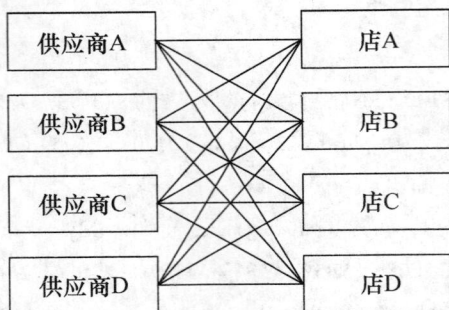

图 8-1　无物流中心系统

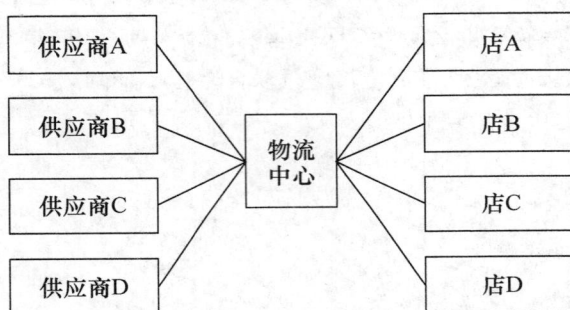

图 8-2　有物流中心系统

然而，物流中心是如何诞生演进的呢？台湾早期物流配送公司由传统批发商提供服务，连锁总部在此部分的规划完全没有系统概念。连锁总部和批发商间各自拥有经营自主权，但连锁店常受制于批发业者。随着连锁流通业的快速成长，店铺数急速增加，连锁体系与既有物流体系间运作方式必然面临困境，无法适应新市场结构需要。当时，连锁企业面临许多挑战，包括如何让有限的店铺陈列制造业者快速且大量生产产品；少量多种、个性化、差异化的消费者需求，JIT（Just in Time）物流系统不得不更新。种种难题让连锁企业不得不重新思考如何以更有效的方法改善商品配送、商品稳定供应、商店作业省力化，以减少日益增加的物流成本，同时满足消费需求。因此，连锁业者为了节省进货时间、运费，使收货管理作业合理化，连锁体系着手建构自身的配送体系，物流中心随之诞生。通常，连锁企业初期通过不断开设店铺以达到规模经济，创造商流的市场领导地位，但是，随着店铺数急速增加且分散而使物流成本快速提高，迫使物流公司不得不克服"物流瓶颈"。因此，物流中心的设立势在必行，以改善外部生产力，提升物流竞争优势。

除此之外，连锁企业的物流中心在连接商品供货商和商店之间的物流机能上担任重要角色。可是，现实的流通市场因从业者各种复杂"利益—冲突—角色—竞争—协调—沟通"等问题，各方都想取得渠道主导权，而有新的物流经营策略产生。同时，连锁企业日渐壮大，已具有渠道领导地位，这一发展更加强了它介入直接经营物流事业的想法。

8.1.1 连锁企业物流中心类型

物流中心的主要功能有转运、分拣、保管、在库管理和流通加工等。根据功能的不同，可将其分为商品转运中心、物流中心、流通加工物流中心三类。

（1）商品转运中心（Transfer Center）：厂商依据连锁总部的订货需求，将商品依店别打包后，送到商品转运中心，由商品转运中心进行验收并依商店别分货、集货后，定时转运到各加盟店的中心机构。商品转运中心不具有商品保管、仓储管理等功能，单纯从事商品转运、分拣业务的物流中心。

（2）物流中心（Distribution Center）：连锁总部大量购买周转率高的民生必需品、加工食品，暂时仓储，再依照各店的订货，配送到各分店的中心机构。通常物流中心与转运中心在同栋建筑物，转运中心和物流中心最大不同之处在于物流中心有仓储功能。因此，物流中心为有效达成商品实时订货处理与商品配送要求，物流中心包括进货、流通加工、储存、拣货、出货、配送等活动等作业功能。

（3）流通加工物流中心（Process Center）：根据各加盟店订货的生鲜食品，予以加工、解冻、分割、包装后，分送至各店的物流中心。例如惠康中和生鲜处理中心、台北农产生鲜处理中心等。流通加工物流中心的送货过程与机能与物流中心类似，但是，流通加工物流中心所处理的商品限于生鲜食品类。

除此之外，渠道成员在流通系统中各扮演不同角色，也可依渠道成员设立者分类物流中心：

（1）制造商物流中心（Manufactures Distribution Center，MDC）：指制造商为配合其商品配销所成立的物流中心。台湾地区的专业物流中心，如泰山企业的彬泰流通、味全集团的康国营销、桂冠公司的世达低温流通、东帝士集团下属企业东云转投资的东日山物流、久津公司的久津物流、耐斯企业转投资的和盟物流等皆为此类物流中心。制造商物流中心可善用物流中心提供的信息作为生产安排的依据。

连锁企业和制造商为追求共同的利益，制造商会将连锁店所需要的商品直接配送甚至协助上架。通过直接的物流，期望让制造商和连锁店成为策略联盟伙伴，建立同盟；除此之外，彼此间共享信息，实时回应顾客需求。

（2）批发商物流中心（Wholesaler Distribution Center，WDC）：指介于整个渠道中间，由传统批发商或代理商发展的物流中心。台湾地区主要的物流中心有德记洋行的德记物流，主要配送宝龙洋行各项商品的侨泰物流及什贸物流等。批发商物流中心拥有各种畅销商品的优势，零售商只需订一次货，就可建立制造商与零售商间良好关系的桥梁。

连锁快线

德记洋行的秘密武器——信息物流系统

德记洋行于 1845 年创立于中国厦门，早期从事大宗物资贸易，1992 年跨足物流业，成立了 CDS（Contract Distribution Service）物流事业部向客户提供全方位的物流服务。

德记洋行分为两大事业部：一是 CDS 物流中心，二是消费品事业部。目前，CDS 物流中心的配送服务，有 55% 配合消费品事业部提供服务，45% 提供对外客户的服务，主要的营业项目有报关手续、仓储、运输等，而配送渠道则是有各大连锁超商、零售店、量贩店等。

目前德记的 CDS 设备完善，拥有自动化设备及计算机化的后勤支持系统，计算机目前大量用于管理及作业中，更发展出 EDI 系统与海关联机，提升整体作业效率。

公司日常例行作业都是通过德记的信息系统来处理，后来由于流通业的竞争与大环境的改变，德记又开发出仓储自动化系统、EDI 系统等。在推行仓储自动化后，不仅解决了仓管人员高流动率及教育训练的问题，更让库存损耗率降低；而目前更积极发展 EDI 系统，期望能与客户、供货商之间的沟通更加顺畅。

CDS 物流系统因组织庞大，长期以来车队管理总有问题，如排车时间太长，影响车队调度；车队在外执行任务时，联络不易且状况掌握困难；无法掌握客户收到货品的时间。为了解决车队问题，德记使用了政府和其他厂商共同设计出的"远传车信速"定位系统，可实时监控车况，此系统帮助德记更能控制成本预算与资源分配。

德记的 CDS 物流系统结构复杂，并不是依靠单一个系统就可运作的。从一开始信息系统的建置，到后来因为环境改变而发展出的仓储自动化以及用来管理车队的远传车信速定位系统等，这些都显示了一个企业要建立完善的信息和物流系统是不容易的。因此，必须不断适应环境变化及市场需求调整，但是一旦成功，可为企业带来可观的利润，也可为客户提供更好的服务，形成双赢局面。

资料来源：1. 廖启扬：《德记洋行——服务至上，增加客户利润》，《物流案例集》，中国台湾物流协会出版，1998 年。

2. 刘俐均：《德记洋行——确实掌握配送运输流程》，《台湾通讯》2002 年第97 期。

3. 林茂仁：《德记力拼今年亏转盈》，《经济日报》（中国台湾）C7 版，2009 年 7月 7 日。

（3）零售商物流中心（Retailer Distribution Center，RDC）：指渠道下游（末端）的零售商向上整合而设置的物流中心。例如统一超商的捷盟营销、全家便利商店的全台物流、顶好惠康超市的惠康物流及莱尔富便利商店的莱尔富物流（光泉牧场公司转投资）等。随着零售商拥有逐渐强大的营销权势，物流中心的设立使其对内拥有完全控制权，成本优势更强大。

连锁企业随着店数不断拓展，为适应体系发展需求，自筹资金建立物流中心。由于自行建立物流体系的成本较高，因此，规模大、连锁店铺数量多，物流业务量大的连锁企业会采用该模式。一般连锁企业自身的物流中心只负责体系内加盟店的物流配送。

连锁快线

森马服饰信息物流应用抢占全中国

1996 年 12 月森马服饰在江苏徐州开设了第一家店，2002～2006 年，森马迅速扩点于全中国，目前在中国 23 个省有数千家连锁店，并且于 2011 年 3 月正式上市。现在，森马服饰店对于中国消费者而言随处可见，而对于这些密集型的店铺，其配送及大量的物流工作是一项大工程，而强大的物流信息系统正是森马服饰的竞争优势之一。

森马有五大自豪的竞争优势。一是强大的经营团队，森马团队主管级干部工作年限皆超过 10 年以上，拥有良好的稳定性及传承人力。二是文化培育，提倡"小河有水大河满"观念，其"小河"指的是代理商能赚钱及员工能有更高的收益，这才能使森马强大。代理商规模因为森马的文化培育而日益扩增，这不仅使森马吸引了更多代理商，也因此稳定了企业内部团队。三是产品研发设计能力，除了自有的设计团队外，也与外国设计团队合作，让产品设计更符合潮流。四是渠道，提供创业平台给想加入服饰零售的人，通过不同商务政策快速拓展森马的市场渠道。五是具备强大的信息系统，森马通过信息系统分析各加盟店的数据以了解市场需求，并且能及时实时掌握信息。另外，资讯系统的建立也提升了森马订单的响应速度、缩短物流周转的环节及有效控管库存。

通过信息系统让森马管理 3000 多家门市及近 70 家物流配送商更有效率。森马一直以来都是和 60~70 家第三方合作进行物流配送，以满足客户需要的多样化需求。森马有满足顾客特定需求的特殊物流商，也有大型承运商，运输量大，质量要求高；同时有运送商品到客户端的厂商，支持重点客户的服务；还有通过大众交通工具的运输方式，让森马可深入到每个角落。除此之外，森马在 1997 年引入 POS 系统，通过 POS 系统掌握终端市场数据，解决各地区不同的经营问题，这也是森马信息化经营的第一步。

2003 年森马再引入 ERP（Enterprise Resource Planning）系统，ERP 将森马信息化扩充至供应链管理、人力资源、物流管理、生产计划及市场服务等，以提高企业的管理效率，同时也有效收集信息以形成快速的决策及市场反应能力，拉近与顾客间的距离。

资料来源：1.《森马信息技术是企业的制胜法宝》，http://www.docin.com/p-83663920.html，豆丁网，检索日期：2012 年 3 月 27 日。

2. 徐卓然：《运用机械化操作、集约化存储实现多频种的大量出库　森马服饰上海物流中心》，《现代物流·物流技术与战略》2011 年第 52 期。

（4）货运业者物流中心（Transporting Distribution Center，TDC）：指拥

224

有土地及车队的货运业者所设置的物流中心。例如，运送冷冻低温食品为主的永通交通及陵阳公司等。货运业者物流中心可以协助小型连锁业者进行协同整合。由于货运业者拥有全省营业所据点以及各吨位车辆，协助小型零售连锁业者共同配销以降低成本。

有些连锁企业不设立自己的物流中心，而将其物流配送业务委托给专业的物流公司经营，以追求完全或近似完全企业零库存的一种物流模式，称为第三方物流。通过第三方物流可以得到专业化的物流服务；连锁企业可以集中精力于内部管理和产品销售；节省自己建立物流设施的资金和管理费用；转嫁了商品库存和缺货的风险。但是，第三方物流会造成商业秘密容易泄露；如果所委托的物流中心管理不善，容易出现无法及时供货或不能长期提供服务等问题。

因此，许多小型连锁企业未解决这些问题，又为了达到物流配送合理化，在互惠互利的基础上共同出资建立一个配送中心，称为共同配送中心。共同配送是整合各连锁企业需求，将配送需求组织化、共同化，然后在配送时间、数量、次数、路线等方面做出最佳的选择，进行合理有效的配送。这种模式的优点是，多个企业的配送业务有效规划，可以消除迂回运输现象，有利于降低物流费用，实现物流合理化。但是，也可能造成各个企业间的商业秘密难以保密，当业务发生冲突时难以协调，成本效益难以分配等问题。因此，共同配送需要有较高的管理机能。

8.1.2　物流中心的工作流程

物流指物的流通。狭义的物流指销售物流，也就是商品从零售商到消费者之间的流通流。广义的物流指企业物流，也就是从原料采购的原物料流、工厂内部生产的生产物流、商品营销的销售物流及废弃物处理的废弃物物流等，如图 8-3 所示。

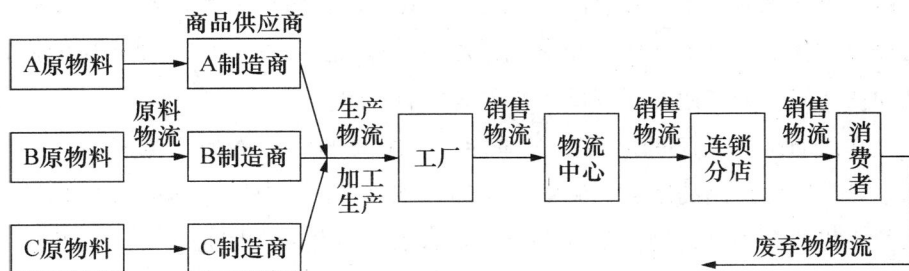

图 8-3　物流中心工作流程

物流中心在整体物流系统中扮演着顾客与工厂间连接枢纽的角色，是物流与信息流交集汇流之处。在专业分工情况下，物流作业常会由不同的厂商分工完成，如运输配送交由专业的货运公司、流通加工委由包装或其他专业公司处理。因此，物流作业通常分为仓储理货与运输配送等程序。仓储主要具备进货、入库、储存、流通加工、拣货、出货等功能。运输配送包括出货、装车、运输配送、交货等作业。完整的物流作业主要包括进货、流通加工、储存、拣货、出货、配送等活动。如图8-4所示。

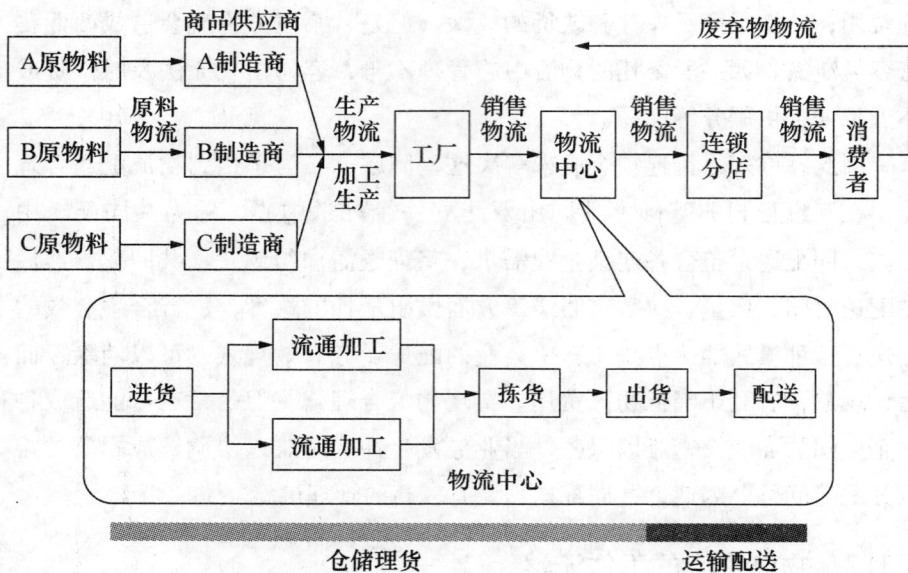

图8-4　完整的物流作业

"进货"作业是指对进入物流中心的货品做实体上的领收，领收活动包括物品拾起、放下、移动等，并核对该货品的数量与状态，通过信息系统将收货状况做记录。物流的"储存"，主要是指将所购商品在仓库中暂时保存，甚至可针对各店的需求进行定价、包装或简单加工，使物流的速度加快。储存的作用在于降低生产和消费的时间。

在流通阶段实施的对商品简单加工、组装的活动称为"流通加工"。如家具、家电产品的组装、调整，衣饰在陈列前的上架，生鲜食品的切割以及小袋包装等。目的在于更切合顾客需求，增加商品附加价值。传统的流通加工集中在批发或零售业，然而随着连锁体系向大型化发展，绝大部分的流通加工在物流中心进行，各个店铺自身不必进行加工。这不仅扩大

226

既有营运效率，还节省了人力，提升加工效率。该步骤若将信息传递给制造业者，在制造生产端一次作业完成将会有更高的效率。

"拣货"作业为典型的物流中心内部作业，其作业方式与行为由各物流中心依客户的不同需求，由物流中心自行制定最合适的作业模式，尽可能迅速、准确地将商品从其储位或其他区域拣取出来，并按一定的方式进行分类、集中、等待配装送货。在物流中心作业的成本中，拣货作业成本约占90％。因此，拣货作业是整个物流中心操作系统的核心。合理规划与管理拣货作业，对配送中心作业效率的提高具有决定性的影响。

↑在物流中心，货品依照发送区域摆放，并且于墙上标示"5S"原则。

"出货"作业是将拣货分类完成的货品再次检查货品的完整（即有无损坏）与正确性（数量、种类、配送地点、车辆趟次），然后当面点交给运输驾驶员，并协助他们装货上车。在主管单位核实后，车辆才能通过安保，将货品配送至目的地。运输方式包括陆运、空运、水运等。陆上运输又分为有轨运输和无轨运输。有轨运输以火车、轻轨列车为主，无轨运输以汽车为主。

如 ZARA 目前在全球共有上千家门市，每周两次推出新款式到店面，店员负责收集市场情报并以 PDA 回传至总部，总部再根据前线情报决定产品策略。ZARA 设计部门每年平均推出 20000 多种新款设计，为了追求速度，ZARA 代工厂 50％以上是在总部附近的地区，ZARA 自营工厂有 85％

的生产于销售当季才开始进行，以满足当季客户的实时需求，与一般服饰业的平均生产周期 125 天相比，其生产速度不仅快且提供的服饰也较适应当季潮流，满足对时尚敏锐的消费者。

ZARA 总部有绵延十几千米的成衣业地下轨道，工厂制作完衣服后，通过地下自动轨道送回 ZARA 工厂，进行品检与包装。包装后的服饰通过运输轨道自动分类，运至代表各国家市场的衣架上，再依据包装条形码分类到不同门市的盛装盘中，最后装箱交由货车配送。

ZARA 物流中心一小时可处理 6 万件衣服，一周之内约可出货 260 万件衣服。不管衣服要送到哪个国家或地区，ZARA 48 小时内一定能送抵门市，欧陆市场由货车送货，其他地区则一律空运，保持衣服的流行性。

8.1.3 连锁企业物流中心的经济效益评估

连锁企业的物流中心承担统一进货、统一定价、统一调配、统一回收的物流管理。因此，对连锁企业而言不仅能协助业务发展和经济效益，同时也能发挥成本节约的作用，综合带来以下效益。

（1）降低商品的进货价格：连锁企业由于实行物流中心统一进货、统一配送，因而取得价格优势。

（2）降低物流费用：通过物流中心的系统化、批量化、高效率的运作，降低各连锁单店的操作程序。

（3）减少单店库存：由于商品的储存及配送皆由物流中心承担，分店则会通过 EOS 系统将销售情况回报，再由物流中心出货，这不仅提高配送效率，同时减少单店库存量。

（4）提高经营效率：连锁企业的物流中心与连锁分店间关系为内部业务往来关系。由于物流中心的成立，让各连锁店间进行集中采购，使原本众多分散的、无机化的分店变为有机。连锁店与供货商间关系也从多边关系转变为单边关系，交易次数与交易费用因此降低，提高了业务效率和经营灵活性。

连锁快线

大规模快速出货的作业 朝日啤酒茨城物流中心告诉你

每天同时有 1，600 辆货车出入库，亚洲规模最大的饮品物流中心——

朝日啤酒茨城物流中心。原本朝日啤酒公司茨城工厂主要从事啤酒类的生产与配销，仅 2008 年，其物流中心就发送出 5，000 万箱以上的啤酒产品。2007 年新增软性饮料碳酸饮料及罐装鸡尾酒产品，并设立啤酒类及饮料产品的生产物流与销售物流的共同物流中心，以应付规模如此庞大的物流需求，其同时具备生产及物流的协同作业，帮助茨城的生产及出货更加快速且精确。

要面对每天大量的啤酒及饮料的生产与配送，朝日啤酒集团采用生产与物流集中化的策略，即一个结合生产工厂及物流中心的基地。物流基地越分散，越必须准备更多库存量，以避免断货风险；反之，库存管理会变得烦琐，库存量也会增加。因此建立了集中化向顾客直接发货的物流体系，同时也让转运的装卸处理次数达到最小化。

由于每天有上千辆货车出入，要顺利调度这么多车辆则必须提高土地的利用率，因此设计出没有交叉的物流路线，以保持路线的流畅。采用托盘式自动仓库；车辆引导系统与自动仓库联机；利用 PDA 读取器扫描写有客户分类数据的 RFID 卷标卡，再根据扫描后的信息直接进行货品分类等。这些措施的引入皆提高出入库效率。而这个斥资 225 亿日元的"集中化工厂"，每年降低成本近 50 亿日元的成本，营运效率也提高约 25％，库存管理效率与精确度的提高效果也深获好评。

资料来源：《实现酒与饮料同时超大规模快速出货的作业——朝日啤酒茨城物流中心》，《现代物流技术与战略》2009 年第 24 期。

8.1.4　连锁企业经营与物流问题

连锁企业目前经常会面临下列物流问题：

（1）连锁经营是各业态发展趋势。例如 20 世纪 80 年代开始快速发展的便利商店、超级市场、百货公司、餐饮服务业、专卖店等，无不以连锁店经营方式出现在各地。连锁营运方式，指连锁总部具集中管理机能，与各连锁店联合，其目的是在流通活动中追求规模经济利益。因此，包括物流活动的连锁店营运本质，不仅要检查策略问题，也要检视活动问题，在流通业务规模扩大时，同步思考如何经营得更有效率。

（2）物流中心（Distribution Center）指连锁企业在经营时，具有策略性地位。因为拥有物流中心的连锁企业的商品流通作业方式，与依赖各外部、无拘束性配送单位的商品流通作业方式，二者间有极大差异。

连锁企业若朝全国性、全球性连锁店扩张发展的话，会随着商店开设而使地理上商圈范围扩大，为能确保"连锁经营操作"（Chain Operation）顺利进行，有必要把物流活动转型为"集中化物流作业方式"，如图 8 - 5 所示，在连锁流通业不同发展阶段，采取不同的物流作业方式。这是连锁企业维持长期竞争优势的重要来源之一。

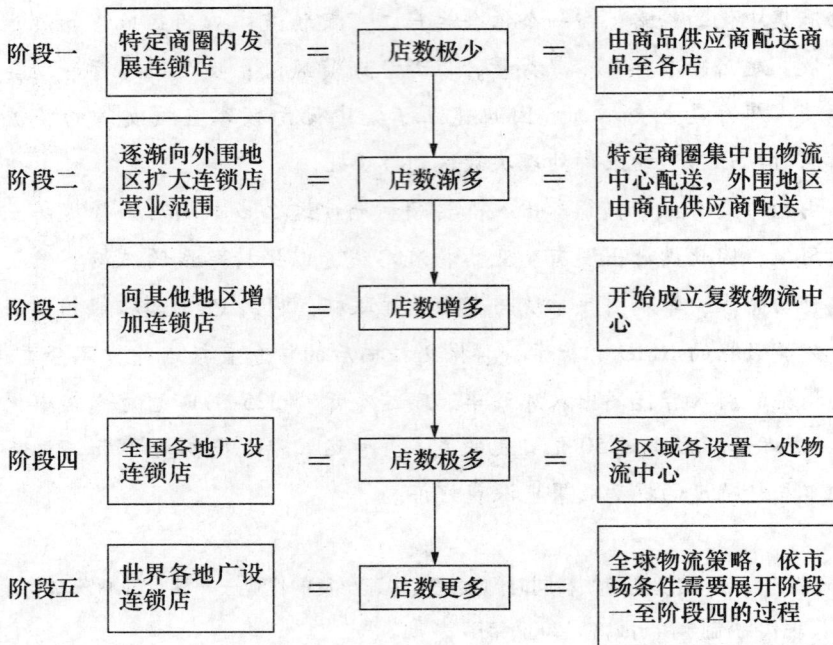

阶段			
阶段一	特定商圈内发展连锁店	＝ 店数极少 ＝	由商品供应商配送商品至各店
阶段二	逐渐向外围地区扩大连锁店营业范围	＝ 店数渐多 ＝	特定商圈集中由物流中心配送，外围地区由商品供应商配送
阶段三	向其他地区增加连锁店	＝ 店数增多 ＝	开始成立复数物流中心
阶段四	全国各地广设连锁店	＝ 店数极多 ＝	各区域各设置一处物流中心
阶段五	世界各地广设连锁店	＝ 店数更多 ＝	全球物流策略，依市场条件需要展开阶段一至阶段四的过程

图 8 - 5　连锁企业经营与物流

一般而言，连锁企业投资设立物流中心的动机有三项理由：①削减营运成本；②稳定商品供应；③夺取渠道支配权。

（1）首先，大型连锁流通业以其"大量店铺网"所展现出雄厚"大量销售力"为后盾，再利用其大量商品采购的"购买力"为筹码，得以和商品供货商进行讨价还价，以降低商品进货成本。一旦决定一次大量进货，为了储存大量商品，大型连锁企业则需设置物流中心以求降低进货成本。

（2）大型连锁企业拥有了物流中心以后，可以对连锁体系内各加盟店稳定提供所需商品。以往是由批发商配送商品至各加盟店，可是当连锁店急速增加时，批发商就渐渐无法适应。为了防止缺货现象发生，各加盟店唯有增加商品库存量。为防止各加盟店增加商品库存量，总部投资设立物流中心，统筹管理各加盟店商品库存量与供给必需品。因此，为稳定对连锁系统内加盟店的商品配送，投资设立物流中心有其必要性。

（3）夺取渠道支配权方面，渠道末端的大型连锁企业因扩大了对物流活动掌控权，强化它在营销上的地位。从此之后，不需依赖制造业者、批发业者提供商品配送服务，而可以自主决定商品流通。大型连锁企业除了因"大量采购"得以和商品供货商交涉谈判降低商品进货成本之外，又可以利用自己所拥有的"大量销售"与对最接近消费者市场所拥有的"市场信息"，来开发自有品牌（Private Brand）强化和竞争企业间商品差异化程度。这也是大型连锁企业绝对需要投资设立物流中心的理由之一。尤其更进一步又可以自己决定商品零售价格政策，对企业提供利益贡献的影响非常深远。

8.1.5　连锁企业与物流系统管理

连锁企业除了负担商品出货机能外，同时须具备实时出货能力。连锁企业物流中心不只是物流据点，为了能实践及时出货能力，以反应"少量、多品种、高频率"的 JIT 物流目标，亦要兼具完备的信息系统，否则空有"商流竞争优势"与"物流竞争优势"，却无"信息竞争优势"配合，此连锁企业必然不能长期保有完整市场优势。所以，大型连锁企业便竞相投入设立类似策略事业单位的物流事业子公司，以共同配送方式对所属连锁店提供商品配送服务（见图 8－6、图 8－7）。因此"策略性投资"改变了既有流通市场交易秩序，零售业者逐渐掌握流通权势，从制造业者或批发者取得流通领导权。

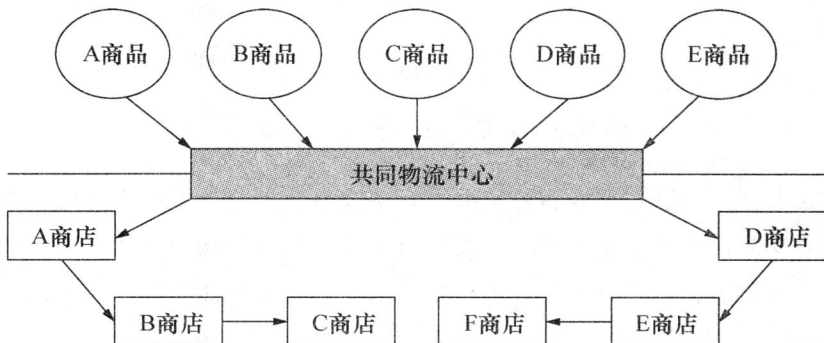

图 8－6　日配食品的共同配送

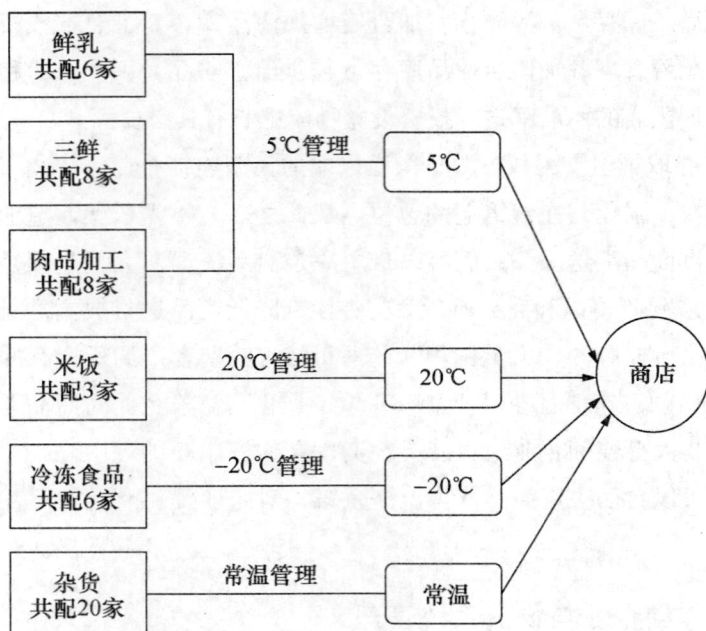

图 8-7 共同配送

但是，物流作业为能有效支持商流机能，它不能单独作业，仍然需要依赖信息化来"统合四流"（即商流、物流、信息流、金流），才能不断创造出竞争优势。从理论观点看，配合台湾现在流通业成长过程分析得知，不管是省内、省外流通业取得渠道主导权过程，都是"先商流，次物流，再信息流，后金流"的发展轨迹，不断在各成长阶段进行"策略性投资以创造竞争优势"行动的结果。物流策略是一连串行动中，不可或缺且居关键性地位的策略行动，它可说是影响连锁流通业经营转型是否成功的重要因素之一。

连锁快线

上海烘焙业的代名词——克里丝汀

在上海，几乎无人不知克里丝汀面包，每天有数十万消费者购买克里丝汀的商品，而创立克里丝汀的最佳功臣是克里丝汀董事长罗田安。1992年在中国市场，历经一番投资波折后，才有今天成绩，罗田安也因此有了"面包大王"的称号。

85度C最大的竞争者就是克里丝汀，目前克里丝汀在上海拥有800多家直营门市，日前更获选为上海世博餐饮供货商之一。克里丝汀的成功在于对质量的要求，罗田安认为食品行业为"良心活"，为了全面控管产品质量，他舍弃加盟经营，以彻底保证产品的新鲜、卫生，因此他们对于供货商的要求十分严苛。2008 年初，克里丝汀建立自己的"安心供应链"，从食品原料到加工、配送、销售等全部透明化，为每个环节严格把关，另外克里丝汀也拥有自己的运送车队，所有产品依照不同储存要求配送，每辆冷藏冷冻车均有温度计，配送人员需按照规定记录车厢温度，以确保产品处在最适温度中。

现在，克里丝汀在上海的销售据点比邮局还要多，不论你在街角巷弄还是地铁站都能看到克里丝汀，地铁站设点也是克里丝汀的成功因素之一。上海地铁人次从每天 130 万到现在每天超过 600 万，通过地铁的人气带来超高买气，罗田安誓言要把烘焙产业做到全中国大陆第一。日前新闻指出克里丝汀将于 2011 年 6 月在香港挂牌上市，除了烘焙事业外，也将发展比萨及连锁咖啡店，营收将超过百亿元。

资料来源：1. 张嘉伶：《克里丝汀面包改赴港挂牌　最快 6 月上市》，《苹果日报》，2011 年 3 月 28 日，http：//tw. nextmedia. com/applenews/article/art_ id/33278319/IssueID/20110328，检索日期：2012 年 3 月 1 日。

2. 《罗田安让上海人吃定克里丝汀面包》，《人间福报》，http：//city. udn. com/59388/3342275，检索日期：2011 年 10 月 21 日。

3. 李欣、罗田安：《克里丝汀的"安心链"》，《华夏经纬网》，http：//big5. huaxia. com/tslj/rdrw/2011/08/2536556_ 2. html，检索日期：2011 年 10 月 21 日。

4. 《到克里丝汀饼屋的乘客请准备专访克里丝汀食品有限公司董事长罗田安》，《中国台湾商人》，http：//www. ctb - maga. cn/showdata. asp? ts_ id = 141，检索日期：2011 年 10 月 21 日。

▶▶ 8.2　连锁体系信息系统的建立

连锁总部建立信息系统极为重要，连锁总部需密切联系上游的供货商及下游的连锁分店、消费者，甚至政府机关。连锁总部必须定期向供货商进货以提供各分店销售，维持整个体系的运作。为了使运作更有效率，许多连锁总部都会建立信息管理系统（MIS）进行信息的搜集、传递与整合。MIS 系统是管理（Management）与信息系统（Information System）的整合应用，通过规划、建置、管理并使用各种信息科技工具，以帮助企业完成有关处理与管理信息的工作。

MIS 系统不是一个单一的系统，而是由许多的系统整合而成，如会计系统、财务系统、POS 系统、EOS 系统、EDI 系统、VAN 系统等共同建置而成。

MIS 系对连锁企业有许多优点，以下列举几点说明：

（1）修改个别数据：MIS 系统可对个别数据进行新增、查询、修改、删除。

（2）数据具备一致性：MIS 系统中的数据有关联性、分享性与整合性（即上下游的作业可链接）的特点。

（3）对企业管理帮助大：通过 MIS 系统整合企业所使用的各信息系统，在管理上会方便许多，为企业省下不必要的成本，精简开销。

在信息系统不发达的年代，如果我们想要查询包裹的运送状态，必须打电话给货运的客服中心，告知客服人员单号，让客服人员查询目前的状态，是否已经到达目的地或还有多久会到达。此动作不仅会耗费企业许多人力成本，对消费者也不方便。

近年来由于各信息系统发展得越来越完善，联邦快递（FedEx）便利用 MIS 系统整合各项信息系统（如 EDI 系统、VAN 系统、物流中心内部系统等），建置了一个"包裹追踪系统"，让消费者可以直接联机到联邦快递网站，输入包裹编号后，即可查询到所有的信息。比起以往要借助客服人员才能查询，此系统让消费者操作起来更便利且更加快速、有效率。

联邦快递也得到许多好处，降低了人事成本，也因为提供更好的服务给消费者而获得比其他同业更多的竞争优势。当然，其他竞争者也会跟进建置 MIS 系统，所以企业如何让 MIS 系运作得更完善，提供给消费者更好的服务，是非常重要的问题。

在介绍完 MIS 系统对于连锁总部的重要性之后，接下来要介绍 MIS 系统几项重要的次系统，例如 RFID 无线射频辨识技术让消费者缩短结账等待的时间，提升了整体的运作效率；POS 销售时点系统可记录尾端消费者的购买情况；EOS 电子订货系统协助各店反映库存情况，并及时向总部反映，总部则会利用此系统接收到的信息；EDI 电子数据交换让企业间信息往来更加顺畅；通过 VAN 加值网络转换，得以方便向供货商订货，完成整个订货作业。

234

8.2.1　RFID 无线射频辨识技术

无线射频辨识技术（Radio Frequency Identification，RFID）系统由标签、读取机、软件系统三者组成。将标签贴在物品上，员工只要拿着一台读取机在卖场上走一圈，可以管理库存、检查商品是否过期；贴在钱币和金融卡上可以防伪；其他包括行李、邮件、包裹等各种物品，只要贴上电子卷标，就可以掌握流向。

RFID 系统的使用可为企业带来许多优点与效益，以下举例说明。

（1）使用无线传输：此系统不需用到电池，因此不用担心电池耗尽的问题，对环境保护帮助很大。

（2）安全性高：由于芯片密码皆为独一无二的，无法复制，数据安全性高。

（3）配合性高：可制成各种包装类型，应用在各种不同场合。

（4）可重复使用：卷标数据可重新由卡片阅读机更改，用完可回收再利用。

（5）使用寿命长：RFID 系统的使用寿命长，企业无须花费太多成本。

RFID 在连锁加盟系统上的应用越来越广泛，对连锁企业与顾客都有不同的作用，以下说明：

（1）对连锁企业：沃尔玛信息长表示，电子卷标对连锁企业有下列好处：分析预估、降低管理成本，并增加销售，在 2007 年以前让沃尔玛受益 80 亿美元以上。

（2）对顾客：因为电子卷标信号可在 5 米内被读取机读取，在商店买东西，顾客结账时只要提着商品走过读取机，收银系统已计算好消费金额，不必再用条形码机一一接触扫描。企业可省下人力成本，也有更多空间摆设商品。

另外，顾客可以用有电子卷标系统的信用卡付费，银行会自动从账户中扣除消费金额，这将是连锁企业的新变革。

以美国亚柏森超市（Albertsonss）为例，执行长强斯顿（Larry Johnston）想知道顾客偏好的清洁剂品牌和容量大小，也想知道特定门市商品每天何时卖完。因此亚柏森超市花 5 亿美元投资 RFID 系统，运用此系统在店内追踪库存并搜集顾客的消费数据，系统可在 10 分钟内告知某商品该补货了。

这个掌上装置不仅缩短顾客在柜台结账的时间，同时可提醒顾客可能遗忘的商品。例如顾客买热狗时，信息系统会在屏幕显示，询问需不需要腌菜或面包卷。此系统有助于提高顾客的忠诚度和销售业绩，店内平均采购金额比以往多出一倍。因为顾客采购时系统会追踪支出金额，可准确知道何时会达到预算上限，因此能更自由地采购。

RFID同时可以运用在物流仓储作业上。

（1）入库操作：利用RFID条形码标签自动识别货物，并且引导最佳上架路线，有效减少货物在仓库内移动的距离，提升工作效率；所使用的搬运设备会自动记录并与周边系统结合自动打印单据及相关信息发布。

（2）出库操作：可协助拣货、货架及货品数量自动识别检验、作业情况监控及任务再分配、装车指示、跟踪及自动出库登记并通过周边系统列印出库单据及自动发布信息。

（3）库内移动：协助货品识别及移动记录追踪。

（4）盘点：协助货品、货架自动识别、到位检查，以及货品数量的自动校验。

以中国最大流通产业百联集团的子公司上海现代物流投资发展有限公司为例，他们从2005年起致力于RFID应用，并且将其应用于业务运用上，包括到货验收、入库上架、移库补货、分拣及出库配送，RFID在各环节中进行货品、数量、位置移动等信息的自动实时收集记录，不仅提升了营运效率，同时也降低了营运成本。

RFID装置提供标示、定位、多目标同时自动辨识及信息传递服务，仓库中装置车载系统的推车能进行货品识别及搬运，根据货品及货位上的RFID与车载系统联机辨识作业是否正确，再通过RFID手持装置确认货物的分拣及配送。其上架准确率近100%，收货操作时间也比传统模式缩短了40%、上架速度提升66%、补货拣货速度也提升近95%，库存盘点效率亦提升了40%。由此不难看出RFID对于仓库物流运作的重要性，通过RFID应用还能降低库存水平，提高库存管理能力，加速企业信息化以提升服务水平，对于供应链的运作也更加流畅。

连锁快线

魔镜魔镜　将你想要的商品一网打尽

随着时代变迁，单一渠道对零售业已不再适用，同时结合实体与虚拟渠道，才是未来的趋势。家乐福是欧洲最大的零售连锁业者，他们发觉现在零售市场的竞争非常激烈，顾客的喜好也随时改变，于是他们引进了一种新的技术"消费者智慧镜"（Smart Mirror），可针对各个会员提供不同的商品，提升消费整体的满意度，相对于品牌忠诚也会有所帮助。

　　家乐福的做法是进入卖场的顾客只要是会员，会员卡便会主动收集顾客的购物习惯。例如王先生为家乐福会员，某次在店内购物时，看到一件喜欢的裤子，决定试穿。当王先生站在消费者智能镜前，镜子中的系统会通过"RFID"（无线射频辨识系统）接收到会员与商品信息，并同步传送到促销部门的系统，镜面则会立刻显示出系统为他个人挑选的商品。

　　这些商品包括商品数据、图片、价格、折扣甚至是摆放位置都可以看得一清二楚。一面镜子，让产品自己推销自己，把握住每一个曝光的机会，成为最积极的无形推销员。而当王先生决定购买时，只要按下"我要购买"的图示，即可下单。交易完成后，系统还能将王先生的购买记录分享至社群网站（Facebook、新浪等）上，让朋友知道他买了哪些东西，提供给朋友更多采购建议。家乐福通过这项科技，有效地将 RFID 系统、结账系统、店内促销推广系统、社群网站整合到消费者智能镜，形成一种新的信息系统。

　　此创新开启了虚拟与实体营销整合的商机，除了在每个渠道提供"有效且简单化"的服务外，消费者也可以感受到一致的企业形象，在每个决策点都提供消费者全面且多元的选择，提升忠诚度与回购率。

　　资料来源：1. 彭蕙珍、魔镜：《魔镜客人喜欢什么》，《经济日报》（中国台湾）C10版，2010 年 9 月 15 日。

　　2.《法国家乐福斥资 20 亿美元整修欧洲 500 家卖场》，《经济日报》（中国台湾）A8 版，2010 年 9 月 18 日。

8.2.2　POS 销售时点系统

　　销售时点系统（Point of Sales，POS）利用光学扫描商品上的条形码，并与收款机同时进行销售信息记录。当消费者进行购买行为时，商家通过条形码扫描，实时记录所售商品名称、金额、日期等信息，当累积一段时间的信息后，计算机会分析产生各种销售报表，连锁体系可通过这些数据作为商品管理及商品开发的依据。

1980 年左右，POS 系统开始于台湾起步，至今 POS 系统已成为零售业者最基本的设备，POS 系统对业者而言不仅更为方便营运作业，也为业者带来以下效益。

（1）降低营运成本，提高效率：利用 POS 系统能准确查看交易记录，避免发生人为的错误，情报信息的发生能立即收集。商品盘点、标价作业迅速、省力，提高企业运作的效率。

（2）进销存管理：系统会将每笔商品信息存入计算机，并按时回报商品信息，确实掌握畅、滞销品情报，协助商品物流管理，并有效管理库存，提高商品周转率。

（3）报表制作与分析：POS 系统记录销售记录后，可制作出各种报表，例如商品分析、营业额分析、顾客群分析等，商家能根据分析结果拟订出采购或营销计划。

连锁总部在各加盟店设置 POS 系统，当消费者到店内消费结账时，POS 系统扫描商品条形码记录商品信息，了解商品销售、周转及库存状况，作为进货参考。连锁总部可根据各店铺的 POS 系统信息，研究消费者偏好及消费趋势，作为商品开发依据。

POS 系统的建立能有效解决连锁企业管理多样的商品种类、库存等困扰，并且更清楚消费者倾向，做出更贴近消费者的商品决策。

台湾屈臣氏于 2010 年投入新台币 2 亿元更新 POS 收银、库存管理系统及会员资料库信息系统，与全球各屈臣氏标准化配备看齐，简化门市作业流程。屈臣氏根据百万笔的会员数据系统及各店 POS 系统，掌握主要客户群及购物偏好，作为调整各店商品管理依据。例如台北市东区统领店，客群主要为都会时尚女性，因此店内的美妆品比重较其他店高。屈臣氏表示，通过会员系统，可更清楚消费者购买偏好，各店改装的方向也能更接近消费者实际需求。

连锁快线

POS 系统效率提升

兴农超市于 1989 年成立总部信息系统，并于 1991 年导入 POS 系统，

POS 系统的导入不仅使得店铺运作更加有效率，也提升了兴农超市的竞争优势。

在 POS 系统尚未导入前，人工操作上出现了困难。首先是收银作业，由于商品种类繁多难以掌握，人工入账相对耗时，容易发生人为失误与弊端情形。销售管理方面，无法准确判断卖场畅滞销品，商品变价、促销及特卖难以有效达成，不同客户购买时段、平均消费金额等相关购买动向不易掌握。库存也不易管理，存货容易因积压而无法察觉。与上游供货商的往来须面对多方供货商，商品质量评定不易且采购人员易产生弊端。

在导入 POS 系统后，商品销售管理方面，POS 系统能协助实时查询商品的销售状况以与价格变动，进行 ABC 分析。收银管理方面，POS 系统能根据所累积的信息建立各财务报表。对于商品库存量可及时且明确管理，库存盘点管理更有效率。在营销管理方面，POS 系统协助统计来客数、各类商品、报废商品、退货商品等。

另外，1995 年兴农超市开发的物流中心能立即接收订单，不仅缩短了接单处理时间，还能满足高频率的订货。2002 年，更名为台湾枫康超市的兴农超市，导入以网络为基础的 e - POS 系统，不仅让上游供货商只要通过 e - POS 系统就可以查询商品的销售数据，迅速调整进退货商品，总部也能通过各门市销售记录，对于促销活动或商品的上、下架做出实时决策。该设备导入同时压低各门市的软硬件设备投资成本，让新开门市的设备费用从原本的新台币 140 万元降低至 65 万元，加快了门市扩展的速度。表 8 - 1 为各超市物流配送状况。信息化的管理对零售业而言已经是不可或缺的工具。通过 POS 系统，能掌握商机，改善作业问题，提供更具效率的服务与营运。

表 8 - 1　各超市物流配送状况

公司名称	配送频率			物流配送成本比例
	生鲜	干货	低温	
顶好惠康	每日配送：一周 7 天	平均一周 3 ~ 4 配	平均一周 3 配	
松青超市	每日配送：一周 7 天，业绩好时一日 3 ~ 4 配	康国营销一周配送 6 天，厂商一周 2 ~ 3 配	每日配送：一周配送 7 天，厂商平均一周 4 配	

公司名称	配送频率			物流配送成本比例
	生鲜	干货	低温	
台北农产运销公司	每日配送：一周7天视营业店商品回转率而定	每日配送：一周7天		
惠阳超市	每日配送：一周7天	每日配送：一周6天	平均一周3配	生鲜30%
善美的	每日配送：一周7天（配合市场作息）	一周1~2天配	每日配送：一周7天（配合市场作息）	由厂商自行吸收，善美的只需负责商品费用
远东百货超市	一日2~3配：一周配送7天	一日1~2配（视营业店业绩而定）一周配送6天，促销：一日可达十几次	每日配送：一周7天	
兴农生鲜超市	每日配送：一周7天	每日配送：一周7天	每日配送：一周7天	每日配送：一周
美村生鲜超市	每日配送：一周7天	美村统仓：一周配送7天（视业绩而定），厂商：一周1次	美村生鲜中心：一周7天，厂商：一周1次，鲜奶：每日配	由厂商自行吸收负担，裕毛屋只负责商品费用
丸九生鲜超市	每日配送：一周7天	康国营销：一周3配；厂商：一周2配（视业绩而定）	约一周1配，鲜奶：每日配	商品成本已包含物流配送成本在内
裕毛屋生鲜超市	每日配送：一周7天	一周2~3配	每日配送：一周7天	
大统超市	一日1~2配（视业绩而定；一周配送7天）	原则上一周1配，视业绩而定	原则上一周2配，亦视业绩而定；鲜奶每日配	

资料来源：《应用e-POS系统与E化管理库存兴农让商品永保新鲜》，《九十三年度商业E化辅导推动计划成果汇编》，http：//tcaweb3. tca. org. tw/ ~ eb2b/web/doc/02_08. pdf，检索日期：2012年2月26日。

8.2.3　电子订货系统

电子订货系统（Electronic Ordering System，EOS）运用计算机通信技术，取代传统下单、接单等动作的人工操作，改以自动化订货系统，将商店所需订购的商品数据，以电子数据交换方式传送至总公司的信息系统内完成与供应商的订购、接单、验单、对账、处理、结账、供货及运送等商品交易作业。

在连锁体系内，传统的订货方式已经无法满足高频率且快速的订货要求，EOS 完全取代了传统订货作业，其产生的效益如下。

（1）省时省力，提高效率：EOS 信息系统通过电子数据交换将信息传递给连锁总部，使收发订单更省力也更迅速。通过计算机处理，避免人工造成的失误，及退货、补货的发生；供货商能缩短接单处理时间，提高接单效率减少失误。

（2）商品管理：连锁总部能随时反映商品现状，减少缺货情形及增加存货周转率；供货商能满足客户多样少量，高频率的订货需求。另外，通过 EOS 系统了解市场变动情形，调整生产及营销计划并维持适当的库存量。

加盟店与连锁总部之间应用 EOS 系统，加盟店能实时向连锁总部反映店铺商品库存数目，以减少店铺缺货状况。连锁总部根据各店铺 EOS 系统传来的信息进行出货，若库存不足，EOS 系统则会传送信息协助采购进货。EOS 系统能完成双方间订购、接单、处理及出货等相关交易作业。

EOS 系统被视为商业自动化的必备技术。统一 7－ELEVEN 便利商店每天必须处理数十万笔的订单，门市人员检查货架商品时，可通过各分店的 EOS 系统直接输入，系统会自动列出应补商品及显示过去订货记录，协助判断订货，有效缩短订货的作业时间，并达到省时省力且低失误的作业流程。

8.2.4　电子文件交换系统

电子文件交换系统（Electronic Data Interchange，EDI）是指企业间因交易往来的数据，信息格式统一后再数字化，通过计算机与计算机间的传输，完成商业信息的传送。现今企业面临新形态的竞争环境，如何更有效率地处理组织企业间的商业往来文件，成为企业营运绩效的成功关键。

EDI 系统可为连锁企业带来许多效益，以下列举几项。

（1）降低成本：改变传统纸张的作业制度，降低了纸张成本，以及因自动化而大幅节省作业的时间成本。同时，企业之间不再需要寄送大量文件，可节省邮资成本。

（2）提升作业效率：经由网络，数据可在企业间自动传递，提升文件传送的效率且数据的正确性亦较高，提升了商业流程自动化的程度。

（3）提升客户服务：自动作业的提高可让企业内部人员有较多的时间从事更具生产力的工具，服务因此获得改善。

（4）建立企业与供货商之间紧密的联系：很多大型、全球化的客户都要求其供货商应该具备 EDI 技术，建立联系桥梁，现在企业在评估新供应商时，EDI 的管理能力占据了很重的分量。

连锁企业通过 EDI 与供货商或加盟店进行数据的交换，不仅可减少大量的人力成本，也能降低人工操作的错误率、缩短数据往来的时间，在现今竞争如此激烈的环境下，是企业提升经营续效不可或缺的工具。

过去，HP 人工及纸张处理每一张订单的费用为 1.08 美元，引进 EDI 系统后，处理费用则为 0.65 美元。且随着使用量增大，目前每笔处理费用已降至 0.6 美元以下。这对 HP 来说是一大进步，因为有了 EDI 系统，与合作企业及供货商之间的数据流通也更有效率，减少了纸张、人力等成本，大幅提升作业效率。让 HP 成功在世界立足，EDI 系统是关键之一。

8.2.5 增值网络

企业跨行业化、国际化及网络化使得信息网络范围越来越大，增值网络（Value Added Network，VAN）系统连接各企业的信息系统，并处理数据交换、传送，建构一个具附加价值的网络供企业间交流使用，例如商品资信、订货数据、配送数据等，完成企业间信息资源的交换。此系统最大特点是通过网络服务让不同企业、不同网络系统可相互连接，实现不同系统不同格式的交换，为用户提供资源信息交换服务，创造附加价值，因此被称为加值网络或增值网络。

VAN 不仅为使用者提供增值服务，也带来以下效益。

（1）提高工作效率：企业间在交换信息时，常会发生格式不同的情形，因此必须花费人工及时修改更正，通过 VAN 系统能实现不同系统不同格式的交换，可减少人力成本，增加工作效率。

（2）翻译能力：通过 VAN 系统能辨识不同系统环境及信息格式，统一不同信息系统数据格式以便于沟通。

（3）转接至其他 VAN：由于 VAN 的互联，使得不同 VAN 之间能相互移转信息。

连锁企业与供货商间可应用 VAN 而转换不同系统协议的信息，以完成彼此的信息交换，例如商品信息、订单数据、物流信息等，通过服务网络相互交换信息。VAN 提供信息暂存电子邮件信箱的功能，交易双方能随时传送信息，有效进行沟通，并且解决上下游厂商复杂的交易系统问题。

日本花王公司于 1984 年启用 VAN，1986 年使用日本第一套广域通信网络，完成了自动化的流通运作。每天上午 10 点以前，零售商利用商品条形码扫描仪和掌上型终端机输入库存短缺量，总部于第二天上午 10 点前送到各店，完成流通工作。为了使用运送效率达到最高，花王将送货路线、地图、卡车容量，通过计算机仿真出最适值，依照所计算出的最适路径送货。

连锁快线

友达电子货架卷标　统一超商试行登场

面板大厂友达跨入非面板产业。两年前投入的电子货架卷标（Electronic Shelf Label，ESL）业务，日前与统一超商进行合作，友达新竹总部的 7-ELEVEN 已开始试行电子卷标。

友达表示，目前电子货架卷标系统在欧洲及日本等地逐渐流行，友达将积极把电子货架卷标的运用推广至台湾市场。电子货架卷标不需外接电源，只需两颗纽扣电池就能让电子卷标上架使用，操作时间可达 4 年。通过低耗电的 Zig Bee 进行无线传输，控制计算机实时更换店铺中电子货架卷标的产品名称、产品信息或价格更新。

电子货架卷标的使用将取代传统纸张的制造和印刷，有效降低人力变更标价成本及标价错误风险。此创新商用模式运用，能帮助零售业者在商品使用期限前，以实时优惠的价格信息提供给消费者，是零售业者与消费者间公平交易软件。

资料来源：1. 庄丙农：《"光电股"友达携手统一超　试行电子货架卷标》，《中时电子报》，2011 年 10 月 13 日，http://money.chinatimes.com/newmoney/realtime/newscontent.aspx? NewsSN=001013000333，检索日期：2011 年 10 月 27 日。

2. 吕俊仪：《电子卷标友达找统一超试身手》，《联合晚报》B2 版，2011 年 10 月

16 日。

3. 陈梅英：《友达、统一超合作电子卷标》，《自由电子报》，2011 年 10 月 14 日，http：//www. libertytimes. com. tw/2011/new/oct/14/today – e14. htm，检索日期：2011 年 10 月 27 日。

8.3 连锁企业物流与信息系统配合运作

连锁企业物流系统的运作，必须与信息系统相互搭配/信息系统甚至是物流系统运作的基础。以从信息系统为基础的订货、配送系统是整个系统的核心。首先通过销售时点系统（POS 系统），让加盟店记录消费者在店内的结账项目，同时可利用 POS 系统维持商品安全库存量。通过电子订货 EOS 系统将订货数据传给连锁总部，完成下单动作。连锁总部进而通过电子文件交换 EDI 系统向供货商订货作业。通过 EDI 系统，交易双方能及时交换信息，彼此间的关系也更加密切。未来，无线射频辨识技术 RFID 可随时提醒顾客目前商品总金额是多少，让顾客精准掌控预算、链接；甚至利用贴有电子卷标的信用卡，在结账时由银行直接从账户中扣款。RFID 同时广泛应用于物流仓储作业中，此系统的发展将会是零售流通业的一大变革。本书将各系统间的应用整理如图 8 – 8 所示。

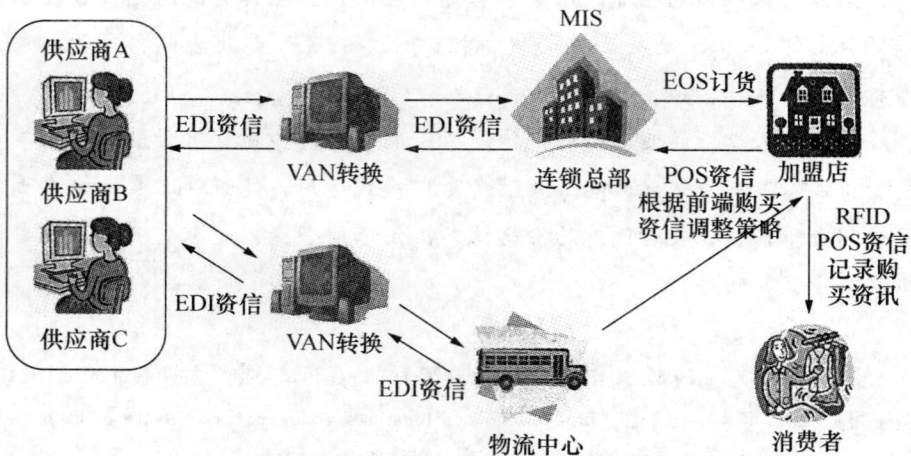

图 8 – 8　连锁企业信息与物流系统运作程序

课后习题

理论题

1. 请问连锁企业物流中心有哪些类型？
2. 请问物流中心的作业流程是什么？
3. 请问连锁企业为何要设立物流中心？
4. 请说明 POS 系统可带来什么效益。
5. 请说明连锁系统中物流系统与信息系统如何配合运作。

应用题

1. 请分析说明黑猫宅急便与新竹货运的物流配送流程的差异。
2. 请举出连锁企业中信息系统应用的成功案例。

章末个案

沃尔玛坐稳零售龙头　E化系统功不可没

专家不断鼓励企业将操作流程电子化、E 化，美国 McKinsey Quarterly 提供的报告指出，零售业的总生产力增加率大幅提高，其最主要功臣是信息系统，企业导入信息系统后，能改善员工每单位时间的生产力及生产效率，并且降低人力作业相关成本，其中沃尔玛（Wal-Mart）就是很好的例子。

沃尔玛将所有商品条形码化，改变了零售商与制造商的订单流程、电子扫描采购商品等作业，沃尔玛较其他厂商更早导入电子数据交换（Electronic Data Interchange，EDI）系统，此系统将店铺前端的 POS 系统及后端的仓储数据连线，每销售出商品时，系统就后自动扣除后端数据库的库存，一旦到达库存量不足时，数据库会利用 EDI 将信息传送给供货商，直接向供货商下订。并且接收供货商传回的确认及发票，供货商能立刻收单、出货，以补充各店不足的货源，此过程让员工不用花时间进行销售及库存管理。通过计算机化处理减少作业时间、错误及成本，减少人工操作的时间，使员工能多与消费者接触，达到维持顾客关系管理的附加效益。另外，沃尔玛也投入 RFID，实时追踪运送中的为何种货物及货物的所在地。

  Wal - Mart 通过 RFID 进行货品追踪，Wal - Mart 将所有货架与货箱贴上标签，而所有离开物流仓库的货品都设有读取器。当货品离开物流仓库时，读取器除了能读取的标签内容，以及货品品项、数目等基本数据外，还能知道货品的去向。读取器将数据传到货品管理系统进行比对，检查是否与订单内容符合，因此降低了送错货的概率。日前根据《华尔街日报》报道，Wal - Mart 于全美 3,750 家门市实施智能型标签，各式衣物能以手持式扫描仪读取数据，员工通过扫描仪快速知道货架上商品的缺货情形，以确保货架空间能充分利用，并确实掌握库存状况。未来这些采用射频识别 RFID 技术的卷标将会拓展至其他产品类别上。另外，系统也与警示系统结合，当货品摆错位置时，系统会发出声音提醒卖场人员。

  虽然因成本考虑，无法做到每项产品都贴上智能型卷标，但对 Wal - Mart 会产生一定的效益，仅是取代条形码扫描所减少的人力成本就高达近 70 亿美元。研究报告显示，自从 Wal - Mart 使用 RFID 技术后，有效地让补货速度提高了 3 倍，门市库存平均降低了 10%；一旦 RFID 在 Wal - Mart 渠道中完整建立起来，公司每年可省下 83.5 亿美元，而 Wal - Mart 所带动的 RFID 相关设备商机，至少可达到 800 亿美元。另外，为了配合 Wal - Mart，全球上百家知名厂商，包括吉列（Gillette）和宝洁（P&G）等，都不惜花费上亿美元建购 RFID 设备，主要就是为了维护 Wal - Mart 这个通向全球市场的巨大客户。

  沃尔玛庞大的电子数据库，能精准掌握各店铺商品动态，达到店铺随时有现货，并降低库存投资。E 化流程的导入，许多需要人工处理的工作改由计算机代劳，不仅节省更多时间，还能提高员工的附加价值，让员工能在相同的时间内处理更多事务，提高生产效率，企业也因此省下庞大的人力费用。一套好的资信系统能为企业做出健全的进销存管理，不仅企业本身受益，员工的贡献度也能因此增加。

动脑时间

1. 请问 Wal - Mart 运用了哪些信息系统？该系统可带来什么好处？
2. 请问 Wal - Mart 运用了哪些物流系统？该系统可带来什么好处？
3. 请问 Wal - Mart 如何让信息系统与物流系统充分彼此支持？

  资料来源：1.《沃尔玛如何实现 E 化价值》，《联商信息中心》，http：//

122. 224. 221. 74：82/gate/big5/www. linkshop. com. cn/web/Article_ News. aspx？ArticleId = 3064&word = ，检索日期：2011 年 10 月 30 日。

2. 唐·索德奎斯：《沃尔玛成功法则科技——终极变革》，《经济日报》（中国台湾）A14 版，2006 年 3 月 17 日。

3. 《Wal – Mart 8 月将为衣物加上 RFID 卷标未来拟扩大采用》，《财经知识库》，http：//www. moneydj. com/kmdj/news/newsviewer. aspx？ a = 59a94cf0 – 2dfe – 4a92 – 86940d0b44627f0a#ixzz1dNnisgZL，检索日期：2011 年 11 月 11 日。

4. 《从 Wal – Mart 经验学习物流 RFID 系统建置》，《机电整合杂志》，http：//met. asiainfo. net/met_ Periodical_ Detail. aspx？ id = 2561，检索日期：2011 年 11 月 11 日。

5. 谢柏宏：《沃尔玛要求电子产品导入 RFID》，《经济日报》（中国台湾）A8 版，2007 年 10 月 13 日。

6. 张育宁：《RFID 的下一步：寻址服务》，《工研院电子报》，http：//edm. itri. org. tw/enews/epaper/，检索日期：2011 年 11 月 11 日。

第三篇　加盟者经营

第9章 加盟创业机会评估

学习目标

1. 了解加盟者的创业条件。
2. 了解加盟者创业动机。
3. 了解加盟者所需筹措的资金。
4. 了解潜在加盟者可寻求的财务支持。

章首个案

资金到位　创业无惧

现代人生活越来越忙碌，工作越来越辛苦，但收入却没有相应地增加，所以不少人兴起创业的念头，选择自己当老板。但创业之路并不是想象中那样轻松简单，在创业之前，应该仔细考虑自己是否适合创业，适合投入哪种产业。创业者最先要面临的困境即是否有足够资金，资金从何而来。

当做好创业的打算，也决定了合适的产业后，创业者在实际行动前必须要思考如何筹措创业资金。在创业初期，最简单的资金来源是自己的存款，存款不足就必须考虑向亲友或银行贷款。向亲友筹集创业资金时，必须先说明此笔款项是借贷还是投资，如果是借贷，则必须谈好归还日期及如何计算利息；若为亲友投资，则必须事先约定该如何分配利润，万一创业成果不如预期，则必须承认投资失利的状况。

创业资金筹集的另一个方法是银行贷款，优先选择是创业贷款，也有不少人会选择小额信贷筹集创业基金。信贷的利率至少要7%~8%，期初的经营收入扣除各费用摊提，其获利率相对较低；若资金来自小额信贷，获利率必须超过8%才会赚钱，无形中会增加创业初期的压力，故专家较不建议小额信贷。如果要从银行筹资金，房贷为首要选择，由于房贷利息低，创业者在创业初期相较没有成本压力，但专家建议，房贷为家庭最后的急难准备金，除非不得已，否则尽可能不要拿来当作创业用，因为创业风险没人敢担保。

当筹集一定资金后，资金规划也是创业中非常重要的环节之一。创业顾问师王舜清建议"资金三切法"，资金的三分之一于期初投入，三分之一作为备用金，三分之一留作预备用的生活费及周转金。创业初期有很多需要调整的地方，初期经营状况未必能如预期，创业者信心可能会被打击而无法专心经营，故足够的备用金保留是非常必要的，以避免资金周转不灵。

资料来源：1.《创业不要有太多憧憬》，《中小企业处创业圆梦网》，2004年11月9日，http：//sme. moeasmea. gov. tw/ME/modules. php? name = News&file = print&sid = 534，检索时间：2011年10月25日。

2. 维特：《你要当老板吗？创业前的五大考虑!》，《卡优势新闻网》，2007年2月27日，http：//www. cardu. com. tw/news/detail. htm? nt_ pk = 22&ns_ pk = 1317，检索时间：2011年10月25日。

3. 维特：《创业资金保守预估不要让梦想冲昏头》，《卡优势新闻网》，2007年3月2日，http：//www. cardu. com. tw/news/detail. htm? nt_ pk = 22&ns_ pk = 1337，检索时间：2011年10月25日。

4. 孟祥杰：《微创贷款"航海王"圆梦开餐厅》，《联合报》B1版，2011年10月16日。

5. 青年辅导委员会：《青创贷款当后盾七年级勇创第二分店》，《联合报》A11版，2011年9月21日。

▶▶ 9.1　自我评价

　　要成为加盟者之前，首先要了解自己是否适合加盟创业或者是否拥有资源可以加盟。例如，问问自己是否愿意为了加盟店投入大量的时间，并且配合总部规划努力工作，在个人的目标和企业的目标上，愿意做出牺牲等。因此，每个人的背景、经验、管理履历、身体状况、人格特质、领导特质、沟通协调能力等是成为一个加盟者必须要考虑的条件。要成为加盟者，最好先对个人的兴趣和财务能力有所认识。

　　除此之外，潜在加盟者在加盟前必须审慎思考加盟经营对整体生活造成的影响。潜在加盟者可以和既有的加盟者请教，了解连锁加盟经营会对家庭生活或社会带来什么样的影响。加盟者同时也必须与家人沟通，家人是否可以接受因为事业繁忙而牺牲了家庭生活，甚至有些连锁总部鼓励夫妻共同经营，彼此同甘苦共患难，打拼事业。

　　潜在加盟者同时要了解自身的健康状况、人际互动能力及学习能力。判断若成为加盟者，该连锁总部较为强势，加盟者是否可以容忍并且在其指挥控制下工作，配合相关的营销活动与进货要求呢？当成为加盟者，是否有自信可以与连锁总部和潜在顾客保持良好互动？

　　也有许多潜在加盟者面临财务的问题。他们必须思考是否买得起连锁加盟经营权。尽管付得起期初的费用，参加了培训、购买了设备，并且有了经营的店址后，是否就代表可以永续经营？是否能维持企业运营，同时保证自己和家人的生活呢？

　　因此，潜在加盟者的财务状况应考虑：首先，目前是否有足够的资本，并可以支付开业前的费用（这笔费用约占应付费用总额的 20% ~ 100%）？其次，是否可从他人身上取得无力支付的部分资金呢？因为当其行业或连锁经营品牌不够强势时风险越大，贷款单位越会要求加盟者提供较多的贷款抵押。最后，是否还有其他财务渠道可以取得信息？本章第 3 节也将进一步说明。在开业时也必须准备零用金，以缓冲经营费用和收入造成的波动。

　　因此，潜在加盟者可问自己下列问题：

（1）哪类企业能让你发挥最大的才能？

（2）为何想要拥有和经营属于你自己的企业？

（3）这笔投资（金额）会对自身的财务状况产生什么影响？

（4）这笔投资（金额）会对家庭产生什么样的短期和长期影响？

（5）如果你损失掉全部投资，是否还能感觉到曾经自我满足、自我成就？

表9-1是潜在加盟者进行自我条件评估，评估自己是否有机会成为优秀的加盟者。

表9-1　加盟者自我评估

说明：在最后准确描述你自己性格特征的方框里做标记

等级：5＝优秀　4＝高　3＝一般　2＝低　1＝差

活跃程度	5	4	3	2	1
动力					
精力					
耐力					
成熟程度					
自我激励					
自信					
判断力					
沉着稳定力					
管理经验					
激励					
问题处理					
技能					
资源利用					
自身特性					
目标设定					
长期投入性					
主动性					

自身特性	5	4	3	2	1
愿意承担责任					
与他人合作					
勇于接受建议并改进					
沟通					
适应性					
伦理意识					
独立工作					
挫折容忍度					
不确定性忍耐度					
自我约束力					
自己当加盟者					
渴求					
担负很大工作量					
鼓励他人					
总分					

分数：105～125 分，立刻申请；95～104 分，为之努力；85～94 分，三思；75～84 分，非常小心；75 分以下，试试别的

资料来源：Judd and Justis，"Franchising：An Entrepreneur's Guide"，2008.

　　在对自己进行全面了解后，潜在加盟者较能进一步搜寻什么样的连锁体系适合他们，以及为何想要成为加盟者，要追求的是什么。所谓合适的连锁经营体系指适合潜在加盟者的兴趣、能力、需求以及财务能力。例如，有的人喜欢按部就班，有的人喜欢自由决策，有的想成为大公司中的小部分，有的则想成为小池塘中的一条大鱼，有人希望把所有重大风险降到最低后再考虑进入加盟体系，有的则希望一开始就参与其中。每个人的特性和需求不同，潜在加盟者知道哪些因素对连锁经营体系的现在和将来最为重要。因此，潜在加盟者如了解上述列表，也可以多问自己几个深入的问题，以避免草率决策而造成日后后悔。

　　除了自我审查明确自身的特性和需求，则进一步需对连锁总部进行评

估，了解连锁总部的基本信息。

（1）该连锁总部是否尽职尽责，致力于满足终端客户的需求，能向加盟者传授产品、流程和商业知识？

（2）加盟品牌有很强的品牌知名度和认可度？

（3）该连锁总部发展前景很好还是相当不错？

（4）该连锁总部使命和目标构成是否与你个人的长期人生规划相一致？

（5）该连锁总部是否向加盟者提供优质培训？

（6）该连锁总部是否根据加盟者提供的商店地址，评估其是否符合市场竞争需求？

（7）该连锁总部是否能真正成为加盟者的合作伙伴，给予并提供必要支持？

（8）该连锁总部是否拥有足够数量的总部人员和财务资源以确保顺利发展？

（9）连锁总部与加盟者的沟通程度至少要与该行业中的最大竞争对手相一致。

一般而言，连锁总部会协助潜在加盟者评估自身的资源、人格特质及发展潜力。但是也有些连锁总部只关心该加盟体系是否获利，而较少考虑潜在加盟者的能力和人格特质。因此，加盟者要慎选连锁总部，判断连锁体系是否具备管理能力和领导特质。

在申请连锁经营权的潜在加盟者通常会被要求填写一份申请表，表中潜在加盟者会提供相关数据供连锁总部核实。连锁总部为确保该加盟者能为连锁总部创造利润，并且不会影响和侵害连锁总部、消费大众、现有加盟者的权益，因此会详细地核实相关信息。潜在加盟者会被要求填写下列信息：个人资料、教育程度、加盟原因、个人爱好、经营建店的详细信息、个性特质、工作经历。

除个人资格表外，同时也会被要求提供财务相关审核数据。大多数的连锁总部不希望潜在加盟者举债加盟，甚至没有足够资金支付期初费用。在沉重的财务压力下会让经营有太高风险甚至造成加盟者违规行为，危害加盟体系品牌。因此，潜在加盟者会被要求提供完整的财务数据，连锁总部据此判定加盟者的财务状况，进而做出是否可以开放加盟的最终决定。若有任何不实的相关信息，则无法取得加盟经营权。

财务数据包括个人资产、负债及资本净值等情况。除此之外，潜在加盟者还要提供目前的收入来源、负债情况、银行关系、贷款状况、人寿保险、股票债券、房产等相关清单。连锁总部可根据这些机密财务资料和个人资料表，对潜在加盟者的个人特质和财务状况做出合理评估。

9.2 加盟者调查

对于连锁企业而言，市场能否快速地开拓，加盟店扮演相当重要的角色。加盟店主的素质对于加盟店是否经营成功有相当的影响力。以下介绍美国、日本与中国台湾对加盟者的调查，以供参考。

9.2.1 美国加盟者背景与动机调查

美国 The Development Group 公司和一家连锁组织花了 3 年的时间调查加盟者，得到了以下的结果：

（1）在性别方面：男性占 87%，女性仅 13%，以男性居多。

（2）教育水平：大专以上达 43%，高、中（职）毕业以上达 54%，受教育程度偏高。

（3）婚姻状况：单身占 34%，已婚占 66%，已婚者较有创业及独立的雄心。

（4）年收入（美元）：15,000 以下占 30%；15,000～25,000 占 33%；25,000～35,000 占 30%；35,000 以上占 7%。一般来说，加盟者的年收入都不高，其中不乏中低收入者。可见加盟创业的资金并不高。

（5）过去任职管理职位的经验：1 年以下占 15%；1～5 年占 75%；超过 5 年占 10%。管理的经验并不是绝对必要的，但是如果缺少此经验，很难具有创业的意图与信心。

（6）过去曾经拥有个人事业：未曾有过占 32%；过去 5 年曾经拥有占 49%；过去 10 年曾经拥有占 19%。

（7）选择加盟的信息来源：财经杂志占 46%；报纸分类广告占 36%；贸易期刊占 15%；消费者报道占 2%；收音机、电视占 1%。传统财经报纸、杂志及分类广告还是最有效的信息来源，收音机、电视则成效不高。

（8）选择加盟的理由：自我管理，当自己的老板，占73%；财务独立与成长，占69%；事业成长，占53%；获得新技能、训练，占49%；长期投资，占32%。

由于是复选，每个选项回答者都大有人在，可见加入连锁加盟事业者，其加盟动机都不只是其中任何一个理由，而是着重于连锁加盟的所有特点。

9.2.2 日本加盟者加盟动机的调查

（1）连锁企业的商品、服务及商标都相当具有吸引力，希望借用、推广，占31.4%。

（2）希望将目前事业多角化经营，占27.4%。

（3）打工族希望能自行创业，占23.8%。

（4）想转行，而加盟是最快的方法，占14.8%。

（5）可以得到总部的经营指导，占13.3%。

（6）有效活用游资（融资）及投资，占6.1%。

（7）其他，占9.4%。

以上选项可复选，但由于只限定一至两个选项，所以整体百分比不如美国高。但仔细观察，可以发现两者实际上并无太大差异，几乎把连锁加盟的优点都提到了。由此可见，连锁加盟无论是在东方的日本，还是在西方的美国，都能展现它的魅力。

前面提到美国的加盟者学历较高，而日本的加盟者也具有同样的特质。高、中（职）毕业者占35%，大专毕业者高达30.7%，可见高学历都认同连锁加盟事业，也正因这个特点，美日两国的加盟事业才如此蓬勃发展。

另外，日本的一般自营商，其专科以上毕业者仅占一成。比较起来，连锁加盟者的学历是它的3倍，可见连锁加盟级受知识分子的青睐。

事实上，日本的加盟者不仅学历高，年纪也很轻。加盟时的年龄20岁左右的占16%；30岁左右的占26%；50岁左右的占13%；60岁以上者几乎没有。

在日本，一般根据加盟动机及加盟前的经历将加盟者分为四类：①独立创业型（原来的上班族）；②经营多角化型（以中小企业者为主，或安排子女开创新事业）；③事业转换型（其他行业转换到新行业而加盟）；④副业型（中小企业者和上班族的妇女）。

258

根据调查，加盟者以独立创业行为最多，占48.4%。其次是经营多角化型和事业转换型，各占24.7%及21.5%，而当成副业的经营者最少，仅占5.4%。

如果以行业分类来看，则很不一致。若是便利商店，加盟最多的是经营多角化型，将近占70%，再者是事业转换型，占20%，独立创业型的仅占10%。

而大众化酒店、拉面店、一般餐饮店、服务行业，独立创业型的比例都在一半以上，尤其是服务业及拉面店，由工薪阶层独立出来创业的高达70%～80%。

连锁快线

不完美也很美　少一点也不错

过去只要提到日本商品，大家都会想到精致、奢华、烦琐的包装，这与日本民族讲求完美的个性有很大的关系。但是近期日本人的价值观与消费观却有很大的改变，原因就是"金融海啸"与大地震。现在日本街上到处可以看到降价促销的标语，政府节电、限电等节能措施，民众也都能配合得很好。

无印良品社长金井政明说："一个成熟的消费社会，很容易产生多余的需求。"但震灾后的日本消费力似乎没有下降的趋势，因为日本民众已经开始懂得感受在日常生活中一些简单、微小的幸福。

其实简单并不代表放弃生活质量或勉强忍耐，而是要重新检视商品的必要性，找出必需品和非必需品的差别。企业也开始回应这种"少一点，也过得不错"的消费节制意识。金井政明指出他们的商品并不会因此马虎，而是在不影响功能的前提下，设计出具有美感又简单的商品。

现在的日本消费者有三大新兴消费现象，第一是"物美价合理"才是王道，以目前日本的状况来说，东西不便宜一定很难卖出去，而日本宜得利家居社长似鸟昭雄说："就算是便宜也要维持质量与使用机能，创造出便利、有新机能的产品"；第二是"喜欢不一定要拥有的概念"，日本经济不景气的关系，使得名牌出租店、二手书店等诸如此类的店家越来越多，改变了日本人一定要"拥有"的心态；第三则是更弹性的消费，消费者精

259

打细算的情形越来越明显，如果能运用八分的物质，达到十分的效果，那么企业也算是有价值了。

↑日本商品一向以精致著称，连照片中小玩偶的每个细节都不马虎。

资料来源：马岳琳、谢明玲：《不再追求完美日流行8分就好》，《天下杂志》2011年第10期，http：//www.cw.com.tw/article/article.action？id=5027352，检索日期：2011年10月26日。

9.2.3　中国台湾创业动机调查

据统计，2010 全台创业人数有 262 名，其中男性有 162 名，女性有 100 名；创业者年龄层分布为 40 岁以下者 151 名，40 岁以上者 111 名，创业者的年龄大多介于 31~45 岁，约占总人数的 70%，由此可见创业年轻化的趋势越来越明显。受教育水平方面，大专院校以上的有 213 名，大专院校以下的有 49 名，显示出创业者的受教育程度偏高。

1111 人力银行调查显示，近八成的受访上班族表示有创业的意愿，但只有 13.28% 的人在积极筹备中，超过 57% 的人没实际做出行动。进入门槛低的餐饮服务业一直是创业人偏好的选择，但近年来餐饮服务业不再是创业人的首要选择，投入服饰、个性化商店、美容业的老板愈来愈多。

目前创业类型以"服装饰品"、"网络/咖啡店"和"复合式餐饮"最多，另外个人工作室及网络开店等个人微型创业，近年来也成为上班族偏好的创业类型之一。大多数人创业会选择加盟，但年轻族群纷纷成立自创品牌及无店铺经营或微型创业。

根据资料统计，台湾人经常性薪资为新台币 36，271 元，人力银行也做出了调查，发现创业且已回本的创业者平均月薪资约新台币 33，889 元，可发现创业者的收入其实不高。

张旭岚也表示，资金筹措能力薄弱、欠缺管理经营经验，是创业者面临的两大问题，他建议创业初期，创业者最好不要贸然进行大投资或急着扩张版图，应该准备足够的预备金，踏实经营才能使营运更长久。

台湾女性创业动机调查：

在两性平等逐渐建立、信息传递迅速以及全球经济结构变迁的时代，女性接受教育已经不像以往那么困难，她们已有更好的机会环境参与经济事务及开创自身事业，女性创业俨然成为一种趋势、一股新兴的经济力量。

根据统计，各企业女性雇主的比例逐年上升，为 440000 人，占全体的35.4%。再者，访问 5，052 位学员的结果如下。

（1）调查发现在有效访问的 5，052 位学员中，有 1，071 位女性学员表示有创业连锁管理意愿，占比 21.2%；有 189 位表示目前已经创业，且持续营业中，占比 3.7%；有 14 位表示曾创业，但目前已经结束经营，占比0.3%；有 3，778 位表示并无自行创业的意愿，占比 74.8%。

（2）另一项调查女性创业者想创业的前三大原因为："赚取外快贴补家用"，占 24.4%；"时间弹性，方便兼顾家庭"，占 22.4%；"掌握商机致富发财"，占 20.2%。

（3）在开创的事业中，女性创业者最想开创的事业有以下几项："食品类"，占 49.5%，占比最高；"服装及饰品类"，占 14.5%；"美容类"，占 5.7%；"零售业"，占 5.6%；"手工艺品类"，占 3.3%。

然而，有意愿创业的女性，大多属尚未展开行动，其中主要的原因为"资金的不足"、"家庭因素"、"个人因素"等。

根据 5，331 笔数据有效样本，结论如下。

在这 5，331 笔数据中进行电话访谈，成功取得有效样本数 4，032 笔，占比 75.6%。

（1）有效访问的 4，032 位学员中，拥有创业经验的学员共有 955 位，占23.7%；其中有 856 位目前持续经营，占 21.2%；99 位学员表示目前已经营业结束，占 2.5%；有 3，077 位学员表示目前尚未创业，占 76.3%。

（2）对有创业经验学员（含经营中与结束营业）的婚姻状况做调查，"离婚或分居"占了 28.4%；"有配偶或同居"占 25.3%；"未婚"占 17.7%。

（3）而有创业经验者的教育程度，"研究生以上"占 24.3%；"专科"占 24.2%；"本科"占 20.9%；"高、中职"占 25.7%；"初中以下"占 25.1%。低教育程度者创业比例较高。

（4）依年龄调查，"20～29 岁"占 19.0%；"30～39"岁占 23.4%；"40～49 岁"占 25.1%；"50 岁以上"占 22.9%。

根据以上数据分析可看出，台湾女性创业，在年龄上以中年且离婚或分居者较高，受教育程度也不高，造成此因素可能是被迫经济独立的关系，在现实与生活的压力下，必须谋生。而受教育程度偏低、中高年龄者创业较年轻人比例高，表示了这群人在职场上处于较弱势的状态，需自行创业以谋生，也因较早踏入社会，熟悉社会状况，也较有创业的勇气。

连锁快线

创业信息加盟　创业展报你知

在连锁加盟密度极高的台湾，每年都会定期举办连锁加盟展，吸引想创业的民众参加，如 2011 年的台北国际连锁加盟春季展，约有 520 个摊位、150 家厂商、近 200 个连锁品牌共同参展，吸引了 15 万人进场。早餐、饮料的餐饮业连锁品牌，如弘爷汉堡、拉亚汉堡、日出茶太等都是民众积极询问的对象，也累积了相当多的加盟意愿成交数。而在台中举办的第十届台湾创业加盟大展中，也有近 150 个摊位，共有约 60 个连锁品牌参展，仍以连锁早餐、甜品饮料、咖啡茶饮等的摊贩数量最多，包括连锁早餐品牌麦味登、拉亚汉堡及爱痴饭和小额投资且加盟门槛低的厂商，如三姐妹海苔饭卷、小山记方块奶油饼、无壳蜗牛饼食等。

在加盟展中，每个加盟厂商无不使出浑身解数吸引民众注意，除了在展场内提供加盟信息、产品及相关设备器具外，如三姐妹海苔饭卷提供新台币 10 万元的餐车微型创业加盟，也在加盟展现场摆放餐车，现场制作产品供民众参观、试吃；加盟厂商也会通过现场签约享有折扣等优惠方案，如 Mr. Wish 茶饮推出现场签约就折新台币 10 万元加盟金，再送新台币 10 万元创业金，还可再抽新台币 10 万元红包的优惠方案等，积极招揽参展民众加入连锁体系。

↑第十届台中创业加盟大展台中展，饮料摊位派出象征物"宝宝"宣传，吸引注意。

资料来源：1. 李至和：《塑化剂延烧，参展品牌热情不减　台中加盟展 17 日开跑》，《经济日报》（中国台湾）A17 版，2011 年 6 月 15 日。

2. 《连锁加盟春季展爆人潮》，《经济日报》（中国台湾）B8 版，2011 年 2 月 19 日。

3. 王玉树：《加盟展首日 3.5 万人次抢看》，《苹果日报》2011 年 2 月 19 日，http://tw. nextmedia. com/applenews/article/art_ id/33194822/IssueID/20110219，检索日期：2011 年 10 月 26 日。

▶▶ 9.3　加盟者财务义务

加盟者在考虑经营前，他或她必须选定连锁经营体系并创立公司。创立公司则需要考虑一些财务相关问题,如创立成本。创立成本包括建筑成本(土地、店面、设备、装修、改建等费用);1～3 个月的薪水和工资、进货费用及广告费;经营费用(包括电话费和水电费、保险、法律及其他专家咨询费);生活费(交通费、业主工资)。这些成本都是加盟者要考虑的重要内容。

↑为满足中国市场消费的口味,SUBWAY 推出中式烤鸭口味的加热三明治,有别于西式冷餐,以符合中国饮食习惯。

除企业创立的相关成本外,连锁总部会向加盟者提出一些费用的要求,如加盟金、权利金、保证金与其他费用(如广告费用、教育训练费用等)。加盟者主要面对的财务义务是连锁总部。其中包括通常为 15,000～150,000 美元的先期加盟费。此外,加盟者每周、每两周或每月会缴交权利金(占总收入的 3%～7%);广告费(占总收入的 0.5%～0.4%)等。除这些基本支出外,加盟者还可能产生期初教育训练费用(包括交通和食宿)、实地考察费、计算机租金、设备租金或交通费等。表 9－2 列举 SUBWAY 对于加盟者加盟相关费用要求,供读者参考。

264

表 9－2　美国 SUBWAY 加盟业者的加盟金

2000 年 4 月（单位：美元）

一般分为	低成本的店铺	中等成本的店铺	高成本的店铺	支付时间
期初加盟费用	10, 000	10, 000	10, 000	连锁经营合约签订时
不动产	2, 000	5, 000	12, 000	签订转租意向书时
租赁物（店面）维护	20, 000	37, 5000	69, 000	施工中按比例支付
设备	N/A*	N/A*	N/A*	N/A*
电子收款系统（POS）	N/A*	N/A*	N/A*	N/A*
租赁设备退还保证金	2, 500	2, 5000	2, 5000	设备订购前
安全防范系统（不包括监督费）	1, 000	2, 000	3, 000	订购前
运输费用（各地不同）	2, 000	2, 900	3, 400	交货付款
户外招牌	2, 000	4, 000	8, 000	订购前
开业	2, 000	3, 000	4, 000	开业后一周内
保险	500	1, 250	2, 000	开业前
日常用品	500	750	1, 000	开业前
培训费（包括交通和食宿）	900	1, 500	2, 300	培训中
法律和会计	500	2, 500	4, 500	开业前
期初广告	2, 000	2, 000	2, 000	开业前后
营运资本	N/A*	N/A*	N/A*	N/A*
杂费（营业执照、水电费、小型设备及盈余资本）	6, 000	8, 000	10, 000	根据规定
附加费用——3 个月	11, 000	26, 000	41, 000	根据规定
投资总额	63, 400	108, 900	174, 700	N/A*

资料来源：Subway, U. S. Franchise Information, Startup Costs, 2001。

注：* 为无提供参考。

连锁快线

一打二研三创新 "几分甜"稳住烘焙地位

2009年6月创立的"几分甜"烘焙工坊在三重开设第一家店后，短短一年的时间，全台店数已超过30家。且不到一年半的时间，迅速在全台开设超过40多家门市，超越了本土烘焙品牌圣娜多堡，紧追日本连锁面包山崎面包，"几分甜"积极展店，已经在烘焙业占有一席之位。

"几分甜"除了好吃的面包、蛋糕外，另一个主打强项为伴手礼，例如凤梨酥、彰化桂圆蛋糕、嘉义蛋卷、宜兰奶冻卷及三星葱饼等。"几分甜"严选食材做出高质量产品，他们将伴手礼包装得更精致，改良得更美味，打造手礼的新形象。创立"几分甜"的蓝海国际餐饮董事长许湘铉说："我就是抄袭，但一抄二研（研发）三创新，做出自己的特色，我就赢了！""几分甜"集合特色的伴手礼加以改良研发，成功打造伴手礼品牌，成为烘焙业的另类之光！

通过面包吸引消费者上门，并通过精致的伴手礼拉高客单价，各店的面包和伴手礼的销售比例大约5∶5。截至2010年年底，"几分甜"全台已有40家直营店及3家加盟店，年营业额超过新台币8亿元，预计2011年年底全台总店数破百家，年营业额可望冲上新台币15亿元。

日前塑化剂风波重创食品业，当中不乏知名连锁食品业于其中，而"几分甜"却不受影响，做出漂亮的佳绩，对产品的用心有目共睹。"几分甜"也开始正式对外招募加盟者，通过连锁企业的成功经营经验，减少创业风险，增加创业成功的机会。"几分甜"加盟信息如表9-3所示。

表9-3 "几分甜"加盟信息

加盟投资项目	
项目	委托加盟
店铺投资成本	·店铺总投资约新台币450万元，营业面积约35~60平方米以内，由总部与加盟者共同投资 ·总部投资技术、机器设备、生财器具、冷气 ·加盟者投资设计费、门市装潢、木工、水电、招牌（囊括在新台币198万元之中）

加盟投资项目	
项目	委托加盟
加盟金	·新台币 198 万元（未税）[如有咖啡冷饮部门，另加新台币 50 万元，计新台币 248 万元] ·教育训练费，商标使用及开店相关费用
履约保证金	·新台币 20 万元现金担保部分，期满无息退还 ·新台币 60 万元本票一张或房屋保证设定新台币 150 万元 ·新台币连带保证人 1 名，对总部所提供之店铺商店、设备的债权保证
利润分配与保障毛利	
项目	委托加盟
营业利润分配与计算	·营业利润分配，月营业额先扣除营业税、房租、批货成本、品牌权利金 2% 后分配 　·总部分配 25% ·加盟者分配 75% 支出人事、水电、瓦斯、杂支、营销活动等门市开销 ·面包毛利 50% ~55% ·伴手礼毛利 40% ~45%

资料来源：1. 几分甜网站，http://www.howsweet.com.tw/cetacean/，检索日期：2011 年 10 月 18 日。

2. 罗弘旭：《几分甜许湘铉用"一抄二研三创新"做出特色》，《今周刊》2011 年第 735 期。

3. 孙庆璋：《鸡蛋布丁几分甜火红创烘焙业蓝海新典范》，《NOWNEWS 今日新闻网》，2011 年 7 月 7 日，http://www.nownews.com/2011/07/07/11471 – 2725758.html，检索日期：2011 年 10 月 18 日。

加盟连锁体系与自行创业经营各类商机都是冒险行为。但是，连锁体系通过分享过去经营 Know – How，在产品开发、商圈拓展、物流配送和营销手段上具有丰富经验，因此降低了企业主失败的风险。对加盟者而言，同样的资金，他们会选择风险较低的方式进行创业。在资金的取得上，加盟者若能以自身的资本创立企业或扩展企业是最理想的状态，但现实中大

267

多数加盟者都必须通过外部借贷试以募得资金。加盟者通常从连锁总部、家人、朋友和亲戚、银行以及外部投资机构募得资金。

加盟者的其他要求或义务

按规定，加盟者必须购买连锁总部的指定设备并且按契约规定进货（包含连锁总部的自有品牌）。加盟者使用的设备必须符合连锁总部所提出的规格与要求，但大多数连锁总部不会要求加盟者从公司直接采购这些设备。当然加盟者有权利从不同渠道取得相关设备。加盟者可从任一家著名授权的供货商进货。因此，连锁总部必须在合约中详细载明加盟者的全部义务，这些义务可能是连锁总部的利润来源。虽然连锁总部可能不会要求加盟者必须从母公司进货，但却可能规定加盟者从合作的供货商处购买设备、器具以及相关设施，而这些供货商都须达到或超出连锁总部规范的标准。

连锁总部会为加盟者估算加盟成本。他们想让加盟者了解加盟企业开业前需要准备多少费用。但连锁总部仅负责列出所有可能发生的费用，各建店条件不同，生活环境情况也不同。因此，加盟者必须对该费用保持一点弹性，最终究竟须投入多少的加盟成本，连锁总部将会协助加盟者进行最后估算。总经营成本将会受地址店租成本、当地消费状况和经济条件所影响。加盟者也可通过连锁总部在经营各式商圈上的经验，更准确地估算各项费用进而统计最终成本，以做好加盟的财务准备。

▶▶ 9.4 潜在加盟者可寻求的财务支持

9.4.1 连锁总部的财务援助

在美国，连锁企业麦当劳会提供加盟者经济方面的支持，但其实这样的例子并不多，绝大多数的连锁总部并不会给予加盟者财务支持。因为连锁总部在开放加盟时，主要的原因之一希望能通过加盟者的资金拓展事业版图。因此，大多数的连锁总部都要求加盟者必须有足额资金支付加盟金以及创立加盟店时的相关支出。更有些连锁总部会在合约中表示连锁总部并不会提供给加盟者直接或间接的财务帮助。

关于是否应该给予加盟者财务的相关援助，有两个截然不同的观点。有些专家认为连锁总部并非金融借贷的专门机构，因此不应参与财务相关的借贷作业；也有专家认为，应协助信用良好、具有成功潜力的加盟者财务援助，甚至可以让各个加盟者朝向复数店经营方向前进。但是，几乎所有的加盟者都倾向连锁总部对于加盟者的援助不是100%，加盟者自身应该提供大部分的创业基金，也必须让潜在加盟者用自身准备的创业基金支付加盟金。如 Dunkin Donuts 在美国开放加盟时，加盟者必须用自己准备的创业基金支付总额约40，000美元的加盟金；而在设备方面，Dunkin Donuts 则提供加盟者直接贷款或租赁方案，让加盟者进行选择。

9.4.2 其他财务援助

有些加盟者可能可以向银行机构寻求财务的援助，以募得加盟所需的各项费用，包含加盟金、权利金、固定设备支出、相关器具的贷款。这些条款由贷款机构为加盟者制定，无须告知连锁总部或获得其许可。若要通过银行机构以募得加盟资金，往往需要提供实务资产和个人财产进行抵押，由加盟者进行担保或通过加盟者的担保人担保。

某些连锁总部甚至提供培训前用现金支付加盟费用的加盟者一些折扣。小型的连锁体系相对于大型的连锁体系提供更多类似的折扣可供加盟者选择。因此，在加入连锁加盟体系的期初，投资额是相当重要的。

9.4.3 金融机构

借款是一门艺术又是一门科学。加盟者的贷款实力取决于个人过去经历、信用记录、从业经验以及对贷款人相关具有还款证明的相关能力（见图9-1）。加盟者的资本结构可能包括短期借贷、中期借贷。

（1）短期借贷：短期借贷期限大多低于一年。这些资金一半用于短期需要，如进货或商品制作。短期融资往往用于当费用（现金支出）和销售收入（现金收入）之间短期内无法平衡时。加盟者通常可以通过信用贷款、商业本票、无担保银行贷款或存货进行借贷。

信用交易是最常见的短期借贷形式，加盟者可以从供货商和（或）连锁总部那里获得信用。该供货商（卖主）一般会允许加盟者（买主）延期付款。交易期可以是30~120天，在此期间不收取利息或仅收取少量的利息。加盟者是否能取得信用，几乎完全取决于他们的信誉及信用记录。

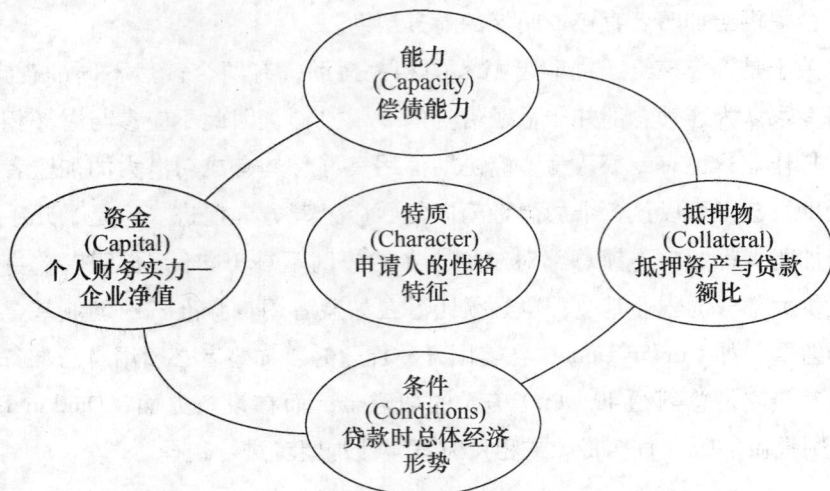

图 9-1　加盟者贷款能力考虑因素

（2）中期借贷：加盟者一般会通过短期借贷以应对突发事件或进货。中期借贷大多是为期 1～3 年的借贷活动。这种借贷方式较为灵活，若加盟者经营的企业处于快速成长的阶段会采用该方式。但是在初期，企业可能会进行短期借贷，后续会要求银行将贷款年限延长 1 年或 2 年。许多银行不愿意提供延期借贷，会进一步要求加盟者进行中期借贷以募得资金。银行进行联合征信评估后，有时会提供无担保贷款给信用评价等高级的加盟者。

债务融资的种类。加盟者可以利用多种债务借贷方式募得期初经营、经营改善或拓展业务所需的资金。

银行定期贷款。定期贷款是银行与加盟者签订正式合约，要求加盟者于限定期间内（贷款期限）还款，并支付一定比例的利息。该贷款方式要求加盟者按月偿还部分本金和利息。或者也可以让加盟者在贷款期间仅偿还部分本金，到期时偿还一笔金额较大的贷款。这种贷款一般会要求提供抵押物（土地、建筑、固定设备、设备或其他固定资产），若加盟者无法在期限内还款，银行将没收这些抵押物。

9.4.4　合伙

企业常会使用合伙方式募得资金。合伙企业成立的前提是合伙人愿意一起合作并同意投入一定量的初始资金用于预期费用支出。合伙企业的合伙人必须对企业的所有债务负全责。因此，积极参与管理企业、按所得利

270

润分别纳税是合伙人应尽的义务。

许多加盟者利用合伙方式筹集资金。合伙人可能投资企业 1,000,000 ~ 2,000,000 美元，利率为 5% ~ 10%。也就是说，普通合伙人只需放弃 50% 的企业所有权并经营企业就能筹集到 1,000,000 美元的资金，降低了合伙人的财务风险并减轻了他们的债务负担。

连锁快线

连锁加盟店 银行借贷俏

各家银行也推出有相关的贷款措施，协助业主创业，解决资金上的困难，以国泰世华为例，国泰提供三种方案供加盟者选择，若第一次加盟创业，则可参考第一种贷款方式；若想转换银行借贷，针对利率进行协商，则可参考第二种方式；若经营一段时间后，想要进行复数店加盟，则可考虑第三种借贷方式。

连锁第一响（方案一）：加盟创业贷款

·对象：加盟经本行核实连锁加盟总公司的个人（须为加盟店负责人）。

·用途：加盟连锁加盟店所需的加盟金、保证金、规划装潢费用、设备费用等创业用途资金。

·额度：最高以加盟初期所需资金的七成为原则，每户最高新台币 200 万元整（无担保贷款最高新台币 100 万元整）。

·期间：担保放款最长 15 年，无担保放款最长 5 年。

·还款方式：按月平均摊还本息。

·保证人：纯信用至少具备本行要求最低资格的保证人 1 人。

连锁第二响（方案二）：代偿他行创业加盟贷款

·对象：正常还款缴息超过 6 个月的加盟创业贷款主（须为经本行核实的连锁加盟店）。

·用途：偿还他行的创业加盟贷款。

·额度：不超过他行创业加盟贷款余额（无担保贷款最高新台币 100 万元整）。

·期间：不超过原偿还期间加 1 年。

·还款方式：按月平均摊还本息。

·保证人：至少具备本行要求最低资格保证人1人。

连锁第三响（方案三）：连锁加盟店周转金贷款

·对象：经本行核实连锁加盟店的个人（须为加盟店负责人）、营利事业，连续营业达1年以上者。

·用途：营运、扩店、装修周转金。

·额度：最近半年"月平均营业额"3倍，最高新台币50万元整。

·期限：最长3年。

·还款方式：一次开立分期票，按月平均摊还本息。

·保证人：至少具备本行要求最低资格保证人1人。

资料来源：1. 张博亭：《上班族调查　七成六想创业》，《联合晚报》A16版，2011年2月17日。

2. 周小仙：《趁年轻追梦职场掀创业潮》，《联合报》AA2版，2011年10月16日。

3. 《上班族创业心动没行动》，《职场行家》，2011年10月11日，http：//pro. udnjob. com/mag2/enter/storypage. jsp？f_ MAIN_ ID＝179&f_ SUB_ ID＝656&f_ ART_ ID ＝67716，检索日期：2011年10月20日。

课后习题

理论题

1. 请问如何判断自己是否具有创业特质？

2. 请问潜在加盟者可以寻求的财务方式有哪些？

应用题

1. 请您自我评估，看自己是否有成为加盟者的潜力。

2. 假设您今天有加盟的打算，您会从哪些方式募集资金？

章末个案

台湾烘焙师在上海找到梦想的起点

宜芝多（Ichido）蛋糕面包店在1999年由台湾商人蔡秉融在上海创立，主要销售西式松饼、日式蛋糕或台湾传统糕点。董事长蔡秉融是19年前首批从台湾至上海创业的烘焙师傅。他创办的宜芝多（Ichido）目前在上海已经是一个家喻户晓的品牌，在上海获得大众点评网前三名佳绩。

蔡秉融高中毕业就进入面包产业，1992年到上海，那年他才26岁。当时上海浦东尚未开发，也没有几家面包、蛋糕专卖店。蔡秉融打工7年累积经验，但却一心想创业。尽管大多人皆不看好，但他仍集资100万元创业，开始进行上海事业版图的拓展。

1999年，蔡秉融在上海徐嘉汇美罗城商场开了第一家店。开店一年内的生意并不理想，但却已花掉80万元。尽管店面经过多次翻修，生意却越来越差，最后宣告倒闭。不过，蔡秉融则是越挫越勇，拿仅剩的20万元继续打拼。第二次设店于美罗城对面的太平洋百货，没想到一炮而红，让宜芝多（Ichido）成为人气店面。

但在建店的过程中，为要求产品质量，蔡秉融承受了巨大的压力，他不停追求具国际水平的产品。在产品口味上，蔡秉融坚持亲自研发调味，例如他研发的北海道香浓吐司，每天可以卖掉4，000条，促销时甚至两天在全上海的分店就卖出10000条。蔡秉融认为，在上海开面包、蛋糕店不能只讲求好吃，更大的决胜关键在于"细节"，因为"细节决定一切"。

↑宜芝多（Ichido）用鲜明精致形象，抢攻上海蛋糕市场，照片左侧为蔡秉融董事长，右侧为笔者。

在服务质量要求上，宜芝多的店长和区督导必须随时注意客人的需求以及商品的丰富度。蔡秉融认为，当橱窗货架摆满各式口味香浓的蛋糕，是掌握消费者的心理、引发购物欲的营销策略。

5年后，宜芝多（Ichido）每年营收达上亿元，但却面对台湾同业的压力，包括85度C、元祖、向阳坊、克里丝汀等。宜芝多以高层定位，在中国各地精华区设立门市，如上海淮海香港广场精品旗舰店，锁定中国高消费族群，聘请美国知名甜点师傅指导商品制作，以符合中国消费者口味，并强化宜芝多品牌经营，让宜芝多不只卖产品，更要品牌化，唯有品牌化才能走得长远。

目前宜芝多（Ichido）除了宜芝多面包品牌外，另有咖啡店Ichido i cafe、蛋糕类Ichido i cake、中式糕点类80余种以及主打中高价位的法式甜点类LE DIAMMANT堤雅梦等5个品牌，在苏州、南京、沈阳、上海等地共有约50家分店，总营业额约新台币15亿元，其长期经营目标是成为华人世界烘焙业的龙头品牌。

2012年2月，为了要深耕天津与北京的烘培市场，宜芝多与台湾企业鼎泰丰的大成集团合资，选择在高消费族群众多的区域，于2012年3月与6月开设门市。除此之外，2012年5月宜芝多在新加坡开设海外第一家分店，并预计在2014年回台上市。

动脑时间

1. 创业所需要的人和特质是什么？

2. 若您是宜芝多老板，在中国市场开拓上，您会采取何种扩张策略？

资料来源：1. 夏幼文：《上海低成本创业细节见真章》，《工商时报》，2009年11月15日，http：//ggyy. com/read. php? tid＝2868，检索日期：2011年10月27日。

2. 宜芝多：http：//baike. baidu. com/view/1680695. html，检索日期：2011年10月27日。

3. 王伟：《台商创办宜芝多 挂牌亮相上海》，《海峡之声网》，2011年6月29日，http：//big51. chinataiwan. org/tsfwzx/gdts/201106/t20110629_ 1905134. html，检索日期：2011年10月27日。

第10章　加盟者商店营运策略

学习目标

1. 了解卖场角色的重要性。
2. 了解卖场外观注意事项。
3. 了解卖场布置规划。
4. 了解商品陈列的方法和要领。
5. 了解视觉商品管理。

章首个案

Pizza Cut Five 不卖 Pizza 卖潮服

吴哲圻，楼上公司的老板、品牌创意总监，还是胡须张卤肉饭、十八铜人行气散的推手，自创的 EM. shoes 挤进台湾地区前三大女鞋品牌。广州工厂员工上百位，多年后，卖掉工厂，专心开发台湾业务。在 2007 年自创潮牌 Pizza Cut Five，大获年轻消费族群欢迎，成为台湾地区的潮牌之一。

设计师好友陈彦鸣送了一款自创品牌 T 恤，让吴哲圻有了发展服装事业的念头，两人一起合作，并以日本涉谷系乐团 Pizzicato Five 名字为出发点，创造台湾潮流服装品牌 Pizza Cut Five。

↑**Pizza Cut Five** 以充满创意的店铺装潢与摆设吸引民众入内消费。图为 **Pizza Cut Five** 结合胡须张，推出限量潮 T 恤。 （图片来源：**Pizza Cut Five** 官方无名小站 **http：//www. wretch. cc/blog/pizzacutfive/**）

特别的是，Pizza Cut Five 店面仿效比萨店的装潢，商品的货架是冰柜，比萨盒是商品的包装袋，还推出 0800 外送专线，极尽搞怪而出现在 Pizza Cut Five 品牌里。为了快速累积知名度，Pizza Cut Five 找来胡须张、十八铜人，通过联名、跨界创造话题，达到营销效果。

Pizza Cut Five 结合胡须张及骷髅头元素，推出限量潮 T 恤款式，造成一股抢购旋风，而胡须张在年轻族群眼里，也有了新的定义。与胡须张的合作，迅速提升了 Pizza Cut Five 的曝光度，2008 年第一季的业绩成长了 50%。2009 年与十八铜人合作，推出"浴火重生"发布会，结合公仔、漫画、音乐、广告等元素的新形态营销手法，让台湾精神的潮流风格成为网络上的话题。

Pizza Cut Five 的名气越来越响亮，吸引各大品牌争相抢着合作，包括三星、可乐果、Johnny Walker 等。2010 年，吴哲圻的楼上公司更引进了香港时尚女装品牌 Toilette 及名媛最爱的女鞋品牌 Heeal 于台北东区设店，吸引不少潮女选购。

Pizza Cut Five 潮流品牌目前在全台已有 12 家门市，幽默创意的精神，创造十足的话题性，通过跨界合作颠覆了潮流印象，Pizza Cut Five 的实时动态已成为潮流界的主要话题之一。

资料来源：彭杏珠：《Pizza Cut Five 以潮为尊代客潮化操盘手》，《远见杂志》2010年第 292 期。

▶▶ 10.1　卖场扮演重要角色

连锁经营的本质是规模经营，即使是一家大型商店，若没有发展连锁体系，其营收与成长也会受到局限，唯独发展连锁体系才得以通过规模达成效益。因此，连锁商店的门市是连锁经营的基石，是连锁经营企业的末梢神经，是总部整体决策策略能否成功的试验场所。

由于连锁加盟是连锁总部与加盟者缔结合约，将自己的商店品牌、商标以及其他企业元素和经营 Know‑How 授予对方，使其在同一企业形象下出售商品。因此，连锁店的标准化、规模化与系统化经营，使各连锁门市成为效果极佳的公众广告，同时协助连锁企业达成规模效益。连锁总部在各地开设分店，各个地区的顾客反复接受同一品牌信息刺激，久而久之，会由陌生到熟悉，再到认可，进而产生兴趣。标准化的门市外观、橱窗设计、空间陈列规划等，对于树立与强化企业形象有极大的效果。

因此，连锁总部通常会赋予"连锁门市"一致性的形象，如果没有经过一致的设计与规划，门市将只是一个"建筑物"而非"卖场"。一个成功的店铺所需具备的因素非常多，而良好的卖场配置与规划是不可或缺的因素。更有研究者提出，随着经营导向的转变，从过去生产导向、销售导向的思维，演进到今日通过满足顾客需求的营销导向。应该将店家出售商品的场所"卖场"改为以满足消费者购物需求的场所"买场"，主角也从"店主"转变为"消费者"。高达 80% 的消费者是走进商店后才决定要购买哪些商品。卖场的吸引力则成为产品销售胜负的关键。日本研究指出，卖场吸引消费者的因素："开放式容易进入"占 25%，"明亮清洁的店铺"占 14%，"商品陈列易看易选"占 15%，可见这些消费者最关心的问题就是卖场配置，亦即规划人员所要思考的问题。而卖场经营有两个目的：第一，要提高来客数及客单价，而来客数及客单价是创造营业额的两项主要因素，这部分主要是提升业绩，属于积极的开源；二是提升效率，属于消极的节流。

本书归纳出具有吸引力的卖场应该满足三方人员。

（1）可使顾客享受到愉快的购物：顾客入店后能够找到、并买到喜欢的商品而感受到愉悦，即在购物过程中让顾客有不断的"惊奇"并且在卖场中寻找购物乐趣。屈臣氏于 2006 年在和平东路及罗斯福路口开设全新互动概念店，不仅让购物空间明亮宽敞，更提供超过 700 个品牌、7,000 项产品让消费者选择。除此之外，设置"中岛型体验区"（Play Area）让消费者在购物中体验乐趣。体验区中设有镜面设计、清洁道具，让消费者可轻松试用各项产品，充分体验购物乐趣。通过试验店修正并满足消费乐趣，进而导入全部连锁商店。

（2）可让连锁店员工享受到愉快的工作：若想让顾客能享受到"愉快的购物"，连锁店店长本身也必须以"愉快的工作心情"去经营卖场。星巴克总经理徐光宇曾说，他挑选员工的条件就是钟情咖啡，喜欢和人相处。当营造出一个快乐的、正向的愉悦工作环境，让员工们感受到温暖与激励的力量，自然就会为顾客提供真诚的服务态度。因此，星巴克六大企业使命中的第一条即开宗明义地指出：提供完善的工作环境，以敬意与尊严对待所有员工，让员工成为公司最重要的资产。

（3）可提升卖场（商店）或企业的利润：卖场经营的最终目的是获得企业利润。在计算企业营收时，通常会利用顾客来客数乘以客单价获得营业额。因此，要提升营业额，在顾客数一定时，则需要提升客单价；若顾客数不一定，则要想办法提升来店人数，例如整合性营销活动、良好的立地条件、拥有停车空间。

▶▶ 10.2 外观注意事项

外观是决定顾客是否愿意入店的重要因素，建筑物的形状、招牌、外墙、外侧的设计、店名的图案、入口门框、从外侧所见到的卖场模样（包含展示商品）等都可列入外观的一部分。

要吸引路过的消费者驻足于店前，进而进入商店消费的关键是商店整体给人的第一印象。根据心理学家的说法，人们会在最初的 20 秒就决定约 80% 的第一印象，所以店家必须努力设计出一个能让顾客第一眼就产生"此店为我开"的想法，创造一个魅力无法挡的外观。

当消费者路过商店时，心中通常会浮现：这是家什么店？卖些什么？提供什么服务？商品价位如何？店内有我需要的商品吗？因此店家在外观设计上，必须要定位清楚，让消费者从外观就能清楚商店提供的是什么。例如消费者逛街时看到"丽婴房"的招牌，在尚未进入店内以前，大概就能猜出店内卖的是哪一类商品，再观察商店外观，通过可爱的小象 Logo、缤纷的色彩布置，甚至悬挂的造型气球，便能快速知道商店所提供的商品以及服务。以下则通过店铺外观与橱窗设计来分析连锁企业如何通过一致性形象吸引消费者来店。

10.2.1 门市入口设计

当消费者被店铺外观吸引，此时连锁店铺的入口是顾客决定进入的重要关卡，商店入口要让消费者拥有"容易进入的亲和力"，才能引人入店。商店入口分为开放型及封闭型。

开放型指的是顾客可从外面清楚看到店内的模样和商品；封闭型为顾客从外面无法看清楚店内的模样、商品、售货员的待客态度及服务。店铺大多以开放型入口为主；封闭型的入口，由于隔开了商店与外部环境，所以给人安静、高雅的购物气氛，通常被精品专卖店所采用，隔离了闲逛的顾客，让高消费力的顾客有备受尊宠的感觉。

店门的设置也有其原理。由于店门口的作用是引导顾客的视线，并让顾客产生入店看看的兴趣，因此，连锁店铺需要引导消费者如何进入，使消费者能一目了然。

店门要设置在店铺的中间、左侧还是右侧，需要根据实际的人流状况而定。空间较大的商场，可将店门设置于中间位置，但若是小型商店则较不适合这样设置。由于店内空间狭小，会影响店内实际使用的面积及顾客路线规划，因此将店门设置在左侧或右侧较为合理。现在有很多商店位于二楼或地下室，如超市，所以其入口需有明显的指示标志，才能引导消费者入店。另外，店门口的路面是否平坦，是否有障碍物阻挡或影响形象的物体、建筑，采光、噪声及太阳的照射方向也是必须考虑的因素。

除此之外，通过外观至店门口一系列的设计，还能传达连锁企业精神、经营概念及策略。例如连锁便利商店在店门口设计无障碍坡道，方便残疾人士或推婴儿车的成人进出，表现出服务第一、顾客第一的商店理念；争鲜寿司在店门口摆放 Q 版寿司公仔，传达了店内欢乐自在的气氛，给消费者亲切且热情欢迎的感觉。

10.2.2 橱窗设计

街道上多家连锁店铺林立，即使商品再物美价廉，但人群来来往往就是不进入店内。此时连锁店铺必须意识到自己的商店外观、橱窗是不是不够吸引人，消费者往往会从门市的外观、橱窗判断店内的商品好坏。连锁企业甚至在总部内设置橱窗设计团队，给予各个地区的门市一致风格的形象传达，以建立品牌形象。像 ZARA，在西班牙总部地下一楼设置试验店，设置 25 个橱窗，40 位店面设计人员，随时更新最新流行想法以符合市场需求并建立品牌形象。

橱窗是商品面对消费者的第一线，为了让消费者入店或者产生冲动性购买，商家应特别着重于橱窗陈列上。无论连锁店铺的橱窗大小，要达成的目的只有一个，那就是吸引注意力。橱窗的设计可根据门市的主要概念作延伸，门市可借此向消费者表达其信息及产品，出色的陈列加上适当的文字说明能让消费者清楚接收门市想传达的概念。

橱窗布置最基本的注意：橱窗的整洁、定期变更橱窗展示，保持新鲜感、明亮的灯光让橱窗展示更生动。在陈列上要特别注意：橱窗的布置中心最好与消费者的视线平行，让陈列的商品能清楚出现于消费者的视野中；运用灯光及色彩搭配，创造出层次感；橱窗内商品摆放的高低、疏密要均匀，让消费者不论从远处或近处、正面或侧面都能看到商品的全貌；橱窗锁定一种主题，千万不要摆设过多商品，避免主题失焦，分散消费者视线；如果要做另类的摆设，商家需要运用更多巧思，增加消费者的停留时间。

橱窗是消费者对商店的第一印象，它能刺激消费者购买心理的变化。对门市而言，橱窗是展示品牌概念的方法之一，橱窗陈列的目标是要让消费者知道你想表达什么内容。好的橱窗陈列是会说话的，除了吸引消费者停下脚步欣赏，甚至能引导消费者入店消费。

在现代商业活动中，橱窗既能达到广告效果，同时也是装饰商店的重要工具。一个主题鲜明、风格独特、别出心裁、装饰美观、色调和谐的店铺橱窗，与整体店铺建筑外观以及内外环境构成的立体画面，具有美化门市的作用。

橱窗的分类。根据陈列方式不同，橱窗主要分为以下几类：

（1）综合式陈列橱窗：综合式陈列橱窗是指经由许多不相关的商品综合陈列在一个橱窗内，以组成一个完整的橱窗广告。这种橱窗陈列由于商品之间差异较大，设计时一定要谨慎，否则会给人一种"大杂烩"的感觉。综合式陈列方式主要有横向橱窗陈列（横向分组陈列）、纵向橱窗陈列（纵向分组陈列）、单元橱窗陈列（分隔架陈列）。有些书店的橱窗会以综合式陈列呈现，橱窗内除了摆放热门的书籍外，同时还会陈列店内出售的可爱玩偶或文具，构成一个完整的橱窗广告，吸引消费者目光。

（2）系统式橱窗陈列：大中型连锁店铺的橱窗面积较大，可以按照商品的类型、性能、材料、用途等因素分别将其组合陈列在一个橱窗内。这又可具体分为同质同类商品橱窗（如各种自行车橱窗）、同质不同类商品橱窗（如各类皮具橱窗）、同类不同质商品橱窗（如各种化妆品橱窗）、不同质不同类商品橱窗（如运动器材橱窗）。例如美体小铺（The Body Shop）橱窗陈列各式各样的保养品，依照产品不同成分内容陈列，如茶树系列、玫瑰系列，也有依照产品不同使用功能陈列，如洗面乳、乳液等，方便消费者找寻适合自己的商品。

（3）主题式橱窗陈列：主题橱窗陈列是指以一个广告主题为中心，围绕某一特定的事情，组织不同品牌或同一品牌的不同类型商品进行陈列。向消费者传输一个主题诉求，如节日陈列、绿色食品陈列等。主题式展示常见于百货公司橱窗，例如圣诞节期间，可以发现橱窗里摆设的商品多以红色、绿色等颜色陈列，让逛街的民众感受到浓浓的节日气息。

（4）特写橱窗陈列：特写橱窗陈列是运用不同的艺术形式和处理方法，在一个橱窗集中介绍某一关键的产品，主要有单一店铺商品特写陈列和商品模型特写陈列等。这类陈列用于新产品、特写商品的广告宣传，大部分精品店以特写式陈列商品，这种陈列方法能凸显商品的质感及高贵典雅的感觉。

（5）季节性陈列：根据季节变化，把当季商品集中进行陈列，以满足顾客当季购买的需要，有利于扩大销售。当服饰店为模特儿换上粉嫩色的衣服时，消费者能明显感受到春天的到来。

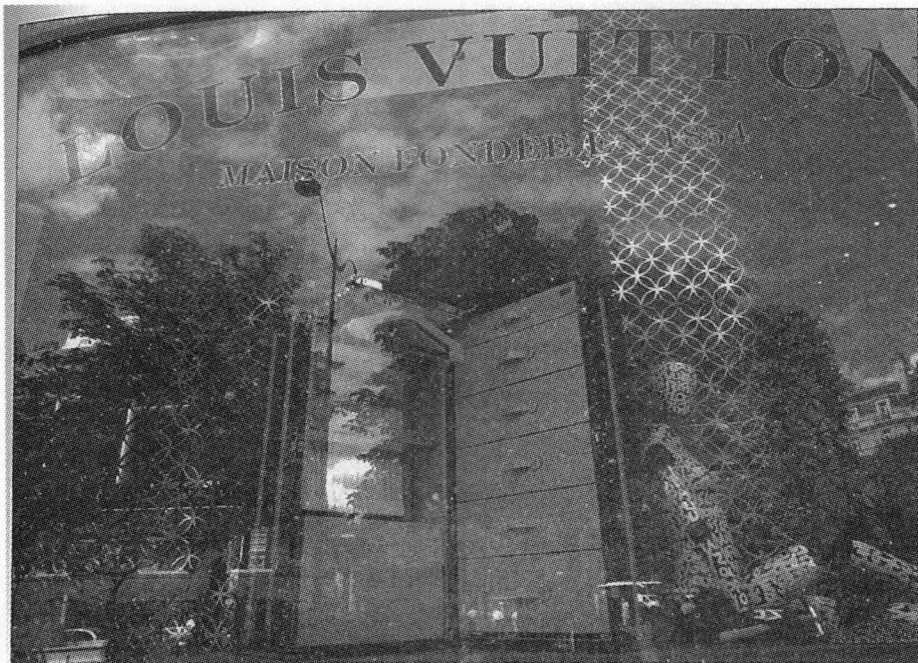

↑法国 Louis Vuitton 旗舰店，于橱窗展现皮箱，结合艺术呈现商品价值。

连锁快线

展示新方式生活形态　凸显商品特色

卖场布置可随主题、企划而改变，不同的商品及不同的陈列摆设，塑造出不一样的展示空间，图 10－1 说明生活提案展示案例。

总之，现代橱窗设计不但要随着科学的发展更新设计思想，不断充实、改进内容和形式，而且在设计制作上要注意广告宣传的目的，不可喧宾夺主。

资料来源：永岛幸夫：《卖场中的营销学——那样摆不会卖，这样才对》，刘宗德译，大是文化有限公司，2010 年 2 月 25 日。

顾客嗜好	生活形态	备货种类	展示搭配
运动	非常热爱运动的阳光生活	潜水表、帆船运动计时码表、专业鲸鱼表款	呈现出足球场临场感的足球海报
古玩收藏	怀念旧时尚	发条时钟、钟摆时钟、八角形立钟、传统表款	古董电风扇、漂亮的巴拿马草帽、卓别林的海报、泛黄的照片
注重流行	对流行时尚非常敏锐	时装、美鞋、流行包、时尚配件、居家装饰品	运用鲜艳的色彩搭配当季主打的服饰配件，展现出华丽时尚的感觉

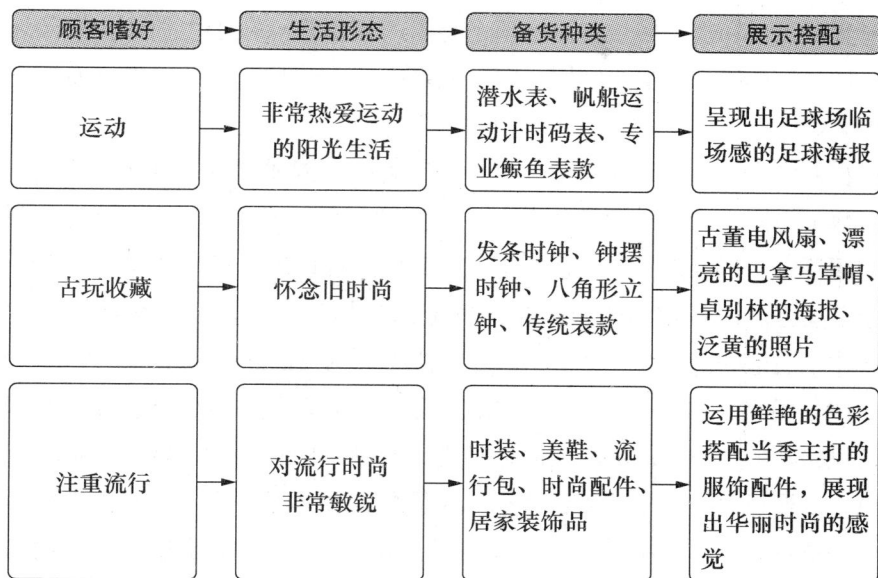

图 10-1　利用生活提案唤起消费需求

▶▶ 10.3　卖场布置规划

连锁店铺的卖场规划直接影响消费者的购买行为，同时影响销售业绩。

好的卖场规划不仅呈现连锁店形象，同时结合艺术设计，展现独一无二的特色。本节以零售业和餐饮业的卖场设计为主进行介绍说明。卖场给予顾客在购物选购上的方便、新颖独特的商品特色，借此也和竞争者有所区分，不断建构消费者购物的忠诚行为。而连锁总部在进行连锁店卖场规划时，应遵循以下原则。

（1）便利购物、完美演出：当消费者踏入卖场，进行的其实不是纯粹的购买活动，而是购物、休闲、娱乐及社交集合性的综合活动，甚至展现消费者的生活态度与方式。连锁店铺通过拥有充足的商品、创造舒适的购物环境，使顾客享受到最完美服务。舒适的卖场基本条件是要有好的路线规划，让顾客易入、易绕、易出。所谓易入，意指入口必须有适当宽度，

283

顾客较易上门；易绕则是建议主通道又宽又直，直通到底并且至少超过90厘米宽，入口和出口必须容易辨识；易出的规划重点在于，别让卖场像迷宫一样，陈列线高度也要掌握，别让顾客处于不知身在何处的卖场而找不到出口。

自助式卖场中，总部通常会规划连锁店铺内能通过诱导方式，让顾客单向地走到商店内部，称之为单向控制原则（Oneway Control）。单向控制原则须符合下列条件：①从入口笔直通到尽头后直角转弯，呈"L"字形；②主通道为店内最宽的通道；③主通道的最尽头位于入口对角线的最内部；④主通道的两侧要连续陈列大量具吸引力的商品。

（2）特色气氛、突出经营：连锁店铺内气氛环境设计将凸显连锁品牌经营风格。依照出售的商品或服务品类以及锁定的目标顾客特性塑造气氛环境，以形成别具一格的经营特色。不同的连锁体系，会有各自的色彩语言。快餐业态经常运用暖色系，如红色、黄色与橙色传递温暖、亲切的品牌印象；蓝色和绿色则较偏向冷色系，会创造雅致、整洁的气氛。除此之外，有些连锁商店也会通过情境装潢，营造主题及品牌形象。如南法香氛品牌欧舒丹（L'OCCITANE）门市专柜呈现南法乡村风格，通过原色木头、锻铁与小型的红色六角地砖的装潢，传递健康、有效、天然产品的品牌定位。

（3）提高效率、增长效益：连锁店铺内部路线环境设计关系着进、销、存、运的流畅性，甚至影响商品上架时间、人力成本、工作效率与企业的经济效益和社会效益是否能因此提升。一般店面租金负担占营业额很大比重，因此，"高、平、效"求利润是连锁店铺的经营目标。如何充分运用每一寸空间，从经营效率的角度或成本的考虑，融入经营者或设计者个人想法，同时又考虑到顾客路线的流畅性，与店内服务人员营业上的流畅性及视觉掌控的方便性，是商店路线规划的重要课题。连锁总部也因为有着丰富的建店经验，能避免许多华而不实的店内规划设计。

商店的路线意指店铺内人的流动，顾客或服务人员的行动记录在店内空间布置规划设计图上的轨迹。顾客路线越长越好，最理想的是能让顾客巡回所有通道；相反，服务人员路线及管理路线越短越好，增进后勤管理的效率。

10.3.1　连锁卖场通道设计

连锁卖场路线是顾客在卖场内购物行走的路线。设计连锁卖场路线须注意以下几点：第一，通道宽度很有讲究，但各有不同的设计。一般来讲，营业面积在 600 平方米以上的连锁店铺，卖场通道宽度要在 2 米以上，副通道的宽度则建议在 1.2 ~ 1.5 米，最小的通道宽度不能小于 90 厘米。第二，卖场主通道、次通道的宽度和连锁店的规模成正比。第三，通道设计最好简单并呈直线型，如图 10 - 2 所示。第四，不能给卖场留有死角，死角就是顾客不易到达的地方或者顾客必须折回才能到达其他货架的地方。

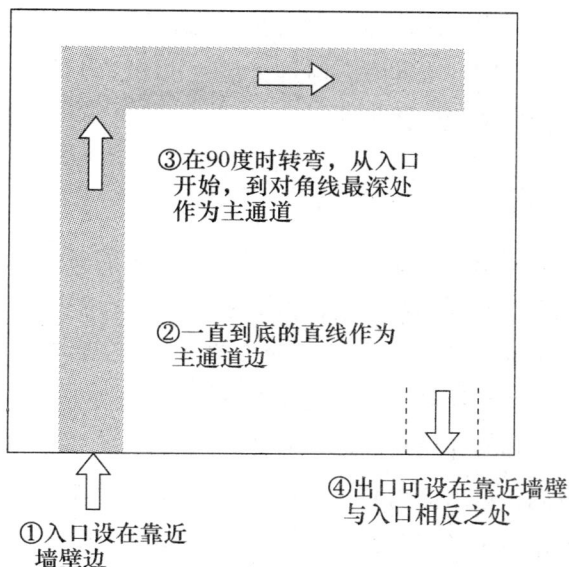

图 10 - 2　卖场通道设计

　　连锁店铺的通道可分为直线式通道、格状式通道与精品式通道设计。

　　（1）直线式通道设计：直线式通道也被称为单向通道。这种通道的起点是连锁店铺的入口，终点是连锁店铺的收银台。顾客依照货架排列的方向进行单向购物。单向陈列以商品不重复、顾客不回头为设计特点，使顾客在路线内完成商品选购。图 10 - 2 就是一幅典型的直线通道设计图。英国教授 Alan Penn 指出，IKEA 通过完美路线设计，让消费者走进 IKEA 仿佛走进了一个"迷宫"。IKEA 巧妙地将路线设计呼应人的"视线"，让消费者朝"看得到"的"最远处"前进。通过消费者在 IKEA 里面弯来弯去、转来转去，创造高达"60%"不在顾客原本购买清单之内的消费。

　　（2）格状式通道设计：是由一排排平行的长货架和通道所组成。格状

285

式通道设计无法满足视觉刺激，但非常适合让顾客逛遍整个卖场。顾客可以灵活地穿梭在整个卖场，知道各式商品的摆放位置，并且可以通过分类标示快速地找到欲购买的商品。大多数的便利商店业态、量贩业态等皆采用格状式的通道设计。

（3）精品式通道设计：指不对称安排顾客设备和通道，可以提供较私密、轻松的购物环境，让消费者可以放松浏览商品，通常会出现于专卖店。像服饰、皮鞋、家具等各种专卖店，如 ZARA、阿瘦皮鞋、三商美福，皆适用该通道设计方式让顾客浏览消费。但是，建立如此舒适的购物环境相当耗费成本，有时也无法像超级市场业态般引导消费者购物路线，甚至需要牺牲些空间进行陈列或贮藏。但是，精品式通道设计可以让消费者有更丰富的购物体验，享受购物乐趣。

10.3.2　磁石理论

磁石理论的关键在于通过"磁石商品"，引诱消费者逛遍整个卖场。所谓"磁石商品"又简称"磁石"，指的是可吸引顾客的魅力商品。扮演"磁石商品"，须具备下列条件：①必须是消费量多、购买频率高的商品；②必须是具季节性的瞩目商品；③必须明亮、华丽而醒目；④必须具有分量感。虽然每家连锁企业所属的业态或业种不尽相同，甚至皆为日常生活必需品的零售业态，但由于商品类型、品种不同，对顾客的吸引力也不尽相同。因此，根据引力的不同，可以分为不同系列，相应地给予不同的货架陈列位置，这就是"磁石理论"。"磁石卖场"依其目的与方法的不同被区分为四大类，如图 10-3、表 10-1 所示。

（1）第一"磁石卖场"：主通道的两侧陈列箱或陈列架。购买频率高的商品或主力商品。

（2）第二"磁石卖场"：留住顾客脚步，或诱导客人至商店内部而配置于各卖场的尽头或主通道的始头。配置主力商品中购买频率特别高的商品。

（3）第三"磁石卖场"：主要指端架。大多配置着折扣商品、自有品牌（Private Brand，PB）商品或季节性商品等。

（4）第四"磁石卖场"：配置于货架或岛式陈列架上。主要配置着想售出、想展示的商品或新产品等。

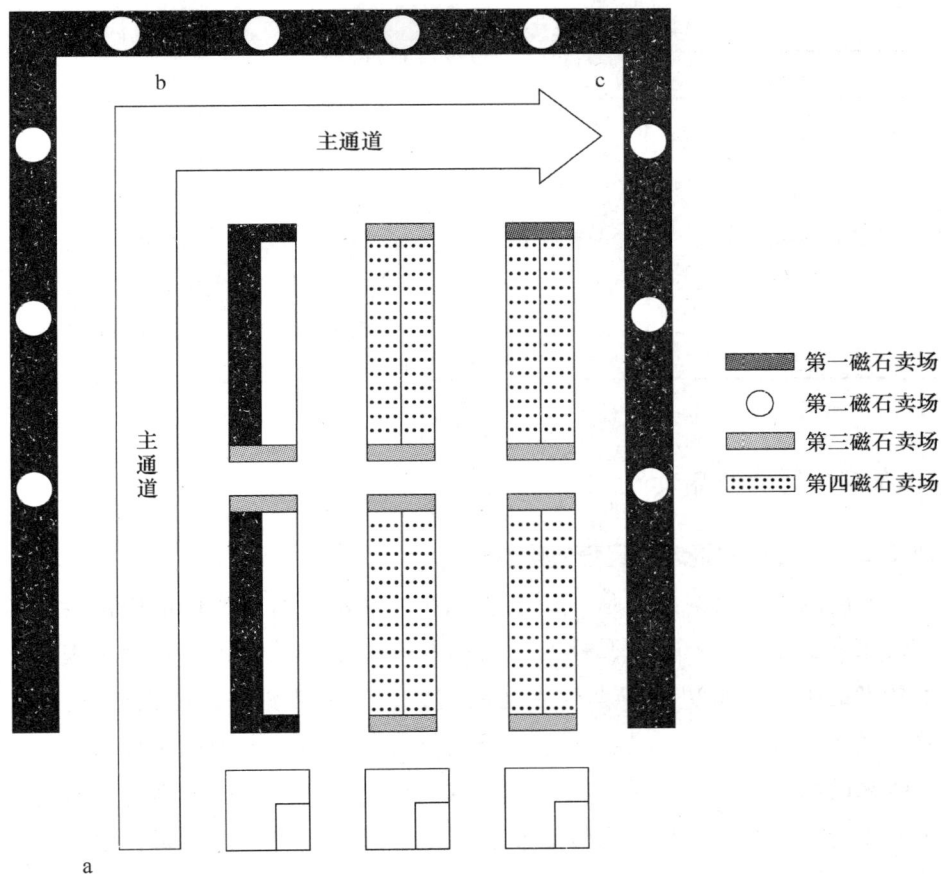

图 10 - 3　"磁石卖场"示意图

表 10 - 1　"磁石卖场"类型划分

类型	位置	特征
第一"磁石卖场"	沿主通道	①消费量大的商品 ②消费频率高的商品 ③主力商品
第二"磁石卖场" （都具备第一"磁石商品" 的全部特征）	在主通道沿线穿插	①引人注目的商品 ②季节性商品或时令性商品
第三"磁石卖场"	端架陈列	①特价品 ②自有品牌商品（PB 商品） ③厂商促销商品（新产品） ④季节性商品或时令性商品

续表

类型	位置	特征
第四"磁石卖场"	每一陈列架	①有些醒目提示的商品 ②廉价品 ③有意识大量陈列的品种 ④新闻媒体广告宣传品 ⑤想售出、想展示的商品或新产品

10.3.3 品类及品项

10.3.3.1 商品力是连锁经营成功的基础

商店的本质是商品，是连锁企业成功的关键。商品的价值应该发生在使用者身上，而不是商品本身。商品是融合生活的媒介，是为了满足消费者的生活，解决消费者生活上的问题，让生活更好。像无印良品，要开发床头灯，工作人员会去想每个人睡觉前最后一个动作是什么？早上醒来的第一个动作又是什么？对于戴眼镜的人来说，由于刚起床时意识不太清醒，若能够让床头灯底座上有凹槽可放眼镜，则可防止眼镜掉落。通过该故事可了解，对无印良品来说，消费者的需求是商品开发的秘诀。好的符合消费者生活形态的商品是连锁企业的核心竞争力。

10.3.3.2 品类、品项的定义

然而，卖场里经常陈列众多商品，在空间有限的卖场如何展现每项商品的最佳样貌，有赖于商品品类和品项的分类和陈列。品类（Category）指消费者认定相关性或/和替代性很高的商品，像量贩店的商品分区，例如饮料区、汽车用品区等。品项（Items）意指在每一品类中还可细分为几个品项，在每一商品品类中不同品项的数目。例如清洁用品又分为洗衣精、柔软精等。商品库存单位（Stock Keeping Unit，SKU）指每一种商品的不同品项。如33盎司的汰渍洗衣精为一库存单位。商品品类的数目决定所属零售业态别。例如，5个品类以上的称为综合零售业，可以是小型便利商店业态，也可以是4万平方米的购物商场业态。5品类以内则称为专卖店，可是各个业种。

10.4 商品陈列的方法和要领

10.4.1 商品陈列的规则

一项购物行为调查指出，有80%的消费者是走进商店后才决定要购买哪些商品。也就是说，消费者走进商店时，会看看货架上有哪些商品，才决定购买选择，因此商店陈列商品会影响消费者选择商品，好的商品陈列能提升商品销售额；反之，不当的陈列将使商品销售状况减少。连锁总部的一致性商品陈列指导如上，而连锁店店长的陈列经验、微调，也是吸引消费者的方式。

商品的陈列基本原则是让消费者能方便寻找、浏览、选择、拿取，以下为几个常见的陈列规则。

（1）易见原则：易见陈列规则主要是要让消费者能看清楚卖场内所有商品，并且引起注意，进而激发消费者冲动购买的心理。为使商品陈列显而易见，连锁店店长需要做到：第一，商品价格卷标贴于商品正面且面向顾客，而商品价格牌的位置要摆放正确，避免使消费者感到混乱；第二，任一商品都不能遮掩其他商品视线，影响消费者选择；第三，对于货架下层的商品采倾斜式陈列，避免下层商品不易看清；第四，节日假期、季节性及新品的促销专区，陈列要引人注目，例如运用商品本身包装色彩。冬季时，将暖色系商品摆放在一起，呈现冬天需要的温暖感觉，吸引消费者采购。不管何种业态，在陈列上应遵守易见原则，让商品能清楚展现自己，并且让消费者在采购上更加便利。

（2）易找原则：以顾客容易寻找且容易拿取的地方陈列，即为容易选购原则。面积大于500平方米的连锁店铺，应该于卖场设置商品货架分布图。规模更大的连锁店除了商品货架分布图外，还需备有楼层商品指示牌及卖场区域性商品指示牌。商品货架分布图及商品指示牌必须依照商品的陈列变化实时修改，方便前来的消费者找到需要的商品。卖场的指示牌就像路标一样，对识路、熟悉卖场的老顾客而言可能作用不大；但对于初次光临的顾客而言，清楚的指示牌能减少购物时的麻烦。设置卖场指示牌的大多为商品品项多样的业态，如大卖场、超市及药妆店等。

（3）陈列丰富原则：商品种类多样丰富，货架上的陈列必须丰富，充分使用货架空间减少库存压力。若库存不足无法将货架摆满，则把商品向前陈列，让货架呈现丰富、整齐，若商品缺货，则在空缺的地方，放上"此货暂缺"的标示告知消费者。货架商品不够丰富，容易造成货架凌乱，当消费者看到货架上东倒西歪的零星商品时，容易产生"卖剩的商品"的观念；反之，货架给消费者丰富、丰盛的印象，进而可激发购买的欲望。有调查指出，具有丰富陈列的超市其销售额较无法实现丰富陈列的超市要高出24%。大部分业态陈列都应遵守陈列丰富原则，但是部分个性店或精品店，则不采用此做法，其货架上通常只摆放零星商品以凸显商品的独特及特色。

（4）先进先出原则：当商品售出后，商家需要补货为货架陈列新商品，陈列时采用先进先出补货，将原有商品取出，再补充上新商品。新陈列的商品摆放于货架后端，而原有商品陈列于前，让先进的商品先卖出，以保证商品的新鲜度，特别是生鲜食品等储存期限短的商品。

（5）关联性原则：关联性原则不单只是将同类商品如服饰、鞋子、衣服集中在一起陈列，而是通过商品之间的关联性及互补性进行陈列。例如超市将烤肉酱、汽水等烤肉需要的商品摆在一起出售；另外一个有名的例子为 Wal-Mart（沃尔玛）的尿布及啤酒，Wal-Mart（沃尔玛）发现不少男性消费者买婴儿尿布的同时也顺便带走啤酒，因此 Wal-Mart（沃尔玛）就将尿布及啤酒摆在一起销售，此做法一出不仅方便消费者采购，也提高了两项产品的销售量。

10.4.2 黄金陈列区

消费者伸手可及的范围为地面往上60～175厘米之间，此范围称为有效陈列范围。也就是说，60厘米以下或175厘米以上的陈列空间对消费者而言根本难以接触。

黄金陈列区指的是连锁店铺中消费者最容易看到、拿取的商品陈列位置。对于男性消费者而言，黄金陈列的高度为85～135厘米；女性则为75～125厘米，以视线角度来看的话，消费者目光平行的视线低20度的地方作为中心，向上10度往下20度之间的范围是消费者容易浏览的高度，即黄金陈列位置。

黄金陈列位置主要是用来陈列高利润的重点商品，目的是增加商品销

量，创造更高的收益。而黄金陈列位置上下，还另分有次要线及再次要
线，主要陈列一般商品，如图 10 - 4 所示。

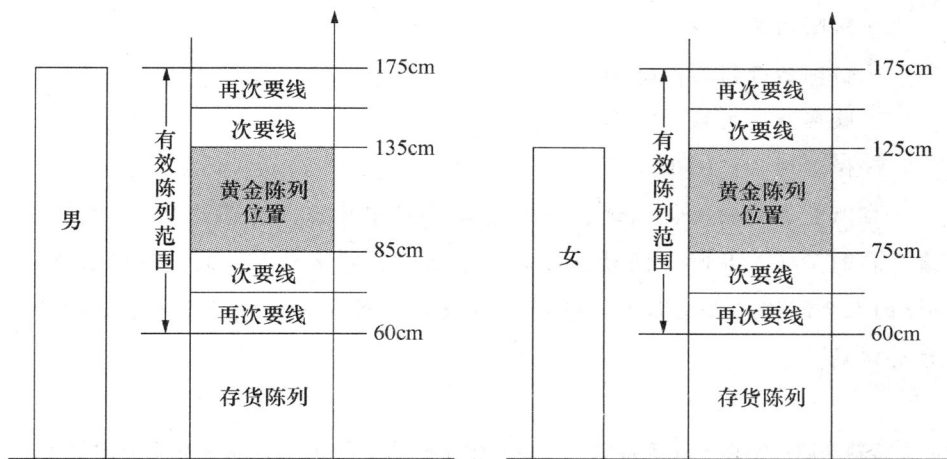

图 10 - 4　黄金陈列位置

连锁快线

女性购物秒秒都值得研究

女性消费族群数量庞大，且市场上的购买行为也以女性为主，某个有
趣的研究针对某全国性家庭用品连锁店的女性消费者平均采购时间分析：

· 女人和女性朋友一起采购：8 分 15 秒。

· 女人带小孩采购：7 分 19 秒。

· 女人独自采购：5 分 2 秒。

· 女人和男人一起采购：4 分 41 秒。

从上面研究可发现，女性的采购时间会因一同前往购物的人而有所不
同。当女性消费者一同采购时，她们会相互给彼此建议，因此会花较长的
时间于店内；若带着小孩，她们则一边挑选商品一边照顾小孩；如果单独
购物，就能充分运用自己的时间；如果与男性一起购物，男性容易觉得无
聊、不耐烦，女性消费者的购物情绪因此受到影响，而匆忙结束购物。

另一个研究为针对女性消费者于药妆店购买商品时，花费阅读包装的

时间：

- 沐浴乳：5 秒。
- 清洁身体用肥皂：11 秒。
- 防晒用品：11 秒。
- 粉刺治疗药物：13 秒。
- 脸部清洁用品：13 秒。
- 保湿用品：16 秒。

在消费者购物时，阅读包装的行为研究中指出，有高达 91% 的购买者，在购买新产品时会阅读产品的包装正面；42% 的人，阅读包装背面；8% 的人会阅读包装侧面；其中 63% 的女性，至少要读过一个包装说明后才会购买。

资料来源：帕克·安德席尔：《商品放在哪里才会卖》，时报文化企业出版社，2009 年。

10.4.3　商品陈列的方法

（1）集中陈列法：集中陈列法是指同一种商品集中陈列于同一个地方，适合周转率快的商品，这种方法是连锁企业门市使用范围最广泛且最常用的陈列方法。若想将集中陈列法的功用发挥到最大，以下几点原则是要特别注意的。

1）同类商品按纵向原则陈列：同类商品可当成是同一种商品，例如零食是一个大分类，饼干是一个中分类，各家品牌则是小分类。在实施集中陈列时应按纵向原则，若采用横向陈列，顾客在挑选商品时，为了看清楚货架上所有同类商品，必须在陈列架前来回好几次，否则就会漏掉某些商品；如果采用纵向陈列，就可避免这个问题。顾客在经过时即可看清楚所有商品，这样会有较好的销售额，所以纵向陈列要比横向陈列效果好。

2）明确商品的轮廓：相邻商品之间的轮廓如果太相似，顾客在选购商品时会难以判断商品的位置。例如不同品牌的饼干包装都是黄色，当卖场人员将它们摆放在一起时，就容易造成顾客的混淆。除了可以将陈列架上不同的商品群区分出来外，对一些包装、颜色、造型相似的不同商品群，可以用不同颜色的价格牌加以区分，让顾客明确区分。

便利超商在特殊节日常会使用集中陈列法，例如情人节会设置巧克力专区，将各式各样的巧克力以集中陈列的方式，并搭配营销活动，促进买气。

↑ **卖场将同类商品以集中纵向陈列原则陈列，让顾客易于选购。**

↑ **JASONS** 超市将商品整齐排列并呈梯形堆叠，供消费者方便拿取。

↑ **IKEA 拖鞋促销区，五颜六色的拖鞋以随机陈列法摆放，格外引人注意。**

（2）整齐陈列法：先确定单一商品的长、宽、高的排面数，按货架尺寸将商品整齐排列堆叠起来以凸显商品的量感。这是一种非常简单且方便的陈列方法，适合卖场想要大量推销给顾客的商品及折扣率高的商品，或是季节性商品。例如夏季的清凉啤酒、中元节普度所需的供品、饮料、罐头等，都常用此方法陈列。但整齐陈列法也有缺点，有时会让顾客在拿取商品上出现困难，对此卖场人员可做适当的调整。例如将前端堆成梯状。连锁集团橡木桶洋酒在 2011 年中秋节时，就选出最受送礼市场欢迎的酒款，像威士忌、白兰地、葡萄酒等，以整齐陈列法摆放，并且延长营业时间，提供专人送货到家的服务，达到提升营业额的目的。

（3）随机陈列法：此种方法是将商品随机堆积在方形或圆形的网状框或台上，通常配有特价的价格牌子，创造特价品的形象。一般卖场的特价或促销商品经常采用这种方法。随机陈列法的位置和整齐陈列法大致相同，亦可配置在中央陈列架的走道内，紧贴在其中一侧的货架旁，另外可放在卖场的冷门地带，如此一来可带动该处商品的销售。例如随机堆放的过季服装、便宜拖鞋、抹布、袜子等。许多连锁服饰业 NET、HANG TEN、爱的世界等，在换季时常会使用随机陈列法，将过季商品放置在方形或圆形的网状框或台上，营造出特价的氛围。

连锁快线

似是而非的陈列实例

陈列一定要丰富？

百货公司员工为节省时间，因此在货架上塞满超出自己能处理的衣物量，当消费者不想麻烦店员，自己动手拿出衣物，在好不容易拉出需要的衣服时，同时也将其他衣物一起拉出，造成架上架下一团乱，谁该将地上的衣服捡起、掸干净并重新挂好？这种过度存放所省下的时间，都在之后的维护过程中浪费掉，而且没有消费者愿意触摸掉落在地上的衣物。

大型连锁药房百货店里，员工大部分的工作是整理货架上的瓶瓶罐罐和盒子，每当顾客拿起商品阅读标签时，员工就有整理货架的必要，这是一件繁杂的工作。

沃尔玛做了一个实验，运用箱子取代传统货架，消费者能清楚看到放大的药品照片，而不是架上药罐上的小标签。他们将相同的药罐产品放到同一个箱子中，解决了两个问题，一是进货问题，店员可推着推车到走道，打开箱子；二是倒入产品后，继续去忙其他工作，而不需要一排排整理架上的药品。消费者也喜欢此种方式，因为可以容易阅读标签，眼睛的负担也减轻了，特别是对年纪大的消费者。沃尔玛原本担心消费者会对箱子方式陈列感到廉价、不够美观，但消费者反而认为箱子是一种升级的展示装置及解决方案。

过于新潮的陈列架 NG

美国某大香料厂商运用新潮、昂贵的超市展售系统展示商品，并且依照产品香料、萃取物及基本调味品区分摆放位置。当货架送到香料厂商总部时，吸引所有人观看，并受到好评，但将此货架运到商店后，业绩却没太好效果。

主要的失败原因是，其依产品香料、萃取物及基本调味的摆放方式，对消费者而言并无太大意义。告诉消费者关于香料的信息，如香料会如何影响食物，香料闻起来、尝起来的味道以及如何与食材组合等才是重要的，这些资讯才是能吸引消费者购买的主因。

资料来源：1. 帕克·安德席尔：《商品放在哪里才会卖》，时报文化企业出版社，2009 年。

2. 永岛幸夫：《卖场中的营销学——那样摆不会卖，这样才对》，刘宗德译，大是文化有限公司，2010 年。

（4）盘式陈列法：盘式陈列法又称割箱陈列法，将装有商品的纸箱底部切开后留下来，以盘为单位堆积上去，这样可以加快卖场人员陈列商品的速度，可以通过此种方法提示顾客整箱的购买。通常盘式陈列只在上面一层做盘式陈列，下面的商品则整箱地陈列上去，此方法可陈列在进、出口处，适用于陈列啤酒、饮料等商品。量贩业在促销饮料、保鲜乳、啤酒等商品时最常使用盘式陈列，最上层做盘式陈列，让顾客可以清楚知道商品的外观、容量等商品信息，下层则是整箱地堆叠，加上价格标示牌，提示顾客整箱购买，达到业绩的提升。

（5）比较陈列法：将相同商品按照不同规格和数量加以分类，再陈列在一起，利用不同规格包装的商品之间价格上的差异来刺激顾客的购买欲望。例如，消费者在大卖场中发现，商家将自有品牌（Private Brand，PB）商品与全国品牌（National Brand，NB）商品陈列在一起出售，由于卖场PB 商品价格较 NB 商品低廉，因此消费者在采选时，可以通过价格的比较做出选择。商家通过比较陈列法，能吸引对价格较敏感的消费者目光，可以增加 PB 商品的销售量。

（6）端头陈列法：端头陈列的端头指顾客首先看到的位置，如"双十"的中央陈列架两头，是顾客流量最大、往返频率最高，也是顾客最容易看到的地方。一般用来陈列要推荐给顾客的新商品、特价品、利润高和品牌知名度高的商品。通常端头陈列会以关联性强、组合式商品为主，因为组合商品比单件商品更有吸引力。药妆业宝雅常会将组合式商品以端头陈列法的方式陈列，例如丽仕推出的洗润发组合包、化妆品刷具、洗衣精补充包等，组合式商品会让顾客感到物超所值，成为有效的促销方式。

（7）定位陈列法：定位陈列法是指当商品经过调整配置之后，所陈列的位置及排面将不再变动，形成日常性的陈列状态。通常用于顾客购买量大、频率高且高知名度的商品，例如大品牌的商品。日本大创39 元商店虽然产品价格都相同，但卖场会将几种畅销品以定位陈列法陈列，这样顾客在店里选购时，就可以轻易找到这些商品，若货架上没有了，就代表该产品是缺货的状态。

↑ 连锁店店铺饮料以盘式的陈列方式摆放，提供消费者零散与整箱购买的选择。

↑ 自有品牌商品与全国品牌商品陈列在一起，各自展现其商品特色，吸引消费者目光。

↑ 统一超商将季节性商品陈列至货架端头，吸引消费者目光。（图片来源：维基共享资源）

297

↑ 卖场将消费者平时经常购买的商品固定摆放。

↑ 生鲜鱼类货架旁运用凸出陈列法摆放调味料。

↑ 卖场将商品悬挂于货架上，创造出商品立体的视觉效果，吸引消费者注意。

（8）凸出陈列法：一般卖场若只单纯设置中央陈列架，则较不容易吸引顾客。凸出陈列法就是为了打破单调感，在中央陈列架的前面，将商品凸出陈列。将商品少量陈列在凸出的台或板子上面，要注意凸出陈列不能影响到走道的畅通，一般适用于陈列新商品、廉价或促销中的商品。例如超市在摆放大蒜、姜等辛香料的货架旁，运用凸出货架贩卖食品捣碎器。由于消费者平时购物时可能不会想到捣碎器，但在买辛香料时，因为凸出陈列使得消费者能明显看到食品捣碎器，进而引发消费者对购买需求的考虑。

（9）悬挂式陈列法：有些商品无法直接放置在货架上，此时要仰赖悬挂式陈列法，将扁平或细长状的商品悬挂在装有挂钩的陈列架上。此方法可以使原本无立体感的商品产生很好的视觉效果，进而引起顾客的注意。悬挂式陈列法通常适合用于有孔包装的文具、皮带、刮胡刀、牙刷、防晒乳及小工具等。鞋业全家福经常使用此方法，在卖场的其中一区会专门以悬挂式陈列法陈列一些鞋子的相关配件，如鞋油、小刷子、鞋垫等，供消费者选购。

↑ IKEA 常会用情境布置的方式将商品做关联陈列，带动整体商品的销售。

（10）关联陈列法：关联陈列法是指将不同种类但彼此有关联的商品陈列在一起。运用的是商品与商品之间的互补性。此陈列法可以使卖场的整体陈列更多样化。它的原则是商品间必须是互补的，卖场必须站在顾客的角度了解顾客的实际生活需求。例如奶粉与啤酒的例子，就是卖场在观察消费者购买习惯后所想出的。采用此方法时要注意顾客在卖场中的行走方向，最好将商品陈列在通道的两侧，或是同一通道、方向、同一侧但不同的货架上。量贩业 Wal – Mart（沃尔玛）将原本一个月销售不到 1 台的蔬果清洗机改放在生鲜蔬果区旁边，结果隔月销售量就有 15 台；在火锅料专区旁边集中陈列大骨汤块、鸡汤块；蔬果区旁边，则摆放一些调味料，如味精、酱油等，1 个月之后，销售量增长了 50%，这些都是关联陈列法的成功案例。

连锁快线

不按牌理出牌的陈列实例

巧妙并排陈列出新火花

商品销售可从两个部分讨论。一是让商品从货架上"跳出"，因此许多人将精力与金钱都花费于此，以达到凸显商品的效果；二是通过安排，让货架上并列的商品能够相互帮衬产生火花。这种做法主要效益是增加额外的销售，刺激消费者的冲动性购买。

例如，GAP 服饰店出售香水与蜡烛、维多利亚的秘密出售化妆品，他们认为无论女性消费者在哪里都会购买化妆品，特别是在能让她们变美丽的店内时。因此消费者在逛卖场，看到能让自己更加美丽的香氛商品及化妆品时，会自然而然地放入购物篮，而卖场的收益也因此增加了。

德州奥斯汀书人书店（Book People），一家快乐的书店，处处都是惊喜。店里四处都有座椅，座椅反映了书的种类，例如运动与科技区摆放老理发椅。而店内的布置也根据书种而有所不同，食谱区设了一个火炉；童书旁摆放道具帽和面具，楼梯间也摆了包装纸和有趣的小礼物，结账柜台出售有"让奥斯汀怪下去"的衣服、奇特的糖果及自创品牌的巧克力。这家店不只卖书，也卖东西给喜欢书的人，通过店内的小玩具，让书店严肃中又带点幽默。

产品、配件连成一条线效益更多。以一家销售 30 美元衬衫为主的服饰店为例，如果能说服顾客，另买双 6 美元的袜子则可增加 20% 的业绩；若购买一条 20 美元的皮带，那么业绩就可增加 66%。要实现这种状况有两种做法，一是让消费者知道目前买的商品还不够（是否需要另外买条领带搭配衬衫），二是并排展售。

例如，超市的墨西哥面饼通常与墨西哥食物放在一起，改将其与绞牛肉放在一块，让消费者购物时想到晚餐菜单。再将肉品柜上放上碎面包、牛排酱、胡椒及海盐，让消费者能一次买齐所有食材。

在药妆店中，洗发精的小包装商品要放置在哪呢？小包装商品通常没有专属货架，但与标准包装商品放在一起陈列，较能吸引消费者使用这些新品，因为没有人会为了试用，而购买一大瓶。也就是说，消费者通常会走到洗发精货架前，拿走惯用的品牌洗发精，如果走到新品专用的陈列区，可能较不会考虑选购，甚至不会停下脚步多看一眼。

资料来源：帕克·安德席尔：《商品放在哪里才会卖》，时报文化企业出版社，2009 年。

10.5　视觉商品管理的架构

所谓视觉商品管理（Visual Merchandise Design，VMD）为简单明了、漂亮地展示商品的优点，以吸引顾客的注意。所谓 VP 意指诉诸视觉的商品演出；MD 即为商品管理或采购政策，但有时也代表商品的优点及特征。

VMD 的概念产生于 20 世纪 70 ~ 80 年代的美国，是零售销售策略。当顾客逛卖场时，商品陈列或 POP 的呈现，让顾客感受到该卖场的形象或商店的经营理念。VMD 不单单只有展示、演出的意思而已，还是一种告知客人商品的特性、向客人推荐商品、增加销售量的促销技术，并将商店形象传达给顾客。在思考店内设计、决定展示平台上的商品时，不仅要深思色彩和尺寸的陈列方式、POP 的广告内容等，也要熟虑结账柜台的位置。

VMD 是一种用来使卖场整年都能够维持在良好状态之中的卖场营运技术，让卖场的商品特征、售货员的销售方式、卖场上的展示方式以及广告媒体等连成一贯，进行整体性管理的促销活动。

10.5.1 VMD 的目的与优点

VMD 具有以下目的：

（1）最大限度地表现出商品所拥有的价值：可以将商品所拥有的价值，例如味道、质量、使用方式、设计等综合起来，通过重点展示让顾客了解。

（2）要向顾客传达重点商品是什么：顾客会在短期间集中购买特定的商品，因此必须掌握流行趋势，透析顾客需求并对供货商、竞争对手的卖场动态有所了解，及早在醒目的地方、充分的空间展出齐全的商品。如店长推荐品。

（3）店内宣传：通过季节或宣传的计划来选择重点商品，让卖场呈现一致性，而非依照店长个人喜好，进而在卖场展示，提升营业额。

（4）为所有商品创造销售机会：因为有厂商不会制造不好的东西，买方不会采购滞销商品的观念，一旦坦率承认滞销是因为卖场的卖法和展示方法不好，便要进行改善。

引进 VMD 可为顾客、商店、服务人员以及管理者带来诸多好处：

（1）对顾客而言，是方便浏览、方便选择、方便购买的卖场。

（2）对商店而言，是可活性化卖场：以市场变化的营业计划为依据，决定重点商品，探索重点商品畅销的背景，决定重点主题。除此之外，VMD 可以提升商店形象的可信度。例如，陈列高感度的商品代表"高品位商店"（高价店）的品牌形象；但若该商店每周推出减价商品或促销商品，则会传递消费者"廉价店"的商店形象。

（3）对服务人员而言，是作业手册：VMD 与卖场的销售计划密切结合，成为遵循的规则。

（4）对管理者而言，VMD 是共同的检核表：VMD 计划书当作检核表使用，检视重点商品是否已准备齐全，是否被陈列在客人容易找到的醒目场所，重点主题是否能确实传达给客人等问题。再者，VMD 可连带降低成本。通过减少使用大量装饰物，使顾客能清楚认出推荐商品以及依据 VMD 计划，将重点商品由后方移到前方等，将它们摆在见得到阳光的场所，此做法称为日升（Rising），以减少使用装饰物来降低成本。

10.5.2 VMD 的流程

商品陈列的目的是通过良好的陈列方式销售更多的商品，而良好的陈列方式能刺激消费者购买欲望。当消费者看到广告信息如 POP、布置等，到发生购买行为间，动态地引导消费者心理过程并将其顺序化称为"AID-MA"原理。

（1）注意（Attention）：商品的销售，首先要吸引顾客的注意，例如利用明亮的色彩、图案、招牌、POP 等，让店面引人注目。例如橘子及牡蛎试吃出售、"当季商品，抢鲜上市！"的 POP 海报。

（2）兴趣（Interest）：想要引起顾客的兴趣，商品的陈列摆设、店内的布置及 POP 海报的内容等都是非常重要的，顾客可以通过这些联想到商店形象，可见此部分是不容忽视的。例如注意到提案商品，针对女性族群开发的饮料，于 POP 海报上呈现使肌肤水嫩的化妆水及乳液上周排行榜前五名或者通过"神奇发热衣发热 6℃ 利用什么原理"、"神奇发热衣发热 6℃ 有没有效"的 POP 海报，引发顾客兴趣。

（3）欲望（Desire）：引起顾客想要购买商品的欲望，营造出让顾客实际试用（吃）商品的陈列，效果是通常很好。以简单的视觉方式传达商品特性，引发顾客欲望。例如，通过"店长推荐"或"敬请试用"的 POP 海报进行宣传，深化消费认知及体验，诱发消费者欲望。

（4）记忆（Memory）：在很多时候，顾客虽然已经有想要购买商品的念头，却没有马上行动。有些人会想："等下次商品有优惠时或有需要时再买好了"，店家必须想办法让这类顾客在心中留下对商品印象。

（5）行动（Action）：顾客决定购买的时刻，此阶段店家必须特别注意商品的库存状况，若顾客有购买念头，但商品缺货，则会造成顾客抱怨且对店家观感不好。例如"每个月的 20 号，少算你 20%"的海报，促发消费者现买现赚的情绪。同时，若该商品真的缺货，则放上"今日已销售一空，感谢您的惠顾，明日早上将于 10 点开始出售"的广告立牌，将缺货商品塑造成人气商品，但尽管如此，零售商店应尽可能不要让缺货状况发生。

↑ 发热衣引发顾客兴趣。（图片来源：7 – ELEVEN 网站）

10.5.3　何谓 POP 与 POP 种类

10.5.3.1　POP 定义

POP 为 Point of Purchase 的简称，是"用来吸引购买的"的意思，即顾客在购物场所中所见到的广告工具，任务是代替销售员介绍商品或卖场的情报，简洁清楚地介绍商品信息，如商品的特色、价格、用途与价值等信息。

卖场货架上陈列的商品琳琅满目，为了提高消费者购物时的欲望，运用 POP 广告传达的视觉效果，让商品与顾客直接对话，能有效刺激消费者购买欲望，达到 POP 广告的促销意义。

POP 广告促销的主要任务有以下几点。

（1）传达连锁店铺商品信息：POP 如同无声的销售员，能随时告知消费者卖场信息，例如卖场销售什么、促销信息、商品信息、商品位置配置、新品供应信息等，刺激消费者的购买欲望以促进商品销量。

（2）营造连锁店铺购物气氛：POP 广告除了告知消费者商品信息外，亦能美化卖场环境，表现出卖场气氛及经营理念，POP 广告适时的取代销售员推销商品，让消费者在购物时能不被干扰，舒适自在购物，提供消费者一个良好的购物环境气氛。

（3）凸显连锁店铺、商品形象：消费者购物行为模式注意、兴趣、渴望、行动，要让消费者在同类商店或商品中吸引消费者注目，此时 POP 广告是非常重要的工具。运用 POP 广告凸显连锁店铺风格，并且辅助卖场商品，增强自我表现的能力，实现了消费者购物模式，达到促进购买的目的。

（4）连锁企业与供货商皆互利：与供货商间搭配合作，通过 POP 广告宣传，不仅能扩大连锁企业及供货商的知名度，亦能提升卖场及供货商的销售，促进双方的互惠互利。

其实，POP 广告不只是利益性的促销广告，知识性 POP 也越来越重要。但大多连锁企业的 POP 还是着重于促销 POP，知识性 POP 在卖场中是非常少见的。知识性 POP 可帮助卖场与消费者间的沟通，告知消费者商品的功能、使用方法、注意事项等，协助消费者了解商品并做出购买决定。

10.5.3.2　POP 类型

卖场里里外外任何提供商品或服务的信息、广告等标志，都可称为 POP 广告。POP 广告的类型繁多，卖场可根据不同的广告属性、需求制作。表 10 - 2 为连锁企业卖场中最常见的 POP 广告类型。

表 10 - 2　店内 POP 及陈列现场 POP 类型和功能

种类	类型	功能
店内 POP	· 卖场指导 POP · 特价 POP · 招贴 POP · 悬挂 POP · 电子媒体	告诉进店的顾客商品位置、贩卖内容、促销活动，提供商品信息、营造卖场气氛的广告工具
陈列货架 POP	· 展示卡 · 分类广告 · 价目卡	提供卖场货架上所有商品的信息，包括产品名称、规格、价格，或推荐品、活动专区的位置及购买促销组合等广告工具

（1）店内 POP。

1）卖场指导 POP：功能同于卖场指示牌，用于告知消费者商品货架位置。

2）特价 POP：例如特价专区、清仓拍卖、换季出清或节庆促销等活动使用的广告 POP，特价 POP 内容着重于商品的价格及数量，目的是给消费者物美价廉的感觉，刺激冲动性购买欲，是直接推销商品的广告。

3）招贴 POP：招贴 POP 常见于各卖场，除了传递商品信息的海报广告外，还包括厂商海报。招贴海报需要生动活泼，图文并茂，吸引消费者，张贴时要特别注意主次信息，控制信息量，避免过于复杂影响视觉秩序。

4）悬挂 POP：包括悬挂在卖场中的气球、吊牌、垂挂式吊旗、装饰物等营造卖场活泼热烈氛围的工具，此类型 POP 能活跃卖场气氛，呈现卖场主题诉求。

5）电子媒体（NEW）：是新兴的广告工具，通过电视屏幕播放，告知消费者卖场、商品、促销等信息，动态的广告工具能实时更新信息。

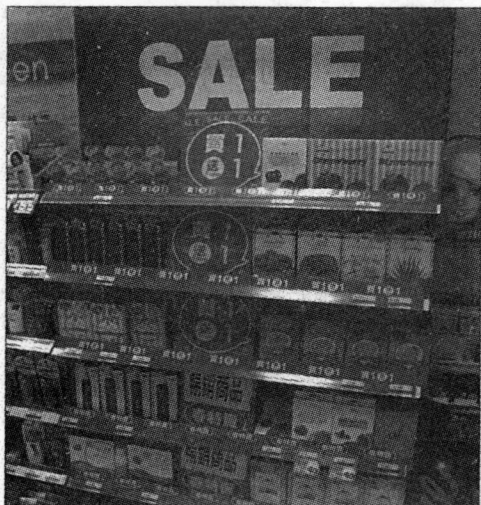

↑药妆店促销区，大大的"SALE"及"买一送一"字样刺激消费者的购物欲望。

（2）陈列货架 POP。

1）展示卡：运用货架展示卡提供消费者购买信息，其内容避免太过繁复，应简短少量呈现，并且让消费者易看易懂。内容虽然简单，但必须列出重点信息，让消费者一看就懂。

2）分类广告：是货架上展示的小广告，用来说明商品的详细内容。

3）价目卡：价目卡除了提供商品的名称、规格及价格外，卖场有时也会搭配促销活动，告知消费者促销信息，例如买一送一、第二件 7 折等内容，增加消费者购买数量。

↑ 新开张的商店利用悬挂式 POP 布置，营造热闹、活泼气氛。

↑ 洗发精陈列架上的展式卡，以简短字句说明效用，并用颜色区分。

↑ 药妆店货架上的奶粉广告，清楚说明优点及信息，减轻妈妈选购上的疑虑。

307

↑ 药妆店货架上标有会员价、半价、八五折等多种价目卡。

📖 课后习题

理论题

1. 请问连锁店规划设计有哪些原则?

2. 什么是磁石理论?

3. 商品陈列原则是什么?

4. 什么是黄金陈列区?

5. 商品陈列的方法有哪些? 请举三例说明。

6. 请问连锁店铺内 POP 有哪些类型?

应用题

1. 请找一家连锁店铺,观察并举出三种陈列的方式。

2. 请选择一家便利商店,并为其画出"磁石卖场"。

3. 请找一家药妆店,观察并举出三种 POP 类型。

章末个案

乐高世界天马行空

　　拥有教育与启发性的乐高玩具,一直以来深受全世界大朋友、小朋友的喜爱。乐高多年来专注于男孩玩具市场,对于男孩来说乐高应该是他们最先接触到的玩具。乐高可说是最受欢迎的玩具之一。2010 年,声誉研究所调查显示,乐高是欧洲最受欢迎的品牌,在北美地区排名第二,全球排名第五。尽管已经够受欢迎了,但乐高宣布在 2012 年 1 月推出专为 5~8 岁女孩打造的乐高 Friends 系列,此举对乐高来说是一大突破。

308

　　有别于男孩喜欢快速组合乐高，拼出外盒上的模型，女孩在玩乐高时喜欢编故事、做不同的角色扮演并且非常重视颜色细节，因此乐高针对 Friends 系列推出五种不同角色及推出六种新颜色，让女孩在玩乐高时能发挥无穷的想象力，堆砌出梦想中的多彩世界。

　　除了着力于市场拓展外，乐高经常通过创意陈列布置，使乐高的组合有无限可能。像 2010 年圣诞节英国伦敦圣潘克拉斯车站，有一棵使用 60 万块乐高积木组合而成的圣诞树，加上超过 1,000 块乐高积木组合而成的圣诞树装饰，打造出高达 10 米的乐高圣诞树。乐高表示，这棵史上最高的玩具圣诞树，正是他们结合品牌的娱乐及创意性创造出的绝佳例子，并且通过乐高圣诞树的展示提醒消费者，乐高是圣诞礼物的最好选择。

　　2010 年，当时号称全亚洲最高的乐高圣诞树在吉隆坡孟沙购物中心诞生，采用了 85 万块乐高积木所建造的圣诞树，给处于热带地区的吉隆坡带来不一样的圣诞气氛。乐高用于展示装置的例子在台湾也看得见，早在 2009 年年底高雄梦时代开幕当天，商家在开幕期间举办乐高创意游乐园活动，现场展示了以世界景点为主题的乐高，包括梦时代、自由女神及巴黎铁塔等创意，让消费者惊艳不已，全台首座乐高圣诞树也在这里出现，让消费者啧啧称奇，增添了不少欢乐节庆气氛。

　　运用创意，乐高能组合出各式各样别具意义的造型，在节庆上通过乐高装饰的例子也越来越常见，尤其是充满欢乐的圣诞节。这不仅吸引小朋友的目光，对于大朋友而言，小时所玩的积木，以不同的造型装饰呈现，也是一种震撼和惊喜。充满娱乐、创意的乐高积木，装饰在欢乐的节庆中，带给民众不同的视觉效果的同时也增加了节庆热闹的气氛及色彩。

动脑时间

1. 乐高如何进行陈列布置设计？有哪些可学习应用之处？

2. 可否选择不同零售业态的连锁企业，为其设计卖场布置规划与橱窗设计？

资料来源：1. 《商业周刊》封面文章：乐高女孩，新浪香港，2011 年 12 月 19 日，检索日期：2011 年 10 月 29 日。

　　2. 《2012 乐高 Friends 系列：为女孩量身打造属于自己的梦想世界》，http://www.cdnews.com.tw/cdnews_ site/docDetail.jsp? coluid = 112&docid = 101766878，检索日期：2011 年 10 月 29 日。

3. 陈瑶：《史上最高！英国小学生齐砌 10 米乐高圣诞树》，NOWnews 今日新闻网，2011 年 12 月 3 日，http：//www. nownews. com/2011/12/03/91 – 2763267. htm#ixzz1hqXD1ief，检索日期：2011 年 10 月 29 日。

4. 郭博杰：《全台首座乐高圣诞树独家现身梦时代》，《今日报》，2009 年 12 月 11 日，http：//www. todaynews. com. tw/bencandy. php? fid – 5 – id – 1761 – page – 1. html，检索日期：2011 年 10 月 29 日。

5.《85 万块积木砌成亚洲最高圣诞树》，http：//www. guangming. com. my/node/88492，检索日期：2011 年 10 月 29 日。

第11章 加盟者顾客服务

学习目标

1. 了解服务提升的重要性。
2. 了解加盟者如何制订顾客满意度调查计划。
3. 了解加盟者如何处理顾客抱怨。
4. 了解加盟者如何建立顾客关系管理。
5. 了解如何与消费者共创价值。

章首个案

你来抱怨我来听

抱怨小孩吵吗？美国 McDain's 餐厅禁幼童！

抱怨没有私密空间？亲亲我的家只服务夫妻与情人！

美国匹兹堡郊区位于宾州蒙罗维尔（Monroeville）的 McDain's 高尔夫球餐厅，过去接到太多顾客抱怨：孩童吵闹影响他们用餐兴致，因此决定于 2011 年 6 月起禁止 6 岁以下孩童进入。尽管此禁令一出立刻引发大众关切，甚至收到近 2,000 封电子邮件，支持与反对的比例为 11∶1。同时间，匹兹堡电视台网对该举进行网络民意调查，结果显示，投票的 1 万人中，有 64% 民众支持维克的做法；26% 认为是坏主意；10% 的人没意见。民众对于这样的举动支持，并且该餐厅在禁令实行当天，营业额增加了两成。

311

事实证明，顾客声音不可忽视。

2007 年，顾客向 Best Buy 抱怨无法进一步了解产品，因此，Best Buy 推出可选择西班牙文的双语网站，结果使用西语网站的人数竟多于原来的网站。从背景因素分析，在美国，单是拉丁美洲裔，每年购买的消费者产品总值即超过 8,700 亿美元（新台币 286,800 亿元），预测 2015 年可望激增到 13,000 亿美元，占美国总体购买力 12%。也因为如此，零售商纷纷利用双语网站吸引上网浏览的消费者上门光顾。在实体店面也雇用会说多种语言的店员，并更新店里的说明和展示，用尽办法讨好移民。例如，拥有 10 家商店的洛杉矶 La Curacao Famsa，使西班牙语顾客宾至如归，Kim's Home Center 则是韩国移民的最爱。

在台湾，薰衣草森林始终懂得掌握市场趋势，提供创新服务满足顾客需求。心之芳庭内餐厅"亲亲．我的家"就是约会区主要卖点。餐厅内以恋人为主题，刻意营造"家"的印象，因此客厅、餐厅、厨房、卧室、浴室、书房等陈设样样有。用餐时段甚至只供夫妻、情侣"回家"，"家人"会为每对男女拍照留念，并依测试交往程度提供特色餐点。

因此，为赢得消费者认同，提供消费者方便的服务是不可或缺的要件，并随时倾听顾客声音实时修正。然而，任何对消费者的贴心服务，除了是企业对消费者的一项承诺，也是对公司经营成本的挑战，更是经营团队对自我的坚持。

为传递良好服务，同时也要检视企业内部服务导向文化落实情形，评估服务传递的员工满意度、服务能量累积程度，以确认员工对企业价值的认同、自发性优质服务提供的意向。通过内部能量蓄积，向外扩散至顾客服务、服务流程与服务补救机制，达到顾客满意、建立让消费者信赖消费环境，最终提升企业财务价值（获利与营收）与非财务价值（品牌权益、形象与声誉）的彰显，从而强化企业持久竞争优势。

资料来源：1. 陈韵涵：《美餐厅禁幼童捧场客人变多》，《联合报》A27 版，2011 年 7 月 15 日。

2. 李东宪：《亲亲我的家限夫妻情侣用餐》，《联合报》B1 版，2010 年 9 月 12 日。

3.《美卖场什么语言拢乁通讨好新移民》，《联合报》B7 版，2008 年 12 月 26 日。

↑ **Best Buy** 以英语与西班牙语双语的网站界面来满足顾客的需求。（图片来源：**Best Buy** 官方网站 http：//www. bestbuy. com/）

11.1　服务提升的重要性

　　顾客服务是连锁店铺与消费者接触的第一场域，其工作关系着连锁品牌在民众心目中的形象与影响力，及顾客对连锁品牌服务、产品的选择与信任。因此，各连锁店铺尽管在连锁体系中只为其中一家店，但其顾客服务责任却无比重大。顾客服务不仅要注重专业性，同时通过经验技巧不断累积，应变能力不断提升，进而让顾客服务质量全面提升。因此，服务人员须重视以下服务基本原则。

　　（1）培养内在良好服务态度：据统计，有91％的顾客会因门市服务人员的态度不佳而拒绝再次上门购买。因此，正确且良好的接待礼仪，足以左右商店的营业绩效。尽管"顾客满意"日趋受到重视，顾客对门市服务人员的要求越来越高，但仍有许多销售人员对于如何展现良好的顾客服务态度一无所知。顾客接触不仅是面对面接触，还包含电话接触以及所有的服务接触点。服务接触点指前场中与顾客互动的所有部分，其影响顾客购买决策与感受的服务质量。所以当员工面对顾客、服务顾客时，给顾客留下什么印象，是这个接触点管理上必须注意的事情。然而，在连锁经营中，便利商店与客人的接触点约3分钟，连锁快餐15～30分钟，而饭店的接触点则至少是18个小时。对于连锁企业而言，服务的好坏会产生一连串

313

的连锁效应。当顾客在一家连锁店铺感受到贴心、高质量的服务，顾客将会将该印象类推到所有的连锁店铺；反之亦然。因此，所有员工应准备好随时提供最高服务质量。

（2）总部提供在职训练：教育训练是连锁企业提升竞争力最有效也是最经济的方式。服务有别于商品，无法像商品般经规格化后达到一致性。服务会根据每位员工的应变能力、情绪抗压能力与工作态度的不同，呈现出不同的服务质量。因此，服务是由人所呈现出的无形商品，所以质量的优劣也因人而异。服务传递过程中，难以达到零失误，但完善的教育训练与正确面对顾客的态度，不但可挽回可能流失的顾客，还能重新建立顾客满意度与新的服务价值，维持连锁店标准化一致性的经营原则。同时，教育训练课程中可包括过去顾客抱怨经验，将其汇整并分享，增加员工学习曲线，积累经验。

（3）熟知顾客权益相关法律：从消费者保护法开始实施，要求商家必须对所提供的商品或服务负责，确保消费者的健康与安全。消费者保护涉及的层面相当广泛，涵盖每一个人的食、衣、住、行、育、乐等各方面。随着经济环境国际化、自由化等兴起，消费者维护自身权益意识越来越高，因此，企业经营者、内部员工皆应重视并保护消费者权益，提升产品与服务质量，尤其企业中的客服人员必须积极学习、掌握相关法律法规加以灵活运用，才能在处理顾客投诉时争取主动性、显示专业性、加强实时性。除此之外，各连锁门市应熟悉商品标示法、人力资源法规、连锁加盟法规、卖场消防法规、广告招牌法规等，以保障消费者在卖场消费的权益。

连锁快线

优良服务　政府协助 GSP 认证

GSP 是 Good Service Practice 的缩写，中文的意思是"优良服务作业规范"，本意在于针对商业服务业的经营管理、服务质量及顾客满意等认证制度。

不论是单店业者或连锁体系，凡合法登记的公司皆可提出申请，申请流程如图 11-1 所示，其认证要素包含企业经营中的组织领导、策略管理、顾客满意、信息分析、营运绩效、环境设备卫生安全管理、服务流程管理、设备机具、社会责任、内部稽核及人力资源等，除了以上11项企业经营通则外，还包含针对不同行业所制定的专则规范。

当连锁体系提出GSP申请并接受专业认证辅导后，评核人员会先针对总部审查认证，然后再抽查旗下的直营店及加盟店，若有超出比例的店家不符合资格，则撤销认证。对于通过认证的商家作定期或不定期的追踪，严格把关，以协助企业提升服务质量。

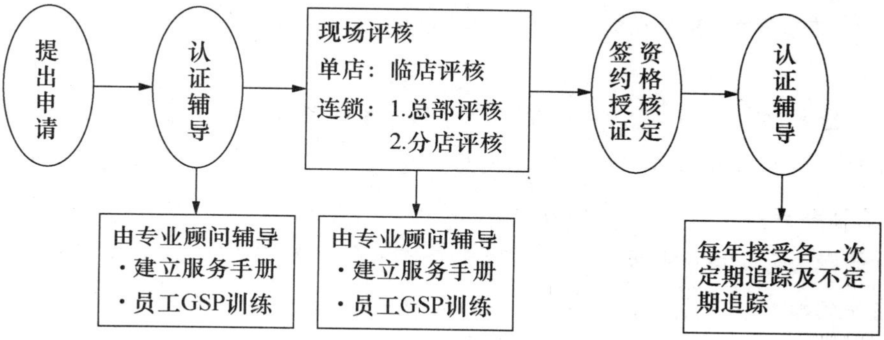

图 11 - 1　GSP 申请流程

全台拥有5家分店的六星集足疗养身会馆，2011年通过台湾地区优良服务GSP认证，也是全台首家荣获经济部优良服务GSP认证的养身会馆。六星集提供最高等级的服务与经济实惠的消费，有专业认证的推拿师团队、五星级的服务人员及泊车、市区接送等贴心服务，让消费者能完全放松身心，享受六星集提供的完美服务。

↑六星集足疗养身会馆是优良服务 GSP 认证的养身会馆。（图片来源：六星集足疗养身会馆 http：//www.footmassage.com.tw/massage/index.php）

315

↑ 左四为六星集人力资源部许景程部经理，左三为作者许英杰。

除此之外，和运租车自 2007 年开始，年年获得台湾地区优良服务 GSP 认证。它拥有全台最绵密的租车网络，并提供消费者四大贴心服务，包括"甲地租车乙地还车"、"24 小时网络订车"、"最高乘客保障"、"车辆原厂保修"，首创出车加满油及免费提供导航机等多项服务，让顾客拥有安心愉快的旅程。有了优良服务 GSP 认证，和运租车连续三年荣获"商务人士理想品牌大调查租车类第一名"，稳坐租车业领导品牌宝座。

2010 年，通过台湾地区优良服务 GSP 认证的共有 59 家单店业者及 7 家连锁体系，GSP 认证主要有以下五项效益：强化经营管理能力、扩大营销广宣机会、提升企业品牌价值、增加业绩实质绩效、优先获得政府资源。通过政府把关检视，协助企业提升服务质量，也为消费者创造出"信赖、满意、超值"的消费环境。

资料来源：1. GPS 空网，http：//gcis. nat. gov. tw/gsp/index. asp，检索日期：2012 年 1 月 10 日。

2. 六星集，http：//www. footmassage. com. tw/massage/index. php，检索日期：2012 年 1 月 10 日。

3. 李忆伶：《认证内容含括 11 项企业经营通则 GSP 推动商业环境向上提升》，台湾地区《经济日报》A16 版，2011 年 12 月 20 日。

4. 《理想品牌调查夺冠和运租车商务人士最信赖》，（台湾地区）《经济日报》B6 版，2011 年 12 月 07 日。

5. 李忆伶：《GSP 认证企业创造优质消费环境 2011 授证表扬 59 家单店业者与 7 家连锁企业打造信赖、满意、超值服务质量》，（台湾地区）《经济日报》A16 版，2011 年 12 月 20 日。

↑**优良服务 GSP 认证标章。(图片来源：优良服务 GSP 认证及倡导计划官网 http：//gcis. nat. gov. tw/gsp/about. asp)**

11.2　制订顾客满意度调查计划

对于连锁企业而言，"直营店铺"与"加盟店铺"综合交错出现在市场中，为确保服务质量的一致性，也避免"一颗老鼠屎坏了一锅粥"，通过顾客满意度调查了解顾客心理的认知；通过神秘访员调查确保服务、质量一致性，是连锁总部维持整体系统服务水平的重要手段。以下将介绍顾客满意度调查与神秘顾客访查的方式。

11.2.1　制订顾客满意度调查计划

为了清楚了解顾客的满意度，建立健全的顾客满意度调查计划是非常重要的。为确保调查结果精确可信，调查时应避免出现误导顾客的信息，不可信的调查内容会导致连锁企业决策失误，而精确的调查会让组织了解自己的不足之处及相关补救改进措施。

（1）内部工作计划：包括确定参与调查计划的人选、如何取得及利用调查结果、确定调查顾客名单、向员工及顾客说明调查目的及主要管理层级的参与讨论。管理层级参与内部工作计划，有助于了解整体调查过程，并针对调查结果提出改善建议。

（2）选择专业调查研究机构：若连锁企业本身不具备顾客满意度调查的能力，则必须交由其他专业调查研究机构进行。选择调查研究机构主要考虑的因素有技术、能力经验及成本。连锁企业可以要求各个调查机构根据连锁企业状况提出项目建议书，从不同的建议书中选择出 1 家合适且数据分析能力良好、能提出合理有效建议的调查机构委托调查。

（3）选择调查对象：选择调查顾客也是非常重要的环节。选择的目标不仅局限于连锁企业本身既有的顾客，潜在的顾客及竞争者的顾客都应考虑。选择竞争者顾客，有利于取得竞争者的顾客信息，对连锁企业而言具有一定的价值性。当确立出调查的目标顾客后，再根据清单从中筛选出重点顾客作为调查对象。

11.2.2 神秘顾客访查方法

神秘顾客（Mystery Customer）简单来说是经过培训的调查人员，扮演一般顾客到店内执行事先所设计的任务，事后再根据现场实际情况做出报告分析。由于神秘顾客的行为就如同一般顾客，因此门市人员通常无法辨识出神秘顾客身份，而这种调查方式最能真实显现出门市问题所在，包括实体环境、人员服务、仪态及反应能力等。

（1）神秘顾客方法的优点：通过神秘顾客进行最真实的服务检视，其优点如下：

1）神秘顾客的观察内容是实际发生于店内的情况，有别于访问，因为访问者的口述与真实情况会产生出入，因此神秘顾客方法调查能避免此情况。

2）若采用一般的访问顾客方法，容易发生顾客对服务过程遗忘或遗漏的现象，而神秘顾客亲自观察，所能得到的信息也更加健全，对于提问得不到的信息也能通过观察发现。

3）神秘顾客调查不会受到访问员口头表达能力上的限制。

（2）神秘顾客方法的缺点。

1）为真实呈现调查结果，神秘顾客的培训教育比传统调查法要求还高。

2）因为神秘顾客不能直接在现场做观察记录，通过事后的回忆记录难免会有遗漏，有失可信度。

3）经验不足的调查人员，容易导致调查结果有偏差，而有失公正。

（3）神秘顾客方法与传统顾客调查方法的区别：神秘顾客调查有别于传统调查方法，在调查方法上，神秘顾客采用隐蔽方式调查；传统调查法多以访问形式呈现，包括实体问卷、电话访问或网络调查。调查的过程中，由于无法辨识出神秘顾客身份，因此能得到真实的结果；由于传统调查法的访问者知道自己正在受访，访问真实性较低。在收集到的信息差异上，神秘顾客收到的信息较客观，不涉及主观感受，较接近事实；传统调查法可能带有主观性。

318

（4）神秘顾客方法的调查内容：为了取得最有效的调查结果，需要收集足够的信息进行分析，因此其调查的内容包括：

1）外部环境检查：神秘顾客到指定的门市，在入店前神秘顾客会先观察商店外观、环境情况、橱窗摆设及宣传海报张贴位置。

2）入店观察：神秘顾客入店后，会观察店铺内的硬件设施、卖场布置、卖场是否混乱、服务人员及顾客比例等。

3）服务过程体验：神秘顾客按事先指定的任务进行检查，主要是针对服务过程中服务人员的服务态度、服务规范及作业的熟悉度等进行评价。

4）业务测试：服务人员对于业务知识是否清楚及面对紧急状况的处理能力，在此也会受到检视。

5）神秘顾客调查完后，可直接向卖场反映所发现的问题，以便卖场直接改进问题。另外，调查后，在不被发现的前提下，在现场完成问卷，然后交回总部汇总分析，以提出问题改善方法。

对于总部与门市分隔两地的连锁业而言，神秘顾客评分的确是有效的管理方法之一，让神秘顾客反映消费事实。尽管神秘顾客有助于店铺缺失的检讨。但从另外一个角度思考，"神秘顾客"为的是检讨服务，而指出缺失并非最终目的，最终目的其实在于修正改进。因此，神秘顾客真的该神秘吗？若是进行主题式的辅导工作，通过观察后揭露身份，其效果是立竿见影的。例如推动新的进店招呼语，店铺执行不落实，此时若通过神秘顾客现场指导，效果将立竿见影。因此，连锁企业有时存在着疑问，神秘顾客究竟要不要扮神秘？其实值得思考。

连锁快线

神秘顾客！神秘，却举足轻重

近几年因经济不景气，各产业间的竞争越来越激烈，除了硬设备外，企业的软实力也是不容忽视的。服务人员态度的好坏，是顾客决定是否购买产品或消费的重要因素，也是顾客评估企业形象时的重要依据。因此，近年来许多企业都会利用神秘顾客来考核企业内部人员。所谓神秘顾客是由受过专业训练的人假扮顾客，对店家各项服务进行评分，甚至会有情境状况题，考验服务人员的临场反应与整体服务态度。

　　神秘顾客的评估标准大致分为两大部分，一是服务人员的基本能力，二是针对不同业态设计情境状况题，基本能力包括入店的招呼语、服装仪容、环境整洁、产品的熟悉度、人员专业度、与顾客应对流畅度、整体态度等。以台湾知名饮料业五十岚为例，总部根据 SOP 标准作业流程手册制定评分项目，例如店员有无喊出招呼语、有无主动向顾客推荐饮品、与顾客说话时有无面带微笑、是否主动替顾客将吸管放入饮料袋中、递饮料给顾客时有无使用双手、顾客要离开时有无喊感谢词等，依重要性的不同，各题的分数比数也不同。除了基本能力的评分，也会设计各式情境状况题来检视服务人员的专业度，在事先不告知各店家的情况下，请神秘客进行评分，最后分析各项分数，找出较弱或不足的地方，提出解决方案。

　　除了企业本身有神秘顾客制度外，《远见杂志》从 2003 年开始连续七年举办神秘顾客大调查的活动，针对不同业态进行神秘顾客调查，发现每年的变动都很大，例如连锁餐饮业在 2010 年在 16 大业态中分数为 52.54 分，在 2011 年则为 52.62 分，分数看似差异不大，甚至有小幅度的成长，但名次却从第三名掉到第七名；而 2011 年第一次加入评比的旅行业，一举就拿下第一名，分数为 57.79 分，时尚精品业甚至在 2010 年是第一名，2011 年却完全没上榜，这表示服务是必须一直努力耕耘的，只要一松懈，顾客就会察觉到，也会马上反映在分数上，可见各行各业对服务是越来越重视，竞争也越来越激烈。

　　资料来源：1. 2010 年《远见》服务业大调查，《远见杂志》2010 年第 293 期。

　　2. 2011 年《远见》服务业大调查，《远见杂志》2010 年第 304 期。

　　3. 李培芬：《神秘客，要不要搞神秘?》，《经济日报》（中国台湾）C4 版，2007 年 5 月 5 日。

　　4. 台湾五十岚，http：//www.50lan.com.tw/company.php，检索日期：2012 年 1 月 10 日。

11.3　顾客抱怨

11.3.1　顾客抱怨处理

　　顾客抱怨对所有企业而言，都是重要且另类的资产，解决顾客抱怨同

320

时也创造了顾客价值。有效地处理顾客抱怨不仅可以提升顾客满意度，提升自身企业服务水平，同时也能维持与顾客长久且良好的关系。

但不同于一般企业，对连锁企业而言，当顾客抱怨没有处理得当，代表的并非某家店失去一位顾客，而是整个连锁体系者失去该顾客。因此，连锁企业的各门市成员不仅是接触顾客的第一线，也是处理顾客抱怨的第一线。门市人员肩负提供一致性服务的重担。不仅要创造顾客价值，当顾客抱怨发生时更要努力维持整体连锁企业的形象。以下是处理顾客抱怨的相关原则。

（1）正确的服务理念：连锁企业内所有人员要建立起"顾客永远是正确的"的观念，企业对于员工的素质培养必须不断地提升，在面对愤怒的顾客时要注意应对态度，避免感情用事，因为个人言行即代表整体连锁企业的形象，要特别牢记这点。

（2）有章可循：通过专门制度、专人负责管理投诉问题，在面临各种状况时都有法可循，处理作业统一且有规范。

（3）实时处理：面对顾客抱怨时，严禁拖延时间或推卸责任，连锁企业各部门应相互合作并快速做出响应，向顾客说明事件缘由且在最短的时间内解决整件事情，做出让顾客满意的答复。若是拖延或推卸责任，只会更加激怒投诉者，使事情更加复杂，一定要谨慎避免。

（4）分清责任：对于顾客所投诉的问题，必须根据处理权限找出负责的部门或人员，给顾客最合理的答复。

（5）建档分析：对于接收到的所有投诉状况，连锁企业须逐一记录处理情况，包括投诉事件、处理结果、顾客是否满意等。通过记录避免再次犯错，若真的再次碰到投诉时，此记录能作为参考依据以做出更好的处理方式。

11.3.2　顾客抱怨的处理程序和方法

顾客口碑是免费的广告，但这类广告不见得会为企业带来正面评价。有项研究指出，当顾客遇到好的消费体验时，会将此经验分享给 5 个人，但当遇到不好的经验时，则会将消息告诉 20 个人。当发生投诉事件时，好的处理态度，能将负面评价降到最低，因此不管是连锁企业内的基层服务人员、管理人员，还是专业客服人员，在面对问题时，都应谨慎、妥善地处理，让顾客感到备受尊重以舒缓其不满情绪。以下为处理投诉时的程序。

11.3.2.1 保持心情平静

（1）就事论事，对事不对人：顾客抱怨、投诉的发生通常是顾客在消费的过程中，对于商品或服务无法得到满足。当顾客以激动的情绪及态度对服务人员发泄不满情绪时，常会有非理性的言行产生，服务人员很容易被顾客愤怒的情绪激怒，若与顾客产生正面冲突或因此不愿处理顾客投诉，只会使得两方关系更加紧张。因此，企业员工的素质培养由此就能看出，正面的处理态度，能舒缓顾客不满的情绪。最佳的面对态度，就是冷静倾听再热情处理。

（2）以自信的态度来认知自身的角色：处理投诉的服务人员同时扮演着两个重要的身份，一是为连锁企业带来销售及维持形象等利益；二是为顾客发声，让他们的问题能被看到，以维护顾客权益。因此服务人员对于自身的角色认知上须充满自信，而非逃避，自信地认知自己的角色才能让连锁企业及顾客双双获益。

11.3.2.2 有效倾听

面对顾客激动的投诉情绪，服务人员应该保持冷静平静的心情，并且诚恳倾听顾客的问题。对于顾客的投诉内容表示相信，让顾客感到尊重及安慰，顾客发泄不满的情绪后，再确认问题所在。千万不能第一时间试图辩解，这样只会刺激顾客造成反感。倾听顾客投诉的过程中，服务人员也不是完全地保持沉默，投以专注的眼神或适时地点头响应，甚至沉稳的一声：是，传递出"我有专心倾听你说话"的信息。倾听过程中，若有不清楚的地方，应以婉转的方式请顾客说明，切勿让顾客有被质问的感觉。如果无权限处理的员工遇到顾客投诉时，也不能为凸显诚意而擅自为顾客答复，应在不打断顾客抱怨的前提下，委婉地表明"抱歉，但我无权给您满意的答复，我马上去请负责人过来，请稍等"。若因自行擅自答复而答错，反而会引起更多的麻烦。

11.3.2.3 运用同情心

在回应顾客投诉时，立场不宜有偏见，应以同情心回应顾客，让顾客感受到你是完全理解他的投诉和心情。例如当顾客抱怨产品少了一个零件时，以"真的很抱歉，一定造成你很大的困扰"响应顾客，让顾客知道我能体会您的心情，我懂您的感受，顾客的情绪自然会和缓下来。而对于不合理的顾客抱怨，切勿被怒气冲昏头而与对方争辩，说出不该说的话只会造成更多的损失。

11.3.2.4　表示歉意

连锁企业碰到顾客投诉时，可能会遇到问题并不属于本门市的状况，门市仍应以诚意表示抱歉，并对于顾客提出问题的操作表示感谢。顾客肯提出意见，不外乎是希望问题能得以解决和改善，下次光临时能得到更好的服务。反之，沉默的顾客威力不容小看。什么都不说的顾客并不代表他们不生气，这是无声的抗议，代表着他不再光临，不让你知道哪里需要改进，让企业无法进步。顾客的投诉看似是企业的经营危机，但处理得当，能使企业更加进步，为连锁企业带来更多利益。所以愿意告知的顾客是值得感谢的，顾客希望企业更好才提出投诉，千万不可忽视顾客的好意。

11.3.2.5　分析顾客投诉的原因

前来投诉的顾客，可能会因过于生气而无法冷静、有条理地将事情陈述出来，所以服务人员除了安抚顾客的情绪外，还必须确实掌握顾客投诉的问题重心，同时判断出顾客期望的处理办法，做出让顾客满意的解决对策。若顾客的要求超出店家可接受范围时，双方必须进行协调，即使最后结果无法满足顾客，也要诚恳地说明原因加上不断道歉，至少让顾客感受到店家所诠释出的最大诚意。

顾客所投诉的问题不尽然完全出自于门市，如果发现商品过期，则门市当然有此责任解决；若是拆开商品后，发现零件缺少，则门市必须联络上游供货商协助处理；而若是顾客自己疏忽而发生的问题，如顾客记错DM上所写促销日期，虽然责任不归属于店家，但仍必须对顾客做出解释，不能完全置之不理。

11.3.2.6　提出解决方案

（1）现有的投诉处理规定：连锁企业在解决顾客投诉时，有一套内部的处理流程及政策。当连锁门市遇到顾客投诉时，应该根据企业制定的经营模式、处理政策做出合适的解决办法，对于特殊状况则必须考虑企业经营原则，做出弹性处理办法。

（2）处理权限的规定：在处理投诉时，必须遵守连锁企业的处理权限规定。有些投诉，服务人员可立即处理；有些则交由店长或副店长处理，严重的投诉则必须移交给连锁总部所属部门解决，如果需要花费时间解决的问题，则必须清楚告知消费者，避免让消费者产生得不到响应的焦虑感，而加深对连锁企业不满的印象。按照权限规定处理顾客问题，可带给顾客正确的处理方向，若不按权限而擅自处理，给顾客不当的处理方式或补偿办法，到最后无法执行，则顾客对连锁企业的信任也会因此丧失。

（3）一致性的处理：面对同一类型的顾客投诉，若因服务人员的不同或门市的不同而处理态度及做法不一致时，会降低顾客对连锁企业的信赖。因此，在处理顾客投诉时，必须根据先前的处理方式，使处理流程一致，带给顾客公平一致的处理态度，这不仅能增加顾客对连锁企业的信心，解决投诉的效率也会因此提高。

（4）解决方法得到顾客同意：这是非常不容易的一点，所以在处理过程中必须耐心地沟通，表现出诚意，让对方同意，不论是何种问题，诚恳都是首要态度，若顾客仍不满意，必须进一步了解其需求再加以沟通协商，直至双方都能满意。

11.3.2.7 执行解决方案

当所面临的问题不是门市人员所能解决而必须移交给其他单位时，服务人员应该清楚告诉原因，说明处理流程、手续及处理时间，并留下顾客的联络方式，以便处理过程中发生变动或状况时能第一时间通知顾客，让顾客知道事情的处理进度及店家对事情的重视。

11.3.2.8 引以为鉴

处理顾客的投诉过程中，所有处理过程都要记录清楚，深入了解其原因以便检讨，并加以修正。经常性的投诉问题，可从记录中看出，这时连锁企业必须着手调查，查出问题的根源并制定出改善办法，杜绝再次发生的可能性。而记录上偶然发生的特殊投诉情况，则明确处理规定，作为往后的处理依据。对于所有的投诉内容、原因、处理结果、事后追踪及改进办法，必须通过公司的例会、晨会或内部刊物告知企业所有员工，让员工清楚，并避免类似的投诉再次发生。

连锁快线

顾客怨天使音

面对顾客抱怨，服务人员的第一反应就是"我怎么这么倒霉!"、"又是一个澳大利亚来的!"

但是，顾客抱怨难以避免，因为没有任何一种商品是完美的，而且顾客的需求与喜好是善变的，所以，企业跟上顾客需求的脚步越慢，遭到的抱怨就越多。

有 30 年历史的欣叶餐厅在媒体的服务质量评鉴大调查中被评比为最差服务，但是，公司主管及员工都不服气，花钱找专业市场调查公司调查研究，结果仍是最低分。因此，欣叶餐厅首开餐饮业先例，在企业网站中开设"我有话要说"的留言板，直接让客人上来骂。在留言板有个值得注意的结果，一个批评在 3 个月内有 4,000 多人次浏览，也有人直指菜单不对，一个晚上竟有 400 多人浏览；其中也有不实的批评，因此，企业一定要积极找出解决方法，避免被错误宣传。

一向以质量著称的王品集团，强调顾客的抱怨是天使的声音，除了观察现场客人的反应及需求实时处理，也通过填写问卷的方式，适时了解满意度及顾客各项意见。古典玫瑰园的老板会亲自阅读每一封邮件面对客户的意见或批评，并指示主管妥善处理。宝岛眼镜则要求连锁门市人员清楚何谓抱怨或投诉。抱怨是指稍微感到不满的状况，投诉是指较严重的情况。顾客抱怨由分公司处理，投诉由总公司处理。

因此，成功的连锁企业会将顾客的怨言变成公司改善的动力，使"垃圾可以变黄金"。

资料来源：1. 洪雅龄：《顾客抱怨天使的声音》，《经济日报》（中国台湾）C3 版，2008 年 6 月 21 日。

2. 林婉如：《〈走出服务迷雾〉抱怨变黄金》，《经济日报》（中国台湾）A14 版，2006 年 7 月 14 日。

11.4　顾客关系管理（CRM）建立长期关系

赢得新顾客的成本是维持旧有顾客成本的 5 倍。旧有顾客的流失比率降低 5%，获利就可以增加 60% 以上。因此，通过顾客关系管理维护顾客关系、建立满意度与忠诚度为主要核心概念。随着信息科技的发展，顾客关系管理有更大的应用与发展空间。通过结合计算机软件、硬件，整合信息科技、营销企划与顾客服务，提高顾客忠诚度及企业营运效益。许多大型连锁总部会统一汇整各店 POS 系统数据，进行一致的营销活动规划。而 CRM 方法，则有助于无太多援助的小型连锁企业以及欲进行小区型、区域型连锁店区隔营销之用，通过简易概念将顾客分群，进行差异化营销策略。

11.4.1 商品分析

商品分析是从消费者购买资料中掌握商品销售方向，包括：①可以了解商品的销售状况；②与其他商品的进货比较，可以了解库存状况；③通过商品的进货与销货比较，了解各类商品的畅销程度。

顾客关系管理系统可搜集商品及销售信息，包括购买日期、人名、购买金额、商品品名与进货价格。通过商品分析了解商品每月的销售资料，表 11 - 1 为药妆店假定的顾客销售资料。从表中可见，化妆品到了季节改变的时候，例如 2 月、5 月、7 月及 9 月，销货收入增长，因此，化妆品配合季节进货是相当重要的。

进一步根据销售额高低分为 A、B、C 三组进行重点式管理，称为 ABC 管理。A 级商品，由排名前 20% 的商品构成较为理想，低于 20% 则会使商店的营业额经营太偏重于某品项，容易造成营业额不稳定。

B 级商品占 40% 左右，在经营上要注意是否有成为 A 级品的潜力。以下分述 A、B、C 级商品。

（1）A 级品称为重贩商品，A 级品流动率很快，因此必须实行重点管理以防止缺货状况而造成损失。同时要注意不得过量进货而造成成本增高。在库存管理时，通常会以最高优先级处理 A 级商品。通过确认其存货量，检讨存货的适量性及备品的适当性，以密集跟催，缩短采购前置期。在营业端，A 级商品营业额构成比为 70% ~75%，由排名前 20% 的商品所构成为最理想，若低于 20% 将造成营业额太偏重某特定品项，易造成营业额不稳定。

表 11 -1 商品每月销售额（新台币元）

品项	2010 年 1 月	2010 年 2 月	2010 年 3 月	2010 年 4 月	2010 年 5 月	2010 年 6 月
化妆品	374，400	610，000	101，200	10，500	174，330	138，000
乳液	57，260	152，000	248，000	92，900	221，000	204，400

品项	2010 年 1 月	2010 年 2 月	2010 年 3 月	2010 年 4 月	2010 年 5 月	2010 年 6 月
面膜						
保健食品 A	11, 400			3, 990	11, 400	28, 500
保健食品 B			184, 600	205, 200		
品项	2010 年 7 月	2010 年 8 月	2010 年 9 月	2010 年 10 月	2010 年 11 月	2010 年 12 月
化妆品	265, 600	22, 800	265, 000	125, 000	96, 900	
乳液	10, 200	99, 300	156, 000	112, 000		
面膜	191, 500			191, 500		
保健食品 A	17, 100	119, 000	17, 100	36, 000	119, 000	5, 700
保健食品 B						

（2）B 级品称为主力商品。在库存管理上，通过完整的商品记录，确认其销售量、使用量及经济批量等，让管理者可通过常态方式订购 B 级品。在营业端，B 级品的营业额构成比为 20% ~ 25%，管理要点为排名前 40% 最为理想，B 级品有成为 A 级品的潜力，也有从 A 级品降下的可能性。通过销售分析精确掌握商品动向。

（3）C 级品为其他商品，对销售量的贡献度较低，在经营上也是较次重要的商品。此商品营业额构成比约占 5%，大多由新商品或试销商品所组成，其商品价值较小，数量较多，因此，在进货时需要确保数量足够与否。其中会有一些滞销商品，可通过特卖方式进行促销。

连锁快线

"气象经济"带来好商机

天气变化，原本只是环境变换的自然定律，再平常不过了，但天气在统一超商的 POS 系统里，竟与商品销售产生了极大的关系。

"气象经济"对于统一超商来说是一个很重要的进货信息，因此在统一超商的情报系统里也有许多天气及商品的分析信息，例如当气温在

17℃～20℃时，色拉、布丁及优格销售量就会变好；22～25℃时，冷饮、冰咖啡、杀虫剂就成了消费者经常购买的商品；而天气是阴天时，商店就会将雨伞、雨衣摆出来；当台风将至时，泡面、饼干、瓶装水等就变成各门市积极备货的对象，这些都是天气与销售产生的联结。

统一超商副总谢健南表示，"商品类别加上温度、下雨和湿度这三个因素，就是一个Know-How"，统一超商提供了各门市详细的气温与商品的销售资信，也可以得知附近商圈所有门市的销售数据，让店长作为订货参考的依据，让天气变成企业获利的最佳帮手。

当然，除了可以依天气的变化掌握销售的方向之外，分析商品的销售量，可让店家决定商品是否要更换；计算与商品销售额及存货之间关系的商品回转率，可以判断销货成绩的好坏；而通过交叉比率则可以衡量商品对于店铺贡献度的多寡；经由计算分析销售量、回转率及交叉比率可知道有哪些商品需要更换，有哪些商品需要补强，以达到企业经营的绩效。

资料来源：1. 杨蕙菁：《统一超商砸四十亿找出气温和销售关系》，《商业周刊》2004年第850期。

2.《如何做好连锁店的数字管理》，Duke潜谈连锁加盟，http：//duke40. pix-net. net/blog/post/24686812，检索日期：2012年2月8日。

11.4.2　RFM分析

RFM分析（RFM Analysis），即最近交易时间（R：Recently）、交易频率（F：Frequency）、交易金额分析（M：Monetary），是一种依照顾客最近的消费时间、消费频率以及消费金额区分顾客的方式。首先将顾客分类，以了解顾客的购买行为，且可通过顾客了解公司的定位；亦可了解购买金额构成比例、平均购买金额、购买次数、购买单价等销售构成要素。

RMF具有以下指标：①R（Recently）指顾客的最近购买日算起经过期间的值，R值较短的顾客，再来店的可能性较高；②F（Frequency）指顾客的累计购买次数，对企业支持越强的顾客F值越高；③M（Monetary）指顾客的累计购买金额，顾客M值高，是成为常客的必要条件。但若M值低，RF值高，则可培养；M值高，RF值低，或许是一次性消费。

RFM分析可协助连锁店铺决定要寄目录给哪些顾客，商家也会计算每一个 RFM 分组中，有收到前期目录而购物的顾客的百分比。此一概念是在企业拟订顾客忠诚计划（Loyalty Program）应用前需进行顾客解析的第一步。当然，在实际企业做顾客分群并落实至忠诚度养成计划上，需进一步详细地分群解析，而且依企业性质不同，应用层面上或多或少也有些许差异。不过大体而言，依此概念进行开发应用，对于企业与顾客之间的关系轮廓能更加清楚，有利于对不同顾客拟定相对应的关系管理策略。

　　例如某公司通过信用卡的购买信息来掌握常客群及分析 DM 发放的效果，而使用这方法最重要的关键是通过信用卡方式只能获得以信用卡购买者的消费信息，无法记录以现金购买者的消费信息。因此，通过会员卡的发行，即使是利用现金消费，也可获得顾客信息；再加上确立目标明确的 DM 发放方法以及验证所发送 DM 的效果，能轻松掌握顾客信息、将顾客分群，并针对不同顾客层推出不同营销方法，以达到公司营利的目的。

　　使用这个方法，首先要增加会员，先选定几家连锁店铺做示范卖场，教育卖场员工获得会员的意义，且卖场经理须制定"出声实施度评价"，并记录员工实行的状态。

　　再使用 RFM 分析方法示范将酒展示卖场的顾客信息分为九个方格，从各个方格中抽出 100 名左右的顾客，并配合示范卖场减价期间，通过会员卡所提供的购买信息进行酒品 DM 的发放。

　　在减价期间结束后，进行反应结果的整理及效果验证。效果验证是将有购买的顾客数除以所发放的 DM 数作为反应率，结果如图 11-2 所示。

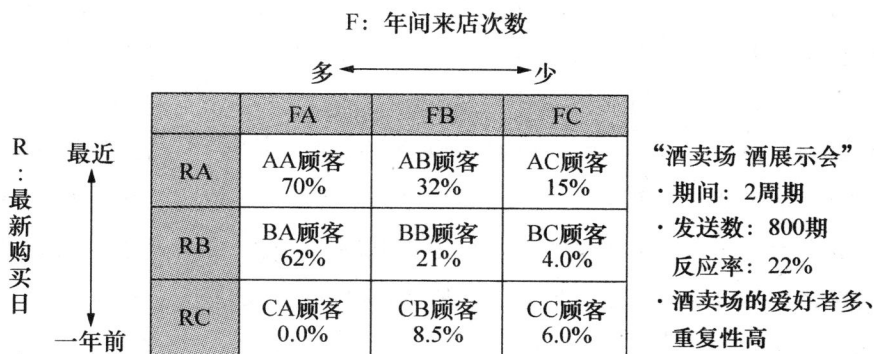

F：年间来店次数

		FA	FB	FC
RA	最近	AA顾客 70%	AB顾客 32%	AC顾客 15%
RB		BA顾客 62%	BB顾客 21%	BC顾客 4.0%
RC	一年前	CA顾客 0.0%	CB顾客 8.5%	CC顾客 6.0%

"酒卖场 酒展示会"
·期间：2周期
·发送数：800期
反应率：22%
·酒卖场的爱好者多、重复性高

图 11-2　酒展示会的 RFM 示意图

由图 11 - 3 童装品牌展示会的例子中可知，AA、BA 顾客的反应最高；其次为 AB、BB 顾客；CB、CC 顾客反应虽不高，但可针对他们的需求推出营销方案，便能将他们转为 AA、BA 顾客；而 AC 顾客因为新加入会员，可发出卡片致谢，并持续与他们培养关系，期望将他们转为 AA、BA 顾客。

最后，再针对这些验证的结果，进行检讨，将执行模式转移至其他卖场，并持续监督各卖场执行的情况，以确定各卖场有确实落实政策。

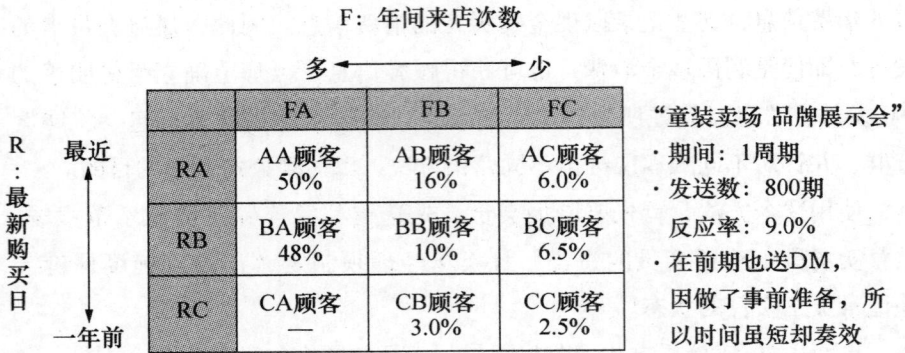

F：年间来店次数

多 ←————→ 少

	FA	FB	FC
RA 最近	AA顾客 50%	AB顾客 16%	AC顾客 6.0%
RB	BA顾客 48%	BB顾客 10%	BC顾客 6.5%
RC 一年前	CA顾客 —	CB顾客 3.0%	CC顾客 2.5%

R：最新购买日

"童装卖场 品牌展示会"
· 期间：1周期
· 发送数：800期
反应率：9.0%
· 在前期也送DM，因做了事前准备，所以时间虽短却奏效

图 11 - 3　童装品牌展示会的 RFM 示意图

11.4.3　Decile 分析

Decile 译为十分位数，为统计用语。Decile 分析，在于依顾客的购买金额将顾客分为 10 等份，如表 11 - 2 所示从顾客购买资料中找出购买金额多的顾客，进行差异化的营销方案。通过将顾客分为 10 等份分割的顾客层，了解购买金额高的顾客层。此法与 80/20 法则有异曲同工之妙。80/20 法则将顾客分为两类，一类为忠诚客户，也就是"熟客"，约占整体客户的 20%；另一类为一般客户，约占整体客户的 80%。"熟客"统计显示指出，其会为企业多带来 25% ~85% 的潜在利润。因此，企业为了争取更多的潜在客户，对培训员工、客户关系管理以提供完善的服务、增加客户对产品的信任度和忠诚度相当重视。

Decile 分析除了具 80/20 法则将顾客分类的功能，进一步可解析顾客是否有流失的倾向，然后进行补救措施。表 11 - 3 将 Decile 进行交叉累计，表下半部是购买金额顺位已下降而有问题的区域，其中有 18 位顾客。上半部是购买金额顺位已提高，有良好结果的区域，在此有 9 位顾客。此有问题区域的 18 人中，决定就前次 Decile 1、Decile 2、Decile 3 的 14 人进行深入分析。

表 11 - 2　Decile 分析表

Decile	购买金额合计 （新台币元）	购买金额累计 （新台币元）	构成比率 （%）	累积构成比率 （%）
1	264，000	335，300	60. 18	60. 18
2	71，300	406，600	16. 25	76. 43
3	33，400	440，000	7. 61	84. 04
4	22，500	462，500	5. 13	89. 17
5	16，700	479，200	3. 81	92. 98
6	11，020	490，220	2. 51	95. 49
7	8，900	499，120	2. 03	97. 52
8	5，880	505，000	1. 34	98. 86
9	3，380	508，380	0. 77	99. 63
10	1，630	510，010	0. 37	00

表 11 - 3　上次 Decile（横）与下次 Decile（直）的交叉累计

2010年9月Decile分析

		1	2	3	4	5	6	7	8	9	10
2010年8月Decile分析	1	100			1					1	
	2	5	98			2		1			
	3	3	2	7							
	4			5			2			1	
	5	1		1	4						
	6		1		1	3					1
	7		1			3					
	8	1			2			2			
	9							1			
	10							1		1

顾客内占有率上升的理想区

顾客内占有率下降的问题区

331

连锁快线

你我应该不一样

近年来，各企业间竞争激烈，为了稳固客源可说是无所不用其极，其中会员制度的实施是一项常见且有效的方法，有些企业甚至会将会员依照贡献度分级，针对不同层级的会员提供不一样的服务，让顾客深刻感觉到企业提供的专属服务。

网络零售书店龙头亚马逊（Amazon）推出了 Prime 会员服务，希望通过此制度稳固客源，提高顾客忠诚度，对抗其他市场上的竞争者，例如传统零售业龙头沃尔玛（Wal – Mart）和苹果（Apple）旗下的 iTunes 商店。不仅如此，亚马逊近年来也不惜砸下重金力求转型，希望从实体走入数字化商品营销。因此推出了自己的装置，Kindle Fire 平板计算机。

亚马逊书店除了一般会员之外，新推出的 Prime 是属于较高级的会员制度，每位会员每年支付 79 美元的年费，就能享受到与一般免付费会员截然不同的服务。例如快速到货服务、有 Kindle Fire 平板计算机的 Prime 会员每个月可免费借阅一本电子书、借阅期不限、提供会员收看电影及影集的服务等。

有分析师指出，每位 Prime 会员每年平均会花掉 90 美元，也就是每位会员每年让亚马逊损失近 11 美元，这种赔本的生意为何亚马逊还是不遗余力地推动呢？原因就在于当顾客加入 Prime 会员后，每年平均可增加至两倍的消费额，这些利润远大于亏损，整体来说亚马逊仍可获利。

↑亚马逊执行长贝佐斯发表 Kindle Fire 平板计算机走入数字化商品市场的演讲。
（图片来源：维基共享资源）

　　由此可见会员对于一个企业的重要性，让企业即使赔本也要投入庞大资源于这一部分，因为带来的效益相当可观，也是与其他竞争者差异化的关键。

　　资料来源：季晶晶：《提升用户忠诚度利器力抗沃尔玛、iTunes 商店亚马逊强攻Prime 服务》，《经济日报》（中国台湾）A7 版，2011 年 11 月 15 日。

▶▶ 11.5　与消费者共创价值

　　社会环境随着时间推移而不断转型，产业体系所生产的商品和服务不断创造历史，消费的渠道也日益多元。大卖场、精品店、网络商城等四处林立，提供成千上万种独特的商品和服务。尽管如此，消费者却无所适从。

　　对于高级经营者而言，数字化、生物科技和智慧生活的进步，为开创全新的产品和服务，以及促成企业转型创造了更多机会。而竞争市场却遭受网络、全球化、产业自由化与技术整合的冲击，产业界限逐渐模糊，为维持竞争地位及利润保障，管理者肩负着寻找创新与创意商品服务的重大责任。

　　因此，管理学教授 C. K. 普哈拉提出，过去以企业为中心的传统价值创造体系受到挑战，以顾客为中心的共同价值创造成了新兴学。以顾客为中心的价值创造指消费者角色的改变，由孤立变成联合，由无知变成信息达人，由被动变成主动。消费者与企业建立起新的互动模式，形塑新价值创造过程，挑战现有方式，开创无穷新机会，同时也创造了企业新核心竞争力。

　　价值由消费者和企业共同创造，因此共创经验成为价值的基础。创造价值的过程也以个人和个人的共创经验为中心。背景脉络和消费者参与情况，会对个别的经验赋予意义，也会使共创出来的价值更具特殊性。

　　在共创价值的过程中，对于企业的能力会有不同的要求。管理者必须注意共创经验的质量，而不只是产品和流程的质量。共创质量取决于企业与消费者互动而建立的基础设施，这些设施应该赋予企业创造多样化经验的能力。企业必须有效率地创新"经验环境",以有助于共创经验的多元化。企业还得建立弹性的"经验网络",以便个人共同建构个人化的经验。最后,企业和消费者的角色是朝向一种特别的共创经验——"单一个人体验"发展。新价值创造架构如图 11-4 所示。

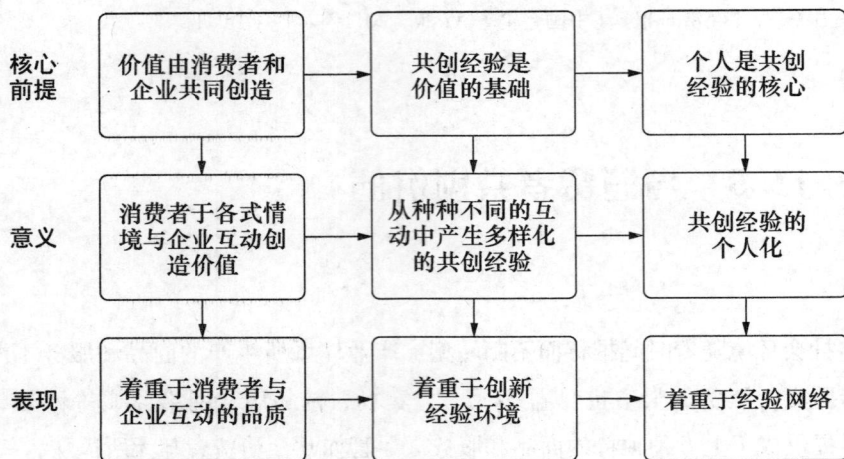

图 11-4　新价值创造架构

以下举出几个共创价值实例。

(1) Sony:专卖店是 Sony 商品的参与平台,而不只是商品的销售处。它在店面设计与产品陈列上极为用心,鼓励顾客尽情试用,员工同时展现其专业热忱。Sony 专卖店通过对顾客无微不至的关照,重新定义了零售店的功能。

(2) 苹果计算机的 iPhone:让行动通信装置成为共同创造的平台。iPhone 的 App Store 更是成为企业、软件开发商与顾客的参与平台。苹果创办人乔布斯表示,在线应用程序的快速传播,重新定义使用手机的各种可能性,大量的应用程序让 iPhone 用户可以尽情使用他们的手机,借以获得个人化的新体验。

(3) Camiseteria 巴西虚拟 T 恤商店:Camiseteria 巴西虚拟 T 恤商店可以让顾客自行设计 T 恤图样,或为别人的设计图评分。Camiseteria 称自己让顾客创造流行。当顾客成为在线社群的成员,就可以上传自己的设计图,让其他会员投票。Camiseteria 采用票数最高的设计加以生产制造,获选者会得到奖金与产品。不过多数人认为参与的最大诱因是能通过网站宣传自己的设计，并让成品在市场上销售。通过让顾客挑选 T 恤设计师，Camiseteria 改变了传统成衣商与顾客之间的关系。

↑ **Camiseteria 官方网站界面。（图片来源：Camiseteria 官方网站 http：//www. camiseteria. com/）**

（4）SUM 尚盟汽车服务事业：在现今产业竞争愈趋激烈的环境下，流通产业必须链接渠道伙伴（制造商、物流商、信息商等）间建立合作关系，称为"协同体系"。通过合作进行共同营销、共同采购、共同物流配送、共同信息系统平台、共同商品开发、共同情报分享、共同教育训练等活动，发挥规模经济的效益。"SUM 尚盟汽车服务事业"结合全台诚信经营的中古车商、汽车保修厂，并以汇丰汽车保养厂附属美容事业为后盾，提供顾客全方位的汽车服务。SUM 通过和合作伙伴共享品牌价值，共同营销与共同服务，建立消费者的信任品牌印象，在竞争市场中杀出重围，以避免受到大型零售商或是品牌业者的蚕食鲸吞。

连锁快线

APP 起于你想象

由于智能手机与云端科技的蓬勃发展，截至 2011 年底，全球第三方商家授权的应用软件 APP 下载次数达到 181 亿次，且 Gartner 估计在 2015 年达到 1090 亿次的下载量，带动了 APP 开发的新市场，因此会激发更多

335

APP 创作。有台湾软件创作奥斯卡奖之称的黄金企鹅奖从 2010 年起开始，也将产品技术研发奖项转型为 APP 开发比赛，并在 2011 年吸引了 22 家厂商共计 23 件作品参赛；而由远传所推出专以 APP 开发软件为主的 S 市集，自 2009 年推出以来，截至 2011 年年底，已拥有了近 4000 件 APP 软件，累计下载超过 320 万次。像是家乐福于 2012 年推出第一个家乐福专属 APP，该 APP 不仅可以收到每一期 DM、把想买的东西列入清单；也可以链接导航功能，直接通过手机带你到最近的家乐福，让消费生活更方便。

资料来源：1. 陈云上：《APP 星光大赏台湾创意！远传 S 市集照亮台湾 APP》，《联合晚报》A9 版，2011 年 12 月 23 日。

2. 彭子豪：《黄金企鹅奖发掘台湾 APP 之光扶植软件业以行动装置结合云端创新软件为竞赛主轴吸引 22 家软件开发厂商参赛》，《经济日报》（中国台湾）D4 版，2011 年 12 月 8 日。

📖 课后习题

理论题

1. 什么是神秘顾客调查法？
2. 顾客抱怨的处理程序和方法是什么？
3. 什么是 RFM 分析？
4. 什么是与顾客共创价值？

应用题

1. 请找出目前有进行神秘顾客调查法的企业，并说明其执行方式。
2. 请建议连锁企业如何与消费者共创价值，举出两个。

章末个案

Facebook 商机你奥到了吗？

社交网站脸书 Facebook 重新定义了网络营销概念，脸书"开放平台"的模式，展开全新的社群营销模式。根据美国 comScore 的统计，脸书全球已经有超过 5 亿的使用者，其中有 35% 的人每天登入，美国网友 2010 年 8

月共花了 1，140 万分钟在脸书上。台湾脸书每个月则约有 700 万的使用人次，以 60% 每天上脸书的人口计算，有 420 万人天天上线。

脸书玩家只要在粉丝专页按"赞"成为"粉丝团"的一员，即可接收到企业发布的信息，当粉丝团成员觉得该营销信息不错，只要按"分享"则所有的朋友都会看到该则营销信息。再者，社群成员也可将日常亲友间的口耳相传搬上网络，产生相较于商业广告的大效用。过去，使用传统媒体通常要等到活动结束，才能得知活动成功与否。但脸书上的粉丝专页留言，可产生实时回馈的效用。

而检视台湾脸书成功的企业，7 - ELEVEN 是其中之一，成功地结合社群经营与营销目的。2009 年，7 - ELEVEN 脸书粉丝页打入全球脸书零售品牌的第 10 名，及全球企业品牌前 100 强。追究原因，是少有企业愿意拟出一个清楚的社群营销策略并执行。

脸书直接反映顾客需求，7 - ELEVEN 正面、体贴地响应顾客心声，而非避重就轻。例如，汉堡大亨系列的炭火烧牛肉堡，常有网友上脸书抱怨太小了。后来，7 - ELEVEN 营销团队索性举办脸书投票，请网友决定汉堡尺寸，后来获得 800 多人投票，68% 主张加大，7 - ELEVEN 团队根据结果推出加大产品，销量果然激增。爽健美茶则是另一个成功的虚实整合营销案例。统一超商营销团队在脸书信息上尝试性地贴出"当日满 1，000 人点赞，爽健美茶打七折；2，000 人点赞，就打六折"的信息，没想到，短短几小时就已集满 2，000 个赞，两天之内卖出 1 万瓶，立刻让统一超商看到脸友的超强动员能力。

除此之外，统一超商团队更大胆投入成本玩游戏营销。2010 年 7 月已和游戏橘子公司合作推出《OPEN！CITY》社群游戏，采免费经营方式，目的是做长期品牌塑造，并把 OPEN 小将的相关商品置入游戏中，目前已有高达 30 万会员使用。通过 OPEN 小将，除了用游戏塑造完整世界，并长期经营部落格，通过 OPEN 小将的口吻，来展示统一超商商品后的花絮等，年轻网友接受度很高。曾经有一篇 LOCK 小将表演时不慎掉裤子的发文，就引来热烈回应。

7 - ELEVEN 和脸书粉丝大军保持友好关系，同时做出台湾第一的营销创意，让 7 - ELEVEN 真正成为所有人认可的好邻居。

动脑时间

1.7 - ELEVEN 通过哪些方式聆听顾客抱怨？又如何通过网络新兴工具

Facebook 与顾客互动？

2. Facebook 粉丝团可否融入顾客关系管理概念，将顾客分群分类进行营销？

3. 您建议 7 – ELEVEN 可以通过哪种方式与顾客共创价值？

↑ **Cold Stone Creamery 酷圣石冰淇淋在专属的粉丝团上 PO 文，创下五分钟内，140 人点赞，转分享 4 次的惊人纪录。**

资料来源：1. 林士蕙：《统一超商品牌粉丝数挤进全球百大榜扩散力！7 – 11 创造脸书界的台湾之光》，《远见杂志》2011 年第 296 期。

2. 林士蕙：《借力"世界第三大国"Facebook 台湾社群商机起飞》，《远见杂志》2011 年第 296 期。

3. 潘俊琳：《创意营销脸书营销每天 400 万顾客在线》，《经济日报》（中国台湾）C10 版，2010 年 10 月 11 日。

第四篇　加盟关系与
发展趋势

第12章　连锁总部与加盟者间的关系

学习目标

1. 了解连锁体系成员关系发展阶段。
2. 了解连锁总部关系营销。
3. 了解连锁体系成员间的沟通方式。
4. 了解连锁总部对加盟者的培训计划。
5. 了解连锁加盟合约。

章首个案

实时支持　加盟店有靠山

　　加盟店分布各地，连锁总部如何管理旗下的加盟者，是加盟品牌的关键要素。例如，拥有超过130家直营与加盟店的丹堤咖啡，利用实时后台系统、每月一次的店长会议及不定期的巡店辅导，管理直营加盟店的营运绩效。而7-ELEVEN通过区顾问，扮演门市与总部沟通的桥梁，另也让POS情报系统以多媒体方式实时传送各项商品的进、销、存情报，让加盟者轻松掌握消费者需求。连锁总部的努力都可以让加盟者感受到。

在连锁企业的经营上，连锁总部除了被动进行加盟者筛选外，更需要积极性的管理，因为只要有一位加盟者有不良行为，就会对同样品牌的加盟者产生严重的影响。因此，保持总部与店铺之间良好的沟通与互动，是总部管理店铺的第一步。

以便利商店龙头 7 - ELEVEN 为例，总部和门市间沟通的桥梁——区顾问，通常让加盟者称赞。甚至也有加盟者说，区顾问不仅扮演着门市与总部沟通的桥梁，即使区顾问责任范围外的事情，也应尽力协助加盟者解决，让加盟者充分感受到 7 - ELEVEN 对加盟者的关爱。如区顾问曾在风灾期间门市需要送大量货物至客户指定地点时，协助门市向总部争取运输支持，让门市能顺利完成任务。

除此之外，7 - ELEVEN 的 POS 情报系统以多媒体方式实时传送各项商品的进、销、存情报，让加盟者轻松掌握消费者需求，配合统一超商的全店营销策略及各项季节商品的强力宣传等完整后勤支持。7 - ELEVEN 加盟者不用担心宣传不够的问题，只要肯用心好好经营门市，加上 7 - ELEVEN 的品牌优势，绝对有一定程度的获利空间。

因此，连锁总部除了开发产品、规划营销工作外，最重要的是管理加盟或直营店，并与其沟通，而加盟者的管理素质不一，协助加盟者进行店面管理也是连锁总部的责任。在诸多加盟者中，对同一件事的反映通常不相同，此时连锁总部必须先坚持立场，再将加盟者反映的内容拿来作为下次决策的参考。在管理的经营上，除非是很严重的错误，否则，连锁总部不能因为加盟者的反应而立即改变策略，否则管理上百家加盟店，就会出现问题。通过随时检查营运标准化的规范，保持加盟者与企业总部之间的合作关系，让加盟事业更符合市场需求。

资料来源：1. 范姜群闵：《加盟 7 - ELEVEN 有保障　提供全年度最低毛利保证特许加盟 250 万　委托加盟 210 万》，《经济日报》（中国台湾）A18 版，2007 年 7 月 25 日。

2. 范姜群闵：《7 - ELEVE 加盟主获强而有力后勤支援饶河、新宝清门市加盟主：总部提供完整商品规划、强势媒体营销加盟主心无旁骛》，《经济日报》（中国台湾）A15 版，2006 年 8 月 23 日。

12.1　连锁经营关系的各个阶段

连锁企业经营最重要的问题是连锁总部和加盟者之间的关系管理，如图 12－1 所示。这种关系通常依据新业务或新产品周期的几个阶段而发生改变，包括起步、成长、成熟以及衰退/发展。

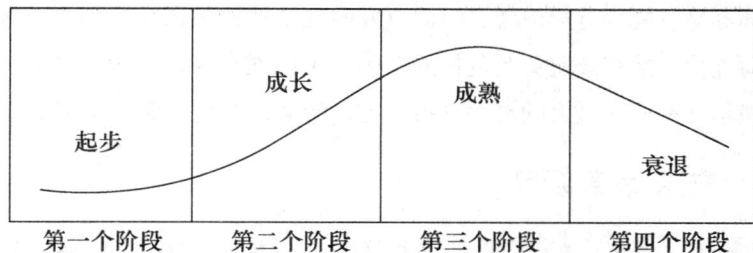

图 12－1　关系生命周期

12.1.1　起步阶段

连锁总部与加盟者的关系应相互信任，对于经营的目标有共同共识。加盟者都渴望其加盟事业能经营成功，而连锁总部也会展现出最好的一面，并积极建立双方间良好的关系。连锁总部要对加盟者进行资格审核，并向加盟者描述经营理念与发展远景。这是加盟阶段的起步，此阶段双方间拥有和谐、信任的关系。

12.1.2　成长阶段

加盟事业正式起步，且经营协议及培训计划等各项业务开始运作，加盟成长阶段也因此展开。连锁总部在开业、企划及期初的广告和促销等方面提供的帮助能有效巩固双方之间的关系，使双方关系更加紧密。

连锁总部与加盟者之间的关系可通过企业内部网络、内部刊物、电话或针对不同区域的培训进行交流。而连锁总部给加盟店营销、促销及广告上的支持能促进双方的关系持续加温；反之，若双方关系建立不当，例如连锁总部未能提供实时的服务给加盟者，彼此间关系容易变得紧张。因此沟通是否得当，对于双方之间的关系有很大的影响。

343

12.1.3 成熟阶段

连锁总部与加盟者若能了解彼此所期待的目标，则连锁关系正式进入成熟阶段。加盟者持续接受总部所提供的服务、广告、营销建议及新产品导入；总部则期望加盟者能创造可观的销售量并提供高质量的服务给消费者。此阶段双方会出现频繁的沟通和交流，加深双方之间的情感并建立起友谊。

总部持续的提供关心及资源给加盟者，以维持双方间良好的互动，当加盟者未能感受到总部所提供的价值时，此阶段危机就会因此产生。许多加盟者会认为成熟阶段是艰难的时期，因为新加盟者不断加入加盟体系，连锁总部容易忽视现有加盟者，因此双方间经常性的沟通交流加上持续性的提供协助支持，能有效避免此危机的发生。不论现有加盟者或新加入的加盟者，连锁总部都应尽最大的努力进行双方的沟通，并提供支持及帮助。

12.1.4 衰退/发展阶段

加盟经营的最后一个阶段有两种可能，一种是衰退，另一种是发展。当加盟店经营不当，经营绩效不尽理想，且连锁总部不愿意向加盟者提供支持协助时，此加盟事业则进入衰退阶段，这也表示加盟合约即将终止。反之，加盟者若与连锁总部维持良好的关系，则业务将持续发展，加盟店的经营也因此更加稳固。

在衰退时期，有许多不可避免的问题会一一浮现，例如加盟者不再遵守连锁总部规则、对加盟事业不再积极等，总部应该对加盟者持续地给予支持和关怀，若对加盟者置之不理，则连锁经营体系必定瓦解。因此，提供有效的沟通或激励鼓励，能帮助加盟者重新拾回对加盟事业的热忱，让加盟事业从衰退中崛起。

连锁快线

加盟创业看、看、听　纠纷远离你

随着台湾失业率的提高，连锁加盟成为人们投入职场的最佳选择，但在选择加入加盟体系之前，你有没有想过在投入加盟之前，你应该做好哪些准备？连锁总部与加盟者之间会发生哪些问题？而在签约之前，有哪些权利义务是你该知道的？签约之后，当你发现实际经营的情形与你所预期

的有很大的落差时，你又该如何处理？

很多人在加入之前没有认真地思考这些问题，导致在加盟之后，与连锁总部产生纠纷，最常发生的纠纷如下：

(1) 加盟者不满意总部所提供的经营管理辅导。

(2) 加盟者不满意总部所提供的营销支持。

(3) 加盟者不满意每月的营业收入。

(4) 加盟者不愿意配合总部所实施的促销活动。

(5) 加盟者与总部之间对于商圈保障范围意见分歧。

(6) 加盟者对于总部所提供的商品价格及不得自行进货的规定有异议。

(7) 加盟者不愿意配合总部所举办的"教育训练"。

(8) 加盟者对于总部的政策配合度与执行力很低。

(9) 加盟者对于总部的管理规章产生争议。

(10) 加盟者与总部双方对于合约的内容解释有分歧。

(11) 加盟者对于每月缴交的权利金与管理费用有异议。

(12) 加盟者无法每月按时缴交货款。

不管是怎么样的纠纷，连锁总部与加盟者都需要好好地沟通，冷静地协商，找到双方都可以认同的共识，有效地解决。除此之外，加盟者也应该拥有正确的态度，配合总部的政策。而连锁总部则须尽力解决加盟者的问题，并为加盟者争取最大利益，提升加盟者对连锁总部的向心力。唯有通过连锁总部与加盟者的相互配合，才能创造双赢的局面。

资料来源：1.《十大常见加盟纠纷》，《连锁加盟》，http：//chainru8a. com/ch/？p＝233，检索日期：2012 年 2 月 9 日。

2.《常见的加盟纠纷》，《阿甘创业加盟网》，http：//icantw. brinkster. net/law-fair1. htm#，检索日期：2012 年 2 月 9 日。

▶▶ 12.2　连锁总部关系营销

12.2.1　关系发展

对于日益竞争的加盟环境而言，连锁总部与加盟者及顾客建立稳固的关系越来越重要。以加盟业者及顾客满意作为中心，创造顾客最大的满意，加盟体系也能因此获得最大的效益。

现今，顾客在市场上的选择性越来越多，为满足顾客需求，加盟店对于所经营的产品/服务的质量要求也越来越高。若连锁总部无法持续为加盟店提供良好的资源，则加盟店对于总部的信心可能因此大减，连带而来的将会是终端顾客的流失。除了在商品或服务上满足加盟店及现有顾客外，还要学会培养顾客、留住顾客。

在台湾地区的麦当劳，也通过关系营销增加加盟者的顾客满意度。麦当劳不仅通过特有的服务基本方针"Q.S.C.V."，以最严谨的质量、最好的服务、最棒的清洁和提供顾客最大的价值获得顾客满意度，以重视且诚恳的态度与每个加盟经营者、员工与供货商成功建立起互相信赖的合作关系。而在台湾加盟店的麦当劳，也将通过这样的方式，寻找更多加盟者加入。

建立稳固的连锁关系，关键在于是否具有良好的关系管理营销系统。当加盟店数不断增加，连锁总部逐渐将总部经营要点聚焦至与加盟者和顾客，并建立起独特的关系。

关系/管理营销系统主要是建立连锁总部与加盟店及顾客间长期稳固的关系，并让加盟者及顾客对连锁总部形成高度忠诚，以发展出长期的价值。以下为连锁总部与加盟者及顾客之间的关系。

（1）基本关系：连锁总部将加盟权出售给加盟者，但不再主动提供后续支持。

（2）反映关系：连锁总部向加盟者出售加盟权，并且鼓励加盟者在有任何问题和疑虑时打电话咨询。

（3）责任关系：在出售加盟权不久后，连锁总部会与加盟者联系，确定其是否满意，并请求及鼓励加盟者对具体改进措施提出建议，这将有助于连锁总部改进其体系和业务。

（4）前瞻关系：连锁总部通过电话方式为加盟者提供经营建议，并且询问是否需要协助。

（5）合作关系：连锁总部认为已与新加盟者成为合作伙伴，并不断地为彼此带来更高的价值。

通过快速且方便的网络沟通平台，不仅可以让整个连锁加盟体系沟通更加便利，增进彼此之间的关系，也可提升各加盟店的竞争力，增强连锁加盟体系未来发展的实力。例如统一超商设立"门市 E 通网"，与关系企业建立起内部的双向沟通平台，再提供一个拥有企业所有核心知识的中央共享数据库——知识管理（Knowledge Management）系统，通过此平台可让员工在营运或在执行业务上发生任何问题时，可实时查询相关信息，找出最佳的解决方法。全家便利商店则设置数字学习网站，提供总部相关营运信息，以加强总部与各加盟门市传递信息的速度，并将各式教育课程 e 化，让店长及员工可通过网络快速学习，提升单店竞争力，同时也节省了一些教育训练的费用。

12.2.2　目标冲突的发生

当连锁企业达到规模经济时，也会减少地区内商店的利润，因此在合作关系上有可能产生变化，需要沟通与协调。例如，假设 A 便利商店于台北公馆地区开设四家商店，一开始每家店每月有新台币 50 万元销售额，因为这些店的设置位置距离分散，所以顾客只会考虑前往距离近的商店购物，因此没有"抢食效应"的发生（所谓"抢食效应"，指当一连锁系统开设新店铺，会瓜分到先有店铺的营业额，使其失去一些利润）。但是，当再开设另外四家店，从连锁总部角度而言，此举不仅可为整个连锁体系增加 30% 的利润，也可以达到规模经济并防止竞争者进入。但是，对加盟者而言，可能营业额会因此下降。

因此，对于连锁经营，连锁总部和加盟者的目标不同，因此，对于增加某地区的商店数量会产生争执。因为连锁总部的权利金是基于全体商店的销售额，因此对于极大化所有商店的营业额很有兴趣。但从加盟者的观点，则会觉得权益受损。因此，连锁总部不像加盟者那样关心"抢食效应"。但是，为了减少冲突，大部分的合约会给加盟者一个地区经营，防止其他加盟者瓜分其营业额。当连锁总部欲开立新店时，也会征求原先该地区加盟者是否欲进行复数店加盟，以避免冲突扩大。

▶▶ 12.3　沟通方式

积极的沟通是连锁企业成功必要因素之一。沟通要有效，首先应将连锁体系内各责任归属明确划分，让企业订立的目标、业绩标准及责任分配能被清楚知悉与接受，达成相同共识。在此基础下，企业内的所有成员应一起为目标努力前进。而双向交流的沟通渠道，不仅协助连锁总部上级监督、激励、奖励各连锁加盟店铺，同时连锁加盟店也能针对店铺营运提出问题、建议或请求协助，促进连锁体系各层级关系紧密且融洽。

沟通对于维持连锁体系的长期发展十分重要，沟通越有效，经营越有效。而连锁总部与各加盟店之间能通过许多方式进行有效沟通，例如电话、网站、电子邮件、信件、现场指导及公司会议等。

12.3.1　电话联系

电话联系是最有效的沟通渠道。在加盟体系中，通过电话联系做最直接的交流，加盟店能了解总部的新动向及规划，并配合及提供协助。连锁总部也能通过电话联系评估加盟店的业绩及各项记录。电话联系的方式多采取定期联系，也随时进行不定期抽查，或以多人电话会议进行等。

（1）定期电话：主要是针对加盟店的销售、产品、服务、广告促销计划等经营状况进行了解。通话过程应以友好、积极的态度进行，而非过分地对加盟店施压，造成沟通上的不愉快。

（2）不定期电话：不定期的电话联系不仅能鼓舞加盟者的士气，还能加强双方的依赖感。不定期的电话联系，或许会引起加盟者猜疑不安，因此总部应以积极的语气表现出对加盟店的关心，降低加盟者所产生的疑虑。

（3）电话会议：电话会议能让多家加盟店一同参与，要进行电话会议前必须事前通知各加盟店，以确保出席状况。通过电话会议向加盟店发布新品消息、新广告促销活动等情况，让总店最新信息能迅速传递到个加盟店，且通过电话会议，加盟店能感受到自己为加盟体系的一分子及重要性。

12.3.2　互联网

建立网站让企业的相关信息、数据、文件等信息有效率的传递。通过网站发布广告、最新活动、相关情报及提供消费者优惠券下载，吸引消费者入店消费。另外，连锁加盟业者输入密码进入企业内部网站，加盟者能在网站得到加盟体系发布的报告、营运操作手册等加盟体系内部机密信息。

连锁总部及加盟者还能通过外部信息网络与供货商联系进行订货。与传统电话订货相比，从网站上下订单能避免人为口误，降低店内缺货或库存过多的风险。

（1）电子邮件：电子邮件已取代普通信件，不论是连锁总部与加盟店、员工或其他公司之间的联络，运用电子邮件发送信息或对加盟店进行鼓励、指导，其不仅更为便利，成本也较传统信件低。

连锁快线

掌握好技巧让你轻松用电子邮件沟通

在任何事物都电子化的现代，传递速度飞快的电子邮件早已取代传统的信件成为彼此间沟通的方式。甚至连公司需要传递信息时，也会使用电子邮件接收、传授信息。因此，一封让收件者可以简单明了的电子邮件，便是撰写者在撰写时最大的重点，掌握以下几个小诀窍，让你不再担心别人不知道你在表达什么。

第一，主旨需表达明确，主旨的重点是要分类并撰写完整。邮件主旨的开头不只需要标明强调此邮件为"必读"、"紧急"等的字样或图示，也需要将邮件的重点写出来，例如"会议通知：×月×日，早上/下午×点，××会议室开会"。通过将邮件的重点清楚地标示在标题上，让收件者在点进去之前就可以知道此邮件的内容大意，也可以方便收件者对邮件进行储存分类与管理、历史邮件的找寻。

第二，邮件内容需有重点。邮件内容需言简意赅，并清楚表示收件者需要回复或完成的时间。应该要将邮件的重点放置第一段，才能让收件者知道此封邮件的意义，并对此做出适当的响应。

第三，切勿滥用副本、转寄即全部回复功能。到目前为止，"全部回复"与"转寄"的功能是大家对于电子信箱最大的抱怨。没有依照收件者需求，任意的"转寄"，只会对收件者造成困扰；而"全部回复"的功能，则是让人有感到被迫参与的压力感。在"副本"的部分，IBM 公关陈慧纯曾指出，"提醒、期待对方有所行动的，就是收件人，其余应该被告知的相关人，才是副本的对象"。

第四，避免太随意的口语化文字。太随意的用语容易使收件人阅读错误，引起不必要的误会，因此在信中撰写的方式最好以"情境"取代"情绪"，如"这是你要的数据"，可以换成"这是在上一次的会议中，你说需要我提供的资料"，并且至少阅读过两次以上，确定没有问题后再寄出，以减少误会的产生。

第五，当然公司也可以通过电子邮件来激励或纠正员工，如在激励员工士气时，需要通过列举出明确的重点，让员工清楚明白并为此努力，而不是空洞的喊话而已；在纠正员工的部分，不可使用指责的语气，可通过邮件与员工讨论，了解员工的想法，也将自己的理念与他阐述，也可以通过电话辅助，通过沟通的方式来解决问题。

资料来源：林孟仪：《用电子邮件沟通，好比使用飞弹，快速且威力强大；注意使用大忌，才能弹无虚发!》，《商业周刊》2010 年第 1168 期。

12.3.3 书信往来

（1）信件：连锁加盟体系的大小活动信息、广告促销、销售业绩、公司内的人事变动及讨论法律相关事宜或向加盟店提出评估报告等，都以信件作为沟通渠道。总部也会以私人信件寄给加盟店，这让加盟店业者感受到自己的重要性并得到认可。目前书面信件越来越少见，取而代之的是便利的网络电子邮件。

（2）内部刊物或书面报告：常用于告知连锁总部的各项活动、活动照片、公开表扬优秀职员及业绩状况，还包含宣布新的加盟店信息或连锁总部重要的决策意见。一份好的刊物应包含以下内容：

封面故事 – 正在发生或不久的将来发生的事情。

总裁的信件。

荣誉加盟店名单。

荣获销售成就奖的加盟店照片和说明文字。

总部信息。

成功故事。

其他信息。

新加盟店的照片和说明文字。

例如，大苑子推出《苑景》特刊，内容除了介绍当月新品及主打商品外，也推出各加盟店店长的加盟历程与经营方式，供民众参考；而全联福利中心自 2011 年 3 月也发行公司内部自创刊物：《全联报》，目的除了让同仁认识公司内部文化及当月大小事外，也能够自行投稿让大家认识自己及分内负责的工作，称为"全联小人物"，但《全联报》目前仅针对企业内部并无对外发行。

（3）活动汇报：连锁总部会要求各加盟店定期（每周）做活动报告，

内容包括加盟店商品销售状况、门市开支、商品退换货等信息，主要还是提供各类商品的销售及客群分类。连锁总部定期寄送报告表给各加盟店，表格上列有销售活动、开支、人事费用或人事变动及业绩追踪等。通过每份报告的汇总，说明各区营业据点的长处或缺点。此类型报告益于向特定加盟者提出具有建设性的意见并给予指导，或针对经营有方的加盟者表示祝贺鼓励。

↑ **全联福利中心通过内部发行的《全联报》月刊，让员工更加了解自己的公司。**

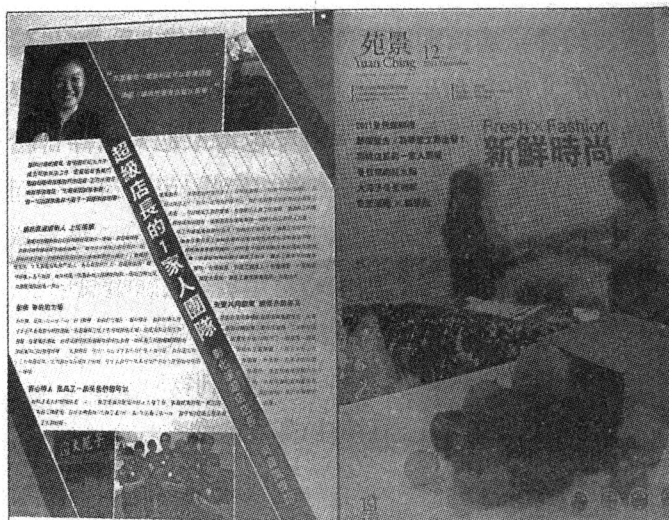

↑ **大苑子通过《苑景》特刊介绍新品、主打商品与各门市的经营特色。**

12.3.4 访问

（1）亲自访问：亲自访问常由各区域代表进行，但若由连锁总部代表亲自拜访加盟店，则更能激发加盟者，并提振加盟店士气。亲自访问对于加盟者而言，是对连锁加盟体系提出问题的最好方式，通过面对面的访问显示企业解决问题的责任及义务，加盟者也因此更加安心。

（2）培训访问：培训访问通常由总部员工对加盟者进行，总部员工须接受开业前的培训及开业培训。加盟者支付大笔的加盟金、权利金得到连锁加盟体系的各项支持，通过培训，总部亲自提供服务给予现场指导、解决问题，可以说是连锁总部对加盟者提供最大的无形价值及服务。

12.3.5 会议举行

（1）加盟者会议：各加盟店之间的会议对加盟者及总部都有一定的效果。连锁总部根据经验的累积得知，要让经营绩效不佳的加盟店起色，其最有力的支持方法是由成功的加盟者分享经营经验及意见，根据自己的经营经验找出其经营不佳的问题所在。

此类型小组会议以一季、半年或一年一次的形式，采用讨论会的模式进行，包括专题研讨、培训会议或针对加盟者关注的议题进行小组讨论。有时加盟者委员会会根据地区性，集中邻近地区的加盟者进行会议讨论，会议中经验丰富的加盟者主动对其他加盟者，特别是新加盟者提供协助，通过小组会议能发现经营存在的共同问题，并加以检讨改善，相互交流。

（2）公司大会：连锁总部会定期召集各加盟者提供培训教育和经验分享。以晚宴或社交宴会方式进行，提供展示企业经营绩效、服务、新品发表等相关信息。非正式且轻松的气氛，降低会议的严肃感，不论是正式的会议讨论、互问互答或经验的分享交流，都能顺利进行。

（3）区域代表会议：连锁总部与加盟者间最关键的联系途径是加盟体系内的区域代表。小型的连锁加盟体系若无区域代表，只能靠法律契约维持总部与加盟者之间的关系，由于双方受到书面合约控制，容易造成关系紧张；区域代表在大型连锁加盟体系内是不可少的角色。

区域代表又称区顾问、担当、区督导、区经理等，有多种讲法。他们的主要任务是代替连锁总部指导并监督加盟店，在加盟店需要时提出相关协助，并敏锐察觉加盟店的需求。区域代表在加盟体系内扮演的不同角色，有以下五种：①在总部与加盟者关系中代表加盟者；②作为加盟者的顾问，提供解决问题的方法及专业意见；③为加盟者及加盟店店员提供培训；④管理指导加盟者，帮助加盟者决策、经营等管理技巧；⑤激励加盟者。区域代表要帮助加盟者发挥潜能，保有士气及积极的态度。

12.4　连锁企业培训计划

培训是连锁加盟经营的核心所在，在某种意义上可视为复制成功的经营模式，也就是说，培训将传递给加盟者成功所必需的技能、知识、态度和建议。

投入连锁加盟体系的加盟者，通过正式培训获取加盟成功的经验技巧，而好的培训的确能带给加盟者数倍的回报及丰厚的利润，在经营过程中所遇到的问题也能通过培训找出解决之道。

大部分的连锁加盟体系都拥有培训部门，培训的项目因各连锁加盟体系而有所差异，其中包括总部会教导加盟者如何招募、培训、激励及管理员工，另外也会教导营销和财务管理等，培训的项目可以说是包罗万象。加盟者在培训的过程中应该学习实际的商业运作，而书本或培训手册作为辅助教材，最佳的学习方式是在培训人员的教导下进行小组讨论、实际问题分析及独立演练，此学习方式让加盟者能容易上手且加深培训记忆。

12.4.1　开业前培训

三个培训时期中，开业前培训是培训密度最大时期，大多为期至少 1 周甚至 300 小时。培训的内容包括前期规划、雇用、采购、销售、广告、库存控制及生产等。以 7 – ELEVEN 为例，就有 5 天的研修训练中心讲座，门市训练 5 天，共计 10 天的课程规划（见表 12 – 1）。若是餐饮业，则需要熟记每种餐点的制作方式，因此至少花 3 个月甚至更久，像麦当劳就必须花费至少 1 年的训练时间，如表 12 – 2 所示。

表 12 - 1   7 - ELEVEN 开业前教育训练课程

	研修中心（9：00 ~ 18：00）	门市训练
第一天	· 连锁加盟目的 · 连锁总部以及加盟店所担任角色 · 单品管理 · 站在顾客立场的经营方式 · 收银基本知识	15：00 ~ 23：00 · 收银待客方式　　· 商品检查 · 熟食的制作　　　· 订货 · 调整　　　　　　· 鲜度管理 · 变更价格　　　　· 编列报表
第二天	· 鲜度管理 · 订货技巧 · 代收相关业务 · 收银应用 · E 化购物受理	10：00 ~ 18：30 · 订货修正　　　· 鲜食订货 · 业务预约　　　· 收银的待客方式 · 营业额日报表
第三天	· 鲜食订货 · 平日订货管理 · 宅配快递业务受理 · 存货管理 · 门市报告书及其他	8：30 ~ 17：30 · 鲜度管理　　　· 鲜食订货 · 打扫清洁　　　· 非平日订货 · 营业额日报表· 收银的待客方式 · 标价、陈列顺序、补货 · 商品盘点、清出
第四天	· 情报分享 · 非平日订货管理 · 非平日订货或机器操作 · 开业前准备事项	7：00 ~ 15：00 · 温度管理　　　· 营业额日报表 · 鲜度管理　　　· 收银的待客方式 · 日常订货 · 影印
第五天	· 开业前教育训练 · 开业后教育训练 · 损益表 · 资产负债表等	23：00 ~ 7：00 · 温度管理　　　· 器具清洁 · 预付卡业务　　· 商点清点 · 收银待客方式· 打扫 · 补货及变更　　· 防抢对策 · 报纸退货　　　· 总结

　　注：由于便利商店为 24 小时营业，因此门市训练的课程安排须配合营业时间进行。

表 12 - 2　麦当劳公司职员基础培训课

职位	营运课程	专业课程					
		财务部	人力资源部	设备维修中心	市场部	公共事务部	工程部
助理	沟通 顾客满意 食品安全 卫生消毒	出纳 会计 计算机报表	餐厅实习 计算机学习 英文学习	基本冷冻 知识训练		电脑原理 文书写作 公共学基础	装潢工程 基本原理
专员	人员管理 时间管理	会计账务处理 会计计算机化	《劳动法》及 其相应法规	空调 炸炉 相关设备 课程	对于当地 市场的分析	法律有关 常识 谈判技巧 公关技巧	供电、消防 环保规划 手续程序 进行确认 程序报告
见习督导	领导风格 辅导 处理特殊 状况 认知与保留	会计报表编制 财务分析 英语会计表 英文财务分析	基本人力 资源课程	厨房安排 冷冻安装 预算管理	销售分析 参与麦当劳 训练餐厅 年会	政府相关 法律	进行确认 程序报告
高级督导部门主管	目标设定 并达成 面试与征选 改进工作 管理 教练式经理	成本控制 税法培训 价格分析 审计培训 计划编制	高级人力 资源课程	营运部训练 采购部训练	《孙子兵法》 与《三十六 计》的弹性 处理适应	综合识图 概算定额 餐厅工程 计划管理 控制造价 成本	

注：所有新进成员至少需在餐厅进行至少 1 周的实习，并进行英语培训。

　　在培训期间，所有接受培训的加盟者能相互交流，讨论各自的目标、期待及担忧，而连锁总部与加盟者的交流有益于加盟者对连锁加盟体系的忠诚度及在连锁加盟体系中的认同感。

　　培训的项目包含一份企业相关主题的培训手册（见表 12 - 3）。主题内容有连锁加盟体系的结构、财务、营销、运作、服务/生产、管理培训等，还有连锁总部对加盟店的建议及要求。对总部而言，手册不仅作为培训教材；若未来遇到争议问题时，手册也为总部提供了保护。对加盟者而言，手册帮助他们了解连锁加盟环境中有效运作所需的信息。因此，加盟者能随时参考手册，解决所面临问题并改善错误的经营方法。

表 12 −3　连锁总部培训内容

一、简介	四、营运
简介	人事
产业信息	店面经营
连锁总部信息	内务
加盟者需参与的活动	维修
合约、租赁协议	管理
	销售
二、财务营运	
资产负债表	存货
损益表	单位经营
资金来源和使用表	
现金预算	**五、服务/生产**
簿记程序	设备订货和规格
收款机程序	存货控制
信用销售程序	供货商和连锁总部的订单控制和
支票销售程序	成本明细表
零散现金	服务
协调：银行、现金、销售	服务/产品方式
夜间存款	仓库存储方式
工资	清洁控制
社会福利	厨房运营
代扣所得税	
租赁	**六、管理和人事**
保险	职责规定
	招募
三、营销	遴选
目标市场	培训
广告	工作日志的建立和维持
促销	人员发展
开业前活动	人事法令和法规
开业	
开业后活动	
销售	
顾客关系	
产品/服务定义和描述	

12.4.2 开业培训

在加盟店顺利运作之前，培训人员会协助加盟者筹备开业，并对员工进行操作程序方面的培训。而开业培训的长短则必须根据开业时所面临的问题而定。一般来说，加盟店正式营运的第一个星期，总部的培训人员会在旁协助加盟者。而从开业前培训到开业培训的培训人员最好是同 1 人，这不但有助于双方面建立起良好的关系，也能让加盟者感到安心，并感受到连锁总部对加盟者所提供的协助及服务的承诺。

12.4.3 后续培训

后续培训并无统一的模式，有些是在年度会议时提供培训；有些则是根据当前加盟者所感兴趣的话题进行讨论。而普遍的培训是以一对一进行，主要是为了了解并解决加盟者所提出的问题或要求。

后续培训主要是由区域代表定期向各加盟店提供新的产品、服务、广告促销等更新的信息，由此可知，区域代表在此扮演着重要的角色。他们与加盟店在相同区域工作，能给予现场指导及建议，提供专业的咨询，还可分析地区内不同的人口特征和消费者对产品或服务的不同需求。

后续培训主要是为加盟者指导新产品及服务的知识技能。为满足不停变化的消费者需求，连锁总部必须开发新产品及服务并改良操作程序，让消费者得到最大的满足。

连锁快线

值班人员培训知多少

有些连锁总部会针对具有潜力的员工进行培训。其中扮演连锁店协助店长并达到店长、店铺、员工三方面沟通的角色即为值班主管。因为店长不可能 24 小时上班，值班主管是各店中关键的管理人才。值班主管通常扮演下列角色：①营运工作的负责代理人，时间段的责任者，该时段能够代理执行店长的业务；②尽心尽力，提供优质的服务质量及高质量的商品，或提供舒适的用餐环境给客人，努力实现经营理念，总部与店铺的沟通桥梁。

因此,值班主管应具备营运管理知识层面包括人、事、时、物、金与情报。

在人的管理上,值班主管需要充分利用店铺的人力资源并做好人员的管理。再者,值班主管是优质服务的代言人,因此,他对于营运相关的操作必须非常熟练,具有辨别操作标准的能力,并做好人员的教育训练,让员工了解工作内容与流程。

在事的管理上,值班主管需完成交接工作,且具备营运上的准备工作、计划及执行能力,工作上的工作计划与执行的能力,判断事情处理顺序的能力,抱怨处理的能力。此外,值班主管也是紧急事项联络人,如停水、停电等,当店铺需要进货或设备需要维修保养时与厂商互动的专职人员。

在时的管理上,则需要对于人员的休息时间与排班表做适当的管理,也须清楚店铺在高峰、低谷时期,对于人员与商品的安排该如何运用。

在物的管理上,值班主管需要了解公司进出货管理的须知、机器维修的要点;并将商品的质量标准化,做好安全卫生管理;而对于食材、资材的营运量,如解冻量、准备量、追加减等做好管控。

而在金的管理上,值班主管需掌握营业日报,达成营业目标,并做好金钱的管理,也担任汇款者的角色。

在情报的管理上,值班主管必须做好数据与顾客的管理,并将这些资料作为应对商圈变化的依据;也必须配合公司所推出的季节性产品等做促销活动。

若值班主管能具备这些营运管理的专业知识,便在总部、店长及员工之间搭起良好的沟通桥梁。

资料来源:1. 廖奕钧,林文琇:《来自大自然的摩斯汉堡教育训练之探讨》,http://www.shs.edu.tw/works/essay/2008/10/2008102816463047.pdf,检索日期:2012年2月9日。

2. 吴婉如,郑雅之,曾景韦:《人力资源管理——摩斯汉堡》,http://nas.takming.edu.tw/upload/stu/0003626/992_M161109/1111_m9816131.ppt#270,检索日期:2012年2月9日。

12.5　连锁加盟合约

12.5.1　法律运用对连锁经营的重要性

连锁经营的核心是连锁经营权的授权使用。连锁经营权分为两个部分：一是知识产权，包括商标、符号、标志、经营模式、专利、管理与商业机密等；二是非知识性质，连锁总部的专属权利，包括连锁总部开发的产品、服务方式、市场开发等相关知识。因此，通过法律的许可并加以应用在连锁发展与授权经营上是相当重要的。

在契约关系下，可明确规范连锁总部和加盟者之间的权利义务。连锁总部和加盟者并非分公司、母子公司、委托代理等关系。在法律上，双方属于独立平等的民事主体，各自对外独立承担责任。另外，连锁经营中，连锁总部将连锁经营权授予加盟者使用，连锁总部同时向加盟者收取一定费用作为对价，形成一种双方合约关系。

在契约关系下，连锁经营体系生存和发展同时得到保障。因为连锁经营是知识的运用，对于加盟者在经营行为上进行规范和约束，避免加盟者滥用连锁总部的商标、符号等，以维护连锁经营统一的品牌形象和良好口碑，达到连锁体系经营规模经济效应。另外，当加盟者加入一连锁体系，期待得到总部持续性的新产品导入与经营的相关辅导，以能有更好的回收与投资报酬。因此，在契约关系下，连锁总部与加盟者皆会得到保障，通过法律手段使双方有合理利益、使连锁系统健康发展。

12.5.2　加盟契约的基本内容

（1）商标权等的使用：连锁加盟系统的特色之一，就是加盟店有权使用总部的商标、符号并从事经营活动。加盟店因为沿用了总部高知名度的商标、招牌、符号等品牌元素，因此得以在较短的时间内得到消费者的认同。因此，加盟契约的一个基本内容就是商标权等的使用范围。

（2）地点的选定及经营范围的规定：对于加盟店来说，商店地址是重要的因素。而商店经营地理范围的设定是对加盟店保护的重要措施。连锁总部赋予加盟店在特定区域内使用总部的商标进行营业活动，此种经营专属区域的划分必须明确，避免商圈的竞争与重叠。对于地址条件的选择，店铺是否适合该业态等调查与判断，总部有义务协助加盟者进行评估。因此，总部将建店条件等要求在合约上注明。

（3）店铺的内外装潢、制服统一：总部为寻求整体形象的一致性，通常会要求加盟店必须根据总部所提供的设计图进行店铺内外的装潢。有些总部甚至有专门的施工单位，以求统一的设计成果。同时，员工必须穿上一致的制服，提供的商品和服务也必须具一致性，以获得消费者的信任与认同。

（4）设备投资或材料的供应：加盟店的内部机器设备、内外部装潢、包装用品、招牌、霓虹灯以及相关材料等，其供应条件如何？是否有强制性？有偿抑或无偿？皆应在合约上注明。若是租赁，也应对机器设备的维护与管理进行统一说明。

（5）加盟金、权利金与保证金等：加盟金与权利金是对于总部赋予的商标、符号使用权和经营 Know – How 的传授，加盟者必须缴纳给总部的代价。每笔费用在性质上有所不同。加盟金是针对总部的店铺选址调查、加盟时的教育、内外部装潢设计等，在加盟时就付给总部的报酬。权利金则是因使用商标的使用权、开店后总部给予的训练和持续性的指导等相对的代价，是在加盟后按月缴纳的。有些总部的权利金是固定金额，也有些是按比率计算，有些则是按营业额百分比计算、有些则是按毛利计算，其计算方式皆应在合约中注明。此外，还有保证金、广告费用分摊等，皆应在合约中规定。保证金则应另外说明返还的条件与时期。

（6）加盟店的教育训练：总部为加盟店的店主及员工提供的教育训练等，具体的方法应该有规定。教育训练是到总部研修中心受训，还是总部讲师到各加盟店进行指导？是加盟前的职前培训还是加盟后的定期培训？教育训练内容包含新产品导入、店面配置、销售方法等都应有所说明。

（7）经营政策、规章遵守：加盟店有义务遵守总部的经营政策和营运规章等，除了不致降低商品质量和服务水平外，同时必须维护连锁总部形象，并力求提高加盟体系的运作效率，这些也会在契约中明确说明并规范。

（8）加盟店的会计制度与报告：每一加盟店的成员都相当有限，故没有设置会计人才的必要性，因此总部可在会计方面予以支持，让加盟店省事又省钱。但支持的程度，将依据总部的规模和产业特色而异，此在契约中也可说明。另外，总部在计算按比率的权利金时，若是由总部设计、提供会计制度，则对加盟店的营业额也较易掌握。因此，除了规定定期向总部提出会计报告外，同时也必须依规定接受总部账务检查。

（9）商品的供应与支付条件：总部对加盟店有持续供货商品的义务，因此，对商品的种类、数量、供给条件、支付方式等都应有所规定。商品供给条件方面，是总部全面供给或者仅提供一部分商品？加盟者是否被允许向其他较佳条件的供货商进货？在契约上皆需注明。同时，在贷款的清偿上，总部能提供多少信用额度，需要怎样的担保等，也应在契约上明确规定。

（10）其他连锁体系的参与或其他兼职的规定：总部如果无法全面供应商品时，是否也能参加与总部无关的其他连锁系统或行业？是否可接受兼职？皆应在契约上注明。如上述都不被允许，需有正当明确的理由。

（11）加盟经营权的让渡和赎回：加盟店如果终止营业，其加盟经营权是一种无形财产，是否可以在一定的条件下转卖或让渡给第三者？加盟店将其权利转卖时，总部是否有买回的优先权？加盟店希望转卖或让渡时，总部是否有相当程度的支持？皆可以在契约上一并规定。

（12）契约期限、更新、解约：契约应该有个期限，不管是长或短。通常都是契约期满后，如双方觉得这种合作关系颇为愉快，再决定契约继续有效。因此，契约期限、更新条件都是契约上的重要事项。

另外，解约或者拒绝续约时，也应该有正当而明确的理由，也应该先给对方一段时间的预告期。解约后，加盟店应将所有代表该连锁系统的商标、符号撤除，返还总部。

解约条件大抵如下：加盟店不再支付权利金；经营不振，甚至破产；重大违反总部规定；加盟者财产被没收等。

（13）其他事项：在店铺营运方面，除了前面所陈述的产品服务、装潢、制服须一致性外，从业员工的管理、销售额等设定都要有所规定。在财务方面，除了加盟金、权利金、保证金外，如资金调度的支持，是总部自己融资或其向金融机构提供保证等。许多便利商店都会有营业额的保证制度。

在业务方面，顾客抱怨的处理、违约金、相关保险甚至竞业禁止条款、商业秘密的遵守等，同时须在契约中注明。

连锁快线

为何会失败?

大家都认为靠着加盟体系的品牌知名度,靠着连锁总部的支持,加入连锁加盟体系一定能够成功,倘若失败,也只会怪罪于连锁加盟体系的办事不力,往往忘记加盟者自己的态度与经营的方式若不正确,也可能面临经营失败的困境。

加盟者失败的态度与经营方式包括:

(1) 仅靠着自己的感觉去经营,无视总部所制定的人员的仪容、顾客的服务、环境的清洁与商品的质量等标准化的规定。

(2) 当店铺旁边出现出售自家加盟店所没有的商品,或顾客希望店内加卖新商品时,便自乱阵脚,希望加入这些商品迎合大众的需求,却忘了加入这些商品,是否符合加盟体系的市场定位,会不会模糊了加盟体系的专业形象。

(3) 惰性误事。发现有比自己更简单的经营方式出现时,便想偷懒,以简单的方式进行,没有思考这样的方式是对店铺是有帮助的,还是会让自己面临失败的命运。

(4) 当店铺业绩一直不见起色时,加盟者便开始放弃经营,自我放逐,一蹶不振。

(5) 加盟者未能全心全力投入工作,常常用一堆借口掩饰工作的偏差。

(6) 安于现状,不求进步。加盟者的经营态度过于保守,无法突破现状,不能创造更好的业绩。

(7) 预设失败的立场。对于连锁总部所提出的促销活动或计划永远保持着反对的立场,有不愿意抑或懒得去尝试的消极态度。

(8) 加盟者领导力不足,导致员工向心力差,流动率大,以至于人手不足,无法经营。

当然,要经营成功,除了加盟者需要拥有正确的态度与经营方式外,选择一个有实力的连锁总部,也是加盟者成功的重要条件。

362

资料来源：1.《加盟连锁会失败的业主 7 大类型》，《520 加盟信息狙击网》，ht-tp：//520boss. com. tw/0121. html，检索日期：2012 年 2 月 9 日。

2.《对加盟创业风险的分析与认识》，《加盟连锁》，http：//www. ru8axchanel. com/ru/？p＝54，检索日期：2012 年 2 月 9 日。

12.5.3 加盟合约范例

单店连锁经营加盟合约

授权者：（以下简称甲方）

法定地址：

法定代表人：

加盟者：（以下简称乙方）

法定地址：

法定代表人：

甲、乙双方本着互惠互利，以及诚恳合作之意愿；同意由甲方提供经营管理技术，辅导乙方营业，双方为加盟相关事宜约定条款如下：

壹、说明

一、甲方_____公司，经营以_____为特色的连锁系统拥有者，包括该商标、商业形象、食材配方、经营方法、形式和政策、商业机密、知识、技能和各开发项目。

二、通过连锁加盟，甲方将连锁系统授权给予乙方使用。

三、乙方使用本加盟系统，在经由乙方选择并由甲方批准的营业地点，开设并经营_____连锁店。乙方须确认，该系统内容包括由甲方所提供的商业机密和专用信息仅供乙方经营加盟店使用。

四、本份为连锁经营加盟合约，因甲方具有完善经营技术，希望由此招募更多加盟店，双方共同经营推展零售事业，在经营期间内，总部指导传授加盟店各项经营技术，并收取一定比例的指导费。

五、由于连锁经营是乙方向甲方购买经营技术的一种契约关系，因此加盟店与加盟店之间并无横向的连带关系，乙方只要对甲方负责即可，一旦加入连锁，则完全依照契约行事，配合甲方的要求运作，甲方则依乙方实际营收额收取一定比例作为权利金，甲方对乙方有极强的约束条款，以保护全体形象并巩固团队力量。

贰、条款

第一条　加盟范围

一、甲方将_____公司的连锁系统授权给予乙方，依本合约共同经营模式经营_____公司连锁店，营业地址为_____，非经甲方同意，不得变更店址。

二、乙方应在前项经营场所，依甲方所定的门店形式经营，而为谋整体商业利益，甲方有权变更门店形式，乙方应充分配合。

三、乙方应秉持维护_____公司的知名度、品牌形象等整体商业利益，充分运用_____公司的各项商品、广告宣传、营销活动，保持与甲方间的相互持久关系，以身为_____公司之加盟者为荣，共创商业契机，获取最大效益。

第二条　合约期间

一、本合约有效期间自公元____年____月____日起至公元____年____月____日止。

二、于本合约期间届满三个月前，甲方应主动通知乙方合约即将届满，乙方享有优先续约权。乙方应以书面通知甲方是否续约，若未续约，本合约到期日即行终止。

第三条　独立主体

一、甲乙双方均是独立之权利主体，一方就他方故意或过失的行为，不负同一的责任，除本合约所约定的事项外，亦不因他方的行为而担负任何债务或法律责任。

二、如因可归责于甲方的事由，致第三人向乙方为民刑事的请求时，甲方应赔偿乙方因此所生的损害（含：鉴定费、诉讼费及律师费）。甲方同意依乙方所指示的方式，表明其系以独立的权利主体，对外经营业务。

三、如因可归责于乙方的事由，致第三人向甲方为民刑事的请求时，乙方应赔偿甲方因此所生的损害（含：鉴定费、诉讼费及律师费）。乙方同意依甲方所指示的方式，表明其系以独立的权利主体，对外经营业务。

第四条　加盟金

一、乙方同意支付甲方_____万元作为加盟金，且嗣后不得以任何理由请求返还。

二、如乙方未依约定期限支付加盟金，且经甲方以书面催告期限付款后，乙方仍未支付加盟金，则甲方可解除本合约。

第五条　授权金

在合约期限内，乙方经营的加盟店每月将支付相当于销售总额的_____的授权金予甲方。销售总额即扣除营业税以外的所有销售额或收入。

第六条　保证金

一、乙方同意支付甲方____万元作为保证金，且于合约期限内不得以任何理由要求返还。

二、本合约终止或期限届满时，且乙方无任何未支付的应付款项，甲方应无息将保证金返还乙方。

第七条　连带保证人、担保物及抵押物

一、乙方应觅具殷实连带保证人二人以上，就乙方对甲方所负的一切债务及赔偿，负连带清偿责任，并愿放弃本合约有关保证的一切抗辩权。

二、保证人如欲退保时，应以书面通知乙方及甲方，经乙方办妥新保证人手续，另订合约时，此可解除保证责任。

三、为保证履行本合约所定各项条款，乙方应提供下列其中一项担保，以下各项担保均应经甲方的认定，方可成立：

（1）提供现金_____元作为担保物。

（2）提供等值的不动产设定抵押。

第八条　设备、器具、店面、装潢与识别系统

一、为确保商品质量、统一本连锁加盟体系形象暨方便维护管理，有关乙方开店所需之设备、器具、门店之设计装潢与识别系统等，悉依本合约约定及甲方相关规定办理。

二、设备与器具：

（一）乙方开店所需的设备、器具等，须向甲方或甲方指定的合格厂商采购。

（二）乙方应于本约同签订后_____日内，一次付清设备与器具款共_____元予甲方。

（三）乙方付清款项后，始取得设备、器具的所有权。

三、装潢与识别系统：

（一）乙方店面的外观、装潢、陈设与识别系统，应依甲方制定的统一化、标准化规范交由甲方指定厂商进行规划、设计与施工，其费用由乙方负担。

（二）乙方应于本合约签订后_____日内，一次付清装潢与识别系统_____元予甲方。

（三）乙方店面的外观、装潢、陈设与识别系统若有老旧、毁损等情事发生，乙方应于甲方通知之期限内，依当时的企业识别（CIS）修护。乙方将独自负责加盟店的修建和经营的所有费用。

第九条　商品、原料、用品的进货出售

一、为维护加盟形象，乙方只能出售甲方所生产的商品及甲方指定的厂商的商品。

二、如商品需要二次加工，乙方须依照甲方所指示进行商品加工。

三、乙方营业所需的原料、用品，皆经甲方筛选与测试，是适切度最高的选择，故乙方须向甲方及甲方指定的厂商购买原料、用品。

四、乙方不得以相似，但不同品牌、成分、材质、型号及保存期限之替代品，要求甲方在价格上比照或调整。

五、若乙方违反上述条约，则乙方除应支付甲方＿＿＿＿＿＿元的惩罚性违约金外，甲方得径自终止本合约，乙方并应就甲方的损害负赔偿责任。

第十条　信息系统

一、乙方开业时的网络监视器、计算机软硬件主机及营业用 POS 计算机系统由甲方出资制作，以租赁方式供乙方使用，乙方应每月支付租金＿＿＿＿＿＿元予甲方，网络费用则由乙方自行负担。网络监视器、计算机软硬件主机或营业用 POS 计算机系统遇有损坏或需更改程序，乙方应实时向甲方报修，并由乙方负担相关费用。

二、乙方同意安装附加、置换和升级硬件、软件和其他设置以使其保持良好的工作性能，并保持与技术的发展同步和达到甲方的需要，并每年支付维护费用＿＿＿＿＿＿元予甲方。

三、乙方应于营业时间内保持网络监视器、计算机软硬件主机及营业用 POS 电脑系统处于堪用及开机状态，本契约届满、终止或解除后，乙方应即拆卸并送交甲方指定地点，相关费用由乙方负担。

四、乙方应配合实施账务管理信息系统及电子订货方式向甲方订货。

五、乙方须将所有销售和指定的业务信息记录在信息系统中，并且每周或按照甲方规定的时间，通过电子方式向甲方汇整乙方情况。乙方同意甲方可在任何时间稽核乙方之信息系统并浏览信息。如果乙方没有按时报告，甲方可对总销售额做出估算，依据报告中或估算的销售额，乙方应支付甲方＿＿＿＿＿＿＿＿元的惩罚性违约金，甲方得径自终止本合约。

第十一条　商品管理

一、甲方售予乙方的商品及数量由乙方提出订货单向甲方或甲方指定的厂商订货，并依订货内容确认。甲方或甲方指定的厂商依乙方订货单内容，将商品载送至乙方营业场所，乙方应立即签收并查点商品。

二、甲方发交商品与乙方时，若因运送中途发生毁损、灭失情况，乙方可凭配送机关所出具证明，由甲方负责退换，但以货到 3 日内通知甲方为限。但商品之毁损系可归责于乙方的事由时，则由乙方自行负责。

三、商品交付前所发生物品的损毁、减量、变质及其他一切的损害，除可归负于乙方者外，概由甲方负担。商品交付后所发生的此等损害，除可归责于甲方以及在保存有效期间内的变质外，概由乙方负责。

四、于乙方下订单并经甲方确认后，如因甲方的过失，在乙方的安全库存量用尽以前仍未能供货予乙方，致乙方因所需的商品缺货，导致该项商品的营业陷于完全停顿的状况者，甲方应负损害赔偿责任。

第十二条　商品售价

一、乙方同意按双方协议或甲方建议的商品售价贩卖商品。

二、乙方若不欲按前项售价贩卖商品时，须于 10 天前提出书面说明通知甲方，甲方为维护加盟系统、商品品牌形象及市场交易秩序，得采取适当的必要措施。

第十三条　广告与促销

一、为配合整体连锁体系广告宣传，乙方应每年支付甲方广告费用
_____元。

二、甲方认为有必要时，得进行大众媒体的促销活动，乙方应于活动期间全力配合，并接收甲方有关广告与促销活动的指导与建议。若乙方未能配合，致有损整体形象者，视同违约。

三、乙方自行进行促销活动时，所有广告宣传的进行，应先以书面通知甲方，并接受甲方的指导、建议并核准后，才得执行活动。

第十四条　加盟店的营运

一、加盟店应开设在由乙方选择并经甲方认可的地点，并由乙方租赁上述门店。

二、关于营业税或使用税、产品和服务税、增值税、总收入税、消费税、关税、印花税和其他类似税款，政府注册和建设费用，以及许可证、设备、家具、器具、标牌、广告、保险、食品、劳务、公用建设方面的费用和租金等，甲方针对上述费用概不负责。无论是针对甲方或乙方进行征税，在连锁经营加盟金、授权金、广告费和本合约中规定的其他费用上征收的任何消费税，均由乙方付额缴纳。如果甲方必须向税管部门支付协议

规定本应由乙方负担的销售税，甲方将会把该款项列给乙方，再由乙方如数还给甲方。

三、乙方应聘、培训、终止并管理加盟店的所有员工，规定工资比率，发放全部工资及其他项目，包括所有就业津贴、失业保险、扣交款项和其他项目，甲方与上述无相关责任连带。

第十五条 营业利润分配

一、乙方应将每日营收，扣除依规定所必须支出的金额（附凭证），逐日按规定汇回甲方指定之账户，不得无故留存或怠于汇回。若遇银行休假日，则需于次营业日早上 11 时前汇款完成。若乙方有延迟或不汇款情形，应视同严重违约。连续假期时间，甲方将指派专员至门市收款。

二、甲方每月计算所收到的款项，甲方收取月销货收入（税后）的____%作为授权金，并收取商品进出货、原物料、设备租赁等费用后，再将剩余盈余归给乙方。

三、当乙方迟延或拒绝支付货款、债款时，甲方得停止出货，乙方须付给甲方可自规定付款日起至清偿日止，每日_____元惩罚性违约金，并赔偿甲方的一切补助费用与一切损失。

第十六条 教育训练

一、乙方开设加盟店前，甲方须教导开设与经营加盟店的相关教育训练，移转经营技术，乙方无须支付甲方相关教育训练费用。不过，乙方需自行支付参加教育训练所需的交通、住宿和其他各项费用。

二、乙方开设加盟店后，若需要再次教育训练，甲方可以依课程性质收取费用。

第十七条 商店经营辅导

一、在合约期间内，甲方须担任乙方商店经营辅导的顾问。

二、在合约期间内，甲方可随时至乙方门店访视，若有发现商店经营相关问题，乙方须于限定期间内改善。

三、开业期间的辅导人员指导费，乙方须额外付费_____元，甲方辅导人员的交通、住宿和其他各项费用由乙方负担。

第十八条 商店营运的义务

一、甲方应遵守下列事项：

（一）为维持品牌形象一致性，应制作必要商品包装、容器、目录及各类报表等消耗品，供乙方购买使用。

（二）出货应依既定行程抵达。

368

二、乙方应遵守下列事项：

（一）于门店开业 5 日前应以书面将确实开业时间与场所通知甲方。

（二）不得于经营场所内陈列、展示或销售非甲方供应的商品及原物料。

（三）应依相关卫生法令规定，妥善维护经营场所内的公共卫生以及储存设备的卫生管理，以保持双方在社会上的良好形象。

（四）应遵守甲方有关卫生、原料储存、门店营运、商品制造等的管理与辅导，以维持品牌形象及营运效率。

（五）应配合甲方所派检查人员，对商品质量、服务态度及卫生安全等事务的检查工作。

（六）应确实履行本合约所规定的经营模式，善尽维持商品同一性的义务，以防止质量下降。

（七）乙方所销售商品的陈列规划，应依甲方所提供的商品摆设及台账图设计作陈列，如有变动，应书面通知甲方同意后才能调整。

（八）应使用甲方设计提供印有_____公司商标的商品包装、容器、目录及各类报表等消耗品，不得私自采购及印刷。若乙方违反上述，则乙方除应支付甲方_____元的惩罚性违约金外，甲方可自行终止本合约，乙方并应就甲方的损害负赔偿责任。

（九）应遵守本合约约定的付款期限。

（十）不得擅以甲方名义对外进行任何法律行为。

（十一）经营场所的营业人员应穿着甲方指定的制服，以维持与甲方相同的企业形象。若乙方的人员违反者，乙方应以每一位员工为计算基础，每位计罚_____元，对甲方负赔偿的责任。

（十二）经营场所如是承租他人的建筑物，应提供定期租赁合约书复印件于甲方存查。

第十九条　保险办理

乙方经营的商品、生财设备及其所雇用的人员，应办理适当金额的意外险或第三人责任险，并以书面通知甲方。

第二十条　不利行为的禁止

乙方不得为下列行为，如有违反，乙方除应每次支付惩罚性违约金_____万元，乙方因此所获得的利益，亦应赔偿予甲方，甲方并得径行终止本合约：

一、在他址使用相同或类似于_____公司注册商标的广告招牌或名称。

二、以_____公司申请公司或行号。

三、以_____公司申请商标或服务标志。

四、将甲方依本合约所授予的权利转让、出租、质押或以任何名目移转或转授权予第三人。

五、就本合约经营模式的任一内容或其类似内容，持以申请专利或主张著作权及营业秘密。

第二十一条　加盟形象的维护

为维护加盟店之共同形象，乙方须遵守以下几点：

一、加盟店整体、整洁及经营质量须合乎甲方要求。

二、不得贩卖法令不许可的商品。

三、不得摆设赌博或游乐性的电动玩具。

四、店内服务人员应着指定的服装。

五、投诉的发生应妥善处理，不得影响整体形象。

第二十二条　商圈保障

为确保乙方资本回收和获利，甲方在乙方经营场所半径相距_____公里距离内，不得再与他人制定的加盟合约；但特殊商圈则不在此限制之内。

第二十三条　损害赔偿

一、乙方不得假冒甲方的产品出售，亦不得将印有甲方标志的服装、容器、包装及活动媒体等用品提供给第三者使用，若有违者，乙方应赔偿甲方所受的损害。

二、乙方因违反本合约的约定，除依规定支付甲方惩罚性违约金外，对于甲方因此所受的一切损失，乙方仍应负赔偿的责任。

第二十四条　合约管辖权

关于本合约所产生的一切争议，双方同意以为第一审管辖法院，败诉的一方应支付他方一切损失及费用，包括：诉讼费用、非诉讼费用、律师费及所有追偿程序所产生的一切费用。

第二十五条　终止合约

一、乙方因故未能继续加盟甲方而中途解约时，应于2个月前以书面通知甲方，除乙方遇不可抗力的因素者外，应赔偿甲方违约金_____元。

二、甲、乙一方如有违约本合约的情况，一方应定5日的期限命违约的他方改善，如违约的他方仍不改善时，一方得再定期要求改善并有权终止本合约。

三、乙方若有下述情况发生，甲方将提前 10 天向乙方提交书面通知，然后自通知递交之日起，提供乙方 10 天时间，以供乙方采取补救措施，若仍未提出则甲方可径自终止本合约：

（一）乙方放弃加盟店。

（二）因乙方没有支付租金或相关费用，而被逐出店面场所。

（三）没有进行或维持缴纳增值税或所有其他销售税所进行的登记注册。

（四）因乙方行为或疏漏，而导致未支付甲方款项。

（五）乙方仿冒甲方之商品或有其他侵害甲方权益情况。

四、乙方若有下述情况发生，甲方将提前 60 天向乙方提交书面通知，然后自通知递交之日起，提供乙方 60 天时间，以供乙方采取补救措施，若仍未提出则甲方可径自终止本合约：

（一）乙方失去对店面所在场地的所有权。

（二）乙方 1 年中少报总销售额达到或者超过 2%。

（三）乙方丢失经营店面所需的任何一种许可证或执照。

（四）乙方经营控制权发生重大变动。

（五）乙方签发的票据存款不足退票。

（六）乙方之财产遭受查封拍卖。

（七）乙方依本合约所提供的担保品遭受查封拍卖。

（八）乙方或其连带保证人财务状况发生重大变动。

五、若一方违约达第三次时，另一方有权立即终止本合约。

六、违约的一方就他方损失，并应负赔偿责任（含律师费计所有追偿程序所产生的一切费用）。

七、甲、乙一方解散或破产的宣告时，本合约即行终止。

八、甲、乙一方如遇天灾、战争等不可抗力的因素，导致双方无法继续营业时，本合约即行终止。

第二十六条　竞业禁止

一、乙方不得在签订本合约后，为自己或他人经营相同或类似之事业，并不得为其他相同或类似事业的股东、合伙人，亦不得为其他不公平竞争之交易或活动。

二、乙方应担保其合伙人、股东，无前项所定的情形。

三、乙方如违反前两项约定，除应支付甲方＿＿＿＿＿＿＿元的惩罚性违约金外，乙方因此所得的全部收入，亦应赔偿予甲方，甲方并得径行终止本合约。

四、前三项的约定，于本契约期间届满、解除、终止、无效或经撤销后1年内，仍有效力。

第二十七条　违约条款

乙方如违反本合约各项条款时：

一、乙方及其连带保证人愿赔偿甲方所受的损害。

二、甲方得径自停货及终止合约，乙方不得对甲方要求损害赔偿。

第二十八条　转让限制

乙方所加盟甲方的加盟店，不得转让第三人经营。

第二十九条　契约届满、终止、解除后之义务

一、契约届满、终止或解除后，乙方不得再使用甲方的智能财产与营业机密。

二、乙方应于契约届满、终止或解除后____日内，无条件拆除任何附有甲方知识产权（商标、服务标志、著作权等）或企业识别系统的招牌、印刷宣传物、事务系统用品、标志、名称、设备器具等物品文件。如有违反，甲方得径予拆除、没收或销毁，其所需费用由乙方负担，甲方如因而受有损伤，并得请求乙方赔偿。

三、契约届满、终止或解除后____日内，乙方应将甲方所提供有关于加盟店营运的营业秘密文件、附件管理表格、营业手册、使用操作说明、技术文件、计算机程序、录音、磁盘、光盘及各项有关数据交还甲方，不得复制、摄影或以其他方式翻制留存。如有违反，应给付甲方惩罚性违约金外，并赔偿甲方因此所受的一切损害。

第三十条　遵守商业机密

一、关于甲方加盟系统的经营模式，及其他技术、制程、配方、设计等资讯，为甲方的商业机密。乙方因加盟而知悉或持有相关的营业机密，仅能在经营_____公司的必要限度内使用，并应尽善良管理人之注意义务，不得泄露予任何第三者。

二、乙方如违反前项规定，除应支付甲方_____万元之惩罚性违约金外，因此乙方所得的全部收入，亦应赔偿予甲方，甲方并得径行终止本合约。

三、前两项的约定，不因本合约有无效或得撤销的事由，或期间届满、解除或终止而影响其效力。

第三十一条　修改增删

本合约内容文字如有修改或增删，须经甲乙双方同意并签章，否则修

改或增删文字部分无效。

第三十二条　诚信原则及未尽事项的办理

一、本合约经乙方详细审阅，对于本合约约定的事项，甲乙双方均已充分了解，双方并应以诚实信用及最大的善意履行。

二、本合约如有未尽事宜，依中华人民共和国相关法律解释及适用之，双方并得另以书面协议修正或补充。

第三十三条　合约份数

本合约一式两份，甲乙双方各执乙份为凭。

课后习题

理论题

1. 请问连锁经营关系有哪些阶段？

2. 请问连锁企业如何进行企业内部沟通？

3. 请问连锁企业开业前培训项目有哪些？

4. 请问连锁企业加盟契约基本内容有哪些？

应用题

1. 请问连锁总部和加盟者建立良好关系很重要吗？

2. 请针对一家连锁企业，分析其内部沟通方式。

章末个案

加盟契约看仔细　保障你我权利

工作难找，创业兴起，高品牌知名度、行业进入门槛较低的连锁加盟业便成为民众创业的第一首选，然而也因为加入连锁加盟产业的人越来越多，大大小小的纠纷也由此而生。因此，连锁总部与加盟者所签订的加盟契约以及相关的法律条例就便变得格外重要，可以让受损害的一方通过法律获得应有的保障。

像某知名连锁餐厅，于 2011 年 9 月爆出加盟店让员工食用该店水煮鱼的回收油。而该连锁总部则表示，此加盟店先前已发生诸多违规事件，于 2011 年 4 月与该加盟店解除加盟关系，但该店在解约之后继续沿用该连锁企业的商标和名称，于是向法院提出诉讼并获受理，强调该店一切行为与总部无关。

2011年2月，一位吴姓小姐与某家连锁甜品店签约加盟，准备开设加盟店，但该连锁甜品店收了钱之后却迟迟未开店。吴姓小姐便向该连锁甜品店提告并要回加盟金，但此时才发现当时签的是"合伙契约"，并非"加盟契约"。该连锁甜品店也通过此原因，拒绝退还费用，吴小姐提告败诉。中国台湾公平交易委员会借此强烈呼吁，有意加盟的民众要把握5天的合约审阅期，看清楚合约后再签。

而台湾知名甜品专卖店则在加盟广告中宣称，"净利率约20%～35%"、"预估回收期6～15个月"，但经中国台湾公平交易委员会调查后，发现该甜品专卖店是以经营绩效最佳的直营店业绩，推估加盟店的回收期，但基本的计算基础与资料来源均未清楚表明，造成加盟者产生错误认知，有广告不实之嫌。且该连锁企业在招募加盟的过程中，缔结加盟经营关系10日前，并未以书面向加盟者充分揭露重要交易信息，构成隐匿重要交易信息的行为。针对这两项违法行为，中国台湾公平交易委员会对此甜品专卖店连锁企业开罚新台币50万元。

以上三个案例分别说明了加盟契约以及相关的法律条例的重要性，连锁总部可以通过加盟契约来约束加盟者的行为；而加盟者也可以通过加盟契约保障自己的权利；甚至政府也可经由制定加盟相关的法律条例，监督连锁加盟企业的加盟情形。

动脑时间

1. 请问你会依什么条件判断连锁总部良莠？当连锁总部开始与加盟者合作，有哪些方法可以维护两者关系？

2. 身为一加盟者，在进入加盟事业体后，其身心应具备什么样的状态才能扮演一优秀加盟店角色？

资料来源：1. 邱莞仁：《回锅油丑事连环爆》，《经济日报》（中国台湾）A13版，2011年9月19日。

2. 吴碧娥：《加盟广告不实罚50万》，《经济日报》（中国台湾）A16版，2010年3月4日。

3. 洪哲政：《加盟签约合约看清楚加盟变合伙血汗钱拿不回》，《联合晚报》A16版，2011年2月17日。

附录

中国台湾地区公平交易委员会令

公平交易委员会对于加盟业主经营行为的规范说明修正规定

2011 年 6 月 7 日

一、（背景说明）

近年连锁加盟经营方式发展迅速，营业范畴遍及多种行业。但伴随连锁加盟事业活动增加，加盟业主与加盟店间的交易行为，涉及限制竞争及不公平竞争等问题，亦随之增加。

本会为维护连锁加盟的交易秩序、确保加盟事业的公平竞争，现汇整及分析加盟业主可能涉及《公平交易法》的行为，研订本规范说明，希望加盟业主遵循办理。

二、（名词定义）

本规范说明的名词定义如下：

（一）加盟业主，指在加盟经营关系中提供商标或经营技术等授权，协助或指导加盟店经营，并收取加盟店支付对价的事业。

（二）加盟店，指在加盟经营关系中，使用加盟业主提供的商标或经营技术等，并接受加盟业主协助或指导，对加盟业主支付一定对价的其他组织。

（三）加盟经营关系，指加盟业主通过契约的方式，将商标或经营技术等授权加盟店使用，并协助或指导加盟店的经营，而加盟店对此支付一定对价的继续性关系。但不包括单纯以相当或低于批发价购买商品或服务（以下简称商品）再为转售或出租等情形。

（四）支付一定对价，指加盟店为缔结加盟经营关系，所支付予加盟业主或其受任人的加盟金、权利金、教育训练费、购买商品、资本设备等相关费用。

三、（信息揭露规范）

加盟业主与交易相对人缔结加盟经营关系 10 日前或个案认定的合理期间，以书面提供加盟重要信息予交易相对人者，得认未隐匿重要信息，不构成《公平交易法》第二十四条的违反。

前项加盟重要信息，例示如下：

（一）开始营运前的费用：如加盟金、教育训练费、购买商品、资本设备等相关费用，包括其项目、金额或预估总额。

（二）加盟营运过程中的费用：如权利金的计收方式，及经营指导、购买商品或原物料等定期应支付的费用，包括其项目、预估金额。

（三）商标权、专利权及著作权等，其权利内容、有效期限、授权使用范围与各项限制条件。

（四）经营协助及训练指导的内容与方式。

（五）加盟店所在营业区域设置同一加盟体系的经营方案或预定计划。

（六）所有县（市）同一加盟体系的数目、营业地址及上一年度解除、终止契约比率的统计资料。本款的营业地址，得以电子文件留存之。

（七）加盟契约存续期间，对于加盟经营关系的限制：

（1）商品、原物料、资本设备及装潢工程等供应条件相关事项（如指定之规格、供货商或承揽施工者名单）。

（2）商品或原物料的订购项目及数量。

（3）其他加盟经营关系的限制事项。

（八）加盟契约变更、终止及解除的条件及处理方式。

四、（契约审阅与交付）

加盟业主于签订与加盟经营关系相关的书面契约前，应给予交易相对人至少5日或个案认定的合理契约审阅期间。

前项书面契约，应签立正本二份，由双方各执一份，且加盟业主不得拒绝提供。

加盟业主倘有未符合前二项规定，且足以影响交易秩序者，将违反《公平交易法》第二十四条规定。

五、（限制竞争或妨碍公平竞争行为）

加盟业主于缔结加盟经营关系后，利用其相对优势地位或加盟店对其的依赖关系，而有下列行为者，可能涉及违反《公平交易法》相关规定：

（一）差别待遇行为

加盟业主对于不同加盟店之间或同一竞争阶层的其他组织，如无正当理由，就价格、交易条件或交易与否给予差别待遇，而有限制竞争或妨碍公平竞争者，将违反《公平交易法》第十九条第二款规定。

（二）不正当限制加盟店的交易行为

加盟业主为保护其知识产权或维持加盟品牌形象与利益、整体加盟体系的商誉，对于加盟店课予必要的限制，为实施同一加盟体系的合理范畴。唯加盟业主倘利用加盟店对其的依赖性或相对优势地位，不正当限制加盟店的事业活动，逾越实施连锁加盟体系业务的合理范畴，而有限制竞争或妨碍公平竞争者，将违反《公平交易法》第十九条第六款。可能涉及违法的行为如下：

（1）搭售。无正当理由要求加盟店于购买商品时，须同时购买其他商品，而有限制竞争或妨碍公平竞争。

（2）限制交易对象。无正当理由限制加盟店销售之商品、资本设备、原物料及装潢工程等事务，必须由加盟业主或其指定的厂商供应或承揽施工，而有限制竞争或妨碍公平竞争。但仅系推荐供应或承揽厂商名单，或无强制拘束者，不在此限。

（3）强制采购数量。无正当理由强制加盟店采购一定数量的商品、原物料并禁止退货，而该数量超过加盟店合理营业天数可销售的数量或必要的存货数量，而有限制竞争或妨碍公平竞争。

（4）其他不正当限制行为，而有限制竞争或妨碍公平竞争。

六、（欺骗或显失公平行为）

加盟业主倘为其他足以影响交易秩序的欺骗或显失公平行为，将有违反《公平交易法》第二十四条规定。

七、（其他不公平竞争行为之规范）

本会针对加盟业主的不实广告、比较广告及欺罔或显失公平行为等其他不公平竞争行为，有"中国台湾公平交易委员会对于公平交易法第二十一条案件的处理原则"、"中国台湾公平交易委员会对于比较广告案件的处理原则"、"中国台湾公平交易委员会对于《公平交易法》第二十四条案件的处理原则"，加盟业主应注意并遵守相关规定。

八、（违反《公平交易法》相关规定的罚则与法律责任）

本会对于违反《公平交易法》规定之事业，依据同法第四十一条规定，得限期命其停止、改正其行为或采取必要更正措施，并得处新台币5万元以上2550万元以下罚款；逾期仍不停止、改正其行为或未采取必要更正措施者，得继续限期命其停止、改正其行为或采取必要更正措施，并按次连续处新台币10万元以上5000万元以下罚款，至停止、改正其行为或采取必要更正措施为止。

违反《公平交易法》第十九条规定者，依据同法第三十六条规定，经本会依第四十一条规定限期命其停止、改正其行为或采取必要更正措施，而逾期未停止、改正其行为或未采取必要更正措施，或停止后再为相同或类似违反行为者，行为人将可被处2年以下有期徒刑、拘役或并科新台币5000万元以下罚金。

加盟业主违反《公平交易法》的规定，除依法负刑事或行政责任外，加盟店并得循同法第五章的规定请求损害赔偿。

九、本规范说明，仅例示若干加盟重要信息及可能抵触《公平交易法》的行为；若有未尽周到之处，本会将作补充修正。就个案的处理，本会仍须依具体事实加以认定。

第13章 连锁企业发展趋势

学习目标

了解连锁发展趋势。

章首个案

由社会结构看产业趋势

经济社会环境变迁，台湾社会环境就如同其他地区一样，兴起"单身族"、"无子夫妇"、"退休族"、"精打细算"、"时尚流行"等新族群，同时新时代也面临压力、竞争，让市场的区分更为困难，但相对也衍生出许多市场机会。

趋势一：老人多了

在小孩越来越少、老人越来越多的社会趋势下，个人、企业、社会与国家，究竟应做好什么准备？根据美国国家老化研究所（U. S. National Institute on Aging）研究指出，2010 年，美国 75 ~ 85 岁的人口达 1,700 万，2050 年将达到 3,000 万。这种情况全世界皆然。在急速老化的日本，总人口到 2050 年会比今日减少 2,500 万，但老年人口将会快速成长到占全国人口的将近四成。而中国台湾，2025 年将迈入超高龄社会，65 岁以上老人将占 20.3%，并于 2030 年增速成长至 24.4%。老人多了，什么样的商机又呼之欲出呢？金融保险？旅游休闲？

趋势二：小孩少了

根据统计数据显示，2010 年台湾总生育率下降到 0.91（平均每位妇女一辈子只生不到 1 个孩子）；而调查指出，民众不愿意再生第二胎的原因，以"经济"因素所占比率超过 65%，为最高。除了人口金字塔结构的转变外，少子化带来的冲击也包括入学年龄人口、工作年龄人口等的改变。将来进入小学、中学及大学的 6 岁、12 岁及 18 岁人数，预估未来 10 年将较目前分别减少 19%、29% 及 23%，未来 20 年内亦将较目前分别减少 24%、36% 及 43%。工作年龄人口方面，15 ~ 64 岁工作年龄人口占总人口的比例将由 2010 年的 73.6%，增加至 2015 年达到最高峰 74.4%，然后渐转递减，2060 年降为 48.9%。在这样的冲击下，妇产科、教育产业、婴幼儿食品、汽车产业等，皆会受到少子冲击。产业，又该如何寻求转型适应？

趋势三："M"型趋势要贵也要便宜

大前研一 2006 年提出"M"型社会来临了，社会经济的不安定造成消费者处于紧张而缺乏安全感的状态。消费者通过奢侈型的消费缓解压力，同时关注低价商品而控制预算。因此形成极端式、交叉使用高级和低价商品的消费方式。也就呈现手提 LV 的消费者，却排队等待一小时 20 元停车场的社会现象。两极化的消费现象，业者是否该调整定位，呈现差异化特色？

趋势四："宅经济"不容忽视

2012 年，台湾地区产业情报研究所（MIC）产业分析师王义智指出，台湾电子商务仍呈现成长趋势，以目前电子商务占台湾地区零售额约 6.4%。当网络普及、数字世界产生剧烈变化，"宅经济"和网络购物则有机会不断发展扩大。像是较低支出的网络交易、在线游戏，或是租看 DVD、漫画等"居家消费"，不断延伸。在此浪潮下，网络创业也日益兴盛。期望通过网络营销、口碑相传，创造小成本大商机。例如，台湾地区快递业在"宅经济"带动下，市场规模从 2007 年的新台币 200 亿元，成长到 2012 年约新台币 450 亿元。2011 年的网购服装品牌 lativ，一年创造新台币 40 亿元业绩；网络书店博客来，2011 年营收超过新台币 50 亿元。当"宅经济"当道，实体店面是否有机会同步经营虚拟市场？抢夺商机？

趋势五：4 人中有 1 人陷入忧郁

据调查结果发现，台湾地区高达 25.1% 受访者（每 4 人中有 1 人）近 1 周内觉得容易苦恼或动怒；以人口数推估，全台近 480 万人觉得容易苦恼或动怒；尤其是待业者、蓝领阶级、投资经营者三大族群特别明显，预估有 40 万人严重烦躁。除此之外，根据董氏基金会 2011 年调查，12～18 岁的高中生，每 5 人就有 1 人忧郁，18～24 岁的大学生，每 4 人就有 1 人忧郁，显示台湾人的忧郁情形严重。当社会弥漫忧郁趋势，抗忧郁产业（如疗伤系餐厅），是否有机会异军突起？

　　而身为连锁总部，当生活形态转变，如何调整总部策略适应？除了面对大环境的竞争生态，总部还须充分沟通，保障、关怀加盟者的福利措施，凝聚加盟者的向心力。只有同心协力、建立相依相存的伙伴关系，才是创造竞争力的加盟团队，成就连锁事业决胜关键。

　　资料来源：1. 李娟萍：《俄罗斯全球最开心相关指数 33.2 分称冠中国第二；美欧日痛苦指数最高》，《经济日报》（中国台湾）B2 版，2009 年 11 月 18 日。

　　2. 钟佩芳：《忧郁、易怒台湾人知多少？答案：4 人中有 1 个》，《台湾新生报》，2010 年 9 月 1 日，http：//armourforceman. pixnet. net/blog/post/13647283 - % E5% 8F% B0% E7% 81% A3% E5% B7% B2% E6% 98% AF% E5% 80% 8B% E5% A3% 93% E5% 8A% 9B% E9% 8D% 8B% E5% B6% E6% 86% 82% E9% AC% B1% E3% 80% 81% E6% 98% 93% E6% 80% 92% E5 % 8F% B0% E7% 81% A3% E4% BA% BA% E7% 9F% A5，检索日期：2012 年 2 月 16 日。

　　3. 洪绫襄摘录改写：《一个人带动 5 大消费新趋势》，《远见杂志》2011 年第 298 期。

　　4.《台湾高龄化急加速 居家照顾服务资源却不足?!》，NOWnews 今日新闻网，http：//www. nownews. com/2011/12/02/11391 - 2763082. htm#ixzz1mXgFEf7A，检索日期：2012 年 2 月 16 日。

　　5. 王一芝、王思涵：《一个人带动 5 大消费新趋势》，《远见杂志》2011 年 5 月 1 日。

　　6. 赵靖宇：《宅经济猛发威，"家中经济学"成新运动》，《天下杂志》，2009 年，http：//www. cw. com. tw/article/article. action? id = 37075，检索日期：2012 年 2 月 20 日。

　　7. 王佩华：《宅经济做美梦五族群分享大饼》，《自由时报电子报》，2012 年 1 月 25 日，http：//www. liberty times. com. tw/2012/new/jan/25/today - e6. htm，检索日期：2012 年 2 月 20 日。

　　8. 曾文昌：《少子化社会要解决经济问题也要处理人性问题》，NOWnews 今日新闻网，2011 年 9 月 16 日，http：//www. nownews. com/2011/09/16/142 - 2742573. htm# ixzz1mt0AxBjZ，检索日期：2012 年 2 月 20 日。

　　9. 王巽贤：《2060 少子化后的台湾，健康世界》2011 年第 9 期，http：//

tw. mag. chinayes. com/Content/20110901/801D6183C7EE46388C5879536DC9B094. shtml, 检索日期：2012 年 2 月 16 日。

10.《老人身上更有利可图》，《商业周刊》2011 年第 1248 期。

11. 王慧馨：《培养沃土选苗育种加盟事业如种树》，《经济日报》（中国台湾）A12 版，2005 年 12 月 20 日。

13.1 多元化

多元化的经营模式是企业通过垂直整合与企业相关的事业或水平发展新事业，通常多元化的策略是当企业整体经营稳定后，才执行的经营模式，希望通过数个互补性的企业互相支持，达到综合的效果以及创造新的成长机会。

统一企业自成立以来，便采取多元化的经营策略。2002 年，统一企业集团成立统一流通次集团，以统一超商为首，整合所有流通相关的上下游企业，包括以店铺经营形态的 7 - ELEVEN、康是美、星巴克、圣娜多堡、21 世纪风味馆、统一多拿滋、无印良品、统一午茶风光、统一阪急百货等；后勤支援统一次集团营运的统一信息、首阜企业管理顾问公司；食品制造的统一武藏野股份有限公司；支持物流的捷盟营销、捷盛运输、统昶营销、大智通文化营销、统一速达（宅急便）、统一客乐得；通过网络经营的统一购物便（7net）与博客来网络书店；还有其他像统一药品、乐清服务、统一生机开发、统一精工、统一度假村等事业。统一流通次集团在 2007 年时，旗下企业已达 42 家，总营收高达新台币 2，000 亿元，而 2011 年的营收与获利也比 2010 年增长了一成；而 2007 年统一流通次集团旗下公司星巴克全台 212 家店营收年增长 10%；21 世纪风味馆则从 2010 年公司转亏为盈，获利新台币 1，500 万元，2011 年店家数更达 29 家店。统一超商于 1997 年上市，2012 年 2 月的股票市值为新台币 151 元。

统一企业通过垂直的多元化经营，整合上下游相关企业，让统一企业从产品的生产到配销，都能够互相支持、资源共享，如统一超商通过统一武藏野、捷盟营销、捷盛运输支持食品及运送货品；星巴克提供咖啡原料供统一超商 City Coffee 使用；统一购物便（7net）及博客来网络

382

书店则通过统一超商及宅急便提供超商取货或宅配，不但可以降低产品的生产成本，也能提升整体的营运绩效。而水平多元化的经营发展，使统一企业将本身所有拥有的技术和设备延伸至新的市场，获得更大的经济效益。

统一流通次集团通过垂直与水平多元化的多元化策略，不仅成功创造出台湾人民的生活新形态，让民众吃喝玩乐都可以到统一相关企业，也将目光放眼国际，积极与国际品牌合作并将经营的 Know – How 成功复制至海外，如上海星巴克、四川统一量贩超市、菲律宾 7 – ELEVEN、越南河内 Unimart 超市等。

而王品集团也是多品牌经营的典范企业。王品集团鼓励员工内部创业，设立不同定位的餐饮品牌，目前（2012 年）王品在两岸共有 218 家门市，2011 年的合并营收约新台币 906 亿元，2012 年每股 EPS 上涨 16 元，2012 年 2 月股价均价约新台币 457 元。

王品集团原本发展相当多与本身企业不相关的事业，除了王品台塑牛排以外，还有蒙古全羊餐厅、金氏世界纪录博物馆、一品肉粽餐饮与游乐园等事业，但多元跨业态的经营，却模糊了王品集团的品牌定位、市场区分，让王品集团在整体经营上失焦。因此，董事长戴胜益在 1998 年决定集中失焦，将大部分的事业关闭、转售，而金氏世界纪录博物馆则转型为金氏世界亚洲见证中心，专心经营王品台塑牛排，并将内部工作、管理流程合理化、标准化。

然而，面临经营必须国际化及发展新品牌的需求，王品集团决定复制王品台塑牛排的经营，发展多品牌。王品鼓励内部员工进行内部创业，开创新的餐饮品牌，并由总部成立"品牌管理小组"，针对每个品牌进行不同的定位，避免过度竞争或同构型太高，如夏慕尼铁板烧市场定位在单一价格，享用高级铁板烧的质量；聚北海道昆布火锅的品牌定位则强调聚在一起的感觉，因此，装潢特地使用禅风设计，当你一入店或离开时，店员也会喊出"欢迎来聚"、"欢迎再来聚"的口号，营造出"聚"的感觉。通过这样的经营模式，王品在短短的几年间，除了原本的王品台塑牛排，还拥有 Tasty 西堤牛排、陶板屋和风创意料理、聚北海道昆布火锅、艺奇 ikki 新日本料理、原烧优质原味烤肉、夏慕尼新香榭铁板烧、品田牧场、石二锅、曼咖啡、新米兰蔬食舒果等品牌，也在美国成立了 Porterhouse Bistro，积极打造王品的餐饮王国。

▶▶ 13.2 国际化

　　国际化是连锁加盟未来的发展趋势，根据中国台湾连锁加盟促进协会在 2008 年调查指出，目前在国际市场发展包括中国大陆、中国香港、中国澳门、新加坡、马来西亚、越南、日本、美国等地的连锁总部有 186 家，海外分店数约有 43，000 家，119 家总部以中国大陆为主要海外扩点，分店约 27，000 家，经营其他海外地区的总部有 67 家，共有约 16，000 家分店；而中国台湾连锁加盟促进协会也在 2010 年对会员做出调查，结果显示就海外分布区域，在中国大陆建店的连锁总部约占 65%，其次是东南亚的 17%，其他地区如东北亚及欧美地区则有 18%，并约有 70% 的连锁总部在海外经营餐饮业，包括鼎泰丰、休闲小站、永和豆浆、85 度 C、传香、爱痴饭、壹咖啡、六角国际、COCO 都可茶饮、阿二冰茶等都往中国大陆等地发展；还有服饰、鞋子、饰品、SPA、杂货用品等都是海外经营的行业。

　　举例而言，在台湾的翔美雪花冰，在台湾售价 35 元，但在日本却卖 500 日元（约新台币 186 元）。除此之外，达芙妮女鞋也是在海外的连锁管理一大连锁店，达芙妮女鞋不仅在中国大陆开出 2，000 多家店，同时在日本、美国及巴西等地开店。详细内容如表 13－1 所示。

表 13－1　台湾连锁加盟海外布局概况

企业名称	主要发展地区	发展品牌（行业）	总门市数	年营业额
都城实业	中国、日本、韩国	季诺、大成家、鼎泰丰	50	约 30 亿元新台币
翔美—雪花冰	中国、日本、东南亚、美洲、中东	CHARMY	750	约 30 亿元新台币
达芙妮	中国	达芙妮（女鞋）、鞋柜（平价量贩）、鞋子专卖	达芙妮 1845 鞋柜 727	约 25 亿元人民币
休闲国联	中国、日本、中东	休闲小站	500	约 25 亿元人民币
永和豆浆	中国	永和豆浆	380	约 12 亿元人民币
欧迪芬	中国	欧迪芬.璐比女性内衣	1000	约 10 亿元人民币

企业名称	主要发展地区	发展品牌（行业）	总门市数	年营业额
园艺	中国	石头记饰品	1200	约 10 亿元人民币
香传国际	中国大陆、中国香港、中国澳门、纽约、澳大利亚	传香、爱痴饭	30	约 9 亿元新台币
上海象王	中国	象王洗衣	600	约 5.7 亿元人民币
85 度 C	中国	咖啡、蛋糕烘焙复合店	约 80	约 5 亿元人民币
展圆国际	中国、东南亚	代官山	13	约 5 亿元人民币
阿二冰茶	中国	阿二	100	约 5 亿元人民币
亿可	中国	COCO	50	约 4 亿元新台币
多样屋	中国	多样屋生活杂货用品	160	约 3 亿元人民币
六角国际	中国、美国	茶太星、仙 Q	40	约 3 亿元新台币
欧德名店	中国	欧德	50	约 2 亿元人民币
壹咖啡	中国、新加坡	壹咖啡	20	约 2 亿元新台币
鲁思贝儿	中国	鲁思贝儿	22	约 2 亿元新台币
口福	马来西亚	包子先生	5	约 1 亿元新台币
茶专	中国、中国香港	茶专	8	约 0.5 亿元新台币
奇创	中国	便所餐厅	2	约 0.3 亿元新台币

资料来源：台湾连锁加盟促进协会。

　　对于连锁总部而言，要将品牌推向国际，首先要做的就是评估自己本身的资源是否能支持国际化的发展，并发展一套完整的经营 Know – How 及经营计划，再通过分析各国的市场潜力、市场前景、所花费的费用及成本是否符合连锁企业的目标市场并可获得利润或投资报酬，来选择合适的国家发展；其次，连锁总部必须要了解当地的法律并申请服务标志注册；最后，决定是通过设置区域加盟者、合资、授权、直接投资，还是以出口的方式进入市场，而在选择合作对象时，也必须考虑对方的资金、经验等。

　　在签订合约时，需明确合约的期限、加盟的方式、费用的多少、经营的范围等。像是香传国际（传香饭团、爱痴饭）发展香港的市场，通过技术及资本合作，提供产品原料和技术移转的方式，授权当地伙伴使用连锁品牌。针对新马市场，香传国际则是采取抽成分红的方式经营，通过合约监督加盟者的经营表现，连锁总部也同时雇用当地律师担任法律顾问，以避免误触当地法律问题。连锁总部也必须积极培养人才，通过优秀人才的培育，为进军国际的发展打下稳固的基础。

在台湾地区政府与连锁加盟企业的努力下，有许多成功进军国际的连锁品牌。如鼎泰丰将小吃店的经营模式变成企业化的专业管理，全面管控产品的品质并提高服务效能。在海外建店时选择与当地知名的集团合作，通过集团现有的据点或选择交通便利的地点建店，签订 2～5 年不等的地区经营权，并以中央厨房与标准化操作系统的方式控管产品质量，不定时派人到各区巡店，严格要求各授权加盟店的产品及服务品质。若有缺失，总部立即要求改进，甚至回收加盟权。过去深圳、广州 9 家加盟店竟卖起焢肉饭、卤肉饭、刨冰、珍珠奶茶等台湾小吃，总部为维护品牌价值，与此 9 家加盟店结束加盟关系。通过鼎泰丰这样高质量的坚持，使鼎泰丰成为世界知名的品牌。目前（2012 年）在日本、中国大陆、中国香港、新加坡、印度尼西亚、韩国、美国、马来西亚、澳大利亚、泰国等地，共设立了 62 家门市。

↑此为上海 7－ELEVEN 便利商店，通过快餐岛提供自助餐式的现炒便当，差异化经营特色。

85 度 C 将台湾成功的经营方式，如中央工厂、ERP 系统的运作复制至海外。一致性地提供"平价五星级质量"，同时为适应不同国家的文化采用不同营运模式。在中国，原料由当地自行从国外进口，通过中央工厂生产产品，复制台湾的管理模式经营；在澳大利亚，则是由中国台湾派遣技术团队，与当地华人合作共同经营；在台湾，85 度 C 靠着咖啡与蛋糕成功地转变台湾人的消费习惯；在中国与美国，85 度 C 靠着面包攻占消费者的"胃"。

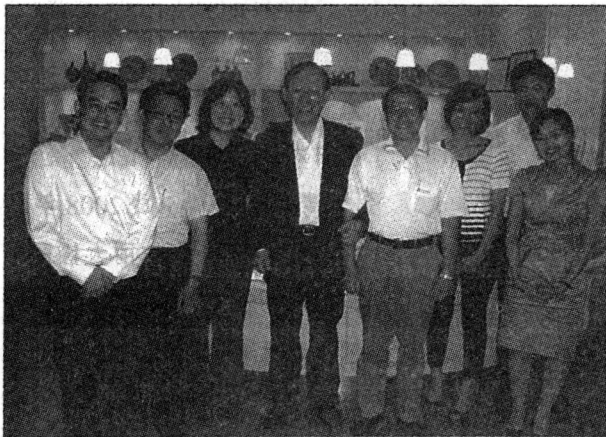

↑右三与右四为笔者；右五为统一流通次集团中国事业群总经理黄千里。

当85度C跨足国际市场时，会先了解消费者的口味，再进行产品复制，并严格管控质量。同时招揽五星级饭店甜点师傅与连锁企业高级主管人才。目前（2012年）85度C分别在中国台湾、中国大陆、美国、澳大利亚设立分店。

1990年开始跨足海外的永和豆浆，当初通过市场调查发现，中国大陆餐饮业对于台湾地区来说相对较落后。且上海一带聚集了相当多的台湾商人，因此决定向中国大陆发展。永和豆浆刚进入中国大陆时，强调"中国风，台湾味，两岸情"，让台湾口味在中国各区微调，选择人口较密集的商业区或住宅区设点，成功打入中国市场。人才方面，永和豆浆在台湾寻找有创业能力并了解中国大陆市场的人才，培养成为区域总经理。目前在中国大陆已经经营十几年的永和豆浆，靠着稳扎稳打的经营，拥有了超过400家门市，也预期向美国及东南亚发展。

连锁快线

日本乐天跨海缔造网购王国

有资料指出，2008年日本上网人口约有1亿人，普及率达78%，预估2013年能达到八成。随着网络建设的完善，带动了日本网络购物市场。日本乐天株式会社是日本最大规模的网络购物中心，深受68.9%的日本网购族青睐，除了在日本市场的耀眼成绩外，他们也积极进入海外市场，拓展全球版图。"台湾乐天市场"于2008年成立，由日本电子商务龙头乐天集团及中国台湾零售龙头统一集团合作，两大巨头的合作也让台湾乐天市场挤进台湾网络购物平台的前三名。2011年8月底，乐天市场与博客来策略联盟，设立"乐天书城"，补足乐天缺乏的图书品项。此举让乐天商品量增加40%，会员数增加15%，而博客来也能增加新台币1亿元营收。2012年1月数据显示，台湾乐天目前店家总数近2,000家，2011年店家数量成长率约30%，年营业额达新台币1亿元。台湾乐天表示，期待2012年营业额能有两位数的成长并达损益两平。

2010年起，乐天陆续收购美国三大电子商务网Buy.com、并购法国最大电子商务网站PriceMinister，并与中国百度合作成立乐酷天。跨国的合作让乐天顺利进入国际市场，仅是并购PriceMinister，就让乐天的触角延伸至法国、西班牙及英国。除此之外，日本乐天在2011年11月以3.15亿美元收购加拿大知名电子书公司Kobo，正式踏入电子书市场。根据日本野村综合研究所预测，2011年起全球电子书市场产值将平均年增36%，说明乐天在这股电子书热潮中将大有所获。

乐天制定全球化目标，计划将业务扩展至27个国家，达到70%的国外交易量。为了落实乐天全球化，乐天将英文作为企业官方语言，不论对外或内部的员工间的沟通，还有乐天总部内的各式标示都以英文呈现，由此可见其全球化野心。

除此之外，乐天致力于服务创新，通过电子货币锁住顾客。Edy是乐天集团所发行的电子货币，是目前日本发行张数最多的电子货币。Edy可在日本乐天集团底下的乐天市场、乐天旅游、乐天图书等使用外，乐天也与拥有千万会员的ANA（全日空）及TSUTAYA合作，消费者能通过Edy折抵或购买商品并且累积消费点数。知名经济学家大前研一认为："乐天利用和Edy通用点数的策略，将网络顾客从网络引导至实体店面，以扩大整个乐天经济圈。"由此也看出乐天的企图。在中国台湾，未来是否也会导入该营运模式，可拭目以待。

资料来源：1. 庄郁茹：《网购世界买不停日本乐天布点全球》，《电子商务时报》，2011年11月14日，http://www.ectimes.org.tw/Shownews.aspx?id=111113230134，检索日期：2012年2月21日。

2. 何英炜：《台湾乐天今年可望打平》，《工商时报》，2012年1月6日。

3. 陈怡如：《博客来首开网络分馆携手乐天共推"乐天书城"》，数位时代网站，2011 年 8 月 31 日，http：//www. bnext. com. tw/article/view/cid/0/id/19914，检索日期：2012 年 2 月 21 日。

4. 杨建兴：《日本乐天公司收购加拿大电子书企业柯保公司》，中国新闻网，2011 年 11 月 17 日，http：//big5. chinanews. com：89/cul/2011/11 - 17/3468270. shtml，检索日期：2012 年 2 月 21 日。

5. 洪绫襄：《宅经济当道只有消费点数勾得住消费者》，《远见杂志》2011 年第 298 期。

13.3　本地化

在发展连锁加盟产业时，最重要的重点就是各家连锁加盟店的产品、店面、服务一定要质量、风格一致，但近几年，连锁经营形态开始转向本地化、本土化的经营，通过本地化的差异经营，满足各地区消费者的需求。

本地化最经典的例子莫过于肯德基在中国的发展。1987 年开始向中国发展的肯德基之所以会成功，除了拥有许多在快餐餐饮业工作经验丰富的专业经理人外，与当地的企业合作，并在原有的产品上再加上许多中国消费者喜爱的产品迎合中国广大消费者的口味，让肯德基成功进入中国市场。

肯德基打破西方快餐餐厅只卖炸鸡和汉堡的传统，通过设置独立的产品研发中心，结合东西方的饮食文化，打造出符合中国人口味的快餐套餐。如北京地区的老北京鸡肉卷，四川人喜爱的巧手麻婆鸡肉饭，中国人早餐喜欢的烧饼、油条、粥类食品都能够在肯德基的菜单上找得到。通过不断研发本地化的产品，让肯德基在中国 500 多个城市拥有 3,000 多家门市，甚至还发展出兄弟品牌"东方既白"，继续在中餐文化上加以着墨。

同样，麦当劳为了进入有着虔诚宗教信仰的印度，一样以"入境随俗"为经营方针，走进印度的麦当劳，你看不到牛肉，取而代之的是鸡肉和羊肉做的食物；而为了印度 80% 的"全素食支持者"，麦当劳打着"当你想吃美味素食，就来麦当劳"的口号，让素食者可以在麦当劳吃到各式各样以蔬菜与印度香料制作的素食商品，如素食汉堡、蔬菜卷、蔬菜咖啡等。麦当劳通过尊重印度人的饮食文化与信仰，在印度拥有超过 100 家门

389

店，成功在印度落地生根。

↑肯德基以符合中国人口味的餐点，成功进入中国市场。（图片来源：中国肯德基官方网站 http：//www.kfc.com.cn/kfccda/index.aspx）

　　而统一星巴克为了要顺应台湾人的饮食习惯，也在 2009 年卖起茶类饮品，如碧螺春、东方美人及蜜香红茶等，创全球星巴克的先例。根据星巴克的调查，台湾一年的咖啡市场约为新台币 200 亿元，但茶类市场却高达新台币 700 亿元，整整高出咖啡市场 3.5 倍，且星巴克与茶类有关的产品，约占整体营收的 20%。

　　因此，看准台湾的饮茶商机，让讲求店面、产品、服务都同质化的星巴克，也开始在台湾卖起茶类饮品。除此之外，星巴克也开始推动"心灵花园"，打造出台湾本地个性化咖啡馆，如星巴克在基隆的回味门店，以重现基隆 20 世纪 50 年代的风华为主轴，通过 50 年的古老建筑、家具及以基隆历史为主题的老照片作品，让民众进入时除了可以喝杯咖啡享受宁静的时光，还可以通过店内的陈设细细回味 20 世纪 50 年代属于基隆的时光。

▶▶ 13.4　复合经营

　　复合经营是企业通过在同一门店经营两个以上不同产品类别来满足消

费者需求，提升企业整体营收，并达到资源共享的经营综效的目的。其重点包括产品品类必须具有互补性、拥有相同的客群，并且增加的复合商品技术可交由原本门店人员经营，无须增加新人力。诚品商场就是复合式经营的典范连锁企业，甚至国外的业者也前往台湾地区取经。

1989 年诚品书局以"人文、艺术、创意、生活"为定位进入市场。诚品秉持着"书店不只是卖书"的精神，结合艺术与文化气息将书店的阅读空间质量提高，并举办文艺活动，将人文、艺术与创意的概念融入民众的生活，让书店不单单只是卖书的地方，而是充满文艺涵养的阅读空间，为传统连锁书局投下一颗"震撼弹"。

2006 年，诚品书局更将书店、艺廊、商场做结合，打造出一个综合性文创产业的复合经营形态。如诚品信义店除了提供各类型书籍，也设置了食品区，推广优质食品与零嘴；轻食厨房，让民众在阅读美食书籍之外，还能与制作美食的美食家、美食书籍作者互相交流；展演厅、视听室，供艺术表演团体在此演出、举办各式文艺讲座与展览，让民众增加更多艺术涵养气质；除此之外，还提供各式文具商品、精品、3C 产品、主题餐厅等，并采取 24 小时经营的模式，让民众不论何时进入诚品书店时，都能感受到不同于以往传统书店的超"质"享受。通过成功的复合经营形态，让诚品书局在 2011 年的整体营收达到新台币 110 亿元，每股税后盈余（EPS）约为新台币 2 元，并于 2010 年开始计划向中国大陆发展，首家分店选择具有悠久历史和人文涵养的苏州，同样采取复合经营，并融合当地文艺气息，预计于 2013 年开始营运，期望成为苏州的新文化地标。

13.5　复数店扩展

台湾的便利商店近年来成长速度惊人，截至 2010 年，全台便利商店已超过 9，200 家，平均每 2，500 人就有一间便利商店，密度堪称世界之冠。其中，统一超商与全家两大超商市场占总体超商市场的八成以上，商店已趋近饱和，新加盟者投入意愿降低；而 2008 年爆发的金融危机也对此有所影响，因为消费者的钱包紧缩，以致旧有加盟者的续约意愿降低。因此近几年便利商店的建店速度趋缓。为提高加盟者的投入意愿，台湾便利商店大力向"复数加盟"发展。"复数加盟"意指加盟者从原先加盟的一家店，逐步扩展为多店的连锁者，复数加盟能有效提升加盟者的整体获利并拓展营业规模，也因为多店经营而累积丰富经验，让加盟者把加盟事业视为自己的企业，跟连锁总部之间的关系也因此更加密切。

以复数店的方式扩大经营规模在日本便利商店中大有所见，2010 年 2 月期末数据针对复数店经营店铺及全体连锁商店间做比较，拥有近 6,700 家加盟店的全家便利商店，其中复数店占了 46%，较前期上升了 5 个百分点，复数店的加盟者也超过了 1,000 人；拥有 12,100 家加盟店的 7 - ELEVEN，其复数店约有 16%，3 年后的占有率可望超过 20%；另一家连锁便利商店 Circle K Sunkus 在日本有 4,500 家店，其中有 30% 为复数店经营；Ministop 在 2009 年提出"将来一位加盟者经营 2 家以上的店"的方针，施行此项做法后，复数店加盟者的店铺数在 1,700 家店中占了 1/3，较前期末成长了 1.5 倍，预计 3 年能提高至四成。

在台湾，全家便利商店经营最多店的连锁者有 29 家，而 7 - ELEVEN 拥有最多复数店的加盟者有近 20 家店。便利商店之所以以复数店的方式扩展，原因是便利商店市场过于饱和，在建店空间有限的情况下，复数店的经营方式能防止相互竞争，由于是同一加盟者经营，较能避免"抢食效应"发生。

复数店的加盟方式让连锁者如同企业经营者，不仅拓展其经营规模并提升加盟者的整体获利，分散加盟者的经营风险。但有时候复数店加盟者也可能因为店数太多难以照顾而降低服务的质量、造成顾客流失。尽管如此，复数店经营模式是现今实现总部及加盟店更高的获利空间的方式。

▶▶ 13.6 信息化、云端技术

台湾的消费市场随着人们不同的生活习性及消费形态越来越多元，为了提高服务的便利性及效率，提供信息化的服务已经是市场上的主要趋势，特别是零售业。零售市场与消费者的生活密不可分，因此零售业必须随着消费者的需求成长，不断创新求变。然而在这个信息科技进步的时代，零售业必须改变传统的经营思维，运用信息科技为消费者提供整合性

的服务，在经营上亦能节省人力并提升效率。

一套完善的信息系统建置，对于规模的连锁零售业而言极为重要，包括信息管理系统（MIS）、销售时点系统（POS）、电子数据交换（EDI）、电子订货系统（EOS）及无线识别系统（RFID）等，其中消费者在店铺中最直接接触的是 POS 系统，结账时通过条形码的扫描记录销售信息，并进行进、销、存管理，确实掌握商品情报亦能有效管理库存，因此 POS 系统已是零售店不可或缺也是最常见的工具之一。从 POS 系统中了解终端销售情况，库存不足时，通过 EOS 系统完成下单动作；而 EDI 系统能与连锁总部或供货商进行多方面的商业信息交换，以维持双方间密切的合作关系。经由网络的联机，将多方面营运信息传送到网络云端，让信息零时差且准确，缩短了上游的供应商到终端消费者的距离，而距离越短越能掌握供应链中的变化，降低不确定性，整体运作也更加顺畅。

便利且高效率的自动化机器设备也是信息化不可或缺的一环，自助结账柜台在国外已经出现，而在台湾除了大家熟知的加油站自助加油服务外，目前已有便利商店架设自助结账柜台，提升结账速度，疏散了高峰时段排队结账的人潮，此项设备也深受消费者喜爱。

另外，便利商店的自助服务科技设备还有莱尔富的 Life – ET、统一超商的 ibon、全家的 FamiPort，这类型的自助服务设备为消费者提供货架上 3,000 种品项商品以外的商品及服务，也让便利商店变得无所不能。最早设置这类自助服务设备的是莱尔富的 Life – ET，但目前提供最多样服务的是统一超商的 ibon，它所提供的服务包括文件打印、扫描、下载及购票、取票、缴费、7net 订购、多项申办、储值、红利服务等多项便利性的服务，随处可见的便利商店也让与其合作的业者宛如增加几千个市场，不仅为消费者带来便利，超商及合作业者也因此带来可观的效益。

英国知名服饰品牌 Topshop 日前引进一套虚拟试衣镜，消费者只要站在试衣镜前碰触虚拟试衣镜中的虚拟按钮就可进行换装，通过 3D 投影技术及体感控制器传递指令直到挑选到满意的衣服为止，消费者能省去试衣服的麻烦，消费者还能拍下试衣照片，传到网上分享及询问亲友意见。这种虚拟镜的手法在日本眼镜零售业也看得到，消费者只要安装业者提供的虚拟配镜软件，就能试戴多款眼镜；福特汽车也使用互动展示技术让消费者与屏幕中展示的虚拟汽车互动，通过挥手操控屏幕，可以变换汽车颜色、转换角度及打开车门，并且浏览汽车信息。以上几种特别的科技化服务，确实为购物带来便利，也增添了趣味性。

信息化是现在零售市场的趋势，面对不同的消费族群及需求，信息化的设施能加速解决并满足这些需求。健全的信息系统，让供应链的上下游没有距离，通过信息系统实时的传递，快速响应顾客需求；云端科技分享资源，为企业省下许多成本，如集中订单统一配送，节省物流成本；自动化的机器设备，降低零售业中的人力成本，也加快了服务的效率；虚拟试衣镜解决了消费者试穿衣服的麻烦等，这都是信息化为零售市场带来的改变。信息化的解决方案，协助零售业提供更优质的服务给消费者，也能从消费者的满意中得到庞大的效益。

13.7　服务创新

对台湾经济大有贡献的高科技业及制造业，近年来的成绩却不如往年，为了能在竞争的市场中接到订单，各业者纷纷压低成本，形成低毛利的"红海市场"。因此以价格、成本竞争的方法已经行不通了，若要继续在市场上生存，必须找出自己的生存之道，这些年出现了一个理念，那就是"服务创新"。

"服务创新"并不一定是要放弃既有的产品或创造新的东西，它可以是将产品再包装或再改善，以提供消费者不同的体验，同时提升产业的价值，有不少制造业将重心转移到服务上。如原本专注代工的纬创，也为品牌客户提供售后服务；台湾某洗碗机制造商提供承包洗碗的服务。其实服务创新不只在制造业里看得见，服务产业将摄影、婚宴、饭店、旅游等结婚相关的需求串联，提供客户完整的服务，这也是一种服务创新；还有提供民众多样服务的便利商店，也从原本的零售业转变成生活服务业，并创造大量商机。

然而要顺利赚取服务财的首要条件是必须具备客户需求及市场变化的观察力，从消费者的角度出发，发掘市场未被满足的需求，这才有利可得。像荷兰IT大厂飞利浦为了解市场潜在需求，便设立专门研究消费者生活的"使用者经验中心"；快餐业龙头麦当劳则设有"创新中心"，通过检视并改善服务流程，以更贴近消费者需求。

最贴近且最能满足消费者需求的非便利商店莫属，便利商店不再只是单纯的零售业，它也卖服务、卖解决方案，包括代收缴费、在线购物取货、设置提款机或在线游戏加值等服务，都能让消费者满意，并让消费者对便利商店形成高度依赖。由于提供多样的服务，进而增加消费者到店的概率，连带着提高营收，包括分成收入及其他商品的附加收入。公平会统计的数据显示，1999 年便利商店仅服务类商品的营收、服务费就超过新台币 150 亿元，且年增五成，其中又以在线游戏的增加值贡献最大，因此便利商店的服务创新不仅为消费者带来更高的便利性，在营收方面也大大提升。

另外，24 小时营业也是服务创新的一种。除了便利商店外，近年来麦当劳、量贩店也陆续延长营业时间，目前麦当劳约有 220 家门市提供 24 小时不打烊的服务。而量贩店也有越来越多店投入 24 小时营业市场，消费者在夜间消费还能享有折扣，年节期间的夜间消费占了总营业额的两成，不仅满足了白天要上班的消费者，商家也因此增加获利。

其实服务创新的方法有很多，而它的进入门槛最低且最容易发生，因为服务体验是每天都在进行且普遍存有不满，只要能发现问题，找出未能满足市场的地方，再检视自己的产品、服务、技术，进而修正以满足市场，就有机会在市场上逆转胜。时机不对，市场尚未成熟是创新失败最常听到的理由，由此可知洞察市场需求及变化的重要性，因此只要发现问题，转变经营想法就能"蹦出"服务创新的点子。

连锁快线

女装"网"期东京着衣

美丽的事物人人爱，美丽又便宜的事物，人们更是爱。随着网络购物的盛行，越来越多的网购品牌出现，而东京着衣通过提供消费者好看又便宜的平价奢华服饰，并给予消费者最好的服务，通过实时的沟通，不怕挫败的冲劲，让东京着衣在 2007 年，荣获 YAHOO 奇摩拍卖"2007 年度业绩第 1 名"，2010 年的营业额更高达新台币 6.5 亿元。

为了提供消费者好看、不易撞衫、价格又便宜的衣服，东京着衣采取自行设计、中国大陆制造生产的方式，通过这样的经营方式，不但可以压低成本，还可以与其他竞争服饰业者产生差异化。不仅如此，东京着衣以每周有 3 天固定更换新品、定价不超过新台币 500 元的商品，满足消费者的需求，也首创"0800 免付费客服专线"、超商取货、免运费配送服务等，为消费者提供更多更好的服务，这也让东京着衣成为网络女装销售第一名的品牌。

而东京着衣的创办人周品均，年龄还不到 30 岁，旗下的员工平均年龄也大约 27 岁。这么年轻的组织，管理沟通的方法也非常年轻。MSN 实时通信系统是他们最佳的沟通工具，每个员工都以职称、办公室地点、部门及分机作为昵称，大家有任何问题，即使距离再远都可以实时沟通、交代工作事项。

通过提供最好的服务与员工实时的沟通，东京着衣也在 2009 年开设实体店铺，打破网络商店不能触摸与试穿的限制，通过网络与实体店铺的多渠道营运，完整呈现东京着衣品牌的概念与想法，并期望增加更多不同年龄层的消费者购买东京着衣的服饰。目前（2012 年 2 月）共有台北忠孝店、师大店与士林店 3 家门市。而东京着衣也在 2007 年成功进入中国最大网购平台——淘宝网。

资料来源：1. 潘俊琳：《周品均把网拍当人生经营》，《经济日报》（中国台湾）C10 版，2011 年 8 月 22 日。

2. 颜甫民：《网购品牌开店面区隔客层》，《联合报》C7 版，2009 年 10 月 12 日。

3. 许琼文：《东京着衣品牌总监周品均：有一天，我要成为台湾的 ZARA》，《Cheers 杂志》2011 年第 118 期。

4. 王美珍：《东京着衣一个月近 500 款新品，每 10 秒卖出一件》，《远见杂志》2011 年第 305 期。

课后习题

理论题

1. 请举出连锁企业未来会面临的两个产业趋势。
2. 什么是连锁企业国际化与本地化？

应用题

1. 当少子化与老龄化时代来临，您是否可以为现有的药妆连锁企业提出经营上的对策？
2. 可否举出现今连锁企业进行服务创新的案例并分享？

章末个案

德克士退而求其次　柳暗花明又一村

截至 2011 年 7 月，顶新集团投资的德克士目前遍布于中国大陆 382 个城市，共 1,200 家门店。目前的规模在中国的快餐业市场中仅次于肯德基及麦当劳，其实德克士在中国市场并非一路顺遂，能够拥有今天耀眼的成绩，除了本身的产品深受消费者青睐外，其加盟建店策略也是一大关键因素。

德克士在进入中国市场之初，为快速建立市场地位，大量投入资金于各一级城市如北京、上海、广州等设立 70 家直营店，但在肯德基、麦当劳的夹攻下，知名度较低的德克士成绩不如预期，严重亏损，因此德克士转而进攻快餐业还不盛行的二三线城市，为降低资金支出，开放加盟经营。德克士为了让加盟体系运作得当，改变了加盟规则，德克士不把连锁者的营业额全部回收，连锁者只要定期缴纳权利金、广告费，并且提供设备租赁及统一采购，这种加盟方式不仅让加盟者能赚钱，也降低加盟门槛。

加盟者因为赚到钱而发展出"等比级扩张效应"，也就是说加盟者在经营成功后，接着再开第二家、第三家店，最多的有到近 30 家店。在德克士加盟体系中，这种"复数加盟者"不少，这种加盟经营方法除了能加快建店速度外，加盟体系内的沟通也更加顺畅，因为总部只要跟"复数加盟者"联系，消息就能散布到底下的多家店，减少了联系上的麻烦。

而德克士在商品的开发上也有要求，为了做出差异化。德克士根据不同区域调整商品口味，例如四川德克士会增强产品辣度。另外，米饭进入中国西式快餐市场是德克士首创的。近年的德克士的经营也有别于以往的炸鸡品牌，反而强调米饭、蔬菜、豆浆及茶饮料等，改变消费者对西式快餐店的想法。德克士在中国二三线城市已经扎根，德克士也将重返一级城市，打造"新舒食概念店"。德克士将西式快餐改变为富质感的舒食用餐理念，明亮整洁的用餐环境，提供食材的生产履历，使用环保且不烫手的包装材质，带给消费者舒适且安心用餐的服务，彻底颠覆消费者感受。顶新集团魏应行表示"德克士不想做行业里的老三，要与西式快餐区别，打造新舒食概念就是要有别于肯德基和麦当劳"。而新舒食概念店试营运的期间内,也深受消费者好评,德克士也订下 2030 年在中国大陆店数能达 10,000 家,可望成为中国西式快餐行业龙头。

动脑时间

1. 德克士如何成功攻进中国大陆快餐市场?请选择一在中国大陆经营的餐饮连锁业,为其建议如何拓展中国大陆市场。

2. 如何本地化经营?您可以为同样快餐业的麦当劳提出一些中国市场本地化的经营建议吗?

资料来源:1. 庄红韬:《顶新集团打造快餐美食"新航母"》,人民网,2011 年 6 月 16 日,http://finance.people.com.cn/GB/14922986.html,检索日期:2012 年 2 月 14 日。

2.《顶新快餐店快速跻身中国第三大》,《汤财文库》,2010 年 9 月 13 日,http://realblog.zkiz.com/greatsoup38/18046,检索日期:2012 年 2 月 14 日。

3. 侯雅燕:《顶新快餐品牌打造"东方舒食"概念店挑战肯德基、麦当劳 德克士转型重返一线城市》,《经济日报》(中国台湾)A17 版,2011 年 6 月 24 日。

4. 陈良榕:《德克士要在中国打败麦当劳》,《天下杂志》2007 年第 382 期。

参考文献

第1章

1. The Profile of Franchising: 2006, 2006, October, Franchising World.

2. 《台湾连锁业的发展阶段》, 2000 年。

3. 周文贤、姜昱伊:《连锁体系商品规划与管理》, 2001 年。

4. 《连锁加盟知识经济产业之一》,《台湾社群论坛》, 2011 年 5 月 4 日。

5. 袁世民:《95 连锁店年鉴》, 中国台湾连锁店协会, 1996 年。

6. 连锁店经营管理实务, 1996 年。

7. 达芙妮国际控股有限公司, http://www.daphneholdings.com/HT-ML/index.html, 检索日期: 2012 年 4 月 6 日。

8. CQ2 快剪专门店, http://www.cq2.com.tw/, 检索日期: 2012 年 4 月 6 日。

9. 李至和:《85 度 C 进军澳洲美国》,《经济日报》(中国台湾), 2006 年 8 月 24 日, 检索日期: 2012 年 4 月 6 日。

第2章

1. 台湾地区连锁暨加盟协会, http://www.tcfa.org.tw, 检索日期: 2012 年 4 月 6 日。

2. 台湾地区连锁加盟促进协会, http://www.franchise.or g.tw/home.php, 检索日期: 2012 年 4 月 6 日。

3. 《嘘!传媒趋势报告, 趋势报告: 连锁有机食品店大调查》,《嘘!新闻》, 2009 年 11 月 29 日, http://sheeee.com/? action – viewnews –

itemid－387238，检索日期：2011 年 7 月 1 日。

4.《2007 台湾连锁店年鉴》，台湾地区连锁暨加盟协会，2007 年。

5.《2008 台湾连锁店年鉴》，台湾地区连锁暨加盟协会，2008 年。

6.《2009 台湾连锁店年鉴》，台湾地区连锁暨加盟协会，2009 年。

7.《2010 台湾连锁店年鉴》，台湾地区连锁暨加盟协会，2010 年。

8. 台湾阅读大调查发现：《每人每天看书 26 分钟!》，《远见杂志》2010 年第 292 期。

9. 蒋谦正：《诚品吴清友董事长拜访台南市长赖清德研讨在台南设旗舰店可行性》，玉山电报，2011 年 3 月 17 日，http：//www. formosamedia. com. tw/post_ 249. html，检索日期：2012 年 3 月 6 日。

10.《台湾图书出版业发展现况》，《2009 年图书出版业调查报告》，http：//www. gio. gov. tw/info/publish/2010survey/catalog4－3. html，检索日期：2012 年 3 月 6 日。

11. 林孟仪：《统一超"隐形二楼"吞食量贩商机》，《商业周刊》第 1155 期。

12.《趋势报告：连锁有机食品店大调查》，《嘘! 新闻》，2009 年 11 月 29 日，http：//sheeee. com/? actionviewnews－itemid－387238，检索日期：2012 年 3 月 6 日。

13. 廖德琦：《宠物市场商机爆炸》，《新台湾新闻周刊》，2004 年 1 月 9 日，http：//www. newtaiwan. com. tw/bulletinview. jsp? period＝407&bulletinid＝13678，检索日期：2012 年 3 月 22 日。

14. 李至和、林茂仁：《宠物达人拼三年内获利》，《台湾地区经济日报 D6 版》，2008 年 11 月 7 日，检索日期：2012 年 3 月 22 日。

15. 中央商情网：《对抗经济不景气台日业者联手进军宠物市场》，《蕃薯藤新闻》2008 年 11 月 6 日，检索日期：2012 年 3 月 22 日。

16.《十大杰出品牌票选结果出炉为展览画下句点》，台湾社群论坛，2011 年 2 月 23 日，http：//www. sns104. com/forum/thread－11778－1－1. html，检索日期：2012 年 3 月 25 日。

第 3 章

1. Judd, Richard J. and Justis, Robert T. , Franchising, Custom Publishing, 4 ed. , 2007.

2. 统一企业集团与日本武藏野成立合资新公司，《7－ELEVEN 企业情报》，1999 年 2 月 9 日，http：//www. 7 - 11. com. tw/company/news/news_
detail. asp？dId =5，检索日期：2011 年 7 月 14 日。

3. 《许仓宾将弘爷汉堡打造成知名早餐品牌，并朝向千家门市迈进》，
《工商时报》2011 年 9 月 13 日，http：//www. hongya88. com. tw/news01b_
content. php？no =9，检索日期：2011 年 7 月 14 日。

4. 邱馨仪，《汽车经销商攻中古车》，《台湾地区经济日报》C8 版，
2010 年 8 月 30 日，检索日期：2011 年 7 月 18 日。

5. 《便利商店加盟条件，创业加盟之家》，http：//franchise. com. tw/
cms/theme/index11. html，检索日期：2011 年 7 月 22 日。

6. 麦当劳台湾官方网站，http：//www. mcdonalds. com. tw/，检索日
期：2012 年 4 月 6 日。

7. 7 - ELEVEN 官方网站，http：//www. 7 - 11. com. tw/Franchise/way/
way2 - 2. asp，检索日期：2012 年 4 月 6 日。

8. FamilyMart 全家企业网，http：//www. family. com. tw/enterprise/fran-
chise/index. aspx，检索日期：2012 年 4 月 6 日。

9. 丹堤咖啡研磨专卖店官方网站，http：//www. dante. com. tw/，检索
日期：2012 年 4 月 6 日。

10. 麦味登精致早餐官方网站，http：//www. mwd. com. tw/alliance3.
html，检索日期：2012 年 4 月 6 日。

第4章

1. 黄秀义，《养鸡业与快餐店结盟，畜产与肯德基合作养鸡协会与顶
刮刮牵手》，《台湾地区经济日报》38 版，2002 年 3 月 28 日，检索日期：
2011 年 8 月 1 日。

2. 吴宇轩，《如何撰写连锁业营运手册》，宪业企管顾问有限公司，
2008 年。

3. 邱建桦，《第一次加盟创业就成功》，汇通文流社有限公司，
2010 年。

4. 吴伟立，《血汗超商——连锁加盟如何变成连锁枷盟》，群学出版有
限公司，2010 年。

5. 国有隆一：《连锁加盟店必胜秘诀：7 - ELEVEN 经商之道》，先锋
经营研究小组濢，和昌出版社，2009 年。

第5章

1. 陈世昌：《廉价衣 Uniqlo 堆出日本首富》，《联合报》A11 版，2009 年 5 月 11 日。

2. 陈育忠：《麦当劳拟改革欧洲点餐系统》，巨亨网，2011 年 5 月 16 日，http：//www. tcfa. org. tw/asp/left _ main. asp？act = anndetail&sn = 9180466&class = 4，检索日期：2011 年 8 月 1 日。

3. 黄文奇：《IKEA 体贴品牌幸福营销》，《动脑杂志》2010 年第 411 期。

4. 李若松：《计算机教室装上轮子深入东台湾宏奢基金会缩小数字落差数字行动车拥梦飞扬》，《联合报》A18 版，2010 年 8 月 5 日。

5. 蔡致坚：《挂上 LEXUS 价格高人一等》，《TOYOTA SAI Hybrid 一鱼两吃!》，TOYOTA 专属网站，2008 年 5 月 8 日，http：//toyota. autonet. com. tw/cgi - bin/file_ view. cgi？a804051023008，检索日期：2011 年 8 月 3 日。

6. 彭蕙珍，《关东煮用 25 年走上品牌路》，《台湾地区经济日报》C10 版，2011 年 4 月 11 日。

7. 王晓玟，《不断创造快乐的体验》，《天下杂志》2005 年第 336 期。

8. 梦—不平凡的平凡大众—不老骑士—大众银行电视广告，关键营销，2011. 2. 10，http：//www. complex - marketing. com/2011/02/blog - post. html，检索日期：2011 年 8 月 3 日。

9. 橘子工坊官方网站，http：//www. orangehouse. com. tw/，检索日期：2012 年 4 月 6 日。

10. 好市多官方网站，http：//www. costco. com. tw/，检索日期：2012 年 4 月 6 日。

11. 黛安芬国际股份有限公司，http：//www. triumph. com. tw/，检索日期：2012 年 4 月 6 日。

12. 麦当劳地产大亨，http：//www. mcdonalds. com. tw/Campaign _ 201107_ monopoly/，检索日期：2012 年 4 月 6 日。

13. 葛健生：《鼎泰丰满足中西口味》，世界新闻网，2011 年 4 月 15 日，http：//tor. worldjournal. com/view/full _ to/12800530/article - % E9% BC%8E% E6% B3% B0% E8% B1% 90 - % E6% BB% BF% E8% B6% B3 E4% B8% AD% E8% A5% BF% E5% 8F% A3% E5% 91% B3？instance = top-

ics，检索日期：2011 年 8 月 5 日。

14. 达芙妮国际控股有限公司，http：//www.daphneholdings.com/HT-ML/index.html，检索日期：2012 年 4 月 6 日。

第 6 章

1. 林哲良：《运动休闲品牌讨好女人心》，《联合报》C7 版，2011 年 6 月 13 日。

2. 周泰华、杜富燕：《零售管理概论》，华泰书局，2007 年。

3. 许英杰、黄慧玲：《零售管理》，华泰书局，2009 年。

4. 店铺开发，MBA 智库文档，http：//doc.mbalib.com/view/b196f1b3a1a9c6227ea0e237c60146d3.html，检索日期：2012 年 4 月 6 日。

5. 丹丹汉堡，http：//home.so - net.net.tw/ywc580510/，检索日期：2012 年 4 月 6 日。

6. T imberland，http：//www.timberland.com.tw/about/history.asp，检索日期：2012 年 4 月 6 日。

第 7 章

1. 小宫一庆：《超分析力 "1 秒" 破解财务报表的玄机!》，大放译彩翻译社译，三悦文化图书事业有限公司，2010 年 9 月 15 日。

2. 理察·卢克（Richard Luecke）著，《经理人的十堂财务必修课》，施惠修译，天下文化，2004 年 12 期。

3. 黄世忠：《会计实务解析》，华立文化，2006 年。

4. 徐俊明：《财务管理原理》，双叶书局，2005 年。

5. 徐燕山：《财务管理概论》，指南书局，2009 年。

6. 陈忠庆：《透视财务报表》，远流出版事业公司，1995。

7. 刘顺仁：《财报就像一本故事书：这样看就对了!》时报出版社，2005 年。

8. 崔西（John A. Tracy）著，《财务报表这样看就对了：108 个看报表的关键、诀窍与注意事项》，张淑芳译，脸谱出版社股份有限公司，2010 年 10 月。

第 8 章

1. 林文彬：《服饰业供应链变革之路——建构快速响应运营体系》，

《现代物流物流技术与战略》2010 年第 47 期。

2. 叶清江、赖明政：《物流与供应链管理》，《全华图书》，2009 年 9 月 29 日。

3. 陈妙祯，物流中心的订单处理，经济部商业司，1997 年。

4. 陈瑞顺、蔡永顺，信息管理：企业信息系统管理与个案分析，智胜文化事业有限公司，2005 年 1 月 1 日。

5. 周小仙，趁年轻追梦职场掀创业潮，联合报 A2 版，2011 年 10 月 16 日。

6. 张博亭，上班族调查 7 成 6 想创业，联合晚报 A16 版，2011 年 2 月 17 日。

7. 供应链管理研究会，先锋 SCM 研究小组译，Diamond 社编，（图解）简单易懂的供应链管理：网络时代的供应链，先锋企管出版，2009 年 11 月 9 日。

8. 屈臣氏开架美妆添新秀，财鑫网，2009.7.2，< http：//www. cs16888. com/news_ single. php？id = 48547 >，检索日期：2012 年 4 月 6 日。

第 9 章

1. Judd，Richard J. and Justis，Robert T.，Franchising，Custom Publishing，4ed.，2007.

2. 青年辅导委员会，< http：//www. nyc. gov. tw/ >，检索日期：2012 年 4 月 6 日。

3. 职场行家，< http：//pro. udnjob. com/mag2/pro/index. jsp >，检索日期：2012 年 4 月 6 日。

第 10 章

1. 创业规划管理教材手册，教育部提升技职校院学生通识教育语文应用能力改造计划，第七单元卖场配置与规划，全国通识教育信息网，< http：//ipge. ctust. edu. tw/General/plan0202_ main. php？project_ sn = 18 >，检索日期：2012 年 3 月 21 日。

2. Who enjoys shopping in IKEA?，UCL iTunes U，2011.01.18，< http：//www. ucl. ac. uk/lhl/lhlpub_ spring11/01 – 18012011 >，检索日期：2011 年 11 月 1 日。

3. 王文欣，"这样就好"的商品力，工业技术与信息月刊 2009 年第 213 期。

4. 永岛幸夫著，刘宗德译，卖场中的营销学——那样摆不会卖．这样才对，大是文化有限公司，2010 年 2 月 25 日。

5. 1 年 100 店屈臣氏第 400 店隆重开幕，屈臣氏新闻广告牌，2006.8.29，＜ http：//www. watsons. com. tw/About/News ＿ Content. aspx？SerialNo = 20060829095354 ＞，检索日期：2012 年 4 月 6 日。

6. 品牌服装经营的橱窗装修陈列技巧，创业源，＜ http：//www. cncyy. com/kaidianzhinan/cuxiao/16287. html ＞，检索日期：2012 年 4 月 6 日。

7. 赛门．奥威，李绍廷译，人气店教战圣经，宝鼎出版社，2005 年 10 月 6 日。

8. 谢致慧，卖场规划与管理，五南出版社，2008 年 2 月 1 日。

9. 林正修、王明元、王全斌，零售业管理，五南出版社，2009 年 10 月 1 日。

10. 博报堂 Paco Underhill 研究会、小野寺健司、今野雄策，李惠芬译，就是要在这家店买东西：热销商店的 24 法则，2011 年 7 月 6 日。

11. 周春芳，流通业现代化与电子商务，五南出版社，2007 年 7 月 20 日。

第 11 章

1. 今野勤、伊藤文隆、加藤二郎，陈耀茂译，使用 EXCEL 即能简单活用——顾客关系管理实践手法，财团法人中卫发展中心，2007 年 4 月 20 日。

2. C. K. 普哈拉、凡卡．雷马斯瓦米，顾淑馨译，消费者王朝与顾客共创价值，天下杂志出版社，2004 年 6 月 15 日。

3. 雨宫利春，萧云菁译：《投诉我不怕：掌握应对诀窍解决问题最巧》，台湾东贩出版社，2010 年 2 月 20 日。

4. 马瑞光，如何让顾客转怒为喜——客户投诉处理法则，慧聪网，2009.9.4，＜ http：//info. biz. hc360. com/2009/09/04083389859. shtml ＞，检索日期：2012 年 4 月 6 日。

第 12 章

1. 统一超商沟通平台成为制胜关键：带您一探统一超商王国的秘密，Microsoft，2006.01.04，< http：//www. microsoft. com/taiwan/casestudies/case_ pre/case/7eleven02. aspx >，检索日期：2012 年 2 月 13 日。

2. 陈慧敏，数字学习——流通业布建教育网络，师友会电子报，38 期，2004.03.01，< https：//www. tqc. org. tw/teachernet/e_ paper/epaper_38_ edunews1. htm >，检索日期：2012 年 2 月 13 日。

3. 国有隆一，连锁加盟店必胜秘诀 7 – ELEVEN 经营之道，先锋企业管理发展中心，2009 年 8 月 4 日。

4. 王吉方、黄桂芝，特许经营管理实务，科学出版社，2009 年 3 月 1 日。

第 13 章

1. 台湾连锁暨加盟协会，< http：//www. tcfa. org. tw >，检索日期：2012 年 3 月 7 日。

2. 台湾连锁加盟促进协会，< http：//www. franchise. or g. tw/home. php >，检索日期：2012 年 3 月 7 日。

3. 美国连锁加盟协会（International Franchising Association），< http：//www. franchise. org/ >，检索日期：2012 年 3 月 7 日。

4. 欧洲加盟联盟（Europe Franchise Federation），< http：//www. eff – franchise. com/ >，检索日期：2012 年 3 月 7 日。

5. 日本连锁加盟协会（Japan Franchise Association），< http：//www. jfa – fc. or. jp/particle/110. html >，检索日期：2012 年 3 月 7 日。

6. 中国连锁经营协会，< http：//www. ccfa. org. cn/index. jsp >，检索日期：2012 年 3 月 7 日。

7. 多角化经营，< http：//web. htps. tn. edu. tw/sky/% E4% BC% 81% E6% A5% AD% E7% B0% A1% E4% BB% 8B/% E5% 85% AC% E5% 8F% B8% E7% AD% 96% E7% 95% A5/% E5% A4% 9A % E8% A7% 92% E5% 8C%96% E7% B6% 93% E7% 87% 9F. htm >，检索日期：2012 年 2 月 14 日。

8. 统一流通次集团，维基百科，< http：//zh. wikipedia. org/wiki/% E7% B5% B1% E4% B8% 80% 80% E6% B5% 81% E9% 80% 9A% E6% AC% A1%

E9％9B％86％E5％9C％98＞，检索日期：2012 年 2 月 14 日。

9. 建构次集团，统一企业网站，＜ http：//www. uni－presi-dent. com. tw/04business/departments02. asp ＞，检索日期：2012 年 2 月 14 日。

10. 胜出—王品集团—醒狮团策略计划，创新论坛，2007. 10. 04，ht-tp：//www. itia. org. tw/phpbb/viewtopic. php？f＝29&t＝886 ＞，检索日期：2012 年 2 月 14 日。

11. 曾丽芳，王品大方送股息 11. 2 元，中时电子报，2012. 02. 13，＜ http：//money. chinatimes. com/news/news－content. aspx？id＝20120213 000024&cid＝1206 ＞，检索日期：2012 年 2 月 14 日。

12. 林让均，锦囊妙计用不完的超级教练徐重仁，今周刊，783 期 2011 年。

13. 李建兴、石品成，徐重仁率领统一流通次集团打下 2000 亿元江山，今周刊 547 期，2007 年。

14. 林婉翎，品牌学院/多品牌策略王品差异经营奏功，台湾地区经济日报，D2 版 2009 年 6 月 9 日。

15. 连锁加盟品牌国际化发展策略，＜ http：//www. ait. ccu. edu. tw/ccu_ ait_ www/upload/％ E9％80％ A3％ E9％8E％96％ E5％8A％ A 0％ E7％9B％9F％ E5％93％81％ E7％89％8C％ E5％9C％8B％ E9％9A％9B％ E5％8C％96％ E7％99％ BC％ E5％ B1％95％ E7％ AD％96％ E7％95％ A5 － 20 111114. pdf ＞，检索日期：2012 年 2 月 15 日。

16. 黄仁谦，本土连锁餐饮业绩爆香，台湾地区经济日报，A11 版，2011 年 2 月 7 日。

17. 桂世平，连锁品牌国际化经营策略，创业加盟知识管理网，＜ ht-tp：//www. taiwanoffices. com/soho/chains. htm ＞，检索日期：2012 年 2 月 15 日。

18. 台湾餐饮国际化——鼎泰丰，盛世台湾，＜ http：//www. sensetai-wan. com/index. php？option ＝ com_ k2&view ＝ item&id ＝ 2990：％ E5％8F％ B0％ E7％81％ A3％ E9％ A4％90％ E9％ A3％ B2％ E5％9C％8B％ E9％9A％9B％ E5％8C％96％ E7％9A％84％ E7％ AC％ AC％ E4％ B8％80％ E5％93％81％ E7％89％8C － ％ E9％ BC％8E％ E6％ B3％ B0％ E8％ B1％90&Itemid ＝ 175 ＞，检索日期：2012 年 2 月 15 日。

19. 王家英，连锁品牌找授权伙伴先看对眼，台湾地区经济日报，A14

版，2006 年 8 月 11 日。

20. 岑淑筱，吴京叡，吴政和，85 度 C（美食达人）其组织发展历程与组织能力复制、扩散之研究，创业管理研究，2009.06，< http：// www. erj. org. tw/search/JournalFile/v4n02/05V4N2_ 3_ final. pdf >，检索日期：2012 年 2 月 15 日。

21. 韩启贤，台湾美食进军国际系列报道：不畏山寨——永和豆浆中国大陆十年遍地开花，< http：//news. rti. org. tw/index_ newsContent. aspx? nid＝233421 >，检索日期：2012 年 2 月 15 日。

22. 陈舜协，卤肉饭卖到冰都 鼎泰丰撤深圳加盟店，大纪元，2010.03.19，< http：//www. epochtimes. com/b5/10/3/19/n2850440. htm >，检索日期：2012 年 2 月 16 日。

23. 林孟仪、黄筱雯、李乔琚，八十五度 C 快速展店四大心法，今周刊 726 期，2010.11。

24. 1999 年首站选定上海，新浪商业地产，2011.09.29，< http：// sh. sydc. sina. com. cn/hd/2/2011/0929/7541_ 2. shtml >，检索日期：2012 年 2 月 16 日。

25. 展望未来—稳步向前，新浪商业地产，2011.09.29，< http：// sh. sydc. sina. com. cn/hd/2/2011/0929/7541_ 7. shtml >，检索日期：2012 年 2 月 16 日。

26. 肯德基成功抢占中国市场的秘诀，智库网，< http：// www. inseadknowledge. com. cn/trad/KFCinChina090409. cfm >，检索日期：2012 年 2 月 17 日。

27. 季兴东，美报：本土化令肯德基在中国大获成功，大公网，2011.02.16，< http：//www. takungpao. com/fince/roll/2011 － 02 － 16/ 556569. html >，检索日期：2012 年 2 月 17 日。

28. 入印随俗——麦当劳的素堡，YAHOO 奇摩部落格，2007.06.08，< http：//tw. myblog. yahoo. com/verfof6157/article？ mid ＝ 2555&prev ＝ 2585&next ＝2525&l＝f&fid＝43 >，检索日期：2012 年 2 月 17 日。

29. 杨淑群，印度麦当劳没有辣鸡翅（开开眼），人民网，2001.04.24，< http：//www. people. com. cn/BIG5/paper68/3248/423339. html >，检索日期：2012 年 2 月 17 日。

30. 祁玲，老宅变身咖啡馆回味旧时光，联合报，16 版，2011 年 8 月 27 日。

31. 黄仁谦，星巴克卖台湾茶掀战火，台湾地区经济日报，A13 版，2009 年 8 月 25 日。

32. 黄建荣，诚品书店之复合式经营模式，＜http：//www. dnnt. com. tw/FILE/702％20％E8％AA％A0％E5％93％81％E6％9B％B8％E5％BA％97％E4％B9％8B％E8％A4％87％E5％90％88％E5％BC％8F％E7％B6％93％E7％87％9F％E6％A8％A1％E5％BC％8F. pdf ＞，检索日期：2012 年 2 月 20 日。

33. 黄亚琪，书店"包裹"商场诚品对手变 Sogo，商业周刊 1259 期，2012 年。

34. 李欣，"复合经营"之道——诚品赚钱不靠卖书，华夏经纬网，2010.09.10，＜http：//big5. huaxia. com/tslj/flsj/wh/2010/09/2083444. html ＞，检索日期：2012 年 2 月 20 日。

35. 诚品信义书店，诚品站，＜http：//go. eslite. com/EventBySponsor. aspx？ id ＝2＞，检索日期：2012 年 2 月 20 日。

36. 诚品书店首家中国大陆分店落户苏州，出版之门，2011.05.31，＜http：//www. publishing. com. hk/pubnews/NewsDetail. asp？ NewsID ＝20110531005 ＞，检索日期：2012 年 2 月 20 日。

37. 便利商店依序出现复数店所有者全家便利商店预计在 2010 年内达到 5 成，利用集中展店来缓和竞争，TCF A 台湾连锁暨加盟协会，2010.10.13，＜ http：//www. tcfa. org. tw/asp/left ＿ main. asp？ act ＝ anndetail&sn ＝9179363&class ＝3 ＞，检索日期：2012 年 2 月 22 日。

38. 黄玉祯，全家超商快速展店七十七家、营收破新高，今周刊 685 期，2010 年。

39. 复数加盟. 增加获利各家出招. 拉高诱因，台湾食品 GMP 发展协会，2005 年 11 月 14 日，＜http：//www. gmp. org. tw/newsdetail. asp？ id ＝3684 ＞，检索日期：2012 年 2 月 16 日。

40. 林怡秀，超商结账自己来 无人柜台不用等，卡优新闻网，2010 年 11 月 25 日，＜http：//www. cardu. com. tw/news/detail. htm？ nt＿ pk ＝6&ns＿ pk ＝11249 ＞，检索日期：2012 年 2 月 16 日。

41. 林嘉慧，台湾零售业的发展现况与商机，全球台商 e 焦点，2010 年 8 月 20 日，＜ http：//twbusiness. nat. gov. tw/epaperArticle. do？ id ＝68812804 ＞，检索日期：2012 年 2 月 16 日。

42. 以新兴科技多渠道营销与销售，辅助有限营销资源快速获取客户，商业周刊，2011 企业领袖策略论坛，＜http：//www. businessweekly. com. tw/event/2011/leader/case_ 2. php＞，检索日期：2012 年 2 月 16 日。

43. 陈麒元，零售服务业发展趋势——复合经营，工研院电子报，2011. 11. 20，＜http：//edm. itri. org. tw/enews/epaper/10011/d01. htm＞，检索日期：2012 年 2 月 16 日。

44. "体感互动"虚拟试衣镜让你轻松换装购物更便利，资策会 FIND 网站，2011 年 6 月 28 日，＜http：//www. find. org. tw/find/home. aspx? page＝news&id＝6232＞，检索日期：2012 年 2 月 16 日。

45. 探讨供应链伙伴之信息分享——以便利商店为例，＜http：//log- mgt. nkmu. edu. tw/teaching/ resource/98report/articles/% B1% B4% B0Q% A8% D1% C0% B3% C3% EC% B9% D9% A6% F1 % A4% A7% B8% EA B0T% A4% C0% A8% C9% A2w% A5H% ABK% A7Q% B0% D3% A9% B1% AC% B0% A8% D2. pdf＞，检索日期：2012 年 2 月 19 日。

46. 高宜凡、陈建豪，台湾地区首次"服务创新准备度"调查台湾产业必须的改变：服务创新，远见杂志 283 期，2010 年。

47. 石昌国，张金鹗，彭建文，网络购物取货服务对便利商店店面需求之潜在影响——以统一超商为例，＜http：//www. realestate. com. tw/ duckhouse/paper/77. % E7% B6% B2% E8% B7% AF% E8% B3% BC% E7% 89% A9% E5% 8F% 96% E8% B2% A8% E6% 9C% 8D% E5% 8B% 99% E5% B0% 8D% E4% BE% BF% E5% 88% A9% E5% 95% 86% E5% BA% 97% E5% BA% 97 % E5% 8F% B0% E5% A4% A7% E7% AE% A1% E7% 90% 86% E8% AB% 96% E5% 8F% A2（% E 6% 98% 8C% E5% 9C% 8B）. PDF＞，检索日期：2012 年 2 月 15 日。

48. 中国台湾工业技术研究院服务业科技应用中心，＜http：// www. itri. org. tw/chi/tcsi/index. asp？RootNodeId ＝ 070&NavRootNodeId ＝ 0755&NodeId＝07551＞，检索日期：2012 年 2 月 15 日。

49. 吴静君，500 米一家便利商店，大纪元，2012. 01. 02，＜http：// www. epochtimes. com/b5/12/1/2/n3474747. htm500% E5% 85% AC% E5% B0% BA% E4% B8% 80% E5% AE% B6% E4% BE% BF% E5% 88% A9% E5% 95% 86% E5% BA% 97＞，检索日期：2012 年 2 月 15 日。

410